河北省肉牛产业经济发展研究

（2021—2022年）

HEBEI SHENG ROUNIU CHANYE
JINGJI FAZHAN YANJIU
（2021-2022 NIAN）

赵慧峰 马长海 高 彦 崔 姹 顾文源 等 著

中国农业出版社
北 京

图书在版编目（CIP）数据

河北省肉牛产业经济发展研究. 2021—2022 年 / 赵慧峰等著. -- 北京：中国农业出版社，2024. 9.
ISBN 978-7-109-32322-3

Ⅰ. F326.33

中国国家版本馆 CIP 数据核字第 2024QV2902 号

中国农业出版社出版

地址：北京市朝阳区麦子店街 18 号楼
邮编：100125
责任编辑：王秀田　　　文字编辑：张楚翘
版式设计：小荷博睿　　责任校对：吴丽婷
印刷：北京中兴印刷有限公司
版次：2024 年 9 月第 1 版
印次：2024 年 9 月北京第 1 次印刷
发行：新华书店北京发行所
开本：700mm×1000mm　1/16
印张：19.25
字数：367 千字
定价：88.00 元

前　言

　　肉牛产业是畜牧业的重要组成部分，对促进国民经济发展、资源有效利用以及居民膳食结构改善都发挥着重要作用。随着社会经济发展和居民生活水平提高，消费者对牛肉需求将保持增长态势，肉牛产业将是未来畜牧业发展的重要方向。河北省是养牛大省，是我国肉牛主产区之一，有着悠久的发展历史和丰富的养殖经验。2022 年河北省肉牛年末存栏 247.1 万头，出栏 353.2 万头，牛肉产量 58.1 万吨。肉牛出栏量一直居于全国前三位，规模化生产比重不断提高，产业发展势头良好。随着京津冀协同发展和雄安新区建设的不断推进，以及居民牛肉消费习惯的逐步形成，必然为河北肉牛产业发展提供更加广阔的机遇和空间。

　　三年新冠疫情给中国肉牛产业持续稳定发展带来了巨大挑战。国家对肉牛及牛肉市场的开放格局也会给中国肉牛产业带来一定的影响。因此，从产业视角看，肉牛产业若要做大做强，就必须在适时淘汰落后产能的基础上，节本增效、不断提高生产效率；尤其在当前环境规制大背景下，必须立足提升生态效率，使肉牛产业逐步进入绿色发展轨道。

　　本书是在河北省农业农村厅的领导下，在畜牧产业处的指导下，河北省现代农业产业技术体系肉牛产业创新团队产业经济岗 2021 年和 2022 年的研究成果。产业经济岗课题组成员在对河北省肉牛产业全面调研的基础上，紧紧围绕河北省肉牛产业高质量发展重大问题和瓶颈进行研究，每周监测活牛和牛肉价格变化，每季度开展一次产业形势分析和成本收益分析，建立起常态化市场分析预警机制，提高了产业分析决策水平。2021—2022 年，重点就河北省肉牛产业经济、肉牛产业竞争力评价、市场价格预警、牛肉品牌建设、肉牛产业园区评价、牛肉进口对中国牛肉市场影响、畜禽疫病防控对策、肉牛养殖经济效益及生态效率等多方面热点问题进行了专题研究，形成了系列专题研究报告。本书还是河北省社科基金项目《河北省奶业绿色低碳转型升级水平测度及政策效应研究》（HB23ZT055）和《"双碳"目标下河北省绿色循环畜牧业实现路径选择及其政策保障体系研究》（HB22YJ024）的部分研究成果。

　　本书由赵慧峰负责全书的内容设计和组织工作，赵慧峰和马长海对全书进行了统稿和审定，全书共包括十二个专题，各专题具体分工如下：专题一：马长海、高彦、赵慧峰；专题二：赵慧峰、王文韬；专题三：高彦；专题四：马长海、刘梦岩、张梦媛；专题五：高彦、刘天朔（长春科技学院经济管理学院）；专题六：赵畅（保定理工学院）、赵慧峰；专题七：顾文源（河北省动物疫病预防与控制中心）、崔明江（河北省畜牧总站）；专题八：马长海、刘梦岩、石浩；专题九：赵慧峰、安文远；专题十：王秀芳、张丹璇；专题十一：马长海、王葱荟；专题十二：崔婳、顾文源（河北省动物疫病预防与控制中心）、马长海、张丹璇、王宇航、石浩、张梦媛。本书作者单位除注明外皆为河北农业大学。

　　本书在研究过程中，由河北新型智库（河北省三农问题研究中心）、河北省农业经济发展战略研究基地、河北省人文社科基地（河北农业大学现代农业发展研究中心）组织专家对各章内容进行了论证，并给予了项目资助，在此一并表示感谢。

　　由于作者学术水平所限，很多地方的研究浅尝辄止，不足之处有待今后完善，欢迎同行专家学者不吝赐教。

著　者

2023 年秋于保定

目　　录

专题一 河北省2021—2022年肉牛产业经济发展报告

随着居民消费层级的提升和消费习惯的转变，消费者对牛肉的需求明显上升，牛肉需求量仅次于猪肉，居第二位。我国是牛肉生产和消费大国，据国家统计局和中国海关统计，2022 年我国肉牛存栏 7 800 万头，肉牛出栏 4 840 万头；牛肉产量约 718 万吨，消费量达 1 025 万吨，进口量达到 314 万吨，位居世界第三大生产国、第二大消费国和第一大进口国。河北省是全国养牛大省，本书旨在深入分析河北省肉牛产业发展中存在的问题，以期探索推进河北省肉牛产业可持续发展的对策。

一、河北省肉牛产业发展基本状况

河北省是全国养牛大省，是我国肉牛主产区之一。据统计，2022 年底，肉牛存栏 247.1 万头，比 2021 年增长 7.4%；2022 年河北省肉牛出栏 353.2 万头，比 2021 年增长 3.91%；2022 年河北省牛肉产量 58.1 万吨，比 2021 年增长 4.50%。肉牛主要分布在承德、唐山、石家庄 3 市；肉牛品种主要以西门塔尔、夏洛莱和利木赞等大型杂交肉牛为主，还有本地黄牛、牦牛和部分淘汰奶牛。

（一）河北省肉牛种业情况

1. 种肉牛场发展情况

河北省种肉牛场数量较少，自 2012 年以来，最多的年份是 2015 年，达到了 4 个，大部分年份只有 2 个、3 个，而且这种状况一直没有明显改观。2021年统计数据显示，河北省种肉牛场数排在全国倒数第十一位（表 1-1）。

河北省种肉牛场数量少导致河北省种肉牛存栏量不多，2021 年只有 1 656 头，排在全国倒数第十二位（表 1-2）。同样，能繁母牛数量也较少，2021 年存栏量只有 1 039 头，在全国位于倒数第十二位（表 1-3）。

表 1-1 河北省及主要省份种肉牛场统计表

单位：个

省份	2012 年	2013 年	2014 年	2015 年	2016 年	2017 年	2018 年	2019 年	2020 年	2021 年
甘肃	21	27	34	34	38	35	29	28	26	33
内蒙古	18	23	27	25	34	35	46	46	57	66
湖南	9	13	15	13	14	15	12	19	14	7
山东	16	17	18	14	10	12	8	7	7	8
四川	6	16	15	14	15	12	8	4	6	6
湖北	10	14	14	14	15	9	7	8	7	10
河北	3	3	3	4	2	2	3	2	2	3
全国总计	159	190	220	214	280	225	227	214	230	260

数据来源：《中国畜牧兽医年鉴》（2013—2022 年）。

表 1-2 河北省及主要省份种肉牛场年末存栏量统计表

单位：头

省份	2012 年	2013 年	2014 年	2015 年	2016 年	2017 年	2018 年	2019 年	2020 年	2021 年
甘肃	13 285	13 428	17 624	23 859	28 687	22 856	12 326	11 174	12 096	16 237
内蒙古	14 131	14 916	21 673	21 374	18 851	21 032	59 864	76 130	98 789	129 011
陕西	6 814	6 946	17 253	15 309	14 728	12 306	8 252	7 025	6 796	6 618
吉林	10 273	11 218	10 228	3 070	9 219	9 342	4 941	8 968	10 234	18 341
湖北	4 030	7 357	9 333	9 354	9 724	6 566	3 832	6 185	5 734	4 704
湖南	5 041	8 758	6 421	6 542	7 007	6 644	6 435	8 147	6 797	6 333
河北	1 442	1 573	2 675	1 826	1 409	1 485	2 275	1 130	620	1 656
全国总计	94 303	111 438	140 789	146 540	167 016	144 176	164 743	190 472	220 365	285 088

数据来源：《中国畜牧兽医年鉴》（2013—2022 年）。

表 1-3 河北省及主要省份种肉牛场能繁母牛存栏量统计表

单位：头

省份	2012 年	2013 年	2014 年	2015 年	2016 年	2017 年	2018 年	2019 年	2020 年	2021 年
甘肃	5 711	6 593	8 666	13 960	18 678	12 033	7 058	6 892	6 423	9 237
内蒙古	9 385	11 051	14 324	14 551	13 637	15 870	39 462	44 138	55 313	83 655
新疆	1 912	2 169	5 880	10 685	8 624	9 678	6 528	8 427	8 894	13 488
吉林	6 263	6 660	5 240	2 320	6 210	4 924	2 810	5 370	5 871	9 719
河北	837	480	1 630	1 109	949	968	1 356	709	511	1 039
全国总计	53 571	65 923	79 167	90 565	100 094	86 353	101 810	109 102	125 881	173 397

数据来源：《中国畜牧兽医年鉴》（2013—2022 年）。

　　河北省当年出场的种牛数自2012年以来变化幅度较大，基本是隔年有出场种牛，而且各年出场数量差异较大。但总体上，河北省种牛出场数在全国明显落后。2021年出场的种牛数只有115头，排在全国倒数第十三位（表1-4）。

表1-4　河北省及主要省份种肉牛场当年出场种牛数统计表

单位：头

省份	2012年	2013年	2014年	2015年	2016年	2017年	2018年	2019年	2020年	2021年
甘肃	2 267	2 307	2 749	4 888	6 190	4 219	2 475	2 497	2 102	3 317
内蒙古	3 828	3 576	5 017	6 162	4 838	5 730	11 374	22 846	14 203	19 335
湖北	1 088	2 044	2 067	2 503	2 731	1 797	956	1 030	560	1 221
湖南	1 340	2 068	1 510	1 995	2013	1 998	1 553	1 542	1 667	1 337
云南	443	544	651	972	1 547	1 492	1 530	1 765	2 307	2 392
吉林	2 780	2 950	2 220	400	1 683	1 453	885	1 990	1 966	1 129
河北	59	0	580	0	196	21	380	201	39	115
全国总计	19 085	19 898	22 088	242 200	28 522	23 216	27 198	39 905	35 807	38 969

　　数据来源：《中国畜牧兽医年鉴》（2013—2022年）。

　　河北省肉牛场生产胚胎数在全国名列前茅。自2012年生产胚胎以来，一直到2018年，生产的胚胎数一直保持在全国前三位水平，2021年河北省肉牛场生产胚胎数位居全国第四位（表1-5）。

表1-5　河北省及主要省份种肉牛场当年生产胚胎数统计表

单位：枚

省份	2012年	2013年	2014年	2015年	2016年	2017年	2018年	2019年	2020年	2021年
内蒙古	5 000	0	60	1	2	0	1 180	416	30 253	2 193
湖南	4 470	5 507	4 885	6 125	6 674	6 895	3 599	5 563	9 532	897
吉林	0	0	0	0	0	0	0	1 968	2 752	10 018
广西	0	0	15	0	0	3	1 853	3 212	1 600	0
重庆	0	0	0	0	2	2	0	1 000	1 198	56
海南	0	0	0	8 600	8 523	8 612	223	330	458	492
河北	1 373	3 528	3 580	792	2 053	2 219	1 481	1 137	1 158	1 186
全国总计	12 669	13 021	13 092	19 874	20 929	21 304	13 213	17 634	49 402	19 393

　　数据来源：《中国畜牧兽医年鉴》（2013—2022年）。

2. 种公牛站发展情况

河北省种公牛站数比较稳定，自 2012 年以来一直保持在 2～3 个。除了 2015 年湖北和重庆突然出现陡增外，河北省种公牛站数在全国位居第二至四位（表 1-6）。

表 1-6　河北省及主要省份种公牛站数

单位：个

省份	2012 年	2013 年	2014 年	2015 年	2016 年	2017 年	2018 年	2019 年	2020 年	2021 年
内蒙古	5	5	5	6	5	5	4	5	5	5
吉林	2	2	2	2	4	4	4	4	4	4
河南	3	3	3	2	4	4	4	4	4	4
山东	3	3	3	4	3	3	3	3	2	2
河北	2	2	2	2	3	3	3	3	2	3
云南	2	2	2	2	2	2	2	2	2	2
辽宁	1	1	2	2	2	2	2	2	2	2
陕西	1	0	1	1	2	2	2	2	1	1
全国总计	39	34	33	70	45	40	41	41	37	38

数据来源：《中国畜牧兽医年鉴》（2013—2022 年）。

河北省种公牛站年末存栏数位居全国前列，2019 年末存栏 229 头，位居全国第四位；2021 年为 307 头，位居全国第六位（表 1-7）。2021 年生产精液 219.7 万份，位居全国第四位。（表 1-8）。

表 1-7　河北省及主要省份种公牛站年末存栏数

单位：头

省份	2012 年	2013 年	2014 年	2015 年	2016 年	2018 年	2019 年	2020 年	2021 年
北京	186	0	0	1 046	980	297	208	208	233
河南	323	35	457	240	655	541	487	506	580
内蒙古	369	404	456	474	443	586	868	736	869
吉林	143	152	150	149	386	450	389	581	497
山东	39	367	311	511	359	240	211	201	202
辽宁	62	61	135	170	182	285	176	182	173
河北	134	89	101	120	274	253	229	125	307
全国总计	2 568	2 921	2 915	4 744	5 496	4 252	3 619	3 654	5 606

数据来源：《中国畜牧兽医年鉴》（2013—2022 年）。

表 1-8　河北省及主要省份种公牛站当年生产精液统计表

单位：万份

省份	2012 年	2013 年	2014 年	2015 年	2016 年	2017 年	2018 年	2019 年	2020 年	2021 年
河南	188.63	200.82	195.55	288	525	442.2	672.5	781.0	623.2	848.0
吉林	156.1	176.4	173.81	172.8	454.2	400.3	606.0	472.5	439.0	754.3
内蒙古	171.02	231.6	351.55	348.75	353.2	361.7	354.0	387.3	470.5	466.6
北京	219	0	0	318.87	309.7	309.9	179.6	150.0	150.0	166.4
河北	160	148	135	135.6	291.2	289	143.2	257.2	163.6	219.7
全国总计	1 735.82	2 355.77	2 032.87	2 399.17	3 127.5	2 744.9	3 240.6	2 399.5	3 100.1	3 406.4

数据来源：《中国畜牧兽医年鉴》（2013—2022 年）。

从河北省种公牛站年末存栏数与当年生产精液的相互关系不难看出，增加精液生产，必须增加种公牛饲养，当然，在种公牛站规模适度的前提下，必须增加种公牛站数量。

（二）河北肉牛生产情况

1. 肉牛存栏和出栏情况

（1）河北省存、出栏总体情况及在全国地位

河北省肉牛年末存栏数自 2016 年以来逐步上升，由 2016 年的 174.9 万头增加到 2022 年的 247.1 万头（表 1-9），年平均增长 6.88%。2022 年存栏量居全国第十四位，占全国总存栏比重为 3.17%。由 2016 年至 2022 年的数据可看出，河北省肉牛存栏量占全国比重约为 2.6%～3.2%，属较低水平。

表 1-9　河北及全国肉牛存栏量统计表（2016—2022 年）

单位：万头

省份	2016 年	2017 年	2018 年	2019 年	2020 年	2021 年	2022 年
河北	174.9	196.4	199.3	203.1	222.5	230.1	247.1
河北占比（%）	2.58	2.97	3.11	2.90	2.90	2.87	3.17
全国总计	6 181.0	6 617.9	6 618.4	6 998.0	7 685.1	8 004.4	7 800

数据来源：《中国农村统计年鉴》（2017—2021 年）、河北省农业农村厅网站、《2022 年中国肉牛统计资料》。

相对于存栏量，河北省的肉牛出栏量自 2016 年以来一直名列前茅，保持330 万～350 万头，始终排在全国第三至四位（表 1-10）。2022 年河北省肉牛出栏 353.2 万头，出栏量仅次于内蒙古和云南，居全国第三位，占全国出栏总量的 7.30%。河北省肉牛出栏量变化幅度小，非常稳定。从河北省肉牛出栏量和年末存栏量的关系可以看出，河北省在肉牛养殖模式上是以购买架子牛育肥为主。2022 年全国平均肉牛出栏与年末存栏之比为 0.62，而 2022 年河北省肉牛出栏与年末存栏之比高达 1.43。这与河北省本地养殖习惯、饲料秸秆资源丰富、大量育肥牛屠宰的生产模式等多种因素有关。

表 1－10　河北及全国肉牛出栏量统计表（2016—2022 年）

单位：万头

省份	2016 年	2017 年	2018 年	2019 年	2020 年	2021 年	2022 年
河北	331.9	340.5	345.6	349.1	335.2	339.9	353.2
河北占比（%）	7.78	7.84	7.86	7.70	7.34	7.22	7.30
全国总计	4 265.0	4 340.3	4 397.5	4 533.9	4 565.5	4 707.43	4 839.91

数据来源：《中国农村统计年鉴》（2017—2021 年）、国家统计局网站、河北省农业农村厅。

（2）河北各市存、出栏情况

河北省肉牛养殖区域分布总体上比较均衡，从 2013—2022 年的统计数据看，承德市、唐山市、石家庄肉牛出栏量大多数年份排在前三位（表 1－11）。

表 1－11　河北省各市肉牛出栏量统计表（2013—2022 年）

单位：万头

年份	石家庄	唐山	秦皇岛	邯郸	邢台	保定	张家口	承德	沧州	廊坊	衡水	定州	辛集	雄安
2013	39.15	45.35	12.50	19.41	15.72	22.79	33.37	45.96	30.83	28.39	22.74	6.44	2.60	—
2014	37.19	45.58	12.56	19.01	16.36	23.64	35.29	44.72	26.52	27.97	22.23	6.93	2.62	—
2015	36.83	45.47	12.48	18.96	16.91	24.23	35.54	49.60	25.68	26.75	21.89	8.22	2.74	—
2016	37.26	46.46	11.08	19.65	17.37	26.66	38.18	57.91	19.20	24.16	22.49	8.36	3.15	—
2017	46.66	49.89	10.93	24.19	17.69	24.49	41.79	59.59	18.50	14.88	24.17	5.00	2.71	—
2018	48.35	47.14	13.09	24.06	18.10	26.38	32.91	63.30	21.51	18.21	24.29	5.60	2.66	—
2019	47.36	48.63	13.64	21.28	18.26	27.26	30.47	65.43	23.90	17.20	23.23	5.79	2.66	0.59
2020	47.71	45.95	12.81	20.97	18.83	25.69	30.67	67.99	20.15	15.20	20.79	5.46	2.67	0.33
2021	48.03	46.12	13.16	21.19	18.99	23.79	32.42	71.22	20.63	15.20	19.79	5.43	2.68	0.60
2022	50.04	47.90	13.77	21.97	19.70	26.25	33.86	74.00	21.13	15.58	20.55	5.50	2.74	0.20

数据来源：河北省农业农村厅（农调调整后的数据）、《河北农村统计年鉴》（2021—2022 年）。

从 2019—2022 年河北省各地市肉牛存栏量统计数据看，承德市始终强势排在第一位，唐山、张家口、石家庄的肉牛存栏量也较高，但与承德市肉牛存栏量相比差距较大。廊坊市、邢台市、邯郸市、秦皇岛市存栏量排名较靠后（除雄安新区、定州、辛集外）（表 1－12）。

表 1 - 12　河北省各市肉牛存栏量统计表（2019—2022 年）

单位：百头

年份	石家庄	唐山	秦皇岛	邯郸	邢台	保定	张家口	承德	沧州	廊坊	衡水	定州	辛集	雄安
2019	2 003.51	2 396.21	905.40	1 379.60	1 020.92	1 153.36	2 029.74	5 687.32	1 187.90	753.35	1 430.40	220.04	102.18	40.90
2020	2 035.69	2 509.77	1 066.50	1 355.03	1 053.66	1 439.80	2 463.85	6 234.78	1 389.06	831.64	1 466.28	247.52	111.86	42.47
2021	1 930.43	2 696.80	1 209.36	1 190.58	944.39	1 678.61	2 464.68	6 816.23	1 396.56	848.21	1 509.60	187.05	112.99	24.18
2022	2 066.20	2 900.64	1 303.51	1 290.75	1 014.19	1 832.69	2 657.59	7 439.71	1 516.16	915.17	1 444.79	203.62	121.96	2.14

数据来源：河北省农业农村厅。

2. 河北省肉牛规模养殖情况

从全国不同省份规模化养殖程度看，2021 年河北省肉牛养殖规模化程度远远高于全国平均水平，处于全国中等偏上水平，位居全国第九位。上海没有肉牛养殖，北京市和天津市两个直辖市受特殊区域的限制，其规模化养殖水平远远高于其他省市（表 1 - 13）。

表 1 - 13　2021 年各省份不同规模肉牛养殖场占比

单位：%

省份	年出栏 1～9 头场（户）占比	年出栏 10～49 头场（户）占比	年出栏 50～99 头场（户）占比	年出栏 100～499 头场（户）占比	年出栏 500～999 头场（户）占比	年出栏 1 000 头以上场（户）占比	规模养殖场占比
北京	58.41	28.13	6.01	5.53	1.44	0.48	13.46
天津	42.07	43.61	9.00	4.38	0.58	0.35	14.32
河北	83.08	13.69	2.47	0.65	0.08	0.03	3.24
山西	75.73	19.97	2.83	1.29	0.14	0.03	4.30
内蒙古	82.10	14.24	3.12	0.48	0.03	0.02	3.66
辽宁	79.76	14.09	2.77	3.26	0.10	0.02	6.14
吉林	85.31	12.07	2.01	0.55	0.05	0.01	2.62
黑龙江	76.81	17.62	4.78	0.72	0.06	0.02	5.57
上海	0.00	0.00	0.00	0.00	0.00	0.00	0.00
江苏	70.73	20.75	5.86	2.31	0.30	0.04	8.52
浙江	94.25	5.04	0.50	0.18	0.02	0.01	0.72
安徽	90.71	6.46	1.81	0.89	0.10	0.03	2.83
福建	95.71	3.90	0.27	0.10	0.01	0.01	0.39
江西	93.92	4.89	0.91	0.25	0.03	0.01	1.20
山东	77.81	17.14	3.00	1.70	0.26	0.09	5.06

（续）

省份	年出栏 1～9 头场 （户）占比	年出栏 10～49 头场 （户）占比	年出栏 50～99 头场 （户）占比	年出栏 100～499 头场 （户）占比	年出栏 500～999 头场 （户）占比	年出栏 1 000 头以上场 （户）占比	规模 养殖场 占比
河南	95.68	3.47	0.51	0.27	0.05	0.02	0.85
湖北	93.83	5.23	0.49	0.38	0.04	0.02	0.93
湖南	93.66	5.33	0.82	0.18	0.01	0.00	1.00
广东	96.22	3.19	0.46	0.11	0.01	0.01	0.58
广西	97.38	2.32	0.21	0.07	0.01	0.01	0.30
海南	96.83	2.82	0.28	0.06	0.01		0.35
重庆	96.01	3.51	0.33	0.14	0.01		0.48
四川	95.93	3.22	0.58	0.24	0.02	0.01	0.85
贵州	97.53	2.21	0.18	0.06	0.01		0.25
云南	98.44	1.35	0.16	0.05	0.00		0.21
西藏	97.29	2.58	0.11	0.01	0.00		0.13
陕西	93.03	5.36	1.13	0.45	0.02	0.01	1.61
甘肃	92.95	5.28	1.47	0.28	0.01		1.78
青海	84.34	11.69	2.88	1.05	0.03	0.01	3.97
宁夏	87.85	11.27	0.58	0.24	0.04	0.02	0.88
新疆	90.88	7.41	1.21	0.40	0.07	0.03	1.71
全国总计	92.59	5.99	1.06	0.31	0.03	0.01	1.42

数据来源：根据《中国畜牧兽医年鉴》2022 年数据计算得出。

　　自 2008 年以来，河北省肉牛养殖规模经过不断调整和反复。2016 年河北省肉牛规模化养殖场（户）数占比达到 0.96%；后经过 2017 年的下降后持续升高，到 2021 年河北省肉牛规模化养殖场（户）数占比又上升到 3.24%（表 1-14）。

　　表 1-14　2008—2021 年河北省不同规模肉牛养殖场所占比例

单位：%

年份	年出栏 1～9 头场 （户）占比	年出栏 10～49 头场 （户）占比	年出栏 50～99 头场 （户）占比	年出栏 100～499 头场 （户）占比	年出栏 500～999 头场 （户）占比	年出栏 1 000 头以上场 （户）占比	散户 占比	规模 养殖场 占比
2008	93.405 9	5.790 1	0.727 9	0.107 2	0.008 6	0.002 5	99.20	0.80
2009	92.423 6	6.697 2	0.773	0.143 6	0.011 2	0.003 3	99.12	0.88
2010	92.485 2	6.625 5	0.754 6	0.163 4	0.016 9	0.004 3	99.11	0.89
2011	92.839 4	6.294 8	0.711 1	0.170 5	0.021 9	0.007 1	99.13	0.87

(续)

年份	年出栏1～9头场（户）占比	年出栏10～49头场（户）占比	年出栏50～99头场（户）占比	年出栏100～499头场（户）占比	年出栏500～999头场（户）占比	年出栏1000头以上场（户）占比	散户占比	规模养殖场占比
2012	93.801 9	5.458 1	0.522 4	0.202 6	0.028 8	0.014 6	99.26	0.74
2013	95.422 6	3.821 8	0.561 6	0.175 5	0.027	0.012 2	99.24	0.76
2014	95.324 6	3.955 8	0.514 9	0.186 8	0.026 2	0.012 1	99.28	0.72
2015	94.404 4	4.759 5	0.619 6	0.212 3	0.023	0.010 5	99.16	0.84
2016	93.677	5.359 4	0.737 2	0.223 5	0.031 1	0.011 3	99.04	0.96
2017	92.524 5	6.669 5	0.613 9	0.190 3	0.030 7	0.012	99.19	0.81
2018	89.607 8	9.251 9	0.803 2	0.279	0.045 2	0.012 8	98.86	1.14
2019	87.868 2	10.682 9	0.996 6	0.373 8	0.058 4	0.020 2	98.55	1.45
2020	85.817 2	12.187 5	1.346 2	0.548 6	0.074 6	0.025 9	98.00	2.00
2021	83.078 0	13.685 3	2.474 4	0.652 7	0.082 7	0.026 9	96.76	3.24

数据来源：《中国畜牧兽医年鉴》（2009—2022 年）。

3. 河北省肉牛养殖成本收益情况

（1）肉牛单产分析

河北省有着养殖传统和丰富的养殖经验，近些年来，更是不断提升架子牛育肥水平，使单产水平不断取得突破。就肉牛单产来看，河北省和黑龙江省的单产水平一直位于前两位。自 2015 年以来，河北省更是超越黑龙江省跃至第一位，大于出栏大省河南，并且远高于全国平均水平，但 2020 年山东跃居第一位，单产达到658.00 千克（表 1 - 15）。

表 1 - 15　各省份散养肉牛主产品单产量（2012—2021 年）

单位：千克

省份	2012 年	2013 年	2014 年	2015 年	2016 年	2017 年	2018 年	2019 年	2020 年	2021 年
山东									658.00	657.45
河北	491.46	498.44	505.05	510.61	524.34	549.48	617.86	632.63	622.68	633.52
黑龙江	488.32	500.50	508.50	509.17	509.50	512.67	509.42	546.53	582.88	594.24
河南	393.40	399.65	410.48	412.82	418.16	421.37	428.60	437.14	446.68	452.94
陕西	386.97	387.37	387.52	390.00	396.78	397.78	399.22	398.67	399.00	404.78
新疆	315.26	410.57	323.99	358.47	355.08	345.14	348.56	355.33	355.82	455.87
宁夏	305.43	311.56	310.85	314.29	314.87	319.08	336.32	329.85	351.45	348.03
全国	396.89	418.01	407.73	415.89	419.79	424.25	440.00	479.02	488.07	506.69

数据来源：《全国农产品成本收益资料汇编》（2013—2022 年）。

(2) 成本收益分析

从各省肉牛散养成本来看，自2017年开始，黑龙江、河北、新疆的总成本就明显高于其他省份，直到2020年山东排到了第一位。从各省肉牛散养净收益来看，自2017年以来河南省肉牛养殖净收益一直名列前茅，但是2019年河北省超过河南省，位居第一，突破了7 000元，后又下滑到5 000～6 000元（表1-16）。新疆明显低于其他省份，陕西和宁夏肉牛养殖净收益一直处于较为稳定的水平。从成本利润率看，自2016年以来，河南和宁夏一直较高（表1-17）。新疆和黑龙江肉牛养殖成本利润率明显偏低，河北省则处于中等水平，说明河北省散养肉牛盈利能力一般。

表1-16　河北及主要省份散养肉牛成本收益情况表（2017—2021年）

单位：元

省份	2017年		2018年		2019年		2020年		2021年	
	总成本	净收益	总成本	净收益	总成本	净收益	总成本	净收益	总成本	净收益
河北	12 135	1 766.5	13 504.9	3 179.7	13 824.5	7 059.7	16 184.6	5 537.4	16 293.8	5 775.0
新疆	9 023.4	608.6	9 451.2	372.6	10 141.7	1 000.4	10 748.1	1 125.2	13 839.8	1 280.0
山东							18 994.3	3 938.0	20 085.1	2 420.5
黑龙江	10 260	1 750.9	10 807	1 997.9	12 491.6	3 237.9	14 948.1	3 498.5	15 739.4	4 052.5
宁夏	6 080.9	2 323.9	6 426.4	3 085.8	7 566.9	3 138.6	7 949.2	4 886.8	9 565.9	2 923.1
陕西	7 695.9	3 261.3	7 783.3	3 221.3	8 606.3	3 618.1	10 056.0	3 884.0	10 989.2	3 574.7
河南	7 651.5	3 608	7 905.9	3 832.8	8 742.4	4 795.0	9 608.6	5 633.1	10 082.1	5 869.5
全国	8 807.8	2 219.8	9 313.22	2 615.0	11 110.6	3 949.6	12 641.4	4 071.8	13 799.3	3 699.4

数据来源：《全国农产品成本收益资料汇编》（2018—2022年）。

表1-17　河北及相关省份肉牛养殖成本利润率（2017—2021年）

单位：%

省份	2017年	2018年	2019年	2020年	2021年
宁夏	38.22	48.02	41.48	61.47	30.56
河南	47.15	48.48	56.60	58.62	58.22
陕西	42.38	41.39	42.53	38.62	32.53
河北	14.56	23.54	51.07	34.21	35.44
黑龙江	17.06	18.49	26.21	23.40	25.75
山东				20.73	12.05
新疆	6.74	3.94	9.90	10.47	9.25
全国	25.2	28.08	35.58	32.21	26.81

数据来源：《全国农产品成本收益资料汇编》（2018—2022年）。

（三）河北省及各市牛肉产量

1. 河北省牛肉产量

河北省是肉牛养殖大省，同时也是牛肉生产大省。这主要源于河北省肉牛屠宰加工业发达。2016年前，河北省牛肉产量仅次于河南、山东两省，位居全国第三名，直到2016年内蒙古以微弱优势超越河北省，把河北挤出前三名。总体上说，虽然占比稍有下滑，但河北省作为全国牛肉生产大省的地位没有动摇。而且十几年以来，河北省牛肉产量一直稳定在52万～59万吨，2022年为58.1万吨，比上期增长4.12%，占全国牛肉产量的8.09%，仅次于内蒙古和山东，位居全国第三（表1-18）。

表1-18 河北省及全国牛肉产量统计表（2012—2022年）

单位：万吨、%

省份	2013年	2014年	2015年	2016年	2017年	2018年	2019年	2020年	2021年	2022年
河北	52.3	52.4	53.2	54.3	55.6	56.5	57.2	55.6	55.8	58.1
河北占比	8.53	8.51	8.62	8.80	8.76	8.77	8.57	8.27	7.99	8.09
全国	613.1	615.7	616.9	616.9	634.6	644.1	667.3	672.5	698.0	718.0

数据来源：国家统计局网站。

2. 河北省各市牛肉产量

河北省各市牛肉产量差异较大。统计数据显示：除了廊坊市、沧州市牛肉产量震荡下降外，其他地级市牛肉产量年度间变化不大。承德市、唐山市、石家庄市牛肉产量始终名列全省前三位，秦皇岛市牛肉产量始终排在地级市最后（除雄安新区、定州、辛集外）（表1-19）。

表1-19 河北省各市牛肉产量统计表（2013—2022年）

单位：万吨

年份	石家庄	唐山	秦皇岛	邯郸	邢台	保定	张家口	承德	沧州	廊坊	衡水	定州	辛集	雄安
2013	6.30	7.29	2.01	3.12	2.53	3.66	5.36	7.38	4.96	4.57	3.66	1.04	0.42	—
2014	6.07	7.45	2.05	3.11	2.67	3.86	5.77	7.31	4.34	4.57	3.63	1.13	0.43	—
2015	6.02	7.43	2.04	3.10	2.76	3.96	5.83	8.11	4.20	4.37	3.58	1.34	0.45	—
2016	6.09	7.59	1.81	3.21	2.84	4.36	6.24	9.46	3.14	3.95	3.67	1.37	0.52	—
2017	7.63	8.15	1.79	3.94	2.89	4.00	6.83	9.74	3.02	2.43	3.95	0.82	0.44	—
2018	7.66	7.22	2.20	4.01	2.94	4.31	5.11	10.55	3.54	3.01	3.94	0.92	0.46	—
2019	7.52	8.22	2.29	4.03	3.05	4.41	4.77	10.8	3.91	2.87	3.83	0.93	0.44	0.10

（续）

年份	石家庄	唐山	秦皇岛	邯郸	邢台	保定	张家口	承德	沧州	廊坊	衡水	定州	辛集	雄安
2020	7.61	7.90	2.15	3.55	3.07	4.11	4.92	11.37	3.18	2.70	3.62	0.89	0.45	0.06
2021	7.59	7.95	2.18	3.56	3.09	4.11	5.09	11.59	3.13	2.68	3.50	0.86	0.43	0.10
2022	8.00	8.21	2.29	3.64	3.19	4.37	5.49	12.04	3.29	2.70	3.54	0.87	0.43	0.03

数据来源：《河北农村统计年鉴》（2014—2020年）、河北省农业农村厅。

（四）河北省牛肉消费量

2021年河北省居民家庭人均牛肉消费1.5千克，远远低于全国平均值2.5千克，在全国处于中等偏下水平，排在全国倒数第五位，城镇居民家庭人均牛肉消费2.2千克，位居全国倒数第五位，农村居民家庭人均牛肉消费0.7千克，位居全国倒数并列第四位。河北城镇居民家庭对牛肉的消费能力和消费水平远远大于农村居民。一方面的原因是居民消费习惯的影响，农村居民更习惯消费其他肉类，如猪肉、鸡肉；另一方面的原因是农村居民收入水平偏低，对价格相对较高的牛肉消费能力不强。这一状况说明目前河北省居民家庭牛肉消费对肉牛养殖业发展拉动能力有限。但随着居民可支配收入的不断提升，尤其农村居民的牛肉消费潜力巨大（表1-20）。

表1-20 2021年各省份城镇、农村居民家庭人均牛肉消费量

单位：千克/人

省份	城镇	农村	全部
西藏	31.6	18.2	21.9
青海	10.3	10.0	10.2
宁夏	5.1	6.5	5.7
新疆	6.3	4.6	5.4
上海	4.6	2.7	4.4
内蒙古	4.8	3.1	4.1
北京	4.3	2.5	4.0
辽宁	4.8	1.8	3.8
浙江	3.9	2.7	3.5
广东	3.3	2.2	3.0
江西	3.8	2.1	3.0
海南	3.8	1.9	2.9
吉林	4.1	1.4	2.9

（续）

省份	城镇	农村	全部
天津	2.9	1.2	2.6
安徽	3.6	1.6	2.6
江苏	2.9	2.0	2.6
湖北	3.3	1.6	2.5
黑龙江	3.2	1.5	2.5
福建	3.1	1.3	2.4
重庆	3.2	0.9	2.3
湖南	2.8	1.3	2.2
四川	2.7	1.2	1.9
云南	3.3	0.9	1.9
河南	2.5	1.3	1.9
广西	2.7	1.0	1.8
甘肃	2.7	0.8	1.6
河北	2.2	0.7	1.5
陕西	1.9	0.5	1.2
山东	1.5	0.7	1.1
贵州	1.9	0.4	1.1
山西	1.1	0.4	0.8
全国	3.2	1.5	2.5

数据来源：《中国统计年鉴》（2022 年）。

（五）河北省牛肉贸易量

2022 年中国进口牛肉 268.95 万吨，进口额 117.58 亿美元，进口均价为 6.60 美元/千克。2022 年进口牛肉的省份共 30 个，其中进口量合计超过 1 万吨的有 20 个，分别是（单位为万吨）：山东（49.54）、上海（45.93）、广东（32.63）、天津（28.53）、北京（16.24）、江苏（15.13）、福建（11.66）、湖北（10.50）、浙江（9.83）、安徽（9.28）、重庆（7.99）、辽宁（5.35）、湖南（4.68）、吉林（3.74）、河南（3.59）、黑龙江（3.31）、贵州（3.14）、四川（2.43）、江西（1.86）、山西（1.07）。河北省榜上无名（2021 年是 1.18，名列第十八位）。

2022 年中国出口牛肉 1.79 万吨，出口牛肉的省（自治区、直辖市）共 22 个，其中河北省出口牛肉 1 036 吨，出口量排在广东省（7 625 吨）、北京市

（1 583 吨）之后，位居第三。

二、河北省肉牛产业发展中存在的问题

（一）良种覆盖率低，缺乏肉牛种业长期规划

畜牧业的生产贡献率中，品种（遗传）因素至少占 40%，我国本地良种肉牛及外来改良牛之和仅占 35%，黄牛改良不足 20%。河北省母牛繁育为主的边远山区，以当地黄牛为主，黄牛生长速度慢、品相不佳，市场价格和经济效益远远赶不上优良品种。河北省规模育肥场肉牛超过 50% 牛源来源于省外，肉牛品种混杂，以杂交牛为主。肉牛个体小、生长缓慢，品种退化严重，质量参差不齐，目前没有肉牛种业长期规划。

（二）育肥场和繁殖场规模倒置，难以实现最佳产出

肉牛繁殖和育肥应遵循不同的适度规模原则，肉牛繁殖应采取相对小的适度规模，这样每头能繁母牛拥有更优越的生产条件，更多活动面积。而肉牛育肥则相反，一般应该大规模饲养（当然受环境承载力、疫病防疫、环保条件约束，也存在规模适度问题）。但河北省肉牛繁殖和育肥，与养殖规模恰恰不协调。河北省肉牛繁殖场规模偏大，而河北省肉牛育肥规模偏小。河北省肉牛繁殖场户规模偏大造成难以保证对每头能繁母牛的精细化饲养，从而无法保证出生小牛成活率和健康水平。目前虽然河北省肉牛发展的重点在育肥，肉牛繁殖明显偏弱，但依然存在肉牛繁殖规模过大问题。

（三）屠宰加工能力不高，品牌附加值偏低

河北省肉牛屠宰加工企业以中小型企业为主，规模加工企业不多，总体上加工水平参差不齐，大部分屠宰加工企业以屠宰分割为主，普遍未使用牛肉品质分级标准，销售以四分体、冻品为主，高档牛肉相对较少，加工深度不足，无法实现对肉牛养殖的带动作用。屠宰加工企业的产品销售以批发商、农贸市场等低端市场为主，市场消费层级低。由于屠宰的肉牛来源复杂，加之淘汰奶牛成为牛肉生产的重要来源，牛肉品质差异比较大，因此难以产生有影响力的牛肉品牌。虽然建立了福泽、北戎等省内外较有影响力的品牌，但是其品牌影响力、营销创新能力和辐射带动能力仍不足。河北省与周边省市、全国平均价格相比，牛肉价格偏低，不能形成行业超额利润。随着居民生活水平的提高及消费方式的转变，经济发达地区对高档、品牌牛肉的需求倾向越发明显，对品牌牛肉接受度逐步提高。在京津冀协同发展的趋势下，如何利用好河北省的区位优势提高牛肉生产效益，是亟待解决的问题。

（四）技术及管理方式落后，资源环境约束趋紧

虽然河北省肉牛生产方式比过去有了较大进步，但目前养殖方式仍较落后，区域布局不合理，种养结合不紧密，许多自然草场地区仍延续放牧等粗放饲养方式，肉牛总体上仍以农户为单位的小规模饲养方式为主，缺乏规范化、科学化的养殖管理方式和饲草料加工利用，无法有效保证肉牛饲料利用效率和育肥效果，难以提高肉牛质量，牛肉产品品质和数量与发达国家相比差距较大。同时，肉牛养殖粪便综合利用率不高，局部地区环境污染问题突出，环境保护压力较大。

（五）冷链物流发展缓慢，制约了产业有效升级

根据我国肉类产量和冷链流通率测算，2021 年我国肉类的冷链需求总量为 5 421.07 万吨，而 2021 年我国猪牛羊禽肉产量高达 8 887 万吨。当前冷链物流远远不能满足运输需求。冷鲜肉作为档次更高的牛肉产品，价格也明显高于冷冻产品，而由于进口冷鲜肉对于生产作业特别是长距离冷链运输的要求十分苛刻，投入成本显著增高，极大削弱了进口价格的优势。目前我国冷鲜肉的市场份额占比极小，发展潜力巨大，应作为河北省品牌牛肉企业破解价格与技术瓶颈的主攻方向之一。当前，河北省冷链资源众多，冷链行业发展迅速，但同样存在标准体系不完善、组织化程度较低等问题，冷链"不冷""断链"现象十分严重。

（六）财政金融服务不到位，削弱了养殖主体积极性

尽管国家和省政府对肉牛养殖企业制定了一系列补贴政策，但多数肉牛养殖主体表示在多类补贴项目上未能获得政府补贴；养殖场（户）对金融服务的满意度不高，受养殖业风险较大的影响，银行信贷相对谨慎；政策性保险覆盖面较低，与全国肉牛养殖业发达省区相比较，河北省肉牛产业保险的广度和深度都还有很大的差距，不仅肉牛产业保险产品少，而且养殖户的参与度也不高。

三、促进河北省肉牛产业健康发展的对策

（一）制定肉牛种业长期规划，强化良繁体系建设

建立河北省肉牛数据库，强化种牛生产性能测定工作，加大杂交改良推广应用范围和力度。制定河北省肉牛种业长期发展规划，积极开展河北省肉牛品种登记、性能测定、遗传评估、数据收集等基本工作。制订选育计划，开

展不同肉牛品种杂交组合筛选试验，以期尽快筛选出适合不同市场需求的杂交肉牛组合，提高肉牛生产经济效益。引进肉牛活体、冻精和胚胎，扩繁纯种基础母牛群。依托种公牛站和基层改良站点进行良种推广，使用西门塔尔和安格斯等主导品种对现有的存栏 175 万头本地肉牛进行杂交改良，提高牛肉品质及产量。开展肉牛繁育技术人员培训，继续做好技术支持工作。

（二）实现适当规模肉牛育繁，提高育繁质量和效益

充分发挥本地资源优势，坚持"北繁南育、西繁东育、山繁川育"的总体思路，在北部和西部山区及坝上地区繁育纯种肉牛和杂交牛后代，形成母牛繁育区。在平原农区、黑龙港流域，以石家庄、保定、唐山市肉牛养殖优势区域为中心开展育肥，形成肉牛规模育肥区。肉牛繁育应采用不同发展思路：肉牛繁殖采取适度小规模，尤其适合有条件的农村地区一家一户饲养，如张家口、承德农村地区，土地、草场、秸秆资源丰富，通过"合作社＋养殖户"方式把农民组织起来，进行肉牛繁殖。也可以利用"小母牛项目"方式，结合农村扶贫，解决养殖户资金不足问题。但这两种方式必须保证对农户养殖的技术支撑与跟进，化解疫病风险。肉牛育肥要适度大规模化，在满足环保与疫病防治等基本约束的前提下，适度提高养殖规模。尤其对肉牛养殖规模化较低的市，农业部门应该在深入调研的基础上，研究提升肉牛养殖规模水平的具体政策和措施。标准化规模养殖是肉牛产业调结构、转方式的重要抓手，应继续扩大肉牛标准化规模养殖项目实施范围，进一步支持适度肉牛规模养殖场的升级和改造，提升标准化生产水平。新形势下，落实新的环保理念，处理好生产发展和环境的关系，强化粪便收集工艺研究，提高规模养殖场粪污处理效率，基础设施设备配备率，鼓励企业完善粪污综合处理利用技术，发展差异化生态工程处理模式。

（三）推广先进屠宰加工技术，打造本地牛肉品牌

推广牛肉深加工技术，对牛胴体实施精细化分割，提高牛肉附加值。以"目标市场需求"为主体开展目标市场产品层级、品质特征需求、潜在消费者需求等系列调研工作。以品牌促收益，通过农博会、展览会、洽谈会等形式，做优做精特色品牌，做大做强企业品牌，落实奖补政策，调动企业的积极性。

（四）强化科技支撑与示范推广，软化资源环境约束

首先，集聚河北省现代肉牛产业技术体系、科研院所和企业力量，加强肉

牛核心技术与设施装备的联合攻关和研发，突破关键领域的技术瓶颈。加强基层畜牧技术推广体系建设，提升推广骨干的服务能力。特别针对肉牛整体遗传水平不高、良种化程度低、品种培育缓慢等问题，在有条件场区，加大新培育的专门化肉牛新品种和新技术示范推广。其次，大力开发当地粗饲料资源，节本增效，在规模化肉牛场推广阶段饲养技术和 TMR 日粮使用技术。积极配合"粮改饲"等政策落实，推广全株玉米青贮的制作，根据肉牛品种和不同生理阶段，制定科学合理的饲料营养配方；开发环保饲料产品，减少暖气等反刍动物气体排放，保护生态环境。再次，开展重要疫病流行情况调查，重点实施以布病、口蹄疫、焦虫病等为代表的重点疫病净化，加强犊牛腹泻和呼吸道疾病的技术攻关和肉牛运输热应激（TSSBC）防控等工作。最后，根据全省各地自然资源和环境承载力统筹发展布局，加强肉牛产业发展整体谋划，按照粗饲料及粪肥土地承载能力设定大体养殖规模，实行以种定养，实现种养循环可持续发展。

（五）推进冷链物流快速发展，拓展牛肉消费空间

2021 年，国家发展改革委印发了《城乡冷链和国家物流枢纽建设中央预算内投资专项管理办法》，明确提出"重点支持服务于肉类屠宰加工及流通的冷链物流设施项目（不含屠宰加工线等生产设施），公共冷库新建、改扩建、智能化改造及相关配套设施项目"。未来较长时期内，肉类产品消费仍将持续增长，受新冠疫情、非洲猪瘟等的冲击，肉类产品保供稳产的难度加大，产业发展面临的风险更加凸显。这种复杂发展形势对肉类冷链物流提出了更高的要求，应建设现代肉类流通体系，加快发展冷链物流，支持肉类产品仓储保鲜和冷链物流设施建设。鼓励肉牛企业积极参与到该体系中来，充分利用冷链运营资源，升级牛肉冷鲜技术，扩大冷鲜牛肉市场份额，增强自主牛肉品牌核心竞争力。

（六）加强财政金融政策支持，助力肉牛产业发展

一是创新金融服务产品，推行肉牛政策性养殖保险制度，制定肉牛养殖"利润保护计划"。二是推广"政银企户保""政银担"等金融合作服务模式的成功经验，借助"银保合作"实现信贷融资、租赁融资以及其他社会资本融资。三是引导金融服务机构积极探索肉牛养殖设备融资租赁、活体生物资产抵押融资、项目周转资金额度借贷等金融服务新方式，满足我省肉牛业发展的资金需求。四是健全风险分担机制，将家庭农场、合作社和中小型种养户纳入担保范围，并强化产品分类设计，开发更多的具有季节性、时效性、区域性的差异化担保产品。

参 考 文 献

马长海，赵慧峰，王秀芳，等，2019. 河北省肉牛产业发展报告（2018）［M］. 北京：中国农业出版社.

赵慧峰，马长海，高彦，等，2021. 河北省肉牛产业经济研究（2019—2020 年）［M］. 北京：中国农业出版社.

专题二 河北省肉牛产业竞争力对比分析

早在 20 世纪 80 年代，波特著作《国家竞争优势》中的"钻石模型"，提出了国家竞争力的理论与分析框架，之后学者们将其运用于产业竞争力的分析评价中。本专题中的肉牛产业竞争力为河北省肉牛产业相对于其他地区在生产效率、满足市场需求等方面所体现的竞争优势和能力。

一、肉牛产业国内竞争力评价指标体系设置与评价方法选择

本专题共选取了全国除港澳台之外的 31 个省级行政区作为研究对象，为方便阅读，下文中将"我国 31 个省级行政区之间"简称为"我国省域间"。

(一) 肉牛产业国内竞争力评价指标体系的设置

1. 评价体系的设计原则

在构建评价指标体系时，过少的指标不能全面反映产业竞争力情况，过多的指标则会产生较强的互补或替代关系，从而掩盖实际的差异。因此，要选择适量指标来科学、客观体现各地区肉牛产业竞争力。具体来说，构建评价指标体系要遵循以下原则：

一是科学性与可行性相结合。确保数据的科学性是任何研究最基本的原则，但与此同时，也应在科学客观的基础上考虑现实可行性。因此，本专题所有数据均来自官方权威统计资料，同时在实地调研的基础上，借鉴了当前学术界已有的畜牧业竞争力评价方面的指标，充分考虑肉牛产业特点与数据可获得性，以确保评价结果的科学、客观、合理。

二是全面性与针对性相结合。尽可能选择肉牛产业各方面的竞争力评价指标，争取在避免指标过多的同时，能够尽量全面地反映肉牛产业竞争力。与此同时，着重选择更能反映产业现状和差异的指标。

2. 评价体系各级指标的选取依据

（1）一级指标的选择

本专题梳理研究了产业竞争力方面的各种理论，发现波特"钻石模型"的构成因素可以涵盖各项影响指标，可以综合体现竞争力水平。在畜牧业产业竞争力评价的研究中很多学者也使用了"钻石模型"，亦可作为参考。基于上述原因，本专题选择将"钻石模型"的构成因素作为一级指标。但在六个构成因素中，"政府"在产业竞争力方面具有从属特征，且"政府"的投入是将资本作为一种表现形式，最终在"生产要素"这一因素中体现；而"机遇"作为不受控制的随机事件，具有时效性且难以量化。如果将这两个因素放入评价体系中，不仅难以确定相对应的、连续具体的二级指标，还可能对整个评价体系的真实性产生较大影响。因此，在河北省肉牛产业国内竞争力评价体系的构建中，本书共选择了四个一级指标，分别为：生产要素竞争力（A_{ij}）、需求条件竞争力（B_{ij}）、相关与支持产业竞争力（C_{ij}）、产业结构及竞争对手竞争力（D_{ij}）。

（2）二级指标的选择

借鉴学术界对于畜牧业产业竞争力相关研究中的指标，从各类官方统计数据中进行筛选，最后结合肉牛产业自身特点和实践调研经验对二级指标进行了部分调整和改进。此外，所有二级指标均符合上述四个一级指标所包含的范畴。具体讲，在生产要素竞争力（A_{ij}）方面，根据相关竞争力理论，二级指标在人力资源、自然资源、资本资源、基础设施等方面分别选取；在需求条件竞争力（B_{ij}）方面，根据经济学中对需求影响因素的研究，从消费者的收入、消费者偏好（消费量）、产品价格、替代品的价格、其他因素等方面分别选取；在相关与支持产业竞争力（C_{ij}）方面，从肉牛产业链的上游与下游分别选取；在产业结构及竞争对手竞争力（D_{ij}）方面，根据相关文献研究及实际生活经验，牛肉的替代品主要为羊肉、猪肉，所以选择羊、猪作为竞争对手来确定相应的二级指标。

3. 基于"钻石模型"的肉牛产业国内竞争力评价指标体系的设置

根据上述原则和指标选取依据，本专题在省域间肉牛产业竞争力评价指标体系构建上，共选择了4个一级指标：生产要素竞争力（A_{ij}）、需求条件竞争力（B_{ij}）、相关与支持产业竞争力（C_{ij}）和产业结构及竞争对手竞争力（D_{ij}），32个二级指标，分别说明如下：

（1）生产要素竞争力

在生产要素竞争力（A_{ij}）方面，生产要素包括人力资源、自然资源、资本资源、知识资源、基础设施等方面，并且可以被分为初级生产要素（天然资源、非技术性工人等）和高级生产要素（现代通信、交通等基础设施和受过高等教育的人力等）。其中，知识资源难以量化，而基础设施如公路里程数、供水管长度等均与肉牛产业发展的直接关系较小，因此本专题并未从中选取此类指标。具体讲，生产要素竞争力指标包括：

肉牛业总产值（A_{i1}）：用来衡量该地区肉牛产业资本资源情况，本专题所用产值按 2019 年当年价格计算。

青饲料播种面积（A_{i2}）：反映了当地青饲料的生产情况。

县（市）级畜牧站在编干部职工总人数（A_{i3}）：该指标可以反映当地畜牧站规模大小。

种肉牛场个数（A_{i4}）：影响当地肉牛产业在之后一年的种牛生产规模。

种肉牛场年末存栏数量（A_{i5}）：该指标可以决定一年之后种牛场肉牛生产情况。

种肉牛场能繁母牛存栏数量（A_{i6}）：该指标决定了一年之后可以繁殖的种牛数量。

种肉牛场当年生产胚胎（A_{i7}）：该指标可以看出当年种肉牛场生产情况。

表 2-1 为生产要素竞争力评价指标下二级指标的选择。

表 2-1　生产要素竞争力评价指标下二级指标的选择

指标代码	二级指标	指标单位
A_{i1}	肉牛业总产值	亿元
A_{i2}	青饲料播种面积	千公顷
A_{i3}	县（市）级畜牧站在编干部职工总人数	人
A_{i4}	种肉牛场个数	个
A_{i5}	种肉牛场年末存栏数量	头
A_{i6}	种肉牛场能繁母牛存栏数量	头
A_{i7}	种肉牛场当年生产胚胎	个

（2）需求条件竞争力

在需求条件竞争力（B_{ij}）方面，经济学理论中需求影响因素包括消费者收入、消费者偏好（消费量）、产品价格、替代品价格、其他因素等五个方面，本书选择以下 7 个二级指标来表达：

人均地区生产总值（B_{i1}）：是当地经济综合发展水平的体现，可以衡量当地居民生活水平，对区域牛肉产品需求有重要影响。

城镇居民人均可支配收入（B_{i2}）：该指标可以体现城镇消费者对牛肉的购买能力。

农村居民人均可支配收入（B_{i3}）：该指标可以体现农村消费者对牛肉的购

买能力。

城镇居民人均牛肉消费量（B_{i4}）：该指标可以体现城镇消费者对牛肉产品的需求量和购买能力。

农村居民人均牛肉消费量（B_{i5}）：该指标可以体现该地区农村消费者对牛肉产品的需求量与购买能力。

去骨牛肉价格（B_{i6}）：因牛肉价格波动受季节因素影响，且每年冬季肉类消费量较大，故本专题采用数据统一为当年 12 月去骨牛肉价格。

带骨羊肉价格（B_{i7}）：作为牛肉的替代产品，羊肉价格对消费者在牛肉产品的需求方面也有重要影响。本专题采用数据统一为当年 12 月去骨羊肉价格，原因同牛肉。

去皮带骨猪肉价格（B_{i8}）：作为牛肉的替代产品，猪肉价格对消费者在牛肉产品的需求方面有重要影响。本专题采用数据统一为当年 12 月去皮带骨猪肉价格，原因同牛肉。

表 2-2 为需求条件竞争力评价指标下二级指标的选择。

表 2-2 需求条件竞争力评价指标下二级指标的选择

指标代码	二级指标	指标单位
B_{i1}	人均地区生产总值	元
B_{i2}	城镇居民人均可支配收入	元
B_{i3}	农村居民人均可支配收入	元
B_{i4}	城镇居民人均牛肉消费量	千克
B_{i5}	农村居民人均牛肉消费量	千克
B_{i6}	去骨牛肉价格	元/千克
B_{i7}	带骨羊肉价格	元/千克
B_{i8}	去皮带骨猪肉价格	元/千克

（3）相关与支持产业竞争力

在相关与支持产业竞争力（C_{ij}）方面，从肉牛相关产业及产业链上、下游分别选取相关指标。饲料行业作为肉牛产业的上游产业必须选择。肉牛养殖所用粗饲料主要是黄贮和玉米秸秆，精料主要是玉米面或酒糟。其中酒糟数量难以统计，且青贮、黄贮、玉米面等肉牛常用饲料均来自玉米，因此选用玉米产量和工业饲料总产量作为饲料方面的指标。此外，由于难以找到各省肉牛屠宰加工的具体统计数据，因此选用了农副食品加工业资产总计和规模以上畜禽屠宰企业鲜牛肉、冷藏牛肉生产情况作为屠宰加工环节的指标。具体包括以下 8 个二级指标：

玉米产量（C_{i1}）：该指标可在一定程度上衡量该地区肉牛饲料产业的发展水平。

工业饲料总产量（C_{i2}）：该指标可在一定程度上衡量该地区肉牛饲料产业的发展水平。

畜牧养殖机械总动力（C_{i3}）：可以衡量当地畜牧养殖现代化水平。

肉牛年末存栏量（C_{i4}）：区域牛存栏量决定着下一年度肉牛生产能力。

肉牛出栏量（C_{i5}）：该指标可以较好衡量当地肉牛生产与养殖能力。

牛肉产量（C_{i6}）：该指标直接体现了本年度当地肉牛产业的生产力水平。

农副食品加工业资产总计（C_{i7}）：该指标可以反映当地农产品加工水平。

规模以上畜禽屠宰企业鲜牛肉、冷藏牛肉生产情况（C_{i8}）：该指标可以反映当地屠宰水平。

表 2 - 3 为相关与支持产业竞争力评价指标下二级指标的选择。

表 2 - 3　相关与支持产业竞争力评价指标下二级指标的选择

指标代码	二级指标	指标单位
C_{i1}	玉米产量	万吨
C_{i2}	工业饲料总产量	万吨
C_{i3}	畜牧养殖机械总动力	万千瓦
C_{i4}	肉牛年末存栏量	万头
C_{i5}	肉牛出栏量	万头
C_{i6}	牛肉产量	万吨
C_{i7}	农副食品加工业资产总计	亿元
C_{i8}	规模以上畜禽屠宰企业鲜牛肉、冷藏牛肉生产情况	万吨

（4）产业结构及竞争对手竞争力

在产业结构及竞争对手竞争力（D_{ij}）方面，牛肉的替代品主要为羊肉、猪肉，所以选择羊、猪作为竞争对手来确定相应的二级指标。具体包括以下 9 个二级指标：

羊年末存栏量（D_{i1}）：决定着下一年度该地区肉羊生产能力。

肉羊出栏量（D_{i2}）：该指标可以很好地衡量当地肉羊生产与养殖能力。

羊肉产量（D_{i3}）：该指标直接体现了本年度当地肉羊产业生产力水平。

居民人均羊肉消费量（D_{i4}）：可以体现当地消费者对羊肉的需求量和购买能力。

猪年末存栏量（D_{i5}）：决定着下一年度该地区生猪生产能力。

肉猪出栏量（D_{i6}）：该指标可以很好地衡量当地生猪生产与养殖能力。

猪肉产量（D_{i7}）：该指标直接体现了本年度当地生猪产业生产力水平。

居民人均猪肉消费量（D_{i8}）：该指标可以较好地体现本年度当地农村消费者对于猪肉的需求量和购买能力。

牛肉产量占肉类总产量的比重（D_{i9}）：该指标衡量牛肉产品在当地肉类生产中的相对水平。

表2-4为产业结构及竞争对手竞争力评价指标下二级指标的选择。

表2-4　产业结构及竞争对手竞争力评价指标下二级指标的选择

指标代码	二级指标	指标单位
D_{i1}	羊年末存栏量	万头
D_{i2}	肉羊出栏量	万头
D_{i3}	羊肉产量	万吨
D_{i4}	居民人均羊肉消费量	千克
D_{i5}	猪年末存栏量	万头
D_{i6}	肉猪出栏量	万头
D_{i7}	猪肉产量	万吨
D_{i8}	居民人均猪肉消费量	千克
D_{i9}	牛肉产量占肉类总产量的比重	％

（5）肉牛产业国内竞争力评价指标体系的设置

综上，本专题在省域间的肉牛产业竞争力评价指标体系构建上，共选择了4个一级指标，32个二级指标，包含全国除港澳台外的31个省级行政区。评价指标体系的各级指标及代码、单位均在表2-5中展示。

表2-5　省域间肉牛产业竞争力评价指标体系

一级指标	指标代码	二级指标	二级指标单位
生产要素竞争力（指标代码：A_{ij}）	A_{i1}	肉牛业总产值	亿元
	A_{i2}	青饲料播种面积	千公顷
	A_{i3}	县（市）级畜牧站在编干部职工总人数	人
	A_{i4}	种肉牛场个数	个
	A_{i5}	种肉牛场年末存栏数量	头
	A_{i6}	种肉牛场能繁母牛存栏数量	头
	A_{i7}	种肉牛场当年生产胚胎	个

（续）

一级指标	指标代码	二级指标	二级指标单位
需求条件竞争力 （指标代码：B_{ij}）	B_{i1}	人均地区生产总值	元
	B_{i2}	城镇居民人均可支配收入	元
	B_{i3}	农村居民人均可支配收入	元
	B_{i4}	城镇居民人均牛肉消费量	千克
	B_{i5}	农村居民人均牛肉消费量	千克
	B_{i6}	去骨牛肉价格	元/千克
	B_{i7}	带骨羊肉价格	元/千克
	B_{i8}	去皮带骨猪肉价格	元/千克
相关与支持 产业竞争力 （指标代码：C_{ij}）	C_{i1}	玉米产量	万吨
	C_{i2}	工业饲料总产量	万吨
	C_{i3}	畜牧养殖机械总动力	万千瓦
	C_{i4}	肉牛年末存栏量	万头
	C_{i5}	肉牛出栏量	万头
	C_{i6}	牛肉产量	万吨
	C_{i7}	农副食品加工业资产总计	亿元
	C_{i8}	规模以上畜禽屠宰企业鲜牛肉、冷藏牛肉生产情况	万吨
产业结构及竞争 对手竞争力 （指标代码：D_{ij}）	D_{i1}	羊年末存栏量	万头
	D_{i2}	肉羊出栏量	万头
	D_{i3}	羊肉产量	万吨
	D_{i4}	居民人均羊肉消费量	千克
	D_{i5}	猪年末存栏量	万头
	D_{i6}	肉猪出栏量	万头
	D_{i7}	猪肉产量	万吨
	D_{i8}	居民人均猪肉消费量	千克
	D_{i9}	牛肉产量占肉类总产量的比重	%

（二）肉牛产业国内竞争力评价方法的选择

1. 主成分分析法选用原因

选择主成分分析法的原因有二：一是主成分分析法可以在原始数据信息尽可能完整的情况下，将多维数据进行降维变成较少的代表性数据，归纳、简化原始数据表；二是主成分分析法避免了因子旋转造成的误差，减少了专家打分等人为因素的干扰，使结果更为客观可靠。

2. 主成分分析法的数学原理及基本步骤

主成分分析法是运用数学原理，把较多的原始变量通过降维处理，浓缩提取出少量综合指标的统计分析方法。这种方法所提取的综合指标就被称为主成分，主成分通常有四个特点：一是提取的主成分个数远小于原始变量，使用提取的主成分参与建模，可以使后续计算量大幅度减少。二是可以反映原始变量的绝大部分信息，这是由于主成分分析法在降维处理时并不是简单地取舍计算，而是进行了重组，因而可以做到信息丢失最少，包含绝大部分原始信息。三是所提取的主成分之间互不相关，这样可以将原始变量中出现的信息重叠、多重共线性等多种问题妥善解决。四是所提取的主成分可以命名解释，具有实际意义。

主成分分析法的具体方法为，先假定样本数为 n，且这 n 个样本都包含同样的变量数，将变量数记为 p，这样就可以构成一个矩阵，是 $n \times p$ 阶的数据矩阵，之后可以使用主成分分析法对这些原始数据进行分析，基本步骤如下：

第一，对原始矩阵做标准化处理。该步骤是为了化解样本中不同指标所带来的不同量纲的误差。

第二，进行 KMO 和巴特利特检验。当结果中 KMO 接近于 1，且巴特利特球形度检验显著性水平 P 接近 0 时，则适用于主成分分析法。若出现 $KMO < 0.5$ 或 $P > 0.05$ 的情况，则表示极不适合做主成分分析。

第三，确定主成分个数并计算相关系数矩阵 $\boldsymbol{R}$。该步骤是主成分分析法中计算的初始步骤，其中 r_{ij}（$i,j=1,2,\cdots,p$）为原变量 x_i 与 x_j 的相关系数，$r_{ij}=r_{ji}$，具体公式如下：

$$\boldsymbol{R} = \begin{bmatrix} r_{11} & r_{12} & \cdots & r_{1p} \\ r_{21} & r_{22} & \cdots & r_{2p} \\ \vdots & \vdots & \cdots & \vdots \\ r_{p1} & r_{p2} & \cdots & r_{pp} \end{bmatrix} \tag{2-1}$$

第四，计算特征值、特征向量。先计算特征值，之后将计算结果排序，并据此求其特征向量。具体公式如下：

特征值计算：

$$|\lambda I - R| = 0 \tag{2-2}$$

特征值排序：

$$\lambda_1 \geqslant \lambda_2 \geqslant \cdots \geqslant \lambda_p \geqslant 0 \tag{2-3}$$

第五，计算贡献率 b_i 和累计贡献率 G_m。具体公式如下：

贡献率计算：

$$b_i = \frac{\lambda_i}{\sum_{i=1}^{p} \lambda_k}(i=1,2,3,\cdots,p) \tag{2-4}$$

累计贡献率计算：

$$G_m = \frac{\sum\limits_{k=1}^{i} \lambda_k}{\sum\limits_{k=1}^{p} \lambda_k} (i = 1, 2, \cdots, p) \qquad (2-5)$$

第六，计算综合得分 Z。公式如下：

$$Z = \sum\limits_{i=1}^{k} b_i F_i (i = 1, 2, \cdots, p) \qquad (2-6)$$

依据上述计算方式，对河北省肉牛产业国内竞争力指标体系进行计算，并根据结果客观阐述主成分的现实意义，以此完成较为科学、合理的实证分析。

3. 数据来源

本专题所用数据源自：2020 年的《中国统计年鉴》《中国农村统计年鉴》《中国畜牧兽医年鉴》《中国农业机械工业年鉴》《畜禽养殖与饲料产业年鉴》、国家统计局官网、中国农业信息网、中国畜牧业信息网 4.0。本专题运用软件 SPSS26.0 对这些数据进行主成分分析和综合评价。

二、我国省域间肉牛产业竞争力比较实证分析

（一）我国省域间肉牛产业竞争力的实证研究

1. 生产要素竞争力研究

在生产要素竞争力这个一级指标下有 7 个二级指标，包括 31 个研究对象，共 217 个原始数据。在使用主成分分析法进行研究前，需要先对这 217 个原始数据进行 KMO 和巴特利特检验，来确定是否适用。从表 2-6 中可以看出，KMO 取样适切性量数为 0.738 097，接近于 1，且巴特利特球形度检验显著性水平 P 接近于 0，即所选数据适用于主成分分析法。

本专题中后续所有需要该检验的地方均已进行检验，且结果中 KMO 均大于 0.7，显著性水平 P 均大于 0.05，表明所选数据均适用于主成分分析法，后续不再重复叙述。表 2-6 为 KMO 和巴特利特检验结果。

表 2-6 KMO 和巴特利特检验

检验		检验结果
KMO 取样适切性量数		0.738 097
巴特利特球形度检验	近似卡方	231.370 288
	自由度	21.000 000
	显著性	0.000 000

使用 SPSS26.0 对生产要素竞争力指标下的原始数据进行分析计算，得到

我国省域间肉牛产业生产要素竞争力的累计贡献率（表 2-7）。从表 2-7 可以看出，前 3 个主成分的特征值均大于 1，也就是说在生产要素 7 个指标中提取了 3 个主成分。其主成分方差分别占所有方差的 52.947%、18.138%、14.397%，三者累计达到了 85.482%，即这 3 个主成分解释了全国肉牛产业生产要素竞争力的 85.482%，属于较好的解释水平。

表 2-7　生产要素竞争力的特征值、贡献率和累计贡献率

成分	初始特征值			提取载荷平方和		
	总计	方差百分比	累积%	总计	方差百分比	累积%
1	3.706	52.947	52.947	3.706	52.947	52.947
2	1.270	18.138	71.085	1.270	18.138	71.085
3	1.008	14.397	85.482	1.008	14.397	85.482
4	0.566	8.083	93.565			
5	0.335	4.789	98.354			
6	0.113	1.620	99.975			
7	0.002	0.025	100.000			

计算出各个主成分的得分权重系数，再结合原始数据，可以得到生产要素竞争力的省域间综合得分及排名（表 2-8）。从表 2-8 可以看出，生产要素的综合得分中河北排名第八，较为靠前，前五名分别是内蒙古、湖南、云南、甘肃、新疆。

表 2-8　生产要素竞争力的综合得分及排名

省份	综合得分	排名	省份	综合得分	排名
内蒙古	5.046 394	1	江西	-0.393 497	17
湖南	1.508 823	2	山西	-0.462 956	18
云南	1.391 193	3	安徽	-0.572 128	19
甘肃	1.210 989	4	海南	-0.686 257	20
新疆	0.869 723	5	重庆	-0.697 817	21
吉林	0.800 924	6	宁夏	-0.718 451	22
河南	0.565 904	7	青海	-0.774 452	23
河北	0.476 747	8	广东	-0.784 382	24
贵州	0.287 094	9	浙江	-0.785 835	25
广西	0.269 713	10	江苏	-0.863 300	26
四川	0.159 035	11	西藏	-0.866 940	27
黑龙江	0.140 388	12	天津	-1.175 852	28
湖北	0.097 043	13	福建	-1.236 524	29
山东	0.085 525	14	上海	-1.296 028	30
陕西	0.051 495	15	北京	-1.308 421	31
辽宁	-0.338 151	16			

　　根据公式计算各指标权重可以得出，在 7 个指标中，对肉牛生产要素竞争力影响较大的 5 个变量分别是：种肉牛场个数、肉牛业总产值、种肉牛场能繁母牛存栏数量、种肉牛场年末存栏数量、青饲料播种面积，这 5 个变量的累计贡献率达到 75.036%，属于较好的解释水平。具体来说，种肉牛场的各指标表明良种选育可以为肉牛产业提供源动力，且这些指标属于高级生产要素，表明在省域间生产要素竞争力中科技与专业性要素开始起重要作用。肉牛业总产值反映了肉牛产业经济的总体状况，青饲料播种面积则表明基础要素必不可少。

2. 需求条件竞争力研究

　　在需求条件竞争力这个一级指标下有 8 个二级指标，共 248 个原始数据。使用 SPSS26.0 对该指标下的原始数据进行分析计算，得到我国省域间肉牛产业需求条件竞争力的累计贡献率（表 2-9）。从表 2-9 可以看出，在需求条件8 个指标中提取了 3 个主成分。其主成分方差分别占所有方差的 45.401%、28.151% 和 18.125%，共解释了全国肉牛产业需求条件竞争力的 91.677%，属于极好的解释水平。

表 2-9　需求条件竞争力的特征值、贡献率和累计贡献率

成分	初始特征值			提取载荷平方和		
	总计	方差百分比	累积%	总计	方差百分比	累积%
1	3.632	45.401	45.401	3.632	45.401	45.401
2	2.252	28.151	73.552	2.252	28.151	73.552
3	1.450	18.125	91.677	1.450	18.125	91.677
4	0.294	3.677	95.354			
5	0.147	1.839	97.193			
6	0.101	1.267	98.460			
7	0.086	1.077	99.537			
8	0.037	0.463	100.000			

　　计算得出需求条件竞争力的省域间综合得分及排名（表 2-10）。可以看出，综合得分中河北排名第二十六，较为靠后，前五名分别是上海、浙江、北京、江苏、广东，均为经济条件较好的省份。

　　计算得出在 8 个指标中对肉牛需求条件竞争力影响较大的 5 个变量分别是：城镇居民人均可支配收入、农村居民人均可支配收入、人均地区生产总值、去骨牛肉价格、带骨羊肉价格，这 5 个变量的累计贡献率达到 77.604%，属于较好的解释水平。具体来说，城乡居民人均可支配收入与人均地区生产总值说明经济对牛肉产业影响较大。去骨牛肉价格、带骨羊肉价格则说明牛羊肉的价格与牛肉产业关系较为密切，猪肉价格则影响较小。

表 2 - 10　需求条件竞争力的综合得分及排名

省份	综合得分	排名	省份	综合得分	排名
上海	3. 268 881	1	安徽	−0. 420 420	17
浙江	2. 074 101	2	辽宁	−0. 481 143	18
北京	1. 800 042	3	贵州	−0. 543 919	19
江苏	1. 308 144	4	内蒙古	−0. 590 197	20
广东	1. 057 022	5	云南	−0. 632 598	21
福建	0. 983 408	6	陕西	−0. 720 158	22
海南	0. 885 601	7	河南	−0. 737 667	23
天津	0. 717 335	8	青海	−0. 744 404	24
山东	0. 267 752	9	宁夏	−0. 900 458	25
江西	0. 211 109	10	河北	−0. 924 508	26
湖南	0. 165 047	11	吉林	−0. 934 249	27
西藏	0. 068 804	12	新疆	−1. 002 257	28
湖北	−0. 067 860	13	黑龙江	−1. 086 187	29
广西	−0. 112 751	14	山西	−1. 138 003	30
重庆	−0. 130 247	15	甘肃	−1. 474 325	31
四川	−0. 165 897	16			

3. 相关与支持产业竞争力研究

在相关与支持产业竞争力这个一级指标下有 8 个二级指标，共 248 个原始数据。使用 SPSS26.0 对该指标下的原始数据进行分析计算，得到我国省域间肉牛产业相关与支持产业竞争力的累计贡献率（表 2-11）。由表 2-11 可以看出，在相关与支持产业 8 个指标中提取了 2 个主成分。其主成分方差分别占所有方差的 52.803% 和 27.089%，两者累计解释了全国肉牛相关与支持产业竞争力的 79.892%，属于较好的解释水平。

表 2 - 11　相关与支持产业竞争力的特征值、贡献率和累计贡献率

成分	初始特征值			提取载荷平方和		
	总计	方差百分比	累积%	总计	方差百分比	累积%
1	4. 224	52. 803	52. 803	4. 224	52. 803	52. 803
2	2. 167	27. 089	79. 892	2. 167	27. 089	79. 892
3	0. 834	10. 420	90. 312			
4	0. 361	4. 510	94. 822			

（续）

成分	初始特征值			提取载荷平方和		
	总计	方差百分比	累积%	总计	方差百分比	累积%
5	0.196	2.445	97.267			
6	0.122	1.526	98.792			
7	0.085	1.066	99.858			
8	0.011	0.142	100.000			

　　计算得出相关与支持产业竞争力的省域间综合得分及排名（表 2 - 12）。从表中可以看出，综合得分中河北排名第二，极为靠前，前五名分别是山东、河北、河南、辽宁、黑龙江。

表 2 - 12　相关与支持产业竞争力的综合得分及排名

省份	综合得分	排名	省份	综合得分	排名
山东	5.842 007	1	安徽	−0.252 681	17
河北	1.634 633	2	甘肃	−0.336 370	18
河南	1.416 570	3	陕西	−0.503 163	19
辽宁	1.315 352	4	江西	−0.559 385	20
黑龙江	1.179 005	5	贵州	−0.828 032	21
内蒙古	1.023 266	6	山西	−0.962 003	22
四川	0.870 914	7	浙江	−0.987 041	23
广东	0.701 797	8	重庆	−1.007 437	24
吉林	0.576 169	9	宁夏	−1.208 001	25
云南	0.366 286	10	青海	−1.252 769	26
湖北	0.305 069	11	西藏	−1.279 201	27
广西	0.114 530	12	北京	−1.403 590	28
湖南	0.047 641	13	天津	−1.477 649	29
江苏	0.021 581	14	海南	−1.510 303	30
福建	−0.118 590	15	上海	−1.598 083	31
新疆	−0.130 525	16			

　　计算得出在 8 个指标中对肉牛产业相关与支持产业竞争力影响较大的 5 个变量分别是农副食品加工业资产总计、规模以上畜禽屠宰企业鲜冷藏肉生产情况、工业饲料总产量、牛肉产量、玉米产量，变量的累计贡献率达到 82.987%，

属于较好的解释水平。具体来说，在产业链上、下游均有分布，较为均衡。工业饲料总产量与玉米产量说明在产业链上游饲料对肉牛产业影响较大，而畜牧机械等影响较小。农副食品加工业资产总计、规模以上畜禽屠宰企业鲜冷藏肉生产情况及牛肉产量则说明其对肉牛产业与当地屠宰加工业的发展有较大影响。

4. 产业结构及竞争对手竞争力研究

在产业结构及竞争对手竞争力这个一级指标下有 9 个二级指标，共 279 个原始数据。使用 SPSS26.0 对该指标下的原始数据进行分析计算，得到我国省域间肉牛产业结构及竞争对手竞争力的累计贡献率（表 2-13）。从表 2-13 可以看出，在产业结构及竞争对手 9 个指标中提取了 2 个主成分。其主成分方差分别占所有方差的 46.561% 和 36.605%，两者累计解释了全国肉牛产业结构及竞争对手竞争力的 83.166%，属于较好的解释水平。

表 2-13　产业结构及竞争对手竞争力的特征值、贡献率和累计贡献率

成分	初始特征值			提取载荷平方和		
	总计	方差百分比	累积%	总计	方差百分比	累积%
1	4.191	46.561	46.561	4.191	46.561	46.561
2	3.294	36.605	83.167	3.294	36.605	83.167
3	0.819	9.095	92.262			
4	0.390	4.330	96.592			
5	0.232	2.583	99.175			
6	0.050	0.551	99.726			
7	0.019	0.207	99.932			
8	0.003	0.039	99.971			
9	0.003	0.029	100.000			

计算得出产业结构及竞争对手竞争力的省域间综合得分及排名（表 2-14）。从中可以看出，综合得分中河北排名第八，前五名分别是内蒙古、新疆、青海、西藏、甘肃，有较明显的地域特征。

计算得出在 9 个指标中对肉牛产业结构及竞争对手竞争力影响较大的 5 个变量分别是羊年末存栏量、羊肉产量、肉羊出栏量、居民人均羊肉消费量、牛肉产量占肉类总产量的比重，变量的累计贡献率达到 83.597%，属于较好的解释水平。这说明羊肉与牛肉产业关系极为密切，而猪肉与牛肉产业关系较小。

表 2 - 14 产业结构及竞争对手竞争力的综合得分及排名

省份	综合得分	排名	省份	综合得分	排名
内蒙古	4.970 084	1	辽宁	−0.471 716	17
新疆	4.107 620	2	天津	−0.494 439	18
青海	1.114 861	3	吉林	−0.518 436	19
西藏	1.047 073	4	江苏	−0.656 668	20
甘肃	0.911 307	5	湖北	−0.712 484	21
山东	0.808 360	6	湖南	−0.740 864	22
宁夏	0.618 353	7	海南	−0.857 318	23
河北	0.538 223	8	上海	−0.900 104	24
河南	0.484 170	9	贵州	−0.913 856	25
黑龙江	−0.119 610	10	浙江	−0.932 147	26
陕西	−0.145 326	11	福建	−0.988 606	27
山西	−0.154 584	12	重庆	−1.031 782	28
四川	−0.314 336	13	广西	−1.070 440	29
安徽	−0.328 107	14	江西	−1.122 236	30
云南	−0.387 999	15	广东	−1.316 229	31
北京	−0.422 761	16			

5. 我国省域间肉牛产业综合竞争力研究

将全部指标进行综合计算，可以得到我国肉牛产业综合竞争力的累计贡献率（表2-15）。可以看出，在省域间肉牛产业综合竞争力32个指标中提取了7个主成分。其主成分方差分别占所有方差的32.311%、22.471%、11.127%、9.327%、5.410%、4.002%和3.724%，这七个主成分累计解释了全国肉牛产业综合竞争力的88.372%，属于较好的解释水平。

表 2 - 15 综合竞争力的特征值、贡献率和累计贡献率

成分	初始特征值			提取载荷平方和		
	总计	方差百分比	累积%	总计	方差百分比	累积%
1	10.340	32.311	32.311	10.340	32.311	32.311
2	7.191	22.471	54.782	7.191	22.471	54.782
3	3.561	11.127	65.910	3.561	11.127	65.910
4	2.985	9.327	75.236	2.985	9.327	75.236
5	1.731	5.410	80.646	1.731	5.410	80.646

（续）

成分	初始特征值			提取载荷平方和		
	总计	方差百分比	累积%	总计	方差百分比	累积%
6	1.281	4.002	84.648	1.281	4.002	84.648
7	1.192	3.724	88.372	1.192	3.724	88.372
8	0.878	2.742	91.114			
9	0.707	2.210	93.324			
10	0.594	1.856	95.180			
11	0.409	1.278	96.458			
12	0.202	0.631	97.089			
13	0.177	0.552	97.641			
14	0.142	0.445	98.086			
15	0.123	0.384	98.470			
16	0.098	0.307	98.776			
17	0.090	0.281	99.057			
18	0.087	0.272	99.329			
19	0.050	0.157	99.486			
20	0.048	0.151	99.637			
21	0.036	0.112	99.748			
22	0.027	0.084	99.832			
23	0.020	0.063	99.895			
24	0.015	0.048	99.943			
25	0.009	0.030	99.973			
26	0.004	0.014	99.987			
27	0.002	0.007	99.993			
28	0.002	0.006	99.999			
29	0.000	0.001	100.000			
30	0.000	0.000	100.000			
31	0.000	0.000	100.000			
32	0.000	0.000	100.000			

从计算出的成分得分系数矩阵（表 2 - 16）可以看出：

主成分 $Z1$（即第一个主成分）与肉牛出栏量、牛肉产量、肉羊出栏量、羊年末存栏量、羊肉产量、肉牛年末存栏量呈现出较强的正相关，这几个变量综合反映牛肉及其竞争对手中羊肉的生产供应状况。

Z2（即第二个主成分）与猪肉产量、肉猪出栏量、猪年末存栏量呈现出较强的正相关，与牛肉产量占肉类总产量的比重呈现出较强的负相关，这几个变量综合反映了竞争对手中猪肉的生产供应状况。

Z3（即第三个主成分）与种肉牛场年末存栏数量、种肉牛场能繁母牛存栏数量、种肉牛场个数呈现出较强的正相关，这几个变量综合反映了当地肉牛良种繁育状况。

Z4（即第四个主成分）与规模以上畜禽屠宰企业鲜牛肉、冷藏牛肉生产情况、人均地区生产总值、农村居民人均可支配收入、农副食品加工业资产总计、城镇居民人均可支配收入呈现出较强的正相关，这几个变量综合反映了该地区收入水平与加工业发展状况。

Z5（即第五个主成分）与城镇居民家庭人均牛肉消费量、农村居民人均牛肉消费量呈现出较强的正相关，这几个变量综合反映了该地区牛肉消费情况。

Z6（即第六个主成分）与玉米产量、牛业总产值呈现出较强的正相关，与畜牧养殖机械总动力、县（市）级畜牧站在编干部职工总人数呈现出较强的负相关，这几个变量综合反映了肉牛饲养情况。

Z7（即第七个主成分）与城镇居民人均可支配收入、农村居民人均可支配收入、人均地区生产总值呈现出较强的正相关，与去皮带骨猪肉价格、工业饲料总产量、农副食品加工业资产总计呈现出较强的负相关，说明这几个变量综合反映了该地区收入水平与加工业发展状况。

综上，主成分 Z1、Z2 是该地区牛肉及其竞争对手供应量的代表；Z4、Z7 是该地区经济情况的代表；Z3、Z5、Z6 则分别在一定程度上代表了当地肉牛良种繁育、牛肉消费及肉牛饲养情况。几个主成分均具有一定的现实意义。

表 2-16　综合竞争力的成分得分系数矩阵

	成分						
	1	2	3	4	5	6	7
人均地区生产总值	−0.055	−0.003	0.111	0.193	0.070	−0.152	0.247
肉牛业总产值	0.072	0.026	−0.076	0.018	−0.186	0.237	0.241
青饲料播种面积	0.068	−0.025	0.130	−0.090	0.076	−0.090	0.060
县（市）级畜牧站在编干部职工总人数	0.049	0.058	−0.080	0.050	0.016	−0.354	0.006
种肉牛场能繁母牛存栏数量	0.068	−0.030	0.176	0.007	0.011	0.099	−0.011
种肉牛场年末存栏	0.066	−0.028	0.179	−0.001	0.008	0.093	−0.003

（续）

	\\multicolumn{7}{c}{成分}						
	1	2	3	4	5	6	7
种肉牛场个数	0.066	−0.008	0.161	−0.071	−0.019	0.016	−0.062
种肉牛场当年生产胚胎数	0.009	0.042	0.033	−0.156	0.023	−0.082	−0.131
城镇居民人均可支配收入	−0.053	−0.009	0.113	0.177	0.081	−0.126	0.338
城镇居民人均牛肉消费量	0.001	−0.078	−0.106	−0.049	0.339	0.083	0.180
农村居民人均可支配收入	−0.056	0.004	0.098	0.192	0.031	−0.040	0.292
农村居民人均牛肉消费量	−0.003	−0.098	−0.091	−0.029	0.327	0.010	0.068
去骨牛肉价格	−0.054	0.061	0.111	−0.093	0.173	0.214	−0.022
带骨羊肉价格	−0.042	0.073	0.089	−0.061	0.085	0.364	0.096
去皮带骨猪肉价格	−0.042	0.081	0.084	−0.053	0.203	0.097	−0.241
肉牛年末存栏量	0.070	−0.011	−0.049	−0.130	0.117	0.058	0.323
肉牛出栏量	0.088	0.024	−0.043	0.009	0.017	0.119	0.144
牛肉产量	0.085	0.025	−0.045	0.081	0.029	0.179	0.081
工业饲料总产量	0.008	0.098	−0.026	0.120	0.223	0.075	−0.203
玉米产量	0.065	0.029	−0.058	0.111	−0.203	0.280	0.111
畜牧养殖机械总动力	0.061	0.058	0.033	−0.064	−0.027	−0.211	0.048
规模以上畜禽屠宰企业鲜牛肉、冷藏牛肉生产情况	0.026	0.078	−0.095	0.194	0.073	0.094	−0.120
农副食品加工业资产总计	0.017	0.088	−0.037	0.181	0.155	0.148	−0.189
羊年末存栏量	0.083	−0.037	0.078	0.062	0.079	−0.064	−0.081
猪年末存栏量	0.036	0.113	−0.053	−0.050	0.068	−0.173	0.121
肉羊出栏量	0.084	−0.011	0.084	0.094	0.072	−0.067	−0.087
肉猪出栏量	0.029	0.118	−0.042	−0.052	0.092	−0.189	0.094
羊肉产量	0.083	−0.020	0.101	0.077	0.074	−0.053	−0.074
猪肉产量	0.030	0.119	−0.045	−0.050	0.081	−0.167	0.104
牛肉产量占肉类总产量的比重	0.031	−0.102	−0.119	−0.033	0.195	0.072	0.074
居民人均羊肉消费量	0.039	−0.097	0.023	0.068	0.102	−0.096	−0.185
居民人均猪肉消费量	−0.017	0.089	0.118	−0.117	0.048	0.052	0.244

由表 2-17 可以看出，综合得分中河北排名第六，较为靠前。前十名分别是内蒙古、山东、云南、四川、河南、河北、湖南、黑龙江、新疆、辽宁。排名靠前的省份有较明显的地域特征，以我国北部省份为主。

表 2 - 17　综合竞争力的综合得分及排名

省份	综合得分	排名	省份	综合得分	排名
内蒙古	3.828 140	1	安徽	−0.280 353	17
山东	2.966 572	2	江西	−0.379 071	18
云南	1.683 380	3	陕西	−0.428 536	19
四川	1.661 405	4	江苏	−0.520 923	20
河南	1.621 827	5	重庆	−0.744 162	21
河北	1.300 345	6	福建	−0.865 204	22
湖南	1.028 647	7	山西	−0.984 565	23
黑龙江	0.614 223	8	浙江	−1.092 032	24
新疆	0.575 472	9	海南	−1.222 475	25
辽宁	0.360 458	10	青海	−1.474 729	26
吉林	0.357 641	11	宁夏	−1.528 604	27
甘肃	0.350 366	12	上海	−1.608 249	28
湖北	0.269 319	13	天津	−1.621 358	29
广西	0.069 448	14	北京	−1.861 748	30
贵州	−0.021 680	15	西藏	−2.004 465	31
广东	−0.049 090	16			

在 32 个指标中对肉牛产业综合竞争力影响较大的 10 个变量分别是牛肉产量、肉羊出栏量、肉牛出栏量、羊肉产量、农副食品加工业资产总计、种肉牛场能繁母牛存栏数量、种肉牛场年末存栏量、玉米产量、工业饲料总产量、羊年末存栏量，变量的累计贡献率达到 52.38%。分别来自生产要素（2 个）、相关与支持产业（5 个）、产业结构及竞争对手（3 个），并没有来自需求条件竞争力的指标，这说明对于一个地区肉牛产业来说，当地的需求条件影响并没有其他三方面大。具体来看，种肉牛场数据表明肉牛产业中有高级生产要素在发挥作用，饲料产量与食品加工业相关指标表明省域间肉牛产业综合竞争力与上下游产业关系均较为密切，肉羊相关的指标则表明在肉牛产业方面肉羊仍是最大的竞争对手。

（二）河北省与我国其他省份肉牛产业竞争力对比分析

1. 生产要素竞争力分析

在生产要素竞争力方面，得分前五名的省份分别是内蒙古、湖南、云南、甘肃、新疆。河北省综合得分排名全国第八，说明河北省肉牛产业生产要素方面有一定的竞争力优势，但是各指标排名均不够靠前。

在前五名中，甘肃、湖南两省在 2019 年的肉牛业总产值远小于河北省，但这五个省份普遍在肉牛品种繁育方面发展较好，种牛场各项数据均在全国前列；且有较为优越的自然资源条件，青饲料供应较为充足。河北省种牛饲养和良种繁育工作仍有欠缺，与全国平均水平仍有一定差距，这是河北省肉牛产业竞争力的主要短板。

河北省在生产要素中影响较大的 5 项指标里，只有肉牛业总产值和青饲料播种面积两项得分较高，说明河北省肉牛产业的经济总体状况良好，青饲料供应较为充足。但这均属于基础要素，在种肉牛场相关的高级生产要素指标里，河北省排名均不够靠前，甚至处于全国中下游水平。此外，根据实际情况可知，河北省肉牛单产水平较高，且出栏量多年来一直远大于存栏量，2019 年河北省肉牛存栏量 203.1 万头，仅为全国第十六位，但其出栏量高居全国第二位，牛肉产量高居第三位。这也印证了河北省架子牛育肥的产业特点。

2. 需求条件竞争力分析

在省域间的需求条件竞争力对比中，得分前五名的省份分别是上海、浙江、北京、江苏、广东，河北省排名仅为二十六位，在此方面较为劣势。

河北省在此项得分较低的原因主要是河北省在居民人均可支配收入、人均地区生产总值等经济类指标上排名靠后导致的。2019 年，河北城镇居民人均牛肉消费量为 2.4 千克，比全国平均水平少 0.5 千克；而农村地区仅为 0.5 千克，只有全国平均水平的 41.67%。

总之，受居民消费习惯和人均收入影响，河北省人均牛肉制品消费能力不强。

3. 相关与支持产业竞争力分析

在肉牛产业的相关与支持产业竞争力方面，得分前五名的省份分别是山东、河北、河南、辽宁、黑龙江。河北省综合得分排名全国第二，名列前茅，说明河北省在相关与支持产业方面具有较大的竞争力优势。

从实际来看，前五个省份的地理位置分布较为集中，均位于我国北方地区。几个省均饲料丰富、气候冷凉，适宜肉牛生长。这也解释了我国肉牛"北养南销"（即北方养殖，销往南方）的实际情况。

河北省在几个影响较大的变量里，产业链上下游均有涉及。从产业链上游来看，工业饲料产量和玉米产量均较高。从下游的屠宰加工环节来看，当地规模以上畜禽屠宰企业鲜牛肉、冷藏牛肉生产情况较好，说明河北省屠宰加工环节并未制约肉牛产业的发展。

总之，河北省本地饲料供给充足，屠宰加工较好，在相关与支持产业方面无明显短板，具有较大的竞争力优势。

4. 产业结构及竞争对手竞争力分析

在产业结构及竞争对手竞争力方面，得分前五名的省份分别是内蒙古、新疆、青海、西藏、甘肃，河北省综合得分排名全国第八，较为靠前，具有较强的竞争力优势。

在 9 个指标中对肉牛产业结构及竞争对手竞争力影响较大的 5 个变量分别是羊年末存栏量、羊肉产量、肉羊出栏量、居民人均羊肉消费量、牛肉产量占肉类总产量的比重。这 5 个变量中，除牛肉产量占肉类总产量的比重外，均是肉羊产业方面，没有生猪产业方面的指标。这说明肉牛产业与肉羊产业的关系更为密切，牛肉的主要竞争对手是羊肉。

河北省肉牛产业结构较为完整，作为竞争对手的肉羊产业发展也较好，都具有一定的竞争力优势。

5. 肉牛产业综合竞争力分析

从省域间竞争力的全部指标综合得分来看，前五名的省份分别是内蒙古、山东、云南、四川、河南。河北省排名全国第六，较为靠前，说明河北省肉牛产业总体上具有较强竞争力。内蒙古、河南除了需求条件竞争力方面处于中游，其他方面均较为靠前，与河北省的得分水平较为相似。而其他几个省份中，山东在生产要素竞争力方面得分较低；云南在需求条件、产业结构及竞争对手方面排名不够靠前；四川除了相关与支持产业得分较高外，其他各项水平相似。

各省综合排名情况如下：

第一名是内蒙古，其在生产要素竞争力、需求条件竞争力、相关与支持产业竞争力、产业结构及竞争对手竞争力四方面分别排名第一位、第二十位、第五位、第一位。除需求条件竞争力方面排名较靠后外，其余几项均处于前列。其在需求方面得分较低的原因是人口较少，牛肉供大于求，需要打开外部市场。在其他方面排名靠前的原因主要在于其受地理条件影响，有丰富的牧草资源，肉牛产业是当地牧民最主要的收入来源之一。此外，其屠宰加工和冷链运输发展较好，肉牛产品流通渠道畅通，有大型肉牛交易市场、更强的龙头企业以及更多的品牌连锁店，值得河北省学习借鉴。

第二名是山东，其在这四方面分别排名第十四位、第九位、第一位、第六位。山东省在生产要素竞争力方面排名较为落后，原因与河北省相同，主要在于良种繁育方面存在不足，自主培育品种少，地方育种改良进展较为滞后，生产核心种群仍依赖进口。在需求条件上排名处于中上游，主要原因在于山东人口较多，且经济发展强于河北，对牛肉产品需求较高。在其余两方面排名靠前，且在相关与支持产业竞争力方面排名居于首位，原因在于其有丰富的饲草饲料资源，悠久的养殖传统；且近年来不断发展规模化养殖、增加异地育肥企业的数量、推广企业自繁自育模式，已逐步形成了"一带两区"产业优势聚集区。

第三名是云南，其在这四方面分别排名第三位、第二十一位、第十位、第十五位。在生产要素方面排名靠前，原因在于其草料资源丰富，气候条件适宜，且有全国最多的国家肉牛核心育种场。在需求条件竞争力方面得分较低，主要是受到经济发展水平限制以及当地牛肉价格制约。在其余两项排名均处于中等偏上，原因在于其基础母畜存栏较低，但近年来当地政府把肉牛产业作为高原特色现代农业重点产业，致力于打造世界一流"绿色食品品牌"，有较好的政策支持。

第四名是四川，其在这四方面分别排名第十一位、第十六位、第七位、第十三位。在相关与支持产业竞争力方面排名较为靠前，主要原因在于其地理位置优越、人口资源丰富，是我国西南地区最重要的畜牧业大省。在其余几方面均处于全国中游，只在西南地区几个省份中排名靠前，目前仍以中小型专业育肥养殖模式为主。由于2017年四川为保护环境划定禁养区，导致养殖户数量减少，近年来肉牛价格有所提升。

第五名是河南，其在这四方面分别排名第七位、第二十三位、第三位、第九位。第六名是河北，其在这四方面分别排名第八位、第二十六位、第二位、第八位。河南与河北得分相近，且得分结构很相似，这与两者地理位置及条件相似有较大关系。但在新冠疫情防控期间，同样作为人口大省，河南省对肉牛场急需的饲料、兽药生产和运输保障比河北更好。

2021年4月21日，农业农村部印发的《推进肉牛肉羊生产发展五年行动方案》中提到，2021年政策适当倾斜，重点支持河北、内蒙古、吉林、黑龙江、山东、河南、四川、云南、甘肃等省份创建肉牛产业园或肉牛产业集群，建设一批以肉牛肉羊为主导产业的强势特色小镇。得分前五名的省份与河北省均在政策适当倾斜的范围内。

在32个指标中对肉牛产业综合竞争力影响较大的10个变量分别来自生产要素（2个）、相关与支持产业（5个）、产业结构及竞争对手（3个），并没有来自需求条件竞争力的指标，这说明对于一个地区肉牛产业来说，当地的需求条件影响并没有其他三方面的影响大。具体讲，种肉牛场相关指标作为高级生产要素在发挥作用，表明在省域间生产要素竞争力中科技与专业性要素起到重要作用，河北省在此方面得分较低，需要引起管理层的高度重视。饲料产量与食品加工业相关指标表明省域间肉牛产业综合竞争力与上下游产业关系均较为密切，河北省在此方面得分很高，竞争力优势明显。

总之，河北省肉牛产业总体上基础良好，具有明显的比较优势，尤其是相关与支持产业竞争力优势明显，但应加强肉牛良种繁育工作。

（三）小结

本专题使用主成分分析法，对我国 31 个（不含港澳台）省域间肉牛产业竞争力进行了实证分析，并将河北省与其他省进行对比分析，得出以下结论：

在生产要素竞争力方面，河北省均排名第八，具有一定的竞争力优势。但在生产要素影响较大的几项指标里，河北省高级生产要素的各指标排名均不够靠前；在需求条件竞争力方面，河北省排名第二十六位，在国内竞争力方面处于劣势；在相关与支持产业竞争力方面，河北省排名第二位，有较大的竞争力优势；在产业结构及竞争对手竞争力方面，河北省排名第八位，具有较强的竞争力优势；在综合评价方面，河北省排名第六位，具有较强的竞争力优势。内蒙古、河南两省份与河北省的得分水平最为相似。

综上所述，河北省与国内其他省份相比整体竞争力位于全国前列，优势在于产业基础良好、相关与支持产业发展较好，劣势在于种牛饲养和良种繁育工作的欠缺和本地区产品消费能力不足。

三、对策建议

根据上述研究结果，针对河北省当前产业现状及其在全国省域间的竞争力优势和劣势，特提出以下对策建议。

（一）扬优势，发展相关与支持产业

当前河北省优势主要在于产业基础良好、相关与支持产业发展较好，有多种因地制宜的养殖模式，肉牛单产水平高，出栏量高，在架子牛育肥方面发展很好。因此，河北省应当发挥在肉牛产业的比较优势，继续发展相关与支持产业，同时深入研究相关技术，不断提高架子牛育肥水平，并以此为基础，结合适宜当地的特色养殖模式，保持肉牛单产水平的巨大优势，保持河北省竞争力优势。

（二）补短板，加强良繁体系建设

当前河北省最大短板仍是种牛饲养和良种繁育工作不足，因此应当推进优良品种选育，加强良繁体系建设。我国自 2019 年成立农业农村部种业管理司以来，肉牛产业相关的种业技术支撑体系建设逐步完善，高效快繁体系建设稳步推进，长期以来我国肉牛种质资源依赖进口的劣势正在逐步缓解。河北省应当抓住机遇，依托国家种业技术支撑体系和本省良种繁育体系建设平台，推进优良品种选育和良繁体系建设工作。具体的，一是要制定选育计划，鼓励支持肉牛企业与高校和科研机构等联合进行试验，并尽快筛选出适合不同市场的肉牛品种，尝试打造区域性优良品种，提高肉牛生产经济效益。二是开展肉牛品种登记、遗传评估等基础工作，建立健全肉牛品种交流共享机制。三是加大改良新品种及优良品种冻精向基层养殖场户的推广力度，以提高河北省各地牛肉整体品质。

（三）重加工，提高产品附加值

河北省应当打造规范化标准化牛肉产品，从而拓展牛肉消费空间。一方面，提升屠宰加工技术，推进牛肉品质分类分级，对牛胴体实施更为精细化的分割与销售，提高牛肉产品附加值。另一方面，构建多元产品流通网络，鼓励和支持企业与合作社、养殖场等经营主体进行深度合作，或直接收购、自建养殖场，从而延伸产业链，加强产加销有序连接。同时可积极探索尝试"互联网＋"时代的新型营销模式，吸引更多群体，拓展牛肉消费空间。

（四）强科技，提升肉牛单产水平

当前河北省很多地区养殖方式仍较为落后，因此要强化科技支撑与推广，促进技术成果转化；提高标准化饲养水平，同时加强环保型工业饲料产品的开发，降低反刍动物产生的气体排放，降低河北省环境承载压力。以《推进肉牛肉羊生产发展五年行动方案》为指导，以肉牛产业园或肉牛产业集群为抓手，进行技术推广，提高肉牛单产水平。

（五）重预警，防范肉牛市场性风险

肉牛市场的风险很多，加强对市场价格的监测、饲料市场的监测、牛肉替代品市场的监测和进出口贸易的监测，完善相关市场预警机制，从而减少外在市场对肉牛市场的冲击影响。

参 考 文 献

曹兵海，张越杰，李俊雅，等，2021. 2020年度肉牛牦牛产业技术发展报告［J］. 中国畜牧杂志，57（03）：240-245.

曹兵海，张越杰，李俊雅，等，2021. 2021年肉牛牦牛产业发展趋势与政策建议［J］. 中国畜牧杂志，57（03）：246-251，257.

成海建，2016. 山东省肉牛主要养殖模式经济效益分析［D］. 泰安：山东农业大学.

董谦，马长海，赵慧峰，等，2019. 中美贸易战对我国牛羊产业发展的影响与应对策略 [J].
　　中国畜牧杂志，55（05）：151－155.

符正平，1999. 比较优势与竞争优势的比较分析——兼论新竞争经济学及其启示 [J]. 国
　　际贸易问题（08）：3－5.

国家肉牛牦牛产业技术体系黄必志团队，2020. 新冠肺炎疫情对云南省肉牛养殖生产情况
　　的影响 [J]. 中国畜牧业（16）：25.

鸿勤，2020. 内蒙古肉羊产业的国内竞争力研究 [D]. 呼和浩特：内蒙古大学.

滑留帅，白跃宇，张华，等，2021. 河南山区肉牛规模化发展的困境与新思路 [J]. 中国
　　草食动物科学，41（03）：66－68.

李俊茹，王明利，杨春，等，2019. 中国肉牛产业全要素生产率的区域差异与影响因
　　素——基于2013—2017年15省区的面板数据 [J]. 湖南农业大学学报（社会科学版），
　　20（06）：46－55.

李俊茹，王明利，杨春，等，2020. 我国肉牛产业发展现状、问题及对策建议——基于对
　　四川和云南的实地调研 [J]. 中国农业资源与区划，41（08）：127－134.

李梅荣，韩洪丽，张德敏，等，2019. 新旧动能转换背景下山东省肉牛产业转型升级路径
　　探讨 [J]. 山东畜牧兽医，40（11）：62－64.

李倩，2017. 浅谈河南省肉牛产业供应链 [J]. 农村·农业·农民（B版）（11）：53－54.

李秋凤，曹玉凤，祁兴磊，等，2020. "新冠"疫情对河北、河南和湖北三省肉牛产业的影
　　响 [J]. 中国畜牧业（15）：31－32.

马思妍，白静静，韩庆伟，等，2019. 基于AHP方法的河北省牛肉品牌建设评价研究 [J].
　　黑龙江畜牧兽医（12）：10－13.

迈克尔波特，2005. 竞争战略 [M]. 北京：华夏出版社.

曲春红，李辉尚，2017. 我国牛羊肉产业发展现状及趋势分析 [J]. 农产品加工（17）：
　　40－43，47.

太玉鑫，2017. 内蒙古肉牛产业的国内竞争力研究 [D]. 呼和浩特：内蒙古农业大学.

王之盛，钟金城，罗晓林，等，2020. 新冠肺炎疫情对四川省肉牛牦牛产业的影响 [J].
　　中国畜牧业（16）：26－28.

徐丽，起建凌，朱润云，2021. 云南肉牛产业发展现状、问题与对策研究 [J]. 畜牧兽医
　　科技信息（04）：4－6.

Bertl Gotthard Ohlin，1933. Interregional and Internatonal Trade [M]. Cambridge：Har-
　　vard University Press.

Vivien Walsh，1994. Technology and the economy－the key relationships：（Organisation for
　　economic co－operation and development，Paris，1992）pp. 328，260 FF [J]. research
　　policy，23（4）：473－475.

专题三　河北省肉牛产业价格研究
（2021—2022年）

　　2020年突发的新冠疫情对河北省肉牛产业的供给和需求都产生了重大的影响。2021年疫情常态化发展，牛肉产品的消费优势和营养价值功效逐渐凸显，消费需求始终保持强劲态势。前半年河北省活牛及牛肉市场价格维持高位运行，每月均高于历史同期价格，但到后半年尤其是第四季度活牛及牛肉价格稳中有降，未形成价格持续高走的局面。2022年疫情逐渐好转，生产供给逐渐恢复，同时猪肉价格的下降对牛肉的消费需求也产生了一定的负向影响。2022年前三季度活牛与牛肉价格较2021年都有所下降，到第四季度受季节和节日等综合影响，牛肉产品价格开始上涨。

一、河北省活牛与牛肉价格变化趋势分析

　　2021年到2022年，河北省肉牛产业的供给和需求受到疫情和肉牛产业发展自身趋势的双重影响出现了有异于前些年的发展趋势，活牛和牛肉价格出现了较大幅度的波动，打破了多年来持续上升的价格趋势。

（一）活牛价格形势分析

1. 2021年活牛价格发展趋势

　　2021年全年的活牛收购价格总体呈现稳中有降的趋势，全年最高价格出现在第4周，每千克35.65元，较2020年同期增长13％；最低价格出现在第30周，每千克33.81元，同比增长6％。在第43周之前，2021年的活牛收购价格普遍高于2020年和2019年。2021年的活牛价格从第44周开始下降，由每千克34.46元下降到每千克34.19元，较2020年同期下降0.34％。2021年第44周到第51周，河北省活牛价格持续下降，与历年年末走势差异较大，至第51周，价格降至每千克34.19元，同比下降2.5％（图3-1）。

2. 2022年活牛价格发展趋势

　　2022年全年的活牛收购价格总体呈现稳中有降的趋势，全年最高价格出

单位：元/千克

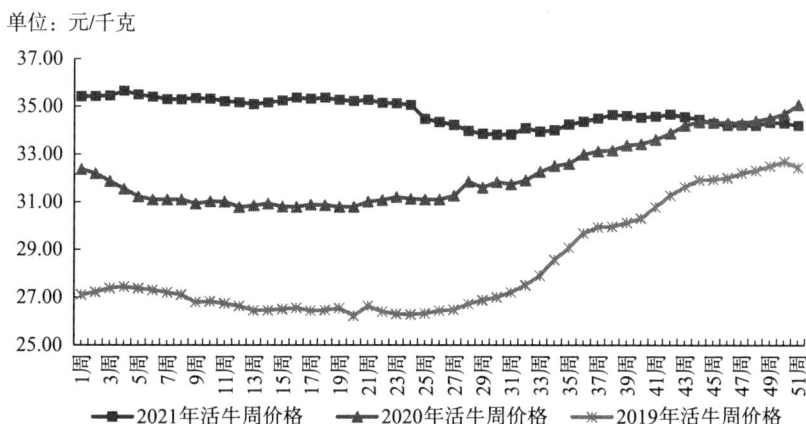

图 3-1 2019—2021 年河北省活牛价格
数据来源：河北省畜牧业协会公众号。

现在第 4 周，每千克 34.96 元，较 2021 年同期下降 1.9%；最低价格出现在第 25 周，每千克 33.37 元，同比下降 2.9%。在第 43 周之前，2022 年的活牛收购价格一直处于 2020 年与 2021 年同期价格之间，价格波动较为稳定。从第 44 周开始超过 2021 年的活牛价格，但从第 46 周开始，活牛价格持续下降，与 2021 年年末价格走势较为相似，由每千克 34.58 元下降到每千克 34.29 元，环比下降 0.84%（图 3-2）。

单位：元/千克

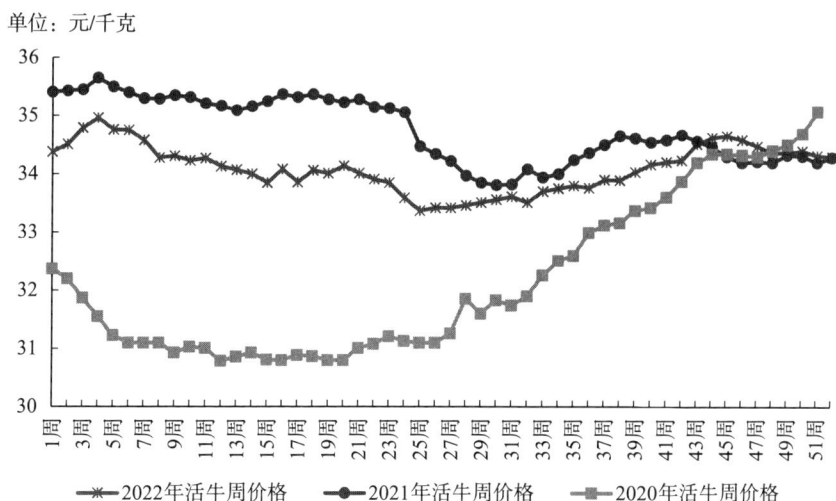

图 3-2 2020—2022 年河北省活牛价格
数据来源：河北省畜牧业协会公众号。

（二）牛肉价格形势分析

1. 2021 年牛肉价格发展趋势

2021 年河北省全年的牛肉价格总体走势依然是稳中有降，但仍然高于 2020 年及 2019 年的价格。2021 年的最高价格出现在第 8 周，每千克 77.82 元，较 2020 年同期增长 7.1％；最低价格出现在第 30 周，每千克是 73.88 元，较 2020 年同期上升 3.8％。牛肉价格从第 18 周到第 33 周出现了较为明显的下降趋势，从 76.73 元/千克下降到 73.98 元/千克。2021 年年度涨幅大幅小于 2020 年的年度涨幅（图 3 - 3）。

单位：元/千克

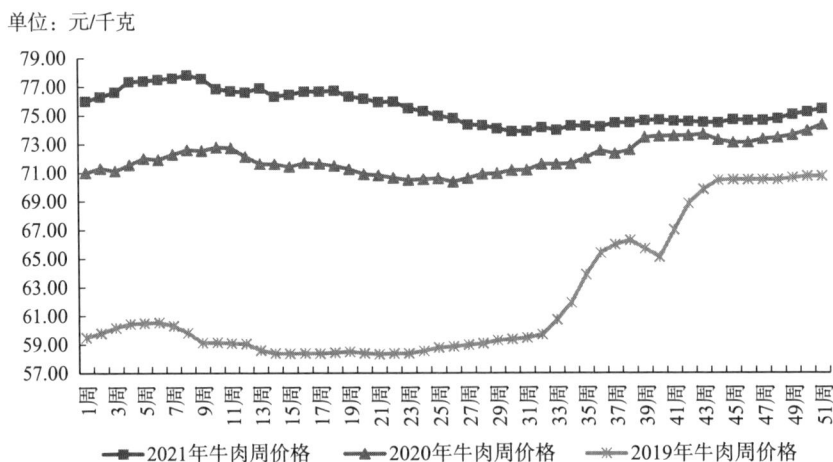

图 3 - 3　2019—2021 年河北省牛肉价格

数据来源：河北省畜牧业协会公众号。

2. 2022 年牛肉价格发展趋势

2022 年全年的河北省牛肉价格总体走势依然是稳中有降，但总体价格低于 2021 年的价格。2022 年的最高价格出现在第 4 周，每千克 76.54 元，较 2021 年同期下降 1％；最低价格出现在第 33 周，每千克是 73.47 元，较 2021 年同期下降 0.9％。牛肉价格从第 4 周开始出现了明显的下降趋势，从每千克 76.54 元下降到每千克 73.47 元，环比下降 4％。从第 35 周开始，2022 年牛肉价格平稳上升（图 3-4）。

二、养殖饲料价格变化趋势分析

（一）2021 年饲料价格形势分析

2021 年的豆粕价格波动幅度大于玉米价格波动幅度。2021 年 1～4 周，豆

单位：元/千克

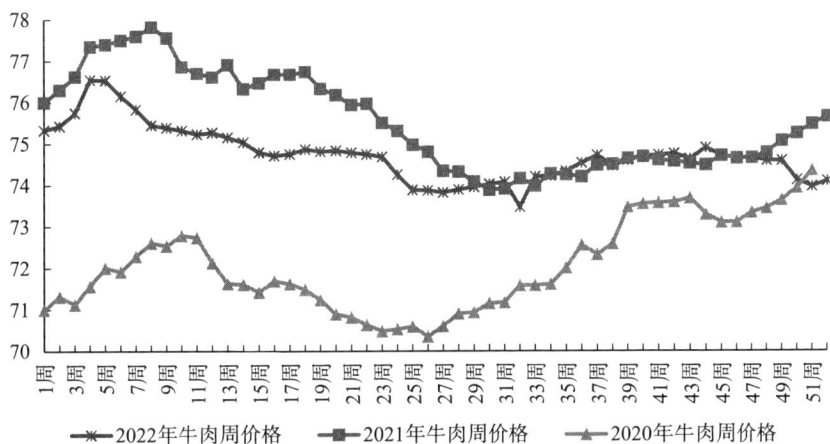

图 3-4　2020—2022 年河北省牛肉价格

数据来源：河北省畜牧业协会公众号。

粕价格大幅上升，豆粕在第 4 周达到本年内最高价格，为每千克 4.1 元，较 2020 年同期上涨 32.08%。随后第 5～14 周迅速回落至年初水平，但仍较 2020 年同期上涨 9.2%。第 15 周至 44 周，处于较平稳水平，第 44 周至 51 周，豆粕价格小幅下降，但仍高于 2020 年同期。玉米价格自第 1 周至 9 周，呈现快速上升和逐渐平稳的趋势，年内最高价格为第 9 周的每千克 2.93 元，较 2020 年同期上涨 50%。第 9 周以后玉米价格波动下降，于第 51 周形成年度较低点，每千克 2.78 元，同比增长 10.75%（图 3-5）。

单位：元/千克

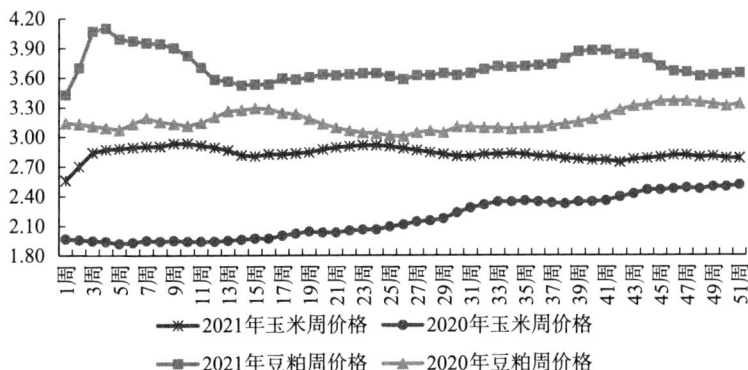

图 3-5　河北省 2021 年饲料价格

数据来源：河北省畜牧业协会公众号。

（二）2022 年饲料价格形势分析

1. 2022 年玉米价格发展趋势

2022 年玉米的平均价格变动较为平稳，整体呈波动上升趋势。2022 年最高价格出现在第 41 周，每千克 2.97 元；最低价格出现在第 7 周、第 8 周，每千克 2.74 元，较 2021 年同期下降 5.5%。玉米价格从第 26 周到第 33 周出现了较为明显的下降趋势，从 2.91 元/千克下降到 2.79 元/千克；从第 8 周到第 26 周以及第 33 周到第 41 周均出现了较为明显的上升趋势，价格分别从 2.74 元/千克上涨到 2.91 元/千克、从 2.79 元/千克上涨到 2.97 元/千克。2022 年年度涨幅小于 2021 年的年度涨幅（图 3-6）。

单位：元/千克

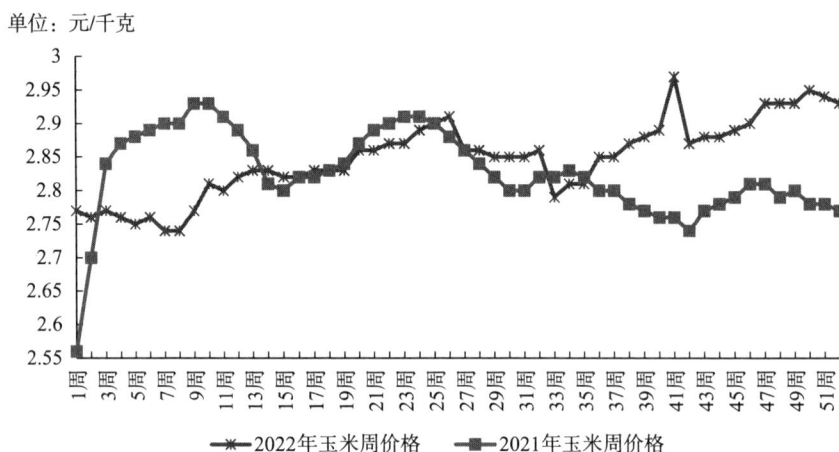

图 3-6　2021—2022 年玉米价格

数据来源：河北省畜牧业协会公众号。

2. 2022 年豆粕价格发展趋势

2022 年河北省豆粕价格总体呈上升趋势，波动幅度较大，全年最高价格出现在第 45 周，每千克 5.6 元，较 2021 年同期增长 50.9%；最低价格出现在第 1 周，每千克 3.67 元，同比增长 7.0%。从第 8 周开始 2022 年豆粕价格普遍高于 2021 年，且 2022 年从第 1 周到第 13 周豆粕价格出现了明显的上升趋势，从 3.67 元/千克上涨到 4.98 元/千克，增长幅度达到 35.7%，随后价格呈下降趋势，从 4.98 元/千克下降到 4.07 元/千克，直到第 27 周价格开始回升，并在第 45 周达到当年峰值，增长幅度为 37.6%，随后价格以小幅度波动的形势下降（图 3-7）。

单元：元/千克

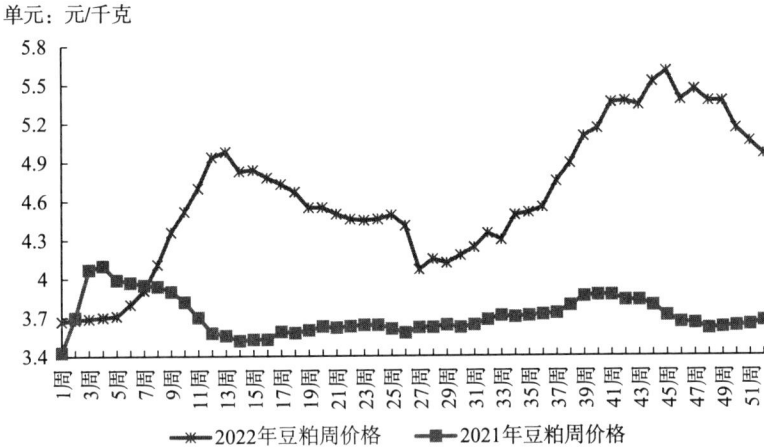

图 3-7　2021—2022 年河北省豆粕价格

数据来源：河北省畜牧业协会公众号。

（三）河北省肉牛行业预测预警分析

2019—2022 年牛肉的平均价格呈现波动上升趋势，2022 年牛肉价格上涨的幅度逐渐平稳，无论是牛肉价格还是活牛价格，都经历了由年初到年末的下降趋势。2022 年春节，消费者对牛肉产品的需求量大幅度提升，在供给量较稳定的情况下，活牛和牛肉的价格有所上升。第一季度结束后，天气转暖，牛肉市场供应量逐渐增加，在第二季度时，牛肉价格开始缓慢下降。2022 年由于玉米和豆粕等饲料价格开始逐渐上升，导致养殖户的养殖成本增加，因此活牛和牛肉的价格缓慢上涨（图 3-8）。

单位：元/千克

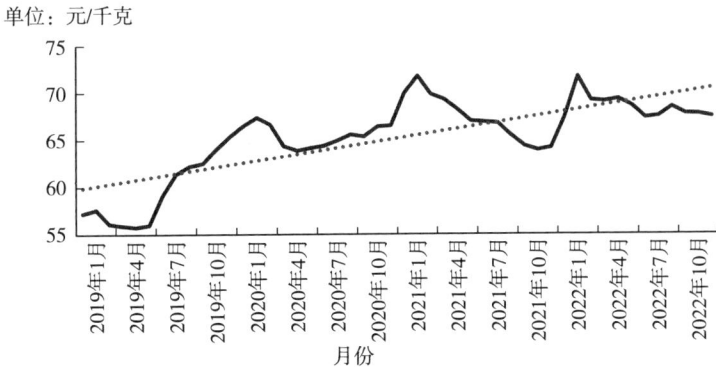

图 3-8　河北省 2019—2022 年牛肉月均价格

随着 2022 年底疫情发展逐渐回稳，肉牛行业的生产供给将逐渐恢复，前几年行业价格大涨积累了大量的牛源亟待释放，牛肉进口即将恢复政策，多重因素影响下肉牛行业供给量将会持续增加，对行业价格将产生下行压力。

三、肉牛行业价格变化的原因分析

2021—2022 年肉牛行业产品价格先延续了上升趋势，后出现了价格平稳下降，从需求端和供给端分析原因如下：

（一）多种原因叠加导致市场供给增加

首先，疫情结束后，很多国家的牛肉开始大批涌入国内，我国牛肉进口量持续增加，牛肉走私情况也越来越多，导致国内牛肉市场供给增加。

其次，饲料原材料行情一直居高不下，肉牛养殖利润急剧压缩，养殖户尤其是近期新入行的养殖户承压能力有限，行情不好时会严重打击其养牛积极性，进而加速肉牛出栏止损，产生市场行情踩踏。

再次，奶业企业行情下跌，奶牛养殖场大面积亏损，大量奶牛淘汰到肉牛市场，增加了肉牛的市场供给，给市场价格施加了又一波下降的压力。

（二）市场需求有待进一步拉动

首先，疫情持续时间较长，严重制约了城乡居民的收入增长，导致消费需求缺乏财力支撑，牛肉市场消费动力不足。

其次，第二季度气温上升，尤其是 6 月份北方较早进入了高温期，导致居民对于肉牛的消费热情消减，消费需求大幅下降。

再次，猪肉等替代品的市场价格上半年平稳下降，消费者的肉类消费需求被分散，牛肉消费量进一步缩减。

综上所述，2022 年河北省牛肉市场总体供过于求，这是导致肉牛市场价格平稳走低的重要原因。

四、发展河北省肉牛产业的对策建议

（一）培育壮大饲料饲草基地

提高秸秆利用，优化饲草资源，合理利用科学发酵技术，提高糟渣类饲料的饲用品质，使用先进的青贮、微贮等技术，大幅提高秸秆的利用率。充分利用优势资源玉米、苜蓿等优质饲草种植。推进种养结合，支持养殖场通过流转土地自种、订单生产等方式，建立优质饲草基地、配套粪污消纳用地，促进秸秆过腹转化增值，推进畜禽粪污就地就近资源化利用。

（二）强化金融保险服务

实行政策性保险制度和提供信贷支持等，扩大规模实施贷款贴息贴保计划，为各类经营主体，不论规模大小，提供多层次、立体化、全过程的投融资服务。鼓励银行通过保险抵押开展肉牛贷款业务，对肉牛养殖适度规模经营主体给予贴息。创新畜牧业动产、不动产融资，开展土地经营权和畜禽圈舍产权抵押融资。

（三）推进全产业链融合

引导肉牛屠宰加工企业建立稳定生产基地，通过订单收购、返还利润、参股入股等多种形式，与养殖场户或专业合作组织结成稳定的购销关系。鼓励批发市场、大型连锁超市等流通企业与屠宰加工企业建立长期稳定的产销关系，减少流通环节，降低流通成本。扶持家庭牧场和合作社、协会等农民专业合作组织发展，提高肉牛肉羊养殖组织化程度。大力发展"公司＋农户""公司＋基地＋农户"等生产模式，提升产、加、销一体化程度，实现产业发展、企业增效、农民增收。

专题四 河北省肉牛散养全要素生产率研究

河北省山区肉牛散养较多，主要分布在北部和西部的燕山山脉和太行山山脉，山区草料丰富，农户居住大多较为分散，剩余劳动力大多外出务工，留守老年人和妇女在种地基础上养牛可以增加家庭收入。对农户散养肉牛效率进行全要素生产率测算研究有利于提高农民收入，提升肉牛养殖技术转化率。

一、河北省肉牛养殖及散养现状

河北省 2021 年肉牛年末存栏量为 222.5 万头，排名全国第十五位；出栏量为 335.2 万头，排名全国第二位；牛肉产量 55.6 万吨，位于全国第二位，占全国牛肉总产量的 8.3%。2021 年，年出栏量在 50 头以下的户数占总养殖户的比例为 98.01%，肉牛散养在河北省肉牛产业的发展中占据重要地位。

（一）河北省肉牛养殖现状

1. 存栏量与出栏量

2011—2021 年，河北省肉牛出栏量处于相对平稳的状态，变化幅度较小，存栏量呈缓慢波动上升的趋势。其中，在 2019 年出栏量达到最高峰值 349.1 万头，2014 年出栏量最低，为 320.62 万头，二者之间相差 28.48 万头；在 2021 年存栏量达到最高峰值 230.1 万头，2011 年出栏量最低，为 152.06 万头，二者相差 78.04 万头。

河北省肉牛出栏量自 2014—2019 年呈平稳增长的趋势，五年间增长了 28.47 万头，表明肉牛销售情况较为乐观，但 2019—2020 年有所下降，下降了 13.9 万头，降幅较大。存栏量在 2011—2013 年有所下降，由 152.06 万头下降到 149.7 万头，下降幅度较小；2013—2020 年肉牛存栏量呈逐年上升趋势，其中 2015—2016 年、2019—2020 年增幅较大，分别增长 29.5 万头、19.4 万头。从总体来看，河北省肉牛出栏量呈现下降—上升—下降趋势，前期变化幅度较大，后期平稳上升后出现骤降；肉牛存栏量总体上呈现平稳上升的趋势，2021 年存栏量比 2011 年增长 78.4 万头，增长幅度为 51.56%，表明肉牛供给在平稳增长（图 4-1）。

单位：万头

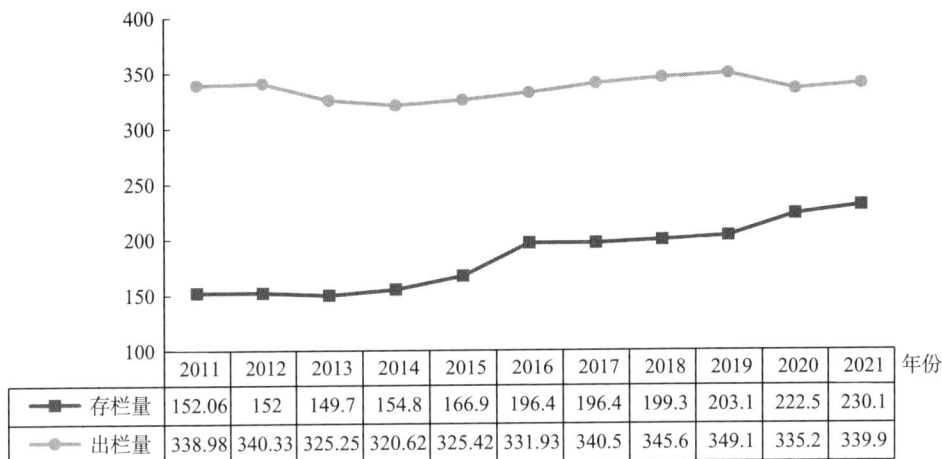

年份	2011	2012	2013	2014	2015	2016	2017	2018	2019	2020	2021
存栏量	152.06	152	149.7	154.8	166.9	196.4	196.4	199.3	203.1	222.5	230.1
出栏量	338.98	340.33	325.25	320.62	325.42	331.93	340.5	345.6	349.1	335.2	339.9

图 4-1　河北省肉牛存出栏量情况

数据来源：2011—2020 年数据来自《中国畜牧兽医年鉴》（2012—2021 年），2021 年数据来自河北省农业农村厅。

　　河北省肉牛出栏率整体上呈"下降—平稳—下降"的趋势。2011 年和 2016 年肉牛出栏率分别为 2.23%、1.69%，2016 年比 2011 年下降了 24.22%，河北省肉牛养殖出栏率整体呈下降趋势，其原因是肉牛经济效益不高，养殖户通过减少肉牛在市场低迷期出栏来避免损失，增加了肉牛存栏量，降低了出栏率。2017—2019 年河北肉牛出栏率较平稳，但 2019—2021 年出栏率由 1.72% 下降到 1.48%，降幅较大，其中不乏受到新冠疫情的影响，肉牛交易市场无法正常运营，市场行情低迷。另外，河北省出栏率远远大于 1，与其他省份存在较大差异，主要原因是河北省肉牛养殖模式中，架子牛育肥养殖模式占据一定比例，养殖户从内蒙古等地选购 6 月龄左右的优质架子牛进行育肥，很大程度上缩短了育肥周期，提高了肉牛年出栏量，降低了年末存栏量；同时，受市场价格影响，年末时牛肉需求量大大提高，肉牛出栏价格有所上涨，所以大部分养殖户选择在年末出售育肥牛，也导致年末存栏量减少（图 4-2）。

　　结合河北省肉牛出栏率可知，河北省肉牛养殖效率亟须提升，在肉牛养殖过程中，要科学饲养、合理配置饲料资源，缩短肉牛养殖周期，使其尽快达到出栏水平。

单位：%

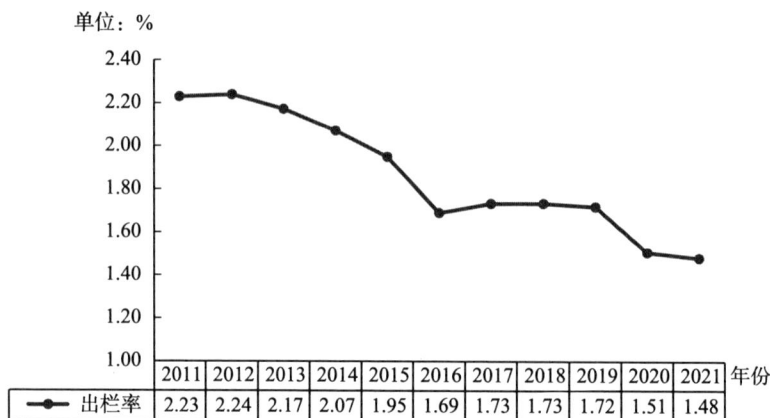

图 4-2　河北省肉牛出栏率

数据来源：2011—2020 年数据来自《中国畜牧兽医年鉴》（2012—2021 年），2021 年数据来自河北省农业农村厅。

2. 区域分布

从 2016—2020 年各地市肉牛的出栏量来看，河北省的肉牛生产广泛分布在各个区域，肉牛出栏量排名前三的城市分别是承德市、石家庄市、唐山市，承德市排名第一，并且出栏量逐年递增。其次是张家口市、保定市、邯郸市、衡水市，排名最后的是秦皇岛市、廊坊市（表 4-1）。

表 4-1　河北省各市肉牛出栏量

单位：万头

年份	石家庄	唐山	秦皇岛	邯郸	邢台	保定	张家口	承德	沧州市	廊坊	衡水
2016	40.41	46.46	11.08	19.65	17.37	35.02	38.18	57.91	19.20	24.16	22.49
2017	49.37	49.89	10.93	24.19	17.69	29.49	41.79	59.59	18.50	14.88	24.17
2018	51.01	47.14	13.09	24.06	18.10	31.99	32.91	63.30	21.51	18.21	24.29
2019	50.02	48.63	13.64	24.25	18.83	32.57	30.47	65.43	23.90	17.49	23.23
2020	50.38	45.95	12.81	20.97	18.83	31.84	30.67	67.99	20.15	15.20	20.79

数据来源：《河北农村统计年鉴》（2017—2021 年）。

承德市肉牛出栏量在 2021 年达到 71.23 万头，占 2021 年河北省肉牛总出栏量的 20.95%。石家庄市和唐山市出栏量较稳定，分别占 2021 年河北省肉牛总出栏量的 15%、14%；秦皇岛市、廊坊市肉牛出栏量较低，为 13.16 万头、15 万头，仅占河北省肉牛总出栏量的 4% 左右（表 4-2）。

表 4 - 2　2021 年河北省各市肉牛出栏量及占比

单位：万头

项目	石家庄	唐山	秦皇岛	邯郸	邢台	保定	张家口	承德	沧州	廊坊	衡水
出栏量	50.72	46.12	13.16	21.19	18.99	30.64	32.22	71.23	20.289	15	19.79
占比	14.92%	13.57%	3.87%	6.23%	5.59%	9.01%	9.48%	20.95%	5.97%	4.41%	5.82%

数据来源：河北省农业农村厅。

通过对 2021 年河北省各市肉牛存栏量的统计分析可知，承德市以绝对优势排在第一位，肉牛存栏量占河北省肉牛总存栏量的 30%，唐山市、张家口市排在第二位、第三位，肉牛存栏量分别占河北省肉牛总存栏量的 12%、11%，比承德市肉牛存栏的占比低 18%、19%，差距悬殊。廊坊市、邢台市、秦皇岛市和邯郸市肉牛存栏量相对都较低（表 4 - 3）。

表 4 - 3　2021 年河北省各市肉牛存栏量及占比

单位：万头

项目	石家庄	唐山	秦皇岛	邯郸	邢台	保定	张家口	承德	沧州	廊坊	衡水
存栏量	20.44	26.97	12.10	11.91	9.45	18.66	24.65	68.17	13.97	8.49	15.10
占比	8.88%	11.72%	5.26%	5.17%	4.10%	8.11%	10.71%	29.62%	6.07%	3.69%	6.56%

数据来源：河北省农业农村厅。

通过对河北省各市牛肉产量及所占比重的分析可知，河北省牛肉产量所占比重最高地区是承德市，其牛肉产量为 115 880 吨，占河北省牛肉总产量的 21%，其下辖的隆化县、围场县是肉牛养殖的优势区域。

石家庄市和唐山市牛肉产量分别为 80 190 吨、79 470 吨，占河北省牛肉总产量的比重都为 14% 左右。承德市、石家庄市和唐山市在河北省肉牛生产中的作用尤为重要，牛肉产量普遍高于其他市，三市的牛肉产量占据河北省牛肉产量的半壁江山。此外，牛肉产量占省内牛肉总产量较高的城市是保定市、张家口市，占河北省牛肉总产量的比重都为 9% 左右；邯郸市、邢台市、沧州市、廊坊市、衡水市占河北省牛肉总产量比重较少，占比最少的是秦皇岛市，仅 4%；秦皇岛市东临渤海，旅游业发展前景十分广阔，一定程度上限制了肉牛养殖业发展。从各地市肉牛存栏量、出栏量和牛肉产量来看，承德市、石家庄市和唐山市是河北省发展肉牛产业的重点区域，保定市、张家口市次之，其他地市在牛肉产业发展上较弱（表 4 - 4）。

表 4-4　2021 年河北省各市牛肉产量及所占比重

单位：吨

项目	石家庄	唐山	秦皇岛	邯郸	邢台	保定	张家口	承德	沧州	廊坊	衡水
牛肉产量	80 190	79 470	21 779	35 551	30 853	49 614	50 872	115 880	31 288	26 806	34 964
占比	14%	14%	4%	6%	6%	9%	9%	21%	6%	5%	6%

数据来源：河北省农业农村厅。

（二）河北省肉牛散养现状

在社会生产力与日俱增的条件下，学术界对于肉牛散养并没有明确的界定，本书参考《中国畜牧兽医年鉴》《全国农产品成本收益资料汇编》对散养进行界定，即出栏数量在 50 头以下为散养。

1. 散养情况

（1）散养出栏量占比情况

通过 2017 年的散养出栏量占全省总数比重可知，2017 年全省散养出栏量为 272.16 万头，占全省总出栏量的 79.93%，规模养殖占比仅为 20.07%。散养在河北省肉牛养殖中占据绝对优势，虽然散养出栏量每年都存在变动，但散养出栏量占河北省总出栏量的比重较稳定。通过饲养肉牛极大提高了河北省山区农户的收入，对推进河北省乡村振兴战略具有重要意义。

（2）各省散养户数量占比情况

从 2020 年全国不同省份不同肉牛养殖场所占比例来看，全国平均散户占比 98.82%，2020 年河北省散户占比为 98.01%，仅比全国平均水平低 0.81%，散养在肉牛养殖中所占份额庞大。除天津市和北京市这两个直辖市受特殊区域限制外，在肉牛养殖中其他各省的养殖主体主要为肉牛散养户（表 4-5）。

表 4-5　2020 年各省不同规模肉牛养殖场所占比例

单位：%

省份	年出栏 1~49 头场（户）数占比	年出栏 50~99 头场（户）数占比	年出栏 100~499 头场（户）数占比	年出栏 500~999 头场（户）数占比	年出栏 1 000 头以上场（户）数占比	散户占比
全国总计	98.82	0.87	0.27	0.03	0.01	98.82
北京	83.75	7.55	7.09	1.14	0.46	83.75
天津	86.06	7.90	5.35	0.40	0.28	86.06
河北	98.01	1.35	0.55	0.07	0.03	98.01
山西	96.95	1.80	1.10	0.11	0.04	96.95
内蒙古	96.67	2.79	0.49	0.03	0.02	96.67

(续)

省份	年出栏 1~49头场 (户)数占比	年出栏 50~99头场 (户)数占比	年出栏 100~499头场 (户)数占比	年出栏 500~999头场 (户)数占比	年出栏 1 000头以上场 (户)数占比	散户占比
辽宁	96.35	2.72	0.82	0.10	0.02	96.35
吉林	97.97	1.52	0.45	0.04	0.02	97.97
黑龙江	94.85	4.33	0.74	0.05	0.02	94.85
江苏	94.14	3.91	1.61	0.27	0.08	94.14
浙江	99.25	0.60	0.14	0.01	0.00	99.25
安徽	98.34	1.05	0.54	0.06	0.02	98.34
福建	99.64	0.24	0.09	0.01	0.02	99.64
江西	99.18	0.63	0.17	0.02	0.01	99.18
山东	96.19	2.55	1.01	0.18	0.06	96.19
河南	99.34	0.37	0.23	0.05	0.02	99.34
湖北	99.07	0.50	0.38	0.03	0.02	99.07
湖南	99.07	0.76	0.16	0.01	0.00	99.07
广东	99.53	0.37	0.09	0.01	0.00	99.53
广西	99.69	0.23	0.07	0.01	0.00	99.69
海南	99.68	0.27	0.04	0.01	0.00	99.68
重庆	99.54	0.33	0.13	0.00	0.00	99.54
四川	98.91	0.63	0.43	0.02	0.00	98.91
贵州	99.73	0.20	0.06	0.01	0.00	99.73
云南	99.79	0.15	0.05	0.00	0.00	99.79
西藏	99.91	0.08	0.01	0.00	0.00	99.91
陕西	98.64	0.95	0.38	0.02	0.01	98.64
甘肃	99.09	0.69	0.19	2.33	0.01	99.09
青海	96.42	3.12	0.39	0.05	0.01	96.42
宁夏	99.35	0.44	0.18	0.03	0.01	99.35
新疆	98.24	1.27	0.41	0.06	0.02	98.24

数据来源:《中国畜牧兽医年鉴》(2021年)。

(3) 河北省散养户数量占比变化情况

通过对不同规模养殖场(户)的数量进行统计分析发现,散户占比最高。2011—2020年,散户占比呈先上升、后下降的趋势,散户占比最高为2012年的99.23%,最低为2020年的98.00%;2020年的散户占比较2012年下降了1.23%,同时意味着规模化养殖场占比增加了1.23%。但肉牛散养仍在河北省肉牛养殖规模中占有绝对性优势，未来很长一段时间内，仍将在养殖规模中占有较大比例（表 4 - 6）。

表 4 - 6　河北省不同规模养殖场所占比例

单位：%

年份	年出栏 1～49 头场 （户）数占比	年出栏 50～99 头场 （户）数占比	年出栏 100～499 头场 （户）数占比	年出栏 500～999 头场 （户）数占比	年出栏 1 000 头以上场 （户）数占比	规模 养殖场 占比	散户 占比
2011	99.089 4	0.711 1	0.170 5	0.021 9	0.008 3	7.16	99.09
2012	99.231 5	0.522 4	0.202 6	0.028 8	0.014 6	6.20	99.23
2013	99.222 9	0.561 6	0.175 5	0.027 8	0.012 2	4.58	99.22
2014	99.26	0.514 9	0.186 8	0.026 2	0.012 1	4.68	99.26
2015	99.134 4	0.619 4	0.212 3	0.023 4	0.010 5	5.60	99.13
2016	98.996 9	0.737 2	0.223 5	0.031 1	0.011 3	6.32	99.00
2017	99.153 1	0.613 9	0.190 3	0.030 7	0.012 0	7.48	99.15
2018	98.859 7	0.803 2	0.279 0	0.045 2	0.012 8	10.39	98.86
2019	98.551 1	0.996 6	0.373 8	0.058 4	0.020 2	12.23	98.55
2020	98.004 7	1.346 2	0.548 6	0.074 6	0.025 9	14.18	98.00

数据来源：《中国畜牧兽医年鉴》（2021 年）。

2. 品种与区域分布

对于散养来说，养殖品种多为杂交的西门塔尔牛，并不注重血统是否纯正和杂交几代。品种纯度越高的牛犊价格越高，散养户大部分缺乏肉牛品种的科学知识，在饲养品种上比较随意，并不追求肉牛的血统、品种；规模养殖场肉牛品种较为丰富，多为西门塔尔牛、利木赞牛和夏洛莱牛等。在仔畜投入方面更加注重品种和血统，优良品种生产性能高、增重快、难产率低，有利于规模养殖缩短饲养周期，快速回笼资金。

河北省肉牛养殖主要区域为承德市、石家庄市、张家口市、唐山市、保定市等地。总体来说，散养肉牛分布区域与整体布局大致相同，都广泛分布于承德市、张家口市、唐山市、石家庄市、保定市等地。但是散养有其自身的特点，饲养量少、易于管理，比较适合山区一家一户饲养，并且山区资源丰富，利于散养户降低饲养成本。散养大多集聚在河北省北部燕山山脉和河北省西部太行山脉，山脉中村庄和住户分散，自然资源丰富，适合进行肉牛散养，散养肉牛在山区地带较为密集；规模养殖对交通、市场以及场地的要求较高，大多集聚在较为平坦且交通方便的区域。

二、河北省肉牛散养投入产出分析

在河北省肉牛养殖效益递减的背景下，针对肉牛养殖投入成本过高和效益不稳定的现状，将河北省及其他主产省肉牛养殖生产成本和收益情况进行了对比分析。主要分析肉牛散养的成本构成，各成本要素对经济增长的作用，以确定各成本要素对产出的作用大小，从而优化资源配置，提升肉牛散养效率。

（一）河北省肉牛散养成本构成及变动分析

1. 投入结构及变化趋势

根据肉牛养殖中各要素投入所占比例，对肉牛散养总成本进行划分，主要分为两部分：物质与服务费用、人工费用。

总体上，2011—2020 年河北肉牛散养的总成本呈波动上升趋势，并且，物质与服务费用的波动趋势与总成本波动趋势基本一致。具体来说，肉牛散养总成本的变化 2011—2014 年呈上涨趋势，2014—2016 年经历短暂的下降后，在 2016—2020 年进入快速攀升阶段，并且养殖总成本在 2020 年达到最高值。每头肉牛养殖总成本从 2011 年的 7 001.38 元升至 2020 年的 16 184.61 元，增长了 131.16%，年均增长 10.93%（图 4-3）。

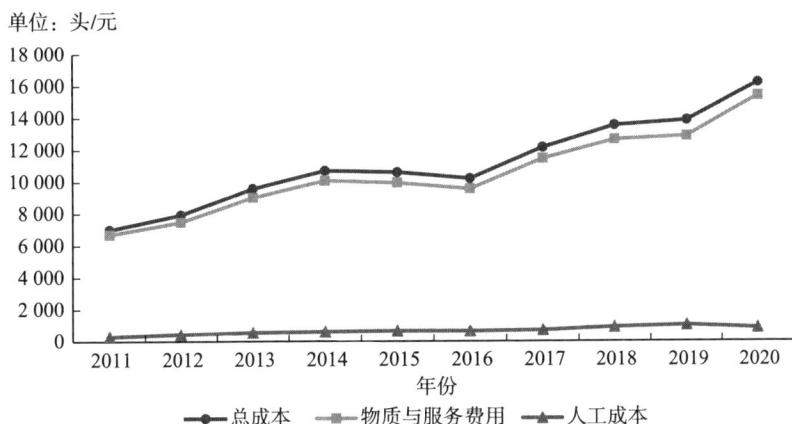

图 4-3 肉牛散养总成本变化趋势

数据来源：《全国农产品成本收益资料汇编》（2012—2021 年）。

总成本构成中包括仔畜费用、精饲料费用、粗饲料费用、人工成本、固定资产折旧费用、水电费、燃料动力费、医疗防疫费、其他直接费用以及间接费用等。由于水电费、燃料动力费、医疗防疫费、其他直接费用以及间接费用等所占比例很小，所以将其统一归纳为其他费用。对河北省肉牛散养总成本的分析主要包括仔畜费用、精饲料费用、粗饲料费用、人工成本、固定资产折旧费用以及其他费用几个方面。

从河北省肉牛散养各项投入占总成本比重来看，十年间一直保持仔畜费＞精饲料费＞人工成本＞青粗饲料＞其他投入＞固定资产折旧的次序。但是，十年间肉牛散养的投入结构一直在震荡调整，虽然仔畜费占比最大，但大体上呈下降趋势，其主要原因是近几年精饲料和粗饲料费用有所增长，一方面精饲料和粗饲料价格不断上升，另一方面 2017 年之后精饲料投入量增长幅度较大；人工成本、固定资产投入以及其他投入所占总成本比重较为稳定（表 4-7）。

表 4-7　肉牛散养各项投入成本占总成本的比重

单位：%

年份	仔畜费占比	精饲料费占比	青粗饲料费占比	人工成本占比	固定资产折旧占比	其他投入占比
2011	73.80	17.30	3.53	4.21	0.42	1.17
2012	74.11	15.56	3.64	5.57	0.42	1.11
2013	76.36	13.29	3.54	5.83	0.35	0.99
2014	77.11	13.16	3.14	5.70	0.33	0.89
2015	76.54	13.17	3.24	6.16	0.32	0.89
2016	75.97	13.49	3.42	6.22	0.34	0.90
2017	77.89	12.65	2.97	5.68	0.29	0.81
2018	72.99	15.84	3.69	6.49	0.29	1.00
2019	68.63	18.88	4.45	7.07	0.29	0.97
2020	69.04	19.60	5.29	5.09	0.27	0.98

数据来源：《全国农产品成本收益资料汇编》（2012—2021 年）。

2. 仔畜投入变化趋势

肉牛散养仔畜投入占总成本比重最高。仔畜费用的投入呈波动上升趋势。2020 年仔畜费用投入高达 11 173.73 元，是十年来最高，但占总成本比重仅 69.04%。仔畜费用占总成本比重在 2011—2017 年呈波动上涨趋势，2017 年仔畜费用投入占比最高，达 77.89%，2017 年之后呈下降趋势。自 2017 年以来，牛肉价格不断飙升，在追逐利益的驱使下，致使部分养殖户出售能繁母牛、育肥期架子牛，导致能繁母牛数量减少，仔畜费用受其影响较大（图 4-4）。

仔畜重量近十年呈递减趋势。2011—2017 年，仔畜重量较稳定，下降幅度较小，2017—2020 年，仔畜重量由 304.94 斤下降到 222.48 千克，下降幅度较大（图 4-5）。

单位：元/头　　　　　　　　　　　　　　　　　　　单位：%

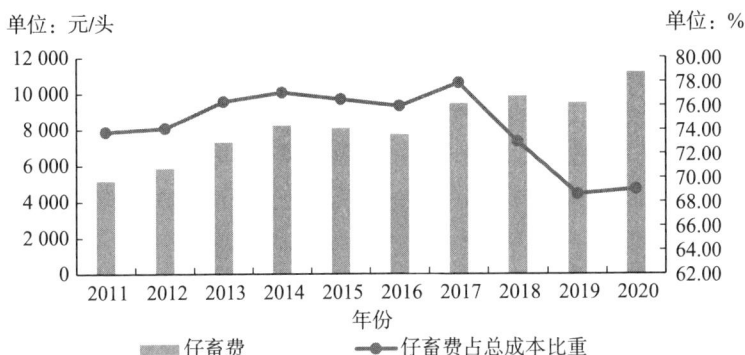

图 4-4　散养肉牛仔畜费用及其占比

数据来源：《全国农产品成本收益资料汇编》（2012—2021 年）。

单位：千克

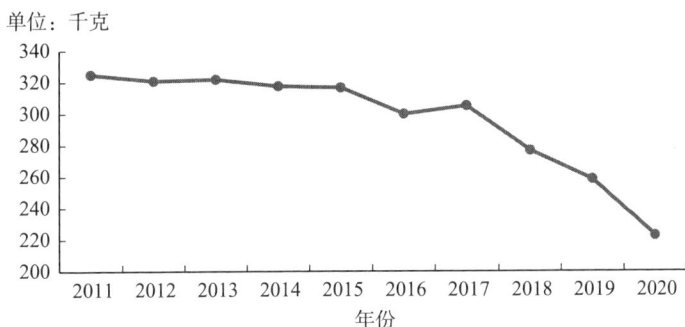

图 4-5　散养肉牛仔畜重量

数据来源：《全国农产品成本收益资料汇编》（2012—2021 年）。

3. 劳动力投入变化趋势

2011—2020 年十年间，在劳动力投入数量上，平均每头肉牛用工数量低于全国平均用工数量。一方面，河北省购入架子牛育肥模式下，缩短了肉牛养殖周期使得用工数量低于全国平均用工数量；另一方面，河北省养殖户推行舍饲和半舍饲养殖方式，释放了肉牛养殖劳动力。十年间，除 2018 年、2019 年肉牛养殖的用工数量明显上涨外，其他年份的用工数量变化幅度较小。

肉牛养殖用工数量较为稳定，但是人工成本整体上呈波动上升趋势。2011年每头肉牛人工成本在 294.41 元，2020 年每头肉牛人工成本高达 823.97 元，养殖人工成本平均每年增长 17.99 个百分点，农村劳动力大规模向城市转移是导致肉牛散养中劳动力成本增加的主要原因，直接影响农村劳动力工价的上涨。2020 年河北省肉牛养殖过程中，在劳动力投入结构上，家庭用工折价占80％。目前，在河北省肉牛养殖中家庭劳动力依旧占主导地位（图 4-6）。

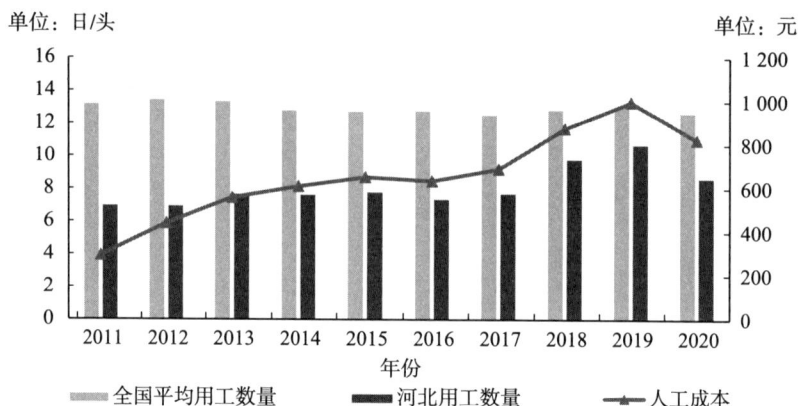

图4-6 肉牛散养劳动力投入对比及变化趋势

数据来源：《全国农产品成本收益资料汇编》（2012—2021年）。

4. 精、粗饲料投入变化趋势

肉牛养殖投入的精饲料种类繁多，常见的有玉米、高粱、豆粕等，精饲料选择是养殖户依据饲料获取难易和所在地区种植习惯而决定的。在精饲料投入数量上，呈逐年递增趋势。精饲料投入数量在2020年达到最高峰值，为1 058.28千克/头，相较于2011年上涨了1.4倍。在每头肉牛饲养所需的精饲料费用上，整体呈现逐年上涨趋势。2011—2016年精饲料投入，虽个别年份稍有回落，总体呈较为稳定的趋势；2016—2020年，精饲料投入费用呈飞速上升态势，由2016年的1 375.06元上涨到2020年的3 171.53元，增长了1.3倍（图4-7）。

图4-7 散养肉牛精饲料投入情况

数据来源：《全国农产品成本收益资料汇编》（2012—2021年）。

相比精饲料的种类，青粗饲料的种类更多，包括糠麸、稻草、玉米秸秆、酒糟、粉渣、牧草等，虽然青粗饲料的营养价值较低，但对于散养户来说，价格便宜，所以在饲料费用中占有一定比例。青粗饲料费用的变化趋势与精饲料大体一致，这主要是饲料价格上涨、通货膨胀以及饲料配比变化等所导致（图 4-8）。

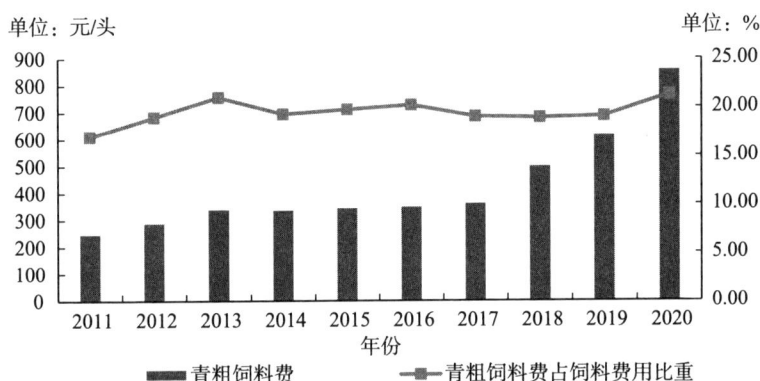

单位：元/头　　　　　　　　　　　　　　　　　　　　单位：%

图 4-8　肉牛散养青粗饲料费用与占比

数据来源：《全国农产品成本收益资料汇编》（2012—2021 年）。

在饲料的整体配比上，2014 年之后青粗饲料费用占饲料投入费用的比重较为稳定，在 19%～22%；十年间精饲料费用占饲料投入费用的比重在 79%～83%。改革开放之后，河北省肉牛养殖业飞速发展。当时的养殖户极其依赖当地青粗饲料资源，青粗饲料占总饲料费用的比重大，但随着养殖业发展，养殖户更加注重肉牛品质，青粗饲料所占比重逐年下降，在 2011—2020 年，精饲料与青粗饲料的配比较为稳定、合理，这有利于肉牛快速生长、缩短肉牛养殖周期。

（二）河北省肉牛散养效益变动分析

1. 净利润变动分析

净利润是指总产值减去总成本剩余的部分。投入产出比是总成本与总产值的比值，比值越小，说明经济效益越好。养殖户养殖肉牛的积极性及重视程度取决于利润大小，所以分析散养肉牛的投入产出比、利润具有重要的现实意义。

2011—2020 年肉牛散养净利润波动较大，先由 2011 年的 1 293.82 元/头增至 2013 年的 3 755.26 元/头，增幅达 190.25%，后降至 2015 年的 1 989.17 元/头，相比于 2013 年下降 47.03%，之后波动上涨至 2019 年的 7 059.68 元/头，净利润达到十年间的最高峰值，后降至 2020 年的 5 537.44 元/头。具体分析来说，2012 年到 2013 年净利润变动值分别为 1 707.91 元/头和 753.53 元/头，2013 年净利润降低主要受到总产值变动的影响；2014 年到 2015 年净利润值下滑明显，其中 2015 年总产值变动占比 126.08%，总成本变动占比 26.08%，由此可见，2014—2015 年间净利润主要受总产值下降的影响；2016—2019 年净利润波动上升，2016—2017 年净利润值下降与总成本变动关联性强，2017—2019 年净利润值上涨与总产值变动关联性强；2019—2020 年净利润变动值为－1 522.24 元/头，其中总产值变动占比－55.04%，总成本变动占比－155.04%，主要受总成本变动的影响（表 4-8）。

表 4-8　河北省肉牛散养净利润变动

单位：元/头、%

年份	净利润	净利润变动	总产值变动	总产值变动占比	总成本变动	总成本变动占比
2011	1 293.82	—	—	—	—	—
2012	3 001.73	1 707.91	2 627.3	153.83	919.39	53.83
2013	3 755.26	753.53	2 413.31	320.27	1 659.78	220.27
2014	2 392.12	－1 363.14	－249.54	18.31	1 113.6	－81.69
2015	1 989.17	－402.95	－508.04	126.08	－105.09	26.08
2016	2 461.09	471.92	74.8	15.85	－397.12	－84.15
2017	1 766.45	－694.64	1 248.19	－179.69	1 942.83	－279.69
2018	3 179.69	1 413.24	2 783.39	196.95	1 370.15	96.95
2019	7 059.68	3 879.99	4 199.59	108.24	319.61	8.24
2020	5 537.44	－1 522.24	837.85	－55.04	2 360.08	－155.04

数据来源：《全国农产品成本收益资料汇编》（2012—2021 年）。

2. 成本利润率变动分析

河北省肉牛散养的成本利润率变化趋势分为三个阶段。2011—2013 年成本利润率呈增长趋势，由 18.48% 增至 39.2%，涨幅 10.72%，表明这三年间饲养肉牛获得净利润所需的投入成本逐年降低，盈利能力较强。2013—2017 年成本利润率呈波动下降趋势，由 39.2% 降至 14.56%，表明饲养肉牛获得净利润所需付出的成本越来越高。2017—2020 年成本利润率呈波动上升趋势，其中，2019 年成本利润率达到近十年最高值，盈利能力极强，之后的 2020 年成本利润率下降，降幅 16.86%，主要受新冠疫情和非洲猪瘟的影响，盈利能力有所下降（图 4-9）。

从河北省肉牛散养的净利润和成本利润率变化情况来看，饲养肉牛获得的净利润较大，但净利润和成本利润率波动较大，其主要原因是成本持续增长。

3. 肉牛与其他畜类散养效益对比分析

肉牛养殖利润相对于其他行业来说较高，无论是生猪、肉羊、肉鸡等养殖净利润、成本利润率都低于肉牛养殖。理论上农户更倾向于从事肉牛养殖，但

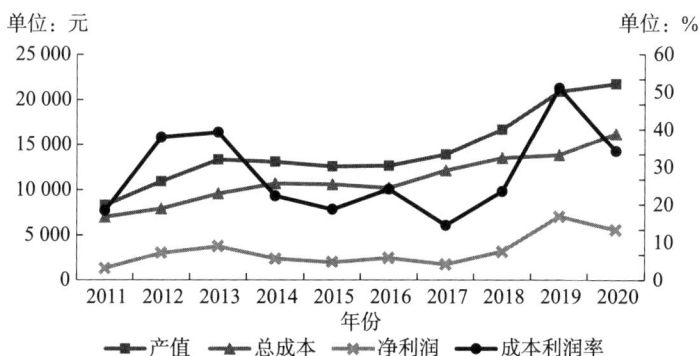

图 4-9　河北省肉牛散养成本利润率变化

数据来源：《全国农产品成本收益资料汇编》（2012—2021 年）。

是事实上肉羊、生猪养殖户数量远远超过肉牛养殖户数量，主要是肉牛养殖具有自身独特的特点，比如前期投资大、养殖周期长、资金回笼慢，这些因素一定程度上会降低农户选择肉牛进行养殖的意愿。

　　对比 2011—2020 年散养生猪、散养肉羊、散养肉牛所获得净利润，散养肉牛成本利润率均值远远高于散养生猪和散养肉羊成本利润率均值。如表 4-9 所示，十年间散养生猪成本利润率变动幅度较大，成本利润率在 2018年降到最低值 -12.64％，2020 年达到最高峰值 45.50％，二者差值为58.14％。其中，2019—2020 年散养生猪成本利润率飞速飙升，主要由于受非洲猪瘟的影响猪肉供应不足，价格飙升，生猪的利润较高；肉羊成本利润率变动幅度同样较大，2016 年的成本利润率低至 -21.01％，表明 2016 年养殖肉羊投入成本过高，处于亏损状态；相比散养生猪和散养肉羊，散养肉牛成本利润率波动幅度较小，并且十年间的成本利润率均为正值，表明散养肉牛的经济效益高于散养生猪和散养肉羊。

表 4-9　肉牛与其他畜类散养成本利润率对比

年份	净利润（元）			成本利润率（％）		
	生猪	肉羊	肉牛	生猪	肉羊	肉牛
2011	390.61	219.41	1 293.82	27.35	33.81	18.48
2012	22.68	134.33	3 001.73	1.39	17.06	37.90
2013	36.07	86.88	3 755.26	2.17	9.83	39.20
2014	-147.42	-9.26	2 392.12	-9.14	-1.05	22.37
2015	19.70	-158.17	1 989.17	1.17	-19.68	18.79
2016	125.61	-170.35	2 461.09	6.41	-21.01	24.15

（续）

年份	净利润（元）			成本利润率（%）		
	生猪	肉羊	肉牛	生猪	肉羊	肉牛
2017	−149.38	73.33	1 766.45	−8.10	8.39	14.56
2018	−200.03	192.62	3 179.69	−12.64	18.06	23.54
2019	629.67	275.28	7 059.68	36.24	23.63	51.07
2020	1 142.86	327.93	5 537.44	45.50	24.90	34.21
均值	187.04	97.20	3 243.65	9.04	9.39	28.43

数据来源：《全国农产品成本收益资料汇编》（2012—2021 年）。

（三）河北省与主要省份肉牛散养成本收益比较分析

1. 河北省与主要省份肉牛散养投入成本比较分析

（1）河北省与主要省份肉牛散养投入总成本的比较分析

过去十年间，河北省养殖肉牛总成本均值位列第一，高出全国平均水平 2 194.09 元/头，除投入成本上涨因素外，还与河北省部分地区购入架子牛育肥的肉牛养殖模式有关。黑龙江省仅次于河北省，近十年间总成本均值位居第二，新疆近十年的肉牛养殖总成本均值为 9 040.77 元/头，位居河北、黑龙江之后，排在第三名。陕西、河南和宁夏分列第四、第五、第六名，三省之间总成本差距不大，其中总成本均值最低的是宁夏，仅为 6 324.46 元/头，河北省总成本均值是宁夏的近两倍。

从各省肉牛散养总成本变化趋势来看，各省养牛成本变动基本符合"增长—平稳—增长"的趋势。2011—2013 年各省肉牛散养总成本属于快速上涨阶段，2013—2018 年各省肉牛散养总成本基本保持稳定，2018—2020 年肉牛养殖总成本又进入上涨阶段。其中，河北省肉牛散养总成本变化趋势与其他各省不同，在 2016 年之后，养殖总成本就已经进入持续上涨阶段（表 4 - 10）。

表 4 - 10　河北省与主要省份肉牛散养的总成本

单位：元/头

年份	全国平均	河北	黑龙江	河南	陕西	宁夏	新疆
2011	5 911.98	7 001.38	8 158.58	5 302.28	5 465.13	4 131.84	5 412.60
2012	7 450.87	7 920.77	9 814.74	6 207.02	7 033.56	5 839.09	7 890.12
2013	8 878.24	9 580.55	11 316.62	7 044.41	7 716.14	6 545.71	11 066.00
2014	8 601.79	10 694.15	10 654.50	7 479.53	7 788.11	6 253.28	8 741.27
2015	8 550.67	10 589.06	10 367.36	7 596.95	7 532.14	6 296.85	8 921.59

（续）

年份	全国平均	河北	黑龙江	河南	陕西	宁夏	新疆
2016	8 429.34	10 191.94	10 108.70	7 475.13	7 634.00	6 154.34	9 011.73
2017	8 807.80	12 134.77	10 260.14	7 651.51	7 695.93	6 080.93	9 023.39
2018	9 313.17	13 504.92	10 807.32	7 905.91	7 783.32	6 426.37	9 451.20
2019	11 100.56	13 824.53	12 491.55	8 472.40	8 506.29	7 566.92	10 141.72
2020	12 641.35	16 184.61	14 948.61	9 608.80	10 055.96	7 949.27	10 748.09
平均数	8 968.58	11 162.67	10 892.81	7 474.39	7 721.06	6 324.46	9 040.77
排名	—	1	2	5	4	6	3

数据来源：《全国农产品成本收益资料汇总》（2012—2021 年）。

（2）河北省与主要省份肉牛散养投入成本的比较分析

肉牛散养成本构成以 2020 年为例进行分析，在仔畜投入方面，河北省仔畜投入明显高于其他各省，2020 年河北省仔畜费用高达 11 173.73 元/头，高出全国平均水平 2 356.1 元/头，是河北省肉牛散养总成本高于其他各省的主要原因；河北省购入仔畜的重量为 222.48 千克/头，新疆和黑龙江购入的仔畜重量更高，表明这三个省份倾向于购入架子牛育肥模式。在精、粗饲料投入方面，河北和黑龙江的精、粗饲料投入费用远远高于其他各省，两省粮食产量丰富，可作为饲料来源，养殖户往往会加大对饲料投入，以缩短养殖周期；陕西和新疆的精、粗饲料投入费用最低，与当地多数养殖户选择放牧的饲养方式有关。在人工成本投入方面，河南人工费用最高，主要与其肉牛的饲养天数较高有关；宁夏平均饲养天数最高，但因其当地地形原因，养殖户多采取放牧的饲养方式，故而人工成本投入费用较低；河北省人工成本投入最低，与饲养每头肉牛所需用工数量低之间关联较强（表 4 - 11）。

表 4 - 11　2020 年河北省与年主要省份肉牛散养成本构成

年份	全国平均	河北	黑龙江	河南	陕西	宁夏	新疆
总成本（元/头）	12 641.35	16 184.61	14 948.61	9 608.80	10 055.96	7 949.27	10 748.09
仔畜费（元/头）	8 817.63	11 173.73	10 129.44	6 322.29	7 326.11	4 665.49	8 206.74
仔畜重量（千克/头）	212.41	222.48	289.25	164.09	147.64	114.20	254.44
精饲料费（元/头）	2 032.22	3 171.57	2 882.9	1 271.46	874.44	1 637.05	864.94
青粗饲料费（元/头）	494.76	856.59	836.58	325.95	240.54	389.24	382.46
人工成本（元/头）	1 147.56	823.97	980.02	1 579.95	1 519.09	1 057.05	1 040.24
平均饲养天数（天/头）	241.06	216.13	210.67	255.60	197.56	340.23	121.72
每头用工数量（头/人）	12.62	8.62	10.92	17.60	16.92	11.77	11.02

数据来源：《全国农产品成本收益资料汇编》（2012—2021 年）。

2. 河北省与主要省份肉牛散养效益比较分析

从净利润来看，各省肉牛散养所获净利润平均值最高省份为河南省，达到
3 628.27 元/头，陕西省紧跟其后，河北省肉牛散养净利润平均值为 3 243.65
元/头，排名第三，比第一名河南省低 384.62 元/头，差距较小。宁夏、黑龙
江、新疆排在第四、第五、第六名。各省养殖利润存在差异很大，河北作为牛
肉产量前三的省份，其每饲养一头肉牛获得的净利润与其他主产省相比，波动
幅度较大，净利润最低年份与最高年份相差 5 765.86 元/头。另外在 2019—
2020 年，其他省份肉牛养殖净利润均提高，河北省净利润出现倒退，主要受
投入成本、市场行情等各种因素影响。其他省份肉牛养殖的净利润变动幅度较
小，尤其河南省呈逐年递增态势。

从成本利润率来看，河北省近十年来肉牛成本利润率均保持在 14%～
52%，处于中等水平，河南、陕西和宁夏处于较高水平，黑龙江和新疆处于最
低水平。近十年的成本利润率平均值中，河南、宁夏、陕西排名前三，成本利
润率平均值分别为 47.66%、44.49%、44.35%；河北省排名第四，成本利润
率平均值为 28.43%，与前三名相差较大；黑龙江和新疆排名第五、第六。成
本利润率直接决定养殖户收入，较高成本利润率保障养殖户的收入，较低成本
利润率打击养殖户饲养肉牛积极性，河北省养殖肉牛成本利润率受成本投入逐
年递增的影响，处于中下水平（表 4 - 12）。

表 4 - 12　各主要省份肉牛散养成本利润情况

单位：元/头

	年份	全国平均	河北	黑龙江	河南	陕西	宁夏	新疆
净利润	2011	1 689.33	1 293.82	770.45	1 915.73	2 737.87	2 366.79	1 051.37
	2012	2 348.03	3 001.73	1 434.47	2 543.35	3 905.55	2 396.23	806.77
	2013	2 811.51	3 755.26	1 198.8	3 309.37	4 277.3	2 909.79	1 418.55
	2014	2 371.02	2 392.12	2 025.84	3 506.43	3 309.34	2 346.55	654.73
	2015	2 112.61	1 989.17	1 674.84	3 578.67	2 666.97	2 296.93	469.12
	2016	2 363.05	2 461.09	2 003.3	3 560.36	3 022.67	2 376.96	754.11
	2017	2 219.83	1 766.45	1 750.86	3 607.95	3 261.32	2 323.91	608.62
	2018	2 614.99	3 179.69	1 997.46	3 832.77	3 221.25	3 085.77	372.6
	2019	3 949.64	7 059.68	3 273.85	4 794.98	3 618.08	3 138.57	1 004.4
	2020	4 071.8	5 537.44	3 498.45	5 633.09	3 884	4 886.77	1 125.21
	平均数	2 655.18	3 243.65	1 962.87	3 628.27	3 390.44	2 812.83	826.55
	排名	—	3	5	1	2	4	6

（续）

年份	全国平均	河北	黑龙江	河南	陕西	宁夏	新疆
2011	28.57	18.48	9.44	36.13	50.1	57.58	19.42
2012	31.51	37.9	14.62	40.98	55.53	41.04	10.23
2013	31.67	39.2	10.59	46.98	55.43	44.45	12.82
2014	27.56	22.37	19.01	46.88	42.49	37.53	7.39
2015	24.71	18.79	16.15	47.11	35.41	36.48	5.26
2016	28.03	24.15	19.82	47.63	39.59	38.62	8.37
2017	25.2	14.56	17.06	47.15	42.38	38.22	6.74
2018	28.08	23.54	18.49	48.48	41.39	48.02	3.94
2019	35.58	51.07	26.21	56.6	42.53	41.48	9.9
2020	32.21	34.21	23.4	58.62	38.62	61.47	10.47
平均数	29.31	28.43	17.48	47.66	44.35	44.49	9.45
排名	—	4	5	1	3	2	6

（成本利润率）

数据来源：《全国农产品成本收益资料汇编》（2012—2021 年）。

三、河北省肉牛散养全要素生产率实证分析

对河北省肉牛养殖业投入产出情况的分析中，最为明显的是仔畜费用居高不下和近几年饲料成本不断上涨等问题，资源配置效率低下，成本费用控制能力差。简单的控制投入成本已无法满足河北省肉牛散养的高效发展，为了探究河北省肉牛散养发展中更深层次的原因，获得提高肉牛散养效益的路径方法，对河北省肉牛散养全要素生产率进行测算，用各要素分解值的贡献程度来判断投入要素是否需要进行调整。全要素生产率（TFP）是一个有利于经济增长的变量，一般被人们称为资源开发利用的效率，用来衡量单位总投入和总产出的生产率指标。来源包括技术进步、组织创新、专业化和生产创新等。产出增长率超过要素投入增长率的部分就是全要素生产率增长率。研究河北省肉牛散养全要素生产率的各项投入指标主要有以下五个：仔畜费用投入、饲料投入、劳动力投入、固定资产折旧投入和其他费用投入等，产出是指肉牛的主产品产值。结合肉牛养殖业全要素生产率和其他相关文献可知，全要素生产率指除上述各要素投入之外，运用技术、效率和经营能力实现的产出增长，就是全要素生产率的增长率。

本章基于 2011—2020 年的统计年鉴数据，运用 DEA‐BCC、DEA‐Malmquist 指数方法从静态和动态两方面对河北省肉牛散养效率进行测算，并

从横向对比和纵向发展两方面进行分析，判断各个决策单元是否处于有效前沿面，是否达到最高水平产出效率，以对无效决策单元进行调整，完善资源配置结构，提高养殖效率。

（一）模型选取、数据来源与指标选取

1. 模型选取

肉牛养殖行业具有多投入多产出的特性，因而适用于 DEA 数据包络分析方法，构建 DEA 模型，能够比较各决策单元间的效率，对复杂系统的多投入多产出情况进行评价，根据决策单元之间不同的特点决定改进的方向，以提高效率。

（1）DEA－BCC 模型

DEA 模型分为 BCC 模型和 CCR 模型，BCC 模型对应的是规模报酬可变的 VRS 模型，将综合技术效率分解成纯技术效率和规模效率，存在递增和递减的情况，是各个决策单元之间进行的比较；CCR 模型对应的是固定规模报酬的 CRS 模型，仅可以计算综合技术效率，是全部的决策单元综合进行比较的方法。对河北省肉牛散养效率进行研究，选择基于产出的具有阿基米德无穷小的 DEA－BCC 模型更为合适。

以河北省肉牛散养为研究对象，则有 6 个决策单元，用 i 表示，则 $i \in [1,11]$ 或 $i \in [1,4]$，每个决策单元 DMU_i 有 j 种输入变量 x_i 和 k 种输出变量 y_i，$x_{iu} > 0$ 表示第 i 个决策单元的第 u 种输入变量，y_{iv} 表示第 i 个决策单元第 v 种输出变量。λ 表示权重，再引入松弛变量 s^+ 和冗余变量 s^-，ε 为任意无穷小的正数，θ 表示效率值，此时，DEA-BCC 的线性规划方程式为：

$$\min[\theta - \varepsilon(e's^- + e's^+)]$$

$$\text{s. t.} \begin{cases} \sum_{i=0}^{n} \lambda_i x_i - s^- = \theta x_{i0} \\ \sum_{i=0}^{n} \lambda_i y_i - s^+ = y_{i0} \\ \lambda_i \geqslant 0, \ s^-、s^+ \geqslant 0 \\ \sum_{i=0}^{n} \lambda_i = 1, \ i \in [1,6] \text{或} i \in [1,4] \end{cases} \quad (4-1)$$

式（4-1）中，θ 表示效率评价价值，$\theta = 1$ 表示决策单元非有效，$\theta = 1$ 且 $s^- = 0$、$s^+ = 0$ 时，表示决策单元强有效。

（2）DEA－Malmquist 指数

DEA－Malmquist 指数方法是基于 DEA（数据包络分析）衍生的，近些年，被广泛运用于评价动态的效率变化。Malmquist 生产率指数起源于统计学

家 Malmquist，所以将此类指数命名为 Malmquist 指数。在规模报酬不变的假设条件下，Malmquist 指数被分解为两方面的变化：技术进步变化和技术效率变化。假设 (x^t, y^t) 为 t 期投入和产出，(x^{t+1}, y^{t+1}) 为 $t+1$ 期投入产出，规模报酬不变时，全要素生产率 Malmquist 指数的公式可表示为：

$$M^{t,t+1} = \sqrt{\frac{D^t(x^{t+1}, y^{t+1})}{D^t(x^t, y^t)} \times \frac{D^t(x^{t+1}, y^{t+1})}{D^{t+1}(x^t, y^t)}} \tag{4-2}$$

为了进一步说明技术效率变化和技术变化对全要素生产率的影响程度，可以将式（4-2）进一步分解为：

$$M_0^{t,t+1} = \frac{D_0^{t+1}(x^{t+1}, y^{t+1})}{D_0^t(x^t, y^t)} \times \sqrt{\frac{D_0^t(x^t, y^t)}{D_0^{t+1}(x^t, y^t)} \times \frac{D_0^t(x^{t+1}, y^{t+1})}{D_0^{t+1}(x^{t+1}, y^{t+1})}}$$

$$\tag{4-3}$$

式（4-3）中，第一项为技术效率变化，第二项为技术变化。

Fare R 等人在前人基础上进行了探索、改变，在规模报酬可变的基础上将技术效率分解为纯技术效率和规模效率，此方法被称为 FGNZ 分解法，下文 Malmquist 指数测算分解运用此方法。当规模报酬可变时，全要素生产率的 Malmquist 指数中加入了规模效率的贡献值，此时，Malmquist 指数进一步发展为：

$$M_0^{t,t+1} = \frac{D_0^{t+1}(x^{t+1}, y^{t+1})}{D_0^t(x^t, y^t)} \times \frac{D_n^t(x^t, y^t)/D_0^t(x^t, y^t)}{D_n^{t+1}(x^{t+1}, y^{t+1})/D_0^{t+1}(x^{t+1}, y^{t+1})}$$

$$\times \sqrt{\frac{D_0^t(x^t, y^t)}{D_0^{t+1}(x^{t+1}, y^{t+1})} \times \frac{D_0^t(x^{t+1}, y^{t+1})}{D_0^{t+1}(x^{t+1}, y^{t+1})}} \tag{4-4}$$

式（4-4）中第一项和第二项是式（4-3）中的第一项分解形式，表明在规模报酬可变的假设条件下，技术效率变化是由纯技术效率变化（PEC）和规模效率变化（SEC）共同作用的，也称为综合效率变化（EFFCH）。所以，可得出全要素生产率公式：$TFP = PEC \times SEC \times TC$。

当全要素生产率的计算结果大于 1 时，说明决策单元有效并且全要素生产率与上一年相比有所提高。图 4-10 为 Malmquist 指数的分解以及各个指标代表的含义。

2. 数据来源与指标选取

根据相关研究以及数据的可获得性，选取了 2011—2020 年的《全国农产品成本收益资料汇编》中河北、河南、黑龙江、宁夏、陕西和新疆六省（自治区）的肉牛散养投入产出相关数据。在指标选取方面，借鉴李俊茹、王明利、石自忠等（2021）对中国肉牛全要素生产率的研究，以及刘玉婷、刘晓利（2019）基于 DEA - Malmquist 指数对黑龙江肉牛养殖生产效率的研究，选取了两个产出指标，五个投入指标（表 4-13）。但是，由于使用的是价值化指

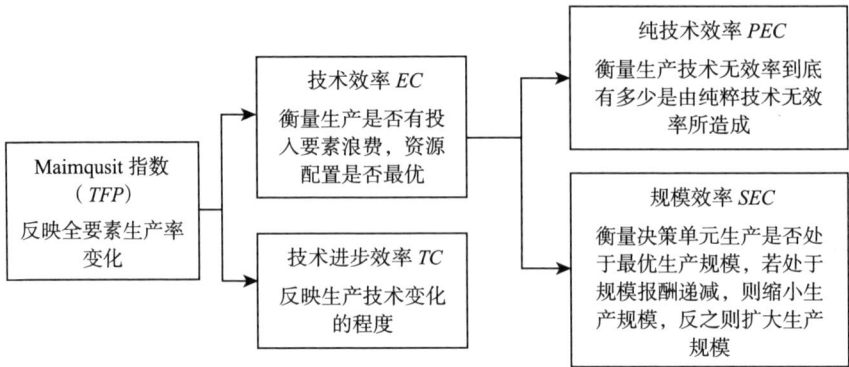

图 4 - 10　Malmquist 指数的分解以及各个指标代表的含义
资料来源：依据文献整理所得。

标，又是面板数据，时间跨度较大，存在物价指数的影响，选取的价格变量指标不可直接比较，为了使价格变量之间具有可比性，研究以 2011 年为基期，利用全国农产品生产、农业生产资料两类价格指数中与变量相对应的价格指数，对主产品产值、副产品产值、仔畜投入、饲料投入、劳动力投入、固定资产投入以及其他投入等变量进行平减，以此来提高测算结果的准确性。

表 4 - 13　指标选取

	指标	变量	数据选择
产出指标	主产品产值	y_1	主产品产值（元/头）
	副产品产出	y_2	副产品产值（元/头）
投入指标	仔畜投入	x_1	仔畜进价（元/头）
	饲料投入	x_2	精饲料费用、青粗饲料费用（元/头）
	劳动力投入	x_3	雇工费用、家庭用工折价（元/头）
	固定资产投入	x_4	固定资产折旧费用（元/头）
	其他投入	x_5	水费、燃料动力费、医疗防疫费、死亡损失费、保险费、修理维护费等（元/头）

资料来源：参考相关文献和《全国农产品成本收益资料汇编》。

（二）河北省肉牛散养效率静态分析——基于 DEA - BCC 模型

为了掌握河北省肉牛散养效率变动的影响因素，基于 MAX - DEA 软件，以河北省肉牛散养为有效前沿面，从产出角度出发，在规模报酬可变假设下，运用 DEA - BCC 方法，从静态角度对 2011—2020 年河北省肉牛散养效率进行测算分析。

河北省肉牛散养综合技术效率、纯技术效率呈下降趋势，且二者波动幅度大致相同，表明综合技术效率主要受到纯技术效率的影响；规模效率变动幅度较小，总体上较为平稳（图 4 - 11）。

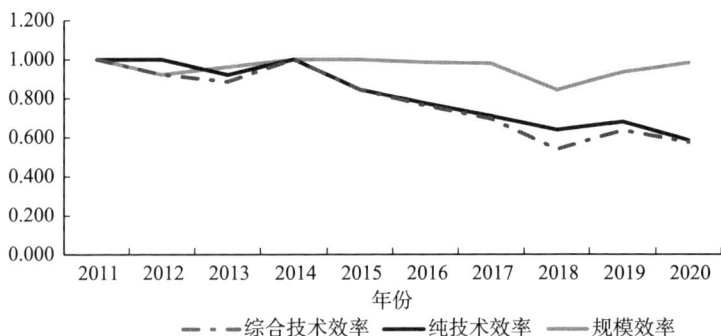

图 4 - 11　2011—2020 年河北省肉牛散养效率走势图

数据来源：根据 MAXDEA 软件测算结果整理所得。

通过对 2011—2020 年河北省肉牛散养效率的测算可知，综合技术效率指数呈现出波动性变化。十年间，综合技术效率达到 DEA 有效的年份仅有 2011 年和 2014 年两年，表明纯技术效率、规模效率均处于有效前沿，已经达到了一定时期内所能提供的最高产出水平。十年间，纯技术效率值由 1 下降至 0.585，降幅高达 0.415，表明河北省肉牛散养中，机械使用、养殖技术、科技推广等方面较为落后，对于河北省散养户而言，在资金条件允许的情况下，应积极调整投入产出结构，引进新技术、新设备，提高肉牛养殖的技术效率。规模效率十年间均值为 0.961，表明在肉牛散养中，投入产出结构较为合理，资源配置效率较高。

综合技术效率均值为 0.786，与能达到的最大产出之间存在 0.214 的差距，存在较大的效率损失；纯技术效率平均值为 0.815，与技术水平上能达到的最大产出相差 0.185。因此，促进纯技术效率值提高对于肉牛散养效率具有重要意义（表 4 - 14）。

表 4 - 14　2011—2020 年河北省肉牛散养效率

年份	综合技术效率	纯技术效率	规模效率	RTS
2011	1.000	1.000	1.000	不变
2012	0.923	1.000	0.923	递增
2013	0.887	0.922	0.962	递增

（续）

年份	综合技术效率	纯技术效率	规模效率	*RTS*
2014	1.000	1.000	1.000	不变
2015	0.845	0.846	0.999	递减
2016	0.762	0.774	0.985	递增
2017	0.695	0.709	0.980	递减
2018	0.539	0.638	0.844	递减
2019	0.635	0.679	0.935	递减
2020	0.575	0.585	0.983	递减
平均值	0.786	0.815	0.961	—

数据来源：根据 MAXDEA 软件测算结果整理所得。

（三）河北省肉牛散养全要素生产率动态分析——基于 Malmquist 指数

1. 时序视角分析河北省肉牛散养全要素生产率

选用 DEA-Malmquist 指数测算方法，对 2011—2020 年的河北省肉牛散养全要素生产率进行测算和分解，测算结果分解表和走势详情见表 4-15 和图 4-12。

河北省肉牛散养全要素生产率的变动程度较大，总体呈波动上升趋势。技术进步效率变动趋势与全要素生产率变动趋势基本一致，总体上呈小幅度上升趋势；规模效率波动幅度较小，总体上呈小幅度下降趋势；纯技术效率在 2011—2014 年呈骤增态势，2014—2020 年呈波动下降趋势。

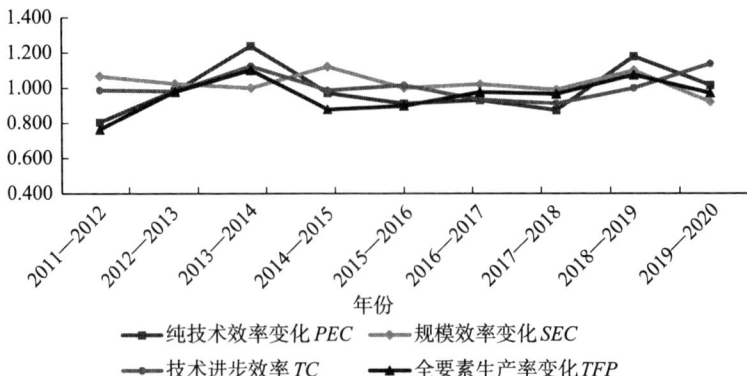

图 4-12　河北省肉牛散养全要素生产率变动趋势

数据来源：根据 MAXDEA 软件测算结果整理所得。

对 2011—2020 年河北省肉牛散养的 Malmquist 指数分解测算，可以得出河北省肉牛散养全要素生产率波动幅度较大，总体上呈波动上升趋势。2012—2013 年、2013—2014 年、2018—2019 年、2019—2020 年的全要素生产率提高，其余年份全要素生产率均有不同程度下降，说明这三年间散养投入和产出结构合理，通过分解项可知，这三年间纯技术效率、技术进步效率较高，对于提高全要素生产率起主要作用。全要素生产率指数小于 1 的年份，其纯技术效率值大多数年份都大于 1，表明全要素生产率指数低主要受规模效率和技术进步效率指数低的影响。2011—2012 年受到规模效率和技术效率指数不断下降的影响，河北省肉牛散养全要素生产率降到十年间最低值 0.805，2013—2014 年规模效率和技术进步效率指数达到最优水平，河北省肉牛散养全要素生产率达到十年间最高值 1.238，比最低值高 0.433，效益处于最佳状态（表 4－15）。

表 4－15　2011—2020 年河北省肉牛散养的 Malmquist 指数测算及分解

年份	纯技术效率变化 PEC	规模效率变化 SEC	技术进步效率 TC	全要素生产率变化 TFP	全要素生产率增长率
2011—2012	1.068	0.988	0.763	0.805	−0.195
2012—2013	1.024	0.981	0.979	0.984	−0.016
2013—2014	1.000	1.124	1.102	1.238	0.238
2014—2015	1.110	0.987	0.858	0.940	−0.060
2015—2016	1.000	1.015	0.898	0.911	−0.089
2016—2017	1.021	0.934	0.976	0.931	−0.069
2017—2018	0.990	0.911	0.966	0.871	−0.129
2018—2019	1.099	0.999	1.074	1.179	0.179
2019—2020	0.920	1.137	0.971	1.015	0.015
平均值	1.027	1.009	0.956	0.986	

数据来源：根据 MAXDEA 软件测算结果整理所得。

2011—2020 年河北省肉牛散养全要素生产率波动幅度较大，全要素生产率指数小于 1 的年份较多，并且主要受到规模投入不合理和技术进步不足两方面影响，说明河北省肉牛散养中存在科技创新不足、经营管理方式落后、技术推广困难、生产结构不合理和资源配置效率低的问题，需要改进和完善。从纯技术效率和技术进步角度分析，纯技术效率指数发挥作用较稳定，在 2014—2015 年、2018—2019 年有所增长，原因是政府重视对肉牛养殖方面的创新驱动，提高了养殖的科技投入；技术进步指数的最小值与最大值之间的差距为0.339，波动幅度较大，表明技术的研发和新技术推广方面存在困难。从规模效率角度分析，十年间规模效率变化幅度较大，影响规模效率投入要素发挥作用不稳定。

2. 省际视角分析河北省肉牛散养全要素生产率

从肉牛养殖主要省份的具体情况来看，我国肉牛散养省份中全要素生产率指数由高到低依次为河南、宁夏、河北、新疆、黑龙江和陕西，河北位居第三。六省肉牛散养全要素生产率均值均小于1，表明十年间六省肉牛散养效率并没有明显提高，反而有所下降（图 4 - 13）。

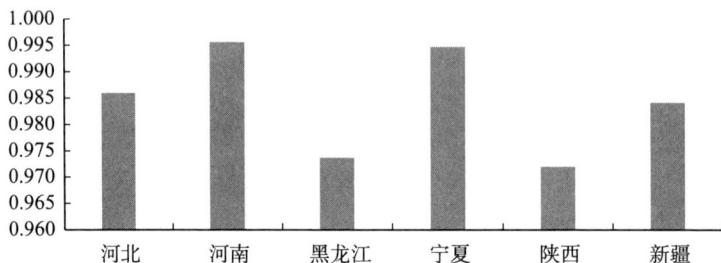

图 4 - 13 主要省份肉牛散养全要素生产率指数
数据来源：根据 MAXDEA 软件测算结果整理所得。

进一步分解各省份肉牛散养全要素生产率可以发现，河北肉牛散养效率受到技术进步缓慢的影响，反映出肉牛散养中存在技术创新能力弱、经营管理粗放等问题。黑龙江、陕西肉牛散养全要素生产率指数较低，主要是受到技术创新限制，另外，宁夏肉牛散养资源配置效率较低，导致养殖效益不佳。

六省的纯技术效率变化均大于技术进步变化，河北的纯技术效率值最大，其次为新疆。新疆的技术进步效率值最大，其次为河南、宁夏、陕西、黑龙江，最后是河北，技术进步效率仅为 0.954。陕西规模效率值最大，其次为黑龙江、新疆、河北、河南和宁夏，河北的规模效率等于六省的平均值（表 4 - 16）。

表 4 - 16 2011—2020 年河北及主要省份肉牛散养的全要素生产率

省份	纯技术效率 PEC	规模效率 SEC	技术进步效率 TC	全要素生产率 TFP	排名
河北	1.026	1.009	0.954	0.986	3
河南	1.000	0.999	0.998	0.996	1
黑龙江	1.000	1.020	0.956	0.974	5
宁夏	1.000	0.996	0.994	0.995	2
陕西	1.000	1.021	0.958	0.972	6
新疆	1.002	1.010	1.003	0.984	4
平均值	1.005	1.009	0.977	0.984	

数据来源：根据 MAXDEA 软件测算结果整理所得。

　　六省肉牛养殖全要素生产率的波动幅度较大，黑龙江呈波动下降趋势，其他五省均处于波动上升趋势。另外，2019—2020 年河南、宁夏、陕西、新疆四省涨幅较大，主要受到猪肉价格高居不下的影响，牛肉作为替代品需求量上涨，价格也随之上涨，养殖效益良好（图 4-14）。

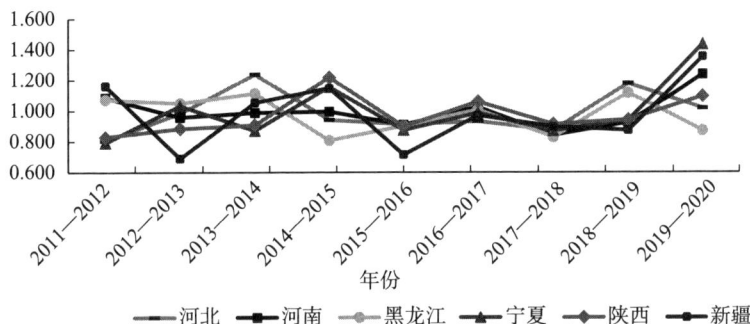

图 4-14　河北省与主要省份肉牛散养全要素生产率走势图

数据来源：根据 MAXDEA 软件测算结果整理所得。

　　基于省际视角对比分析河北省肉牛散养全要素生产率可知，河北省肉牛散养全要素生产率在六省中处于中等水平，河北肉牛散养处于"不变革，就落后"的时期，投入产出结构仍需不断优化。近年来河北省不断加大对肉牛散养扶持力度，进行地理品牌建设，促进科研人员下乡推广科技，科技要素投入逐年递增，但是科技进步发挥效率依旧欠佳，其在六个省份中处于中等偏下水平。应加大对肉牛养殖扶持，加强养殖技术推广力度，提倡基层人才下乡进行科技渗透，推动技术进步效率提高。纯技术效率值与技术进步效率密切相关，创新技术或引进新器械等技术进步会提高纯技术效率值，但是技术进步对纯技术效率发挥作用具有一定的滞后性。技术进步滞后会使得全要素生产率降低，但是技术进步极端波动大概率是不可预测因素导致的，比如台风、洪涝、大雨等自然因素。另外，生产经营水平、管理化水平、养殖规模、所需费用等都会影响技术发挥的时效。规模效率投入结构也不断进行调整，但是效率较低，导致规模效率波动幅度较大，技术效率的涨幅小于规模效率的跌幅，则全要素生产率降低。

四、河北省肉牛散养与规模养殖全要素生产率对比分析

（一）模型选取与指标选取

　　研究模型依然选用 DEA-BCC 和 DEA-Malmquist 指数法。数据选用实地调研中肉牛投入产出的相关数据，在指标选取符合研究目标且具有代表性的

前提下，选取符合本研究的产出变量和投入变量。

1. 产出变量

产出是指养殖收入，指散养户养殖肉牛所带来的收益。一般而言，收益由主产品和副产品共同构成，主产品是指散养户售卖产品所得收益，这里的收益是指未扣除产品成本的收入；副产品是指通过主产品所产生的额外利益，与主产品所获收益相比，可忽略不计。

肉牛养殖方面的产值是指出售育肥牛所获得的收益。养殖肉牛所产生的副产品产值主要指出售牛粪所产生的经济收入，由于散养农户绝大部分将牛粪做简单堆肥处理后作为肥料还田甚至丢弃，副产品产值微不足道，所以本书选取单一产出变量。

2. 投入变量

参考相关文献，选用了五个投入要素，分别是仔畜投入、饲料投入、人工投入、固定资产折旧投入和其他投入。

（1）仔畜费

具体分为交易市场购买牛犊产生的费用和自行繁育牛犊产生的费用。其中，交易市场购买牛犊产生的费用是指牛犊买进的价钱；自行繁育牛犊需要计算牛犊、母牛的饲料费用、人工费、配种费、接生服务费以及母牛折损等。

（2）饲料费

具体分为自家种植的饲料作物和购买的饲料两类。其中，自家种植的饲料作物，进行加工，制成饲料，按市场价格进行折算。

（3）人工费

具体包括雇工成本和家庭用工折价成本。家庭用工折价按市场价格进行折算，常年从事肉牛养殖按长期工工资折算，农闲时参与到肉牛养殖中按短期工工资发放标准进行折算。

（4）固定资产折旧费用

主要指为饲养肉牛所建盖的圈舍和购入的机械设备，包括圈舍土建投资、铡草机、饲料搅拌机、车辆等。固定资产折旧时按照预计使用年限进行折算，计算其年均费用。

（5）其他费用

包括水电费、运输费、配种费、医疗防疫费用、保健费用、死亡损失费以及保险费用等。

（二）样本数据的描述性分析

1. 数据来源及规模划分

2022 年 6—7 月在河北省四市（承德市、邢台市、石家庄市、唐山市）选取了 8 个县域进行实地调研，调研内容包括养殖者基本情况、养殖户（场）经营情况、养殖户（场）投入情况以及养殖户（场）产出情况等四个方面。共发放 173 份问卷，剔除无效问卷 12 份，得到有效调研问卷 161 份。本书根据《中国畜牧兽医年鉴》对于肉牛规模的划分，参考饲养业对规模的界定准则，将肉牛的养殖规模划分为四种：散户（1～49 头）、小规模（50～99 头）、中规模（100～199 头）、大规模（200 头及以上）。

2. 肉牛养殖户基本特征

样本数据的统计分析结果显示，养殖户中男性居多，有 134 户，占样本总量的 83.23%，女性养殖户仅占 16.77%；肉牛养殖户的年龄方面，平均年龄为 50.23 岁，其中最年轻的养殖户年龄为 31 岁，46 岁以上占比 65.22%，说明养殖户年龄普遍偏大；养殖户受教育程度方面，在初中以下的养殖户占总样本量的 75.15%，在高中以上的占 24.84%（表 4 - 17）。

表 4 - 17　肉牛养殖户基本信息汇总

养殖户基本情况	样本情况分类	样本数	占比（%）
性别	男	134	83.23
	女	27	16.77
年龄	35 岁以下	13	8.07
	36～45 岁	43	26.71
	46～55 岁	52	32.30
	56 岁以上	53	32.92
受教育程度	小学及以下	39	24.22
	初中	82	50.93
	高中或中专	36	22.36
	大专及以上	4	2.48

数据来源：根据调研数据整理。

3. 肉牛养殖户养殖情况

养殖年限在 20 年以上的养殖户数量占比为 16.77%，11～20 年的占总样本量的 36.65%；6～10 年的占比 27.33%，5 年以下的占比 19.25%，说明大部分养殖户养殖经验丰富。雇工人数方面，没有雇工的养殖户样本数量最多，占比 50.93%；雇工 1～5 人的占比为 46.58%；雇工在 5 人以上的养殖户仅占 2.48%。养殖规模方面，1～49 头的人数最多达 46 户，占比 28.57%；其次为 50～99 头、100～199 头，分别占比 27.95%、24.84%；200 头以上的养殖户占比最少，仅为 18.63%（表 4 - 18）。

表4-18 肉牛养殖户养殖基本情况汇总

养殖户养殖情况	样本情况分类	样本数	占比（%）
养殖年限	5年以下	31	19.25
	6~10年	44	27.33
	11~20年	59	36.65
	20年以上	27	16.77
雇工人数	0人	82	50.93
	1~5人	75	46.58
	5人以上	4	2.48
养殖规模	1~49头	46	28.57
	50~99头	45	27.95
	100~199头	40	24.84
	200头以上	30	18.63

数据来源：根据调研数据整理。

（三）肉牛散养与规模养殖全要素生产率对比分析

1. 肉牛散养与规模养殖效率对比分析

从产出角度出发，在规模报酬可变的假设下，运用BCC测算方法，利用2020—2021年调研数据对河北省肉牛养殖生产效率进行测算，得出各效率的分值。

与2020年相比，大规模肉牛养殖的综合效率、技术效率都有所下降，规模效率有小幅度上升，大规模养殖场期望通过调整规模结构来提高收益。中、小规模肉牛养殖亦然，二者的纯技术效率都处于下降状态。四种规模中散户的效率值排名最后，其中，综合效率平均值仅为0.867；纯技术效率和规模效率相比2020年均有所下降。总体而言，大、中、小规模养殖综合效率两年间均值大于0.9，处于规模效率较高区间，散养的规模效率有待提升（表4-19）。

表4-19 肉牛散养与规模养殖效率测算及分解

养殖规模	年份	综合效率 TEcrs	技术效率 TEvrs	规模效率 Scale
大规模	2020	0.930	0.961	0.967
	2021	0.904	0.926	0.977
	平均值	0.917	0.944	0.972
中规模	2020	0.916	0.964	0.951
	2021	0.904	0.932	0.970
	平均值	0.910	0.948	0.960

（续）

养殖规模	年份	综合效率 TEcrs	技术效率 TEvrs	规模效率 Scale
小规模	2020	0.904	0.936	0.965
	2021	0.909	0.927	0.981
	平均值	0.907	0.932	0.973
散养	2020	0.893	0.932	0.959
	2021	0.840	0.902	0.932
	平均值	0.867	0.917	0.945

数据来源：根据模型测算结果整理。

2. 肉牛散养与规模养殖全要素生产率对比分析

选用 DEA - Malmquist 指数测算方法，对 2011—2020 年的河北省肉牛散养和规模养殖全要素生产率进行测算和分解，结果为：全样本全要素生产率均值为 0.988，说明河北省肉牛养殖效率处于较高水平。小规模全要素生产率指数为 1.002，中规模为 1.032，表明中规模肉牛养殖效率最高。

从纯技术效率方面分析，大规模＞中规模＞小规模＞散养，表明规模越大的养殖场，技术投入越充分，养殖效率越高。从规模效率方面分析，中规模＞小规模＞散养＞大规模，表明在肉牛养殖上，并不是规模越大效率越高，规模结构是否合理也会影响规模效率。从技术进步方面分析，大规模＞中规模＞小规模＞散养，但整体技术进步指数较低，表明整体技术水平不高，应加大技术层面的投入。在规模养殖中，大规模肉牛养殖全要素生产率较低，但纯技术效率和技术进步效率居于第一，规模效率是致使全要素生产率较低的主要原因，由于规模扩大，饲养管理和技术人员增多，不利于相互协调，管理的难度增大，致使其规模效率较低（表 4 - 20）。

表 4 - 20　肉牛散养与规模养殖的 Malmquist 指数测算及分解

养殖规模	纯技术效率变化 Pech	规模效率变化 Sech	技术进步变化 Techch	全要素生产率变化 Tfpch
大规模	1.006	0.98	0.997	0.991
中规模	1.023	1.023	0.986	1.032
小规模	1.014	1.018	0.971	1.002
散养	1.005	0.999	0.956	0.926
均值	1.012	0.998	0.978	0.988

数据来源：根据模型测算结果分析。

根据肉牛散养与规模养殖的 Malmquist 指数测算得出的结果，将 η 的值划分为三个梯度，第一梯度 $\eta \geqslant 1$，效率处于增长状态；$0.9 \leqslant \eta < 1$，效率较上一

年相比降幅较小；$\eta<0.9$，效率较上一年相比降幅较大。在全样本中，全要素生产率值处于第一梯度的养殖户共有 53 户，占比 32.92%；全要素生产率值处于第二梯度的养殖户共有 87 户，占比 54.04%；全要素生产率值处于第三梯度的养殖户共有 21 户，占比 13.04%。整体来看，全要素生产率处于增长状态的第一梯度养殖户仅占 10%，表明大部分肉牛养殖户相比上一年养殖效率、收益有所下降。

（1）纯技术效率对比分析

肉牛散养与规模养殖的纯技术效率变化值均处于第一梯度，效率处于增长状态。其中，中、小规模纯技术效率变化值分别为 1.023、1.014，增幅较小；大规模和散养的纯技术效率值增幅更小，分别为 1.006 和 1.005，并且与中、小规模相比差距较小。

大规模养殖户中，纯技术效率变化值处于第一梯度的养殖户有 13 户，占比 43.33%；中规模养殖户中，纯技术效率变化值处于第一梯度的养殖户有 20 户，占比 50%；小规模养殖户中，纯技术效率变化值处于第一梯度的养殖户有 27 户，占比 60%；散户中，纯技术效率变化值处于第一梯度的养殖户有 16 户，占比 34.78%。由此可见，在纯技术效率处于第一梯度的养殖户占比中，小规模＞中规模＞大规模＞散养户，散养户纯技术效率变化值相对较低。

（2）规模效率的对比分析

在规模效率变化方面，中、小规模肉牛养殖户处于第一梯度，效率变化值分别为 1.023、1.018，二者差距微弱；其次为大规模，效率变化值为 0.988；最后为散户，效率变化值仅 0.964，与其他规模养殖的效率值之间差距较大。

大规模养殖户中，规模效率变化值处于第一梯度的养殖户有 17 户，占比 56.67%；中规模养殖户中，规模效率变化值处于第一梯度的养殖户有 29 户，占比 72.50%；小规模养殖户中，规模效率变化值处于第一梯度的养殖户有 33 户，占比 73.33%；散户中，规模效率变化值处于第一梯度的养殖户有 15 户，占比 32.61%。由此可见，在规模效率变化值处于第一梯度的养殖户占比中，小规模＞中规模＞大规模＞散养户，表明在规模养殖效率中，中、小规模养殖肉牛具有明显的优势。

（3）技术进步效率对比分析

在技术进步变化方面，大、中、小规模和散养户的技术进步变化均值都处于第二梯度，表明相对于上一年，四种规模中肉牛养殖的技术进步效率处于下降的状态。

大规模肉牛养殖户中，技术进步变化值处于第一梯度的养殖户有 16 户，占比 53.33%；中规模养殖户中，技术进步变化值处于第一梯度的养殖户有 21 户，占比 52.50%；小规模养殖户中，技术进步变化值处于第一梯度的养殖户有 14 户，占比 31.11%；散养户中，技术进步变化值处于第一梯度的养殖户有 4 户，占比 8.70%。由此可见，在技术进步变化值处于第一梯度的养殖户占比中，中规模＞大规模＞小规模＞散养户，表明技术进步变化受养殖规模的影响，大、中规模养殖户的技术进步效率发挥作用良好。

（4）全要素生产率对比分析

在全要素生产率变化方面，中、小规模全要素生产率值处于第一梯度，大规模全要素生产率值略有下降，散养全要素生产率值下降幅度较大。

大规模养殖户中，全要素生产率变化值处于第一梯度的养殖户有 5 户，占比 16.67%；中规模养殖户中，全要素生产率变化值处于第一梯度的养殖户有 15 户，占比 37.5%；小规模养殖户中，全要素生产率变化值处于第一梯度的养殖户有 21 户，占比 46.67%；散养户中，全要素生产率变化值处于第一梯度的养殖户有 12 户，占比 26.09%。由此可见，在全要素生产率处于第一梯度的养殖户占比中，小规模＞中规模＞散养户＞大规模，说明肉牛大规模养殖的全要素生产率处于最低水平，具有很大的提升空间（表 4 - 21）。

表 4 - 21 肉牛散养与规模养殖的 Malmquist 指数测算及分解

项目	养殖规模	Mean	$\eta \geq 1$		$0.9 \leq \eta < 1$		$\eta < 0.9$	
			Mean	Num	Mean	Num	Mean	Num
纯技术效率变化 Pech	大规模	1.006	1.050	13	0.996	13	0.895	4
	中规模	1.023	1.073	20	0.982	18	0.892	2
	小规模	1.014	1.047	27	0.979	15	0.888	3
	散养	1.005	1.140	16	0.975	21	0.835	9
规模效率变化 Sech	大规模	0.988	1.024	17	0.99	7	0.883	6
	中规模	1.023	1.056	29	0.953	8	0.894	3
	小规模	1.018	1.058	33	0.932	10	0.784	2
	散养	0.964	1.046	15	0.935	23	0.894	8
技术进步变化 Techch	大规模	0.997	1.068	16	0.934	12	0.808	2
	中规模	0.986	1.014	21	0.966	16	0.895	3
	小规模	0.971	1.019	14	0.982	31	0	0
	散养	0.956	1.006	4	0.959	38	0.878	4
全要素生产率变化 Tfpch	大规模	0.991	1.309	5	0.966	18	0.828	7
	中规模	1.032	1.104	15	0.989	25	0	0
	小规模	1.002	1.047	21	0.969	23	0.818	1
	散养	0.926	1.036	12	0.935	21	0.811	13

数据来源：根据模型测算结果分析。

综合来说，中规模肉牛养殖的全要素生产率最高，其次为小规模。一是中、小规模肉牛养殖的纯技术效率变化均值均大于 1，表明中、小规模肉牛养殖户的管理水平较高，原因可能是对养殖的每一个环节把握比较精准；二是规模效率变化的均值大于 1，表明中、小规模养殖方面具有明显的规模优势，在规模投入和规模结构上较为合理；三是技术进步变化指数较低，表明中、小规模养殖中缺乏技术创新，在引进新技术和对机械的投入力度方面有待提高。

在纯技术效率变化、规模效率变化、技术进步变化和全要素生产率变化对比分析中，散养户均处于最后，表明散养户与其他规模在各方面均有一定差距。然而，散养户养殖规模有限，投入要素规模小，技术水平低，在这些条件的约束下，散养户通常尽最大努力利用现有条件，在现有基础上实现最大产出，所以散养户在全要素生产率处于第一梯度的养殖户有 12 户，全要素生产率处于增长状态。散养户的技术投入有限，且投入要素规模结构不合理、技术水平较低，科学饲养、医疗防疫等方面与规模养殖相比较为落后。

五、结论与建议

（一）主要结论

从肉牛散养成本构成及变动、养殖利润，以及与其他省份对比方面分析了河北省投入产出情况，旨在揭示河北省投入和产出水平，发掘投入过程中对效益影响最大的因素。通过研究得出以下结论：

第一、河北省肉牛散养全要素生产率近几年波动幅度较大，但总体上呈小幅上升趋势；部分年份全要素生产率较低，主要原因是技术推广和科技创新能力差导致技术进步效率低，次要原因是投入要素规模不合理造成规模效率低。

第二、从不同省份肉牛散养对比来看，河北省肉牛散养全要素生产率位居第三，低于河南、宁夏，在全国范围内处于中上等水平；另外，主要省份 2011—2020 年肉牛散养全要素生产率均值均小于 1，表明各省之间都存在一定的效率亏损。

第三、对比散养与其他规模肉牛养殖全要素生产率，中规模＞小规模＞大规模＞散养，中规模养殖效率最高，散养处于效率较低水平；

第四、从静态角度分析，河北省肉牛散养效率低的主要原因是技术效率低，2011—2020 年肉牛散养的技术效率均值为 0.815。

（二）对策建议

为了提高河北省肉牛散养全要素生产率，实现河北省肉牛产业健康发展，基于实证分析结果提出以下对策建议。

1. 强化技术培训，提升基层技术人员业务素质

调研显示，散养户渴望学习养殖技术、接受技术指导，恰恰在偏远山区散养户有养殖肉牛的传统，基层技术员人数较少，难以满足基层技术需求。建议政府将基层技术员培训作为一项重要工作纳入乡村振兴的建设中，增加基层技术人员的数量，加强基层养殖技术培训和下乡指导，编发养殖技术宣传手册或者制作视频进行技术普及，不断提升他们的业务素质。

2. 加强肉牛品种改良，提高养殖技术效率

鼓励基层引进肉牛优良品种，政府应当对优良品种繁育给予更多的资金补贴，加强宣传，提高良种覆盖率。

3. 控制养殖成本，提升养殖规模效率

河北省散养肉牛规模效率较低，提高的关键是科学控制生产要素的投入规模。散养的最大问题是投入比例不尽合理，造成大量资源浪费。针对散养户来说，资源配置最佳选择是发展"自繁自育，种养结合"的肉牛养殖模式，自繁自育养殖模式下的散养户，对于怀孕母牛的饲养需科学合理，避免过量喂食导致胎牛体积过大难产；通过微观调控，稳定肉牛养殖中仔畜费用、饲料费用、医疗防疫费用的投入；通过学习掌握肉牛不同生长阶段不同的营养所需，以此来选择最合适的投入比例，使生产要素投入效率达到最大化。另外，引导规模养殖场带动散养户，形成合作模式，提供技术服务，以提高养殖效率，进而打造产业集聚区域，在集聚区建立技术、资源、信息共享体系，整合区域内的资源，形成合理的资源配置结构，降低产业集聚区的投入成本。

4. 发展多种养殖模式，促进产业协同发展

由政府牵头，鼓励散养户积极探索多种肉牛养殖模式。第一，积极组建和逐步完善肉牛合作社，发展"合作社＋"模式，由肉牛合作社牵头，解决散养户无法解决的问题。第二，提倡"龙头企业＋散养户"的肉牛养殖模式，以合作社、龙头企业牵头，把分散的养殖户聚集到一起，形成具有一定规模的养殖主体，充分发挥规模优势，互通信息、技术等资源，逐步实现养殖环节、生产环节、销售环节最优化，提高散养户应对、规避市场风险的能力。

参 考 文 献

陈岩，童国平，王蕾，2020. 基于DEA-BCC模型的农业灰水足迹效率研究 [J]. 人民黄河，42 (12)：61，65，81.

崔孟宁，朱美玲，李柱，等，2014. 基于DEA-Malmquist指数新疆肉牛产业全要素生产率研究 [J]. 新疆农业科学，51 (02)：363-369.

高海秀，王明利，2018. 我国肉牛生产成本收益及国际竞争力研究 [J]. 价格理论与实践

（03）：75 - 78.

李翠霞，申晶，姜冰，2022. 我国规模化肉牛场管理效率及影响因素分析——以中规模肉牛场为例 [J]. 黑龙江畜牧兽医（02）：6 - 12.

李俊茹，王明利，杨春，等，2019. 中国肉牛产业全要素生产率的区域差异与影响因素——基于 2013—2017 年 15 省区的面板数据 [J]. 湖南农业大学学报（社会科学版），20（06）：46 - 55.

李俊茹，王明利，杨春，等，2021. 中国肉牛全要素生产率时空分异特征分析——基于非参数共同前沿分析方法 [J]. 农业现代化研究，42（01）：103 - 111.

李娜，王明利，石自忠，2016. 世界肉牛养殖成本收益与效率比较分析 [J]. 中国畜牧杂志，52（22）：1 - 8，15.

李鹏菲，马丁丑，2021. 基于 DEA - Malmquist 指数分析的福建省农业全要素发展效率及影响因素研究 [J]. 物流科技，44（07）：104 - 108.

李青，王聪，刘阳徽，2022. 辽宁省苹果全要素生产率与农业增长：基于 DEA - Malmquist 指数的实证分析 [J]. 现代农业研究，28（04）：102 - 104，107.

刘京京，王军，2018. 肉牛养殖成本收益变动及其影响因素分析——以农牧区六大主产省（自治区）为例 [J]. 黑龙江畜牧兽医（12）：29 - 33.

刘森挥，2019. 我国肉牛养殖业全要素生产率变动及提升路径研究 [D]. 长春：吉林农业大学.

刘文明，费红梅，张国梁，2018. 吉林省肉牛养殖户农牧结合行为选择及影响因素研究 [J]. 黑龙江畜牧兽医（12）：38 - 42.

刘玉婷，刘晓利，2017. 基于 DEA - Malmquist 指数的黑龙江省肉牛养殖生产效率分析 [J]. 黑龙江畜牧兽医（24）：37 - 40，291.

宁婧琪，王悦，张越杰，2021. 基于环境约束的吉林省肉牛养殖业全要素生产率研究 [J]. 黑龙江畜牧兽医（02）：6 - 10.

石自忠，王明利，胡向东，等，2017. 我国肉牛养殖效率及影响因素分析 [J]. 中国农业科技导报，19（2）：1 - 8.

汪聪勇，朱波，李俊雅，等，2020. 中国肉牛种业发展现状、存在问题及建议 [J]. 中国牛业科学，46（02）：52 - 54.

王佳欢，2017. 肉牛养殖稳定发展的最小经济规模分析——基于机会成本视角 [J]. 黑龙江畜牧兽医（18）：48 - 50.

王巍，易军，唐慧，等，2018. 四川省规模化肉牛场养殖规模调查分析 [J]. 黑龙江畜牧兽医（04）：57 - 61.

杨春，王明利，2019. 草原生态保护补奖政策下牧区肉牛养殖生产率增长及收敛性分析 [J]. 农业技术经济（03）：96 - 105.

杨雨芳，赵慧峰，2021. 2007—2018 年河北省散养肉牛养殖成本与收益分析 [J]. 黑龙江畜牧兽医（04）：14 - 17，21.

尹春洋，白雪娟，2017. 宁夏肉牛养殖规模经营效率及其影响因素研究 [J]. 黑龙江畜牧兽医（18）：22 - 25.

尹春洋，姜羽，田露，等，2016. 西北地区肉牛生产技术效率及影响因素分析——基于农

户微观层面 [J]. 中国畜牧杂志，52（22）：57－63.

张国初，1996. 前沿生产函数、要素使用效率和全要素生产率 [J]. 数量经济技术经济研究（09）：27－33.

张旭华，屈红卫，眢林森，2018. 陕西肉牛养殖不同规模对养殖效益影响的调研分析 [J]. 中国牛业科学，44（03）：37－39.

张艳，凡启兵，2022. 基于 DEA－BCC 模型湖北省农业生产效率研究 [J]. 湖南农业科学（01）：91－95.

赵红霞，张越杰，2017. 中国肉牛养殖技术效率及其影响因素分析 [J]. 中国畜牧杂志，53（04）：136－143.

专题五　河北省肉牛品牌
建设典型案例

一、承德北戎生态农业有限公司

(一) 公司简介

承德北戎生态农业有限公司位于隆化县经济开发区食品药品产业园，成立于2009年3月19日，注册资金3 476.51万元，是以肉牛养殖为核心，集高档肉牛和生态肉牛养殖、屠宰加工、农业生态种植、有机肥生产、网络销售于一体的生态全产业链企业。2021年，公司总资产21 313万元，实现销售收入8 830万元，纯利润677万元。

承德北戎生态农业有限公司（以下简称北戎公司）自成立以来，以坚定不移的意志和奋发向上的精神，始终奉行"为农者谋利，为食者造福"的企业宗旨，立足于京津水源的优越环境、河北省肉牛标准化示范区、隆化县肉牛主导产业、隆化肉牛国家地理标志、中国农产品最受消费者喜爱等区域品牌优势，形成了集优良肉牛繁育、高档和生态肉牛育肥及屠宰加工、有机肥生产、生态种植于一体的产业化经营管理模式。北戎公司先后被命名为：全国巾帼扶贫示范基地、河北省农业产业化省级重点龙头企业、河北省扶贫龙头企业、河北省示范农民专业合作社、河北省"专精特新"中小企业；是首批国家"肉牛标准化示范场""畜禽标准化示范场"；农业农村部、财政部"现代农业产业技术示范基地""国家肉牛产业技术体系示范基地"、国家科技富民强县专项行动计划项目"肉牛产业化养殖技术开发集成与推广应用"试验示范基地、商务部"国家储备肉活畜储备基地"、河北省畜牧兽医局"无公害畜产品产地认定单位"、良好农业规范（GAP）认证基地、HACCP认证基地、清真食品认证基地，曾获振兴隆化突出贡献奖、优秀企业奖、诚信企业奖等荣誉和称号。近年来公司积极推进产业扶贫，2017年带动贫困户324户就业，贫困户分红收益高达116.64万元；2018年带动贫困户619户就业。

经过多年发展，北戎公司企业规模不断壮大，基础设施不断完善，产业链条不断延伸，品牌打造不断出新，销售渠道不断拓宽，产加销布局日趋合理，建立起了生态养殖基地、肉牛屠宰与牛肉加工销售企业、牛联体大数据平台、牛文化产业园、助农直播基地，实现了一、二、三产业融合。北戎公司的生态养殖基地位于隆化县唐三营镇二道窝铺村，占地面积 168 亩*，建有标准化牛舍 15 000 平方米，青贮池 2 000 立方米，酒糟池 1 000 立方米；生物有机肥生产线占地 6 000 平方米，设计年生产有机肥 30 000 吨；饲料加工生产线 1 条，占地 4 500 平方米，设计年生产全混合日粮 4 380 吨。公司饲养的肉牛主要为北戎黑牛、西门塔尔、草原红牛等，常年存栏肉牛 800 头，年出栏肉牛 5 000 头。肉牛屠宰与产品加工生产线位于隆化县经济开发区公司总部所在地，是集办公、科研、培训、化验、餐饮、肉牛屠宰加工、产品展示于一体的现代化多功能综合性场所；占地 68 亩，建筑面积 5 000 平方米，其中肉牛屠宰加工生产线建筑面积 3 000 平方米，年加工能力为牛肉 5 000 吨（设计年屠宰肉牛 5 万头）；建有高端牛肉产品研发中心 1 处。牛联体大数据平台、牛文化产业园、助农直播基地也位于公司总部所在地，建有隆化牛文化宣传展示中心及 30 个直播间，主要包括直播电商基地、社区门店、社群团购、消费扶贫等销售渠道。表 5-1 为承德北戎生态农业有限公司规模产值效益。

表 5-1　承德北戎生态农业有限公司规模产值效益

单位：头、万元

年份	总资产	销售收入		利润	销售活牛	屠宰肉牛	销售雪花牛肉	销售生态牛肉
		活牛	牛肉					
2016	11 614	4 437	5 422	878	2 950	2 230	1 080	4 342
2017	13 375	4 226	6 339	1 037	2 560	2 450	1 310	5 029
2018	20 138	3 690	6 851	1 043	2 200	2 580	1 720	5 131
2019	22 051	5 416	6 620	1 165	2 910	2 360	1 650	4 970
2020	19 182	4 483	3 620	836	2 210	1 300	1 120	2 500
2021	21 936	4 546	4 285	678	2 009	1 400	1 233	3 466
2022	22 804	4 938		422	1 620	960	865	2 655

数据来源：该公司的历年实际销售数据。

（二）品牌介绍

北戎公司主打"北戎雪花牛肉""北戎生态牛肉"两个高端品牌；生产高

---

*　亩为非法定计量单位，1 亩≈667 平方米。

档分割牛肉主要有上脑、眼肉、里脊、外脊等 20 多个品种。2013 年，在国内知名专家精心指导下，公司自主研发生产的高档牛肉"北戎雪花牛肉"经鉴定达到 AAAA 级以上品级，填补了河北省高档牛肉生产的空白。"北戎雪花牛肉"脂肪组织色泽乳白、肌肉组织色泽粉红、肌内脂肪沉积分布细密、肉质细嫩、气味纯正，适用于高档西餐、中餐烹饪，烤制熟制品香味浓郁、口感细腻、鲜嫩多汁、香气纯正，具有巨大的市场开发潜力，深受消费者青睐。北戎公司生产的分割牛肉于 2015 年获"河北省优质产品"称号、2016 年获"河北省三十佳农产品品牌"称号；2017 年生产的"冻分割牛肉"获"河北省中小企业名牌产品"称号。产品经过中国质量认证中心的危害分析与关键控制点（HACCP）体系认证（证书编号：001HACCP1600011），建立追溯平台"活牛出栏登录种养小管家"，获得了《河北省承诺达标合格证》。

北戎公司产品宣传语："北戎牛肉，皇家享受""燕山山里北戎牛，皇家贡品牛肉香"，其牛肉及农产品主要采取直播间网上销售以及社区门店、社群团购、电商平台等销售方式。产品销售形态为线上线下相结合的销售方式。线下渠道以京津冀为主，线上销售则面向国内市场。图 5-1 为北戎公司生产的分割肉品，图 5-2 为北戎公司 LOGO 及包装产品。

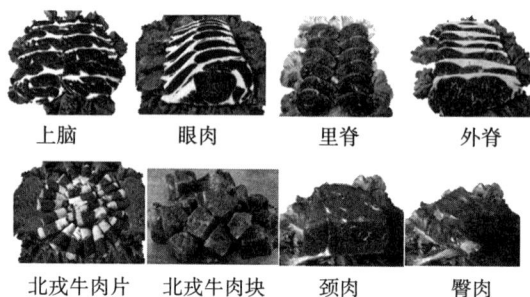

| 上脑 | 眼肉 | 里脊 | 外脊 |

| 北戎牛肉片 | 北戎牛肉块 | 颈肉 | 臀肉 |

图 5-1　北戎公司生产的分割肉品

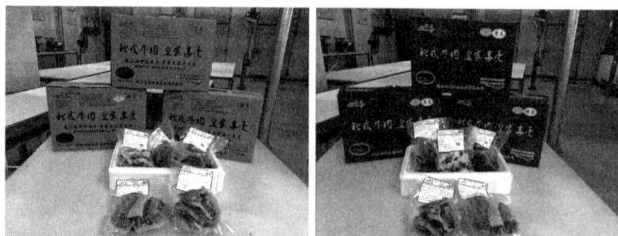

图 5-2　北戎公司的 LOGO 及包装产品

（三）品牌宣传推介

承德北戎生态农业有限公司承担隆化肉牛产业园区的两项发展工程——牛文化宣传展示中心项目和牛肉电商综合销售平台项目建设，同时也在加强自身生产及进行北戎肉牛生态养殖联合体（以下简称牛联体）项目建设，完善产业链条。

1. 品牌宣传推介

（1）牛文化宣传展示中心建设

隆化牛文化宣传展示中心扎根隆化红色沃土绿色生态，以牛文化为打造主题，弘扬牛精神，传播牛文化，打造牛联体，干好牛事业。隆化牛文化可溯源于三千多年前北戎部落牛的原生态文化，三百多年前康熙北巡御道吃北戎牛肉的皇家文化，依托隆化县历史文化和民俗文化，打造"隆化肉牛，中国好牛"的隆化肉牛地理标志品牌。按照隆化肉牛产业园区的规划建设项目，中央财政资金投入 300 万元，在公司内落地建设隆化县牛文化宣传展示中心，占地面积 1 700 平方米，展厅内通过 LED 大屏幕依次静态和动态展示牛文化，文化园包括牛肉食材体验、牛文化大讲堂、牛廊大道、牛文化大舞台、迎宾大厅等多个牛文化板块，展示柜中还有北戎公司生产的主要商品生态牛肉、雪花牛肉和礼盒装版本的牛肉制品。项目依托食品产业园与牛文化产业园融为一体，实现食品产业与文化创意相互结合，形成景观生态区、牛庄体验区、牛文化创意体验区、牛肉食材体验区、隆化牛文化科技展馆五大功能区。牛文化宣传展示中心的建设致力于创建隆化肉牛科技、文化、成果展示综合体验区，打造研学基地，把食品园区构建成产业与文化相结合的现代农业园区，推进国家级肉牛产业园区建设，实现一、二、三产融合发展。推广隆化肉牛地理标志产品品牌，做强隆化肉牛产业，推动乡村振兴。

（2）牛肉电商销售平台的建设

北戎公司承载着产业园区发展的希望，致力于打造"承德山水·隆化肉牛"，牛文化宣传展示中心成为参观体验地、网红打卡地、电商直播地，同时为直播电商提供了可转化的消费场景。为落实牛肉电商综合销售平台项目，中央财政资金投入 100 万元创建电商销售平台，在北戎公司设立电商直播基地，包含 26 个直播间，在抖音平台运行直播官方账号，直播销售产品。与此同时，企业通过拍摄发布短视频、按时直播并增加直播时长来加大宣传力度，提高北戎公司牛肉产品的知名度，并积极参与官方发起的助农直播从而通过线上电商平台打开销路。

（3）线上展示屠宰加工与分割过程

2016 年，北戎公司在隆化县经济开发区食品药品产业园投资 2 060 万元建设了以屠宰加工高档牛肉和生态牛肉为主的标准化生产线，设计屠宰能力 5 万头。牛源全部来自自有养殖场及周边养殖户。牛肉产品以部位分割肉为主，屠宰加工生产线可视化展示了肉牛屠宰、分割的具体流程，在生产车间内工作人员通过拍摄小视频的方式将生产流程发布到电商销售平台，展示肉牛分割工艺，让消费者更加直观清楚地了解牛肉加工程序，买到更加干净、放心、高品质的牛肉。

2. 品牌宣传推介中的不足

（1）短视频宣传内容单一，电商直播时长较短

当前存在的问题是拍摄视频内容单一，短视频多为在屠宰生产车间拍摄肉牛各部位切割来展示牛肉品质，缺乏创新性和对品牌故事的渲染，画面不够美观，对观看者的吸引力较小。直播时间较短，每天下午和晚上固定时间进行直播，观看量少，销量低迷。

（2）品牌宣传不到位、知名度较低

对于农产品而言，打造品牌知名度是农产品销量的保障，对农产品最基本的要求就是食品质量安全和营养健康。"北戎生态牛肉"品质好、销售占比高，"北戎雪花牛肉"这类高档牛肉一般作为礼品由相关单位以及社区统一采购。但是现阶段北戎公司的牛肉品牌知名度较低，企业对于自身的文化宣传和牛肉产品的宣传不够，市场没有完全打开，导致销路窄，同时缺乏专业人才和品牌运作。

3. 推进品牌宣传推介的建议

（1）打造牛肉品牌，加大宣传力度

提高农产品的品牌叙事与推广营销能力，结合企业文化打造"隆化肉牛，中国好牛"的隆化肉牛地理标志品牌，从产品广告、包装、推广宣传等各个环节展示隆化悠久的肉牛文化和北戎企业精益求精的生产理念。可以将企业文化、创业故事和肉制品生产加工流程等环节制作成宣传小卡片放入产品包装箱内，这样既能展示企业文化提高品牌宣传力度，也能使消费者更加了解品牌并感受到企业对于产品的用心程度，从而提高品牌在消费者心目中的知名度和好感度，做有故事、有情怀的品牌。

（2）提高短视频质量，延长直播时间

在当前互联网发展大趋势下，要运用好网络自媒体、短视频媒体的网络营销手段，多媒体运营、电商销售已经逐步成为农产品展示和销售的主要平台。提高短视频对于品牌故事的叙述能力，可以将创业理念和产品故事等品牌文化融入短视频的拍摄中，打破短视频内容单一性，用隆化地理资源的优势、好水土出好产品的宣传理念来演绎好自己产品的追求。延长抖音平台账号的直播时间，提高曝光率，让更多的消费者发现和认可北戎牛肉。积极参与官方发起的助农直播，抓住新的发展机遇，在线上电商平台打开销路。

（3）大力引进专业型人才

发展电子商务，打通产品线上销售渠道，向线上线下一体化方向发展，企业需要着力引进、培养电商直播平台新媒体电商领域运营人才，积极与重点高校和职业院校沟通，挖掘相关人才加大招聘力度，同时鼓励和引导外出从事电商领域的本土人才返乡就业，使企业拥有一支专业的新媒体人才团队。

二、承德华商恒益农业开发有限公司

（一）公司简介

承德华商恒益农业开发有限公司成立于 2014 年，公司地址位于隆化县张三营镇南园子村。公司注册资金 2 000 万元，占地面积 296 亩，现有员工 26 人，主要经营范围是农业技术推广服务、农作物种植与销售、牲畜饲养、微生态有机肥制造、饲料加工、秸秆加工、林木育苗、肉制品及副产品加工、牲畜屠宰、农业观光休闲旅游。公司 2015 年 4 月被隆化县农村信用合作联社评为 AA 级信用企业，2016 年 6 月被承德市人民政府认定为市级重点龙头企业，2018 年 12 月被农业农村部评为部级规模示范养殖基地，2019 年 12 月份被评为河北省扶贫龙头企业，2020 年 12 月被评为河北省重点龙头企业。公司 2021 年投资 4 000 万元建立饲料加工厂，研发适合本地牛生长的高性价比、高品质的自主品牌饲料，年产量达 10 万吨。

承德华商恒益农业开发有限公司（以下简称华商恒益公司）以肉牛养殖、育肥、牛肉销售为主营业务，养殖基地存栏 3 000 头，年出栏近万头，带动贫困户 3 000 户，公司与多家肉联加工企业建立了长期稳定的合作关系。公司依托河北省畜牧良种工作站、承德市农业农村局畜牧站、隆化县农业农村局畜牧工作站，与北京安博生物中心达成战略合作，进行人工授精技术试验，加快牛群体遗传改良进展，使企业逐步建成以生产牛胚胎、移植推广、技术服务为一体的多元化公司。

（二）品牌介绍

2021 年华商恒益公司加快布局并创立"合一牛"牛肉品牌，并陆续在上海、海南、杭州、北京等地成立全链条的合一牛公司。华商恒益公司从传统养殖转型到增加肉牛屠宰、精细分割，再到生产不同种类的深加工牛肉产品，进一步推进生态振兴，形成生态链闭环，推动肉牛产业发展，振兴乡村。合一牛牛肉产品获得了农业农村部农产品质量安全中心评审的地理标志认证，基地出栏的每头牛在省级和国家级质量安全追溯平台登记并带有承诺达标合格证，可扫码查询。

合一牛品牌现有冷鲜牛肉、深加工牛肉产品二十多种，渠道销售主要包括线上电商销售、上市集团公司采购、线下实体店分销，产品主要销往北京、上海、深圳、浙江等地，现有一家实体店，电商平台销售额达 1 000 万元。图 5-3 为华商恒益公司的"合一牛"LOGO 及包装产品，图 5-4 为华商恒益公司分割的肉品。

图 5-3　华商恒益公司的"合一牛"LOGO 及包装产品

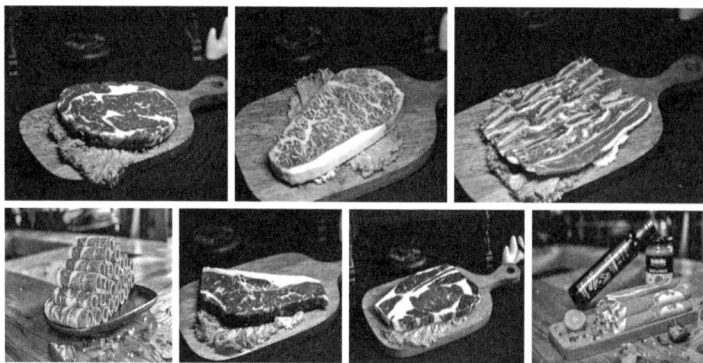

图 5-4　华商恒益公司分割的肉品

三、河北国秀和牛牧业有限公司

（一）公司简介

河北国秀和牛牧业有限公司（以下简称国秀公司）位于河北省保定市望都县寺庄乡大辛庄村，注册资金 1 000 万元，员工 22 人，专业技术人员 7 人，拥有以国家肉牛牦牛体系首席专家曹兵海为首的多位国内顶级肉牛培育专家倾力指导的专业和牛养殖管理团队。国秀公司现在拥有 300 亩的和牛养殖、繁育基地，700 亩饲草料种植用地。现有现代化牛舍 20 000 平方米，年存栏纯血和牛 2 000 头，年出栏 600 头，年总产值 5 000 万元，是河北省唯一的纯血和牛繁育基地。国秀公司饲养的和牛，对其饲料品质及养殖过程控制非常严谨，严格选育品种，保障种群优良。颠覆传统的肉牛养殖模式，纯血扩繁，实现了中国高端牛肉的规模化、持续化生产。保证每一头和牛都在听着音乐、喝着啤酒、做着按摩的舒适环境中健康成长，为产出高品质牛肉打下坚实基础。公司致力于打造以"绿色、健康、营养"为宗旨的和牛养殖公司。

为了响应国家促进西部发展的号召，国秀公司还在甘肃省张掖市临泽县创立了全资子公司——甘肃美加农畜牧科技有限公司（以下简称美加农公司）。美加农公司拥有政府划拨用地 615 亩，全部是戈壁沙丘，公司员工从防风固沙开始，艰苦卓绝，努力奋斗，全部治理完成。现公司基础养殖用地 115 亩已全部建设完成，存栏基础母牛 1 000 头，2023 年起每年可出栏和牛犊牛 800 头以上。剩余的 500 亩土地全部种植了青贮玉米，实现饲料自给自足的同时，也改变了当地的土壤环境，使沙漠变良田，再造一个新绿洲。未来和牛养殖的育种工作将全部由甘肃美加农公司完成，架子牛运到河北由河北国秀公司进行育肥，这样可以提高生产效率、减少疫病风险。美加农公司采用"企业＋农户"方式，由企业提供胚胎，农户进行代孕代养，牛犊六个月后由公司回购，可解决当地 50 余个家庭的就业问题，为当地农民提供了一条新的致富道路。两地一体，促进当地经济发展，国秀公司有了稳定的优质育种基地，为公司持续稳定发展提供了坚实的保障，同时实现经济效益、社会效益和生态效益的三提高。

（二）品牌介绍

国秀公司现已打造成繁殖、育肥、屠宰、餐饮、零售的一条龙产业模式，自有"九囿"品牌纯血和牛，其肉霜降花纹明显、牛肉多汁细嫩、风味独特，肌肉脂肪中富含不饱和脂肪酸，营养价值极高。按照牛肉不同部位的口感，精细分割成 36 个部位，36 种口味，每个部位都是不可多得的精品。一头牛，从头吃到尾，都能带给客户极致的轻奢体验。产品已销往北京、广州、上海等多个城市和地区。公司计划总投资 1.1 亿元，项目全部建成达产后，将实现年存栏纯血和牛 3 000 头，出栏 1 000 头的规模，极大地填补国内高档肉牛产品缺口，丰富国人的餐桌。产品主要销售模式为自营餐饮加零售模式，正在积极开发线上新零售渠道，2021 年度销售额 3 200 万元。图 5 - 5 为国秀公司的 LO-GO、包装产品及获奖。

产品包装图片：

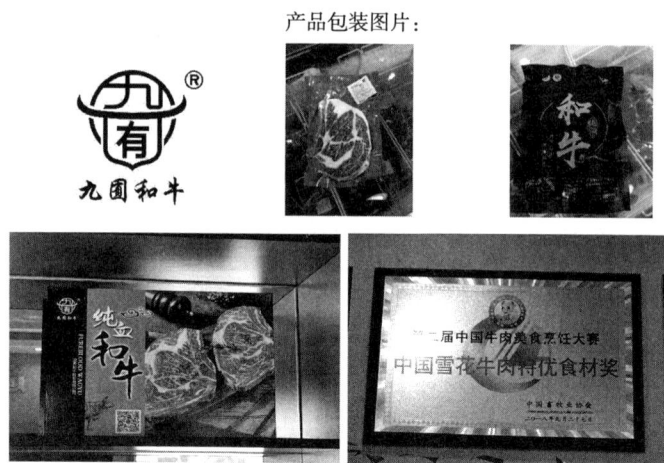

图5-5 国秀公司的LOGO、包装产品及获奖

四、河北燕城食品有限公司

（一）公司简介

河北燕城食品有限公司（以下简称燕城食品）是一家集科学养殖、肉牛屠宰、冷链仓储和物流配送于一体的省级农业产业化龙头企业，投资2.5亿元打造了定兴县燕园肉牛饲养有限公司、河北燕城食品有限公司食用农产品配送中心和肉食品加工项目、北京信恒通达商贸有限公司三大板块。

定兴县燕园肉牛饲养有限公司占地50亩，建筑面积5 000平方米，其中牛舍面积3 000平方米，干草棚及饲料库700平方米。另建有青贮池、大型粪污沉淀池、大型沼气池、大型储粪场等设施。肉牛存栏3 000头，全部以饲养西门塔尔、夏洛莱、安格斯等肉牛改良品种为主。河北燕城食品有限公司食用农产品配送中心和肉食品加工项目主要包括屠宰间、配送中心冷库、分割间、农产品配送中心等部门，能够实现年屠宰5万头肉牛和精细分割1.2万吨牛肉，年周转农产品3万吨。北京信恒通达商贸有限公司主要负责燕城食品农产品对外销售，目前市场主要分布于河北、北京、河南等地。

燕城食品所有的生产经营活动紧紧围绕着畜产品高质量生产、环境生态保护、养殖过程健康科学三大主题为中心，节约社会劳动力，提高集约化、标准化生产水平。

（二）品牌介绍

燕城食品是定兴县农产品质量安全可追溯体系试点单位，先后荣获河北省无公害畜产品产地认证、农业农村部无公害畜产品认证、燕城食品清真认证、ISO 9001 质量管理体系认证、ISO 22000 食品安全管理体系认证和 GB/T 19630—2011 有机产品认证。燕城食品在河北省首届牛肉文化美食节荣获"优秀西餐红肉奖"，并获批河北省肉牛产业技术创新战略联盟"副理事长单位"、保定市农业产业化重点龙头企业、河北省民生保供企业、河北省农业产业化重点龙头企业、人大代表优化营商环境工作固定监测点企业，同时也是国家级肉牛牦牛产业技术体系试验站试点单位、保定市预制菜产业联盟副理事长单位、中国肉类协会理事单位。

燕城食品现有"燕城""燕园"两大商标，产品主要有热鲜肉、冷鲜分割肉、分割冷冻肉、调理肉制品（肥牛系列、牛排系列）、骨制品等。燕城牛肉因其肉质鲜美、营养丰富的特点深受广大消费者喜爱。目前产品销往全国各地，主要包括上海、北京、天津、郑州、西安、哈尔滨、广东、青岛、合肥等城市以及石家庄、保定、邯郸、邢台等省内城市，与石家庄北国连锁超市、保定惠友连锁超市、高碑店家兴连锁超市、雄安餐饮服务公司、保定安家罩饼等多家大型连锁超市、餐饮饭店都有合作。

燕城食品制作宣传册及公司宣传片，积极参加保定预制菜产业联盟、中国肉类协会组织的培训、品鉴会等各类展会活动，通过直播带货、市场推广等多种渠道进行品牌宣传，不断提升企业知名度。图 5-6 为燕城食品的产品和包装，图 5-7 为燕城食品的商标。

五、河北汇红达肉类有限公司

（一）公司简介

河北汇红达肉类有限公司（曾用名：孟村回族自治县汇红达肉类有限公司，以下简称汇红达）成立于 1998 年 8 月，公司位于沧州市孟村县城北，环境优越，占地 126 亩，建筑面积 8 500 平方米，公司拥有固定资产 3 174 万元，干部、职工 220 人，是沧州最早、最大的牛肉加工厂，并建有中国肥牛基地——河北宏达生态园，被列为河北省农业产业重点龙头企业。公司年加工肉牛能力 2 万头，质量和卫生均达到国家规定标准，清真肉牛实现了胴体 32 个部位、80 多个品种的精细分割，可对心、肝、肚、舌、尾等 20 多个部位进行精深加工。

在各级政府的大力关怀和支持下，经过九年多不懈努力，公司现已发展成

燕城一号肥牛卷

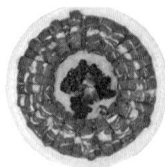
燕城三号肥牛卷

雪花肥牛卷

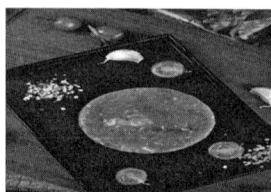
黑椒牛排

牛肉块

牛肉馅

外包装样式1

外包装样式2

图5-6　燕城食品的产品及包装

燕园商标

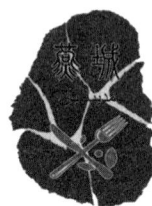
燕城商标

图5-7　燕城食品的商标

集养殖、育肥、屠宰加工、餐饮服务于一体的"集约型""效益型"畜牧产业龙头企业。公司壮大带动了当地和周边县市养殖业发展，使1万多户农民通过养牛脱贫致富，公司董事长马明达也被誉为"第三届中国农村十大致富带头人"。2018年至2021年公司规模产值效益实现持续增长（表5-2）。

表5-2 2018年至2021年汇红达公司规模产值效益

单位：头、万元

年度	年屠宰量	产值	效益
2018	3 200	10 537	240
2019	3 783	12 395	273
2020	3 900	12 488	281
2021	4 002	12 808	301

数据来源：该公司的实际销售数据。

（二）品牌介绍

汇红达公司先后被评为"全国农产品加工示范企业""河北省少数民族特供用品指定生产企业"、全国民族贸易和民族特需商品生产"千强企业""河北省扶贫龙头企业""河北省绿色食品推广单位"。2019年公司产品通过了ISO 9001国际质量管理体系认证和HACCP认证，2020年荣获"河北省民族贸易企业"，连续七年（2015—2021）荣获省冻肉储备企业资格，2021年获评河北省农业产业化重点龙头企业和河北省肉牛产业化联合体核心企业，2021年被认定为"河北省牛羊定点屠宰企业"。

汇红达生产的"猛牛"牌肥牛产品是河北省著名商标产品，至今已经有20多年历史，2020年2月新注册"汇红达"商标。公司以优质的渤海黄牛为屠宰源，并严格按要求屠宰加工，产品经世界上最先进的吊挂式排酸、速冻杀菌、保鲜等环节，可对牛胴体的32个部位、80个产品进行精细加工，主要生产冷冻冷鲜牛肉系列产品。主要产品有上脑、眼肉、肥牛1号、肥牛2号、精品肥牛等系列，产品肉质鲜嫩纯正、松软可口，汁浓味厚，食之软烂醇香、肥而不腻。

"猛牛"牌产品打入钓鱼台国宾馆及阿拉伯国家驻华使馆，公司同北京、天津、上海、南京、沈阳、吉林、哈尔滨等十几个城市的40多家用户建立了长期供货关系，并成为北京东来顺肥牛产品供应基地。公司生产的各种冷鲜肉产品和熟肉制品全部通过检疫、检验，手续齐全合法，并通过河北省农产品质量安全监管追溯平台，配有追溯码。公司于2018年新建产品深加工项目，主要生产酱牛肉等熟食产品，使用小包装，保质期180天，主要销往大、中超市和高铁餐桌等，深受广大客户喜爱。产品销售主要通过各地经销商、大型酒店、学校餐厅食堂、自己旗下的"红达小牛"火锅连锁店等，市场占有率达到25％。图 5 - 8 为汇红达公司分割肉品、商标及宣传画。

图 5 - 8　汇红达公司分割肉品、商标及宣传画

专题六　牛肉进口对我国牛肉市场的影响研究

从 2012 年开始，我国出现国内牛肉供不应求的现象，此后供给缺口不断扩大，直至 2016 年国内牛肉供应量低于需求的数量已经达到 77 万吨，牛肉自给率显著下降。2006 年，我国牛肉进口依存度仅为 0.02%，但是 2017 年增加到了 8.74%，2019 年 11 月末，牛肉进口量为 147.05 万吨，同比增加了 40.75 万吨，排名世界第一。进口依存度的提高加剧了与国内市场的联动性，国外牛肉供求和物价波动信息很容易牵动国内牛肉市场，随即增加了经营主体的市场风险。本专题通过收集国家 2016—2020 年牛肉相关数据，运用 VAR 模型分别对牛肉进口价格和牛肉进口量对我国牛肉市场的影响进行了实证分析。

一、中国牛肉进口现状及其原因分析

(一) 中国牛肉进口贸易现状

20 世纪 80 时代之前国内极少大量进口牛肉，之后由于市场开放程度的增加以及国内对牛肉需求量增大，开始大量进口优质牛肉，但进口总量仍然极少。1990—1996 年平均每年进口牛肉和加工牛肉制品始终维持在 2 000～3 000 吨，1996 年之后平均每年进口牛肉和加工牛肉制品数量上升到 10 000 吨左右。大部分来源于欧盟国家、美洲地区、英国、澳大利亚、新西兰、巴西等发达国家或地区，其中由澳大利亚直接进口商品牛肉数量最多，约占 60% 以上，其次为美洲、新西兰。

1. 国内牛肉贸易现状

(1) 牛肉供需分析

2019 年我国肉牛的存栏数约为 6 998 万头，比 2018 年增加了 379.6 万头，同比增长了 5.7%。2020 年受新冠疫情的影响，农户补栏积极性降低，我国肉牛的存栏总数约为 6 618.3 万头，比 2019 年减少 379.7 万头。2021 年，养殖户积极补栏，我国育肥牛及肉牛产能又开始有所恢复（图 6-1）。

单位：万头

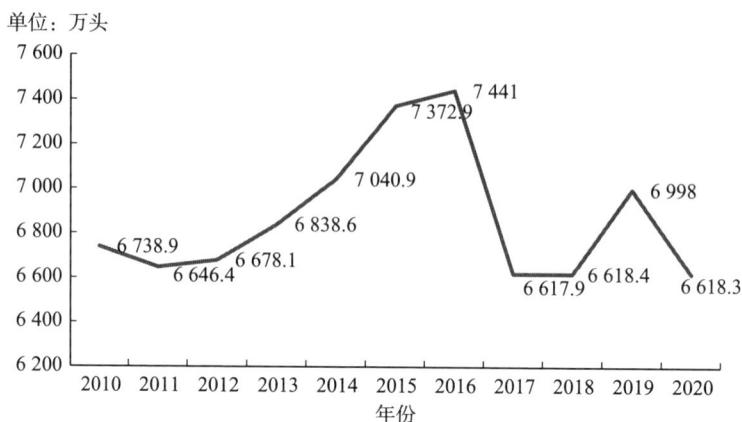

图 6-1　2010—2020 年全国肉牛存栏量

数据来源：中华人民共和国海关总署。

2019 年，中国肉牛出栏量约为 4 533.9 万头，比 2018 年增加 136.4 万头，同比增长 3.1%。2020 年，新冠疫情对肉牛养殖产生了一定程度的影响。2021 年，随着新冠疫情减弱，养殖主体补栏积极性提高，肉牛存栏得以部分恢复（图 6-2）。

单位：万头

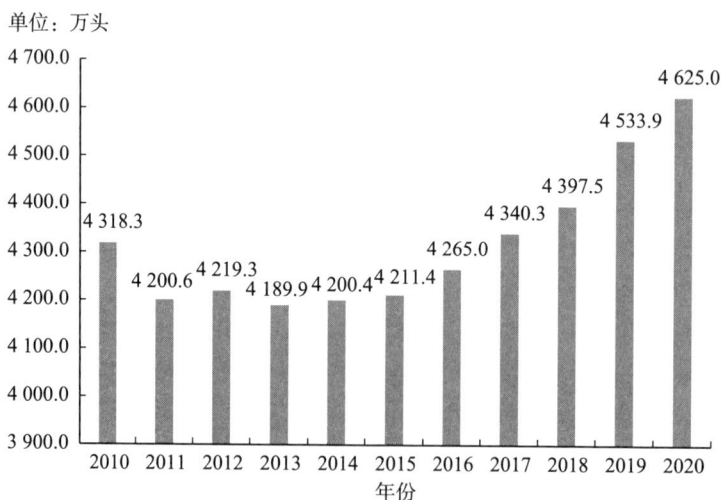

图 6-2　2010—2020 年全国肉牛出栏量

数据来源：中华人民共和国海关总署。

2020 年，我国牛肉进口量累计 211.83 万吨，同比增加 27.65%，累计进口额为 101.79 亿美元，同比增加 23.76%。进口的大幅度增加一方面源于我国肉牛行业产能供应不足，出肉量低，另一方面由于 2020 年猪肉价格上涨促使人们对牛肉需求增加，牛肉的替代需求凸显出来（图 6-3）。

单位：万吨

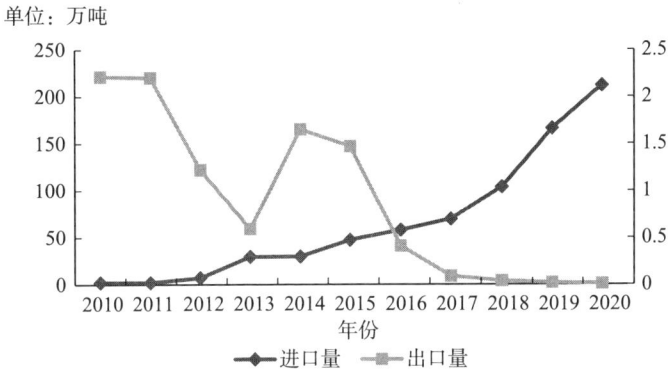

图 6-3 2010—2020 年中国牛肉进出口量

数据来源：中华人民共和国海关总署。

（2）国内外牛肉价格对比

中国牛肉供不应求，尤其是高端牛肉消费缺口在不断加大，国内外牛肉价格差距依然很大，带动了近 10 年牛肉进口的疯狂增长。2019 年，我国牛肉进口量已达 165 万吨，同比增长 57.6%。按照 2020 年初水平，国内牛肉价格维持在 80 元/千克左右，而进口牛肉的到岸价格仅为 35 元/千克左右，加上税费、冷链物流、检验等必要成本，进口牛肉的利润率可达到 80% 以上（图 6-4）。

单位：元/千克

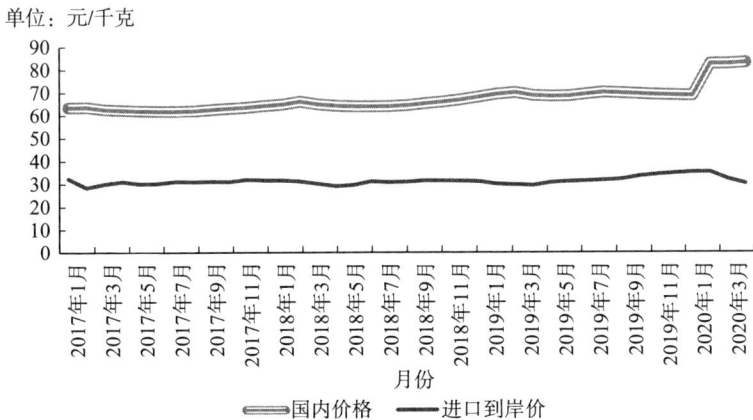

图 6-4 国内外牛肉价格对比

数据来源：中华人民共和国海关总署。

2. 牛肉贸易逆差

中国牛肉贸易目前处于贸易逆差状态。虽然中国本身是牛肉消费大国，但中国的国产牛肉在本土市场上因价格高而没有进口牛肉的价格优势。进口增加和出口减少并存也是逆差快速增长的重要原因。进口牛肉在市场上更具竞争优势，贸易逆差持续扩大。国外牛肉持续进入中国国内市场，进口量也在逐年增加，这也降低了中国牛肉价格的涨幅。

3. 牛肉进口来源高度集中

由于运输距离短这一优势，国内冰鲜牛肉进口大多来自澳大利亚或新西兰，以满足国内高端牛肉的需求。与冰鲜牛肉不同，中国冷冻牛肉产品的进口来源有很多选择，如加拿大、南非等国家。2010—2017 年，中国的牛肉进口来源国数量保持在 10 个左右，包括新西兰、印度、哥斯达黎加、智利、美国等国家或地区。随着近年来阿根廷逐步解除的禁止牛肉出境限制，阿根廷也将回归牛肉出口商品的强国战略地位。2012 年，因为"疯牛病"（牛海绵状脑病）在巴西暴发，中国从 2012 年 12 月至 2015 年 5 月停止了对巴西新鲜牛肉的进口，在这期间，中国牛肉进口来源的前三位国家一直是澳大利亚、乌拉圭以及新西兰。2015 年，中国取消了巴西牛肉进口限制，巴西牛肉涌入中国，仅仅 4 年间，2018 年我国从巴西进口牛肉总量达到 32 万吨，此后巴西成为首位来源国（表 6 - 1）。

表 6 - 1 2009—2019 中国牛肉进口量前六位的国家变动情况

年份	排名一	排名二	排名三	排名四	排名五	排名六
2009	乌拉圭	澳大利亚	新西兰	巴西		
2010	巴西	乌拉圭	澳大利亚	新西兰	阿根廷	加拿大
2011	澳大利亚	乌拉圭	新西兰	巴西	加拿大	
2012	澳大利亚	乌拉圭	巴西	新西兰	加拿大	阿根廷
2013	澳大利亚	乌拉圭	新西兰	加拿大	阿根廷	哥斯达黎加
2014	澳大利亚	乌拉圭	新西兰	阿根廷	加拿大	哥斯达黎加
2015	澳大利亚	乌拉圭	新西兰	巴西	阿根廷	加拿大
2016	巴西	乌拉圭	澳大利亚	新西兰	阿根廷	加拿大
2017	巴西	乌拉圭	澳大利亚	阿根廷	新西兰	加拿大
2018	巴西	乌拉圭	阿根廷	澳大利亚	新西兰	加拿大
2019	巴西	阿根廷	乌拉圭	澳大利亚	新西兰	智利

4. 牛肉进口依存度显著提高

在我国牛肉进口产品列表中，冷鲜牛肉（HS0201）、冻牛肉（HS0202）是我国最主要进口的牛肉类别。

联合国贸易数据表明（图 6 - 5），近年来我国进口牛肉量持续增加，在 2013 年有了较大突破，约为 29.42 万吨，较 2012 年上涨 379%；2013 年后，整体呈快速增长态势，至 2020 年已达 211.83 万吨，是 2009 年进口量的 149.18 倍，其中冷鲜牛肉进口量约为 4.87 万吨，冻牛肉进口量约为 206.96 万吨。随着我国城镇化速度加快，将会出现更大的牛肉需求量。

单位：万吨

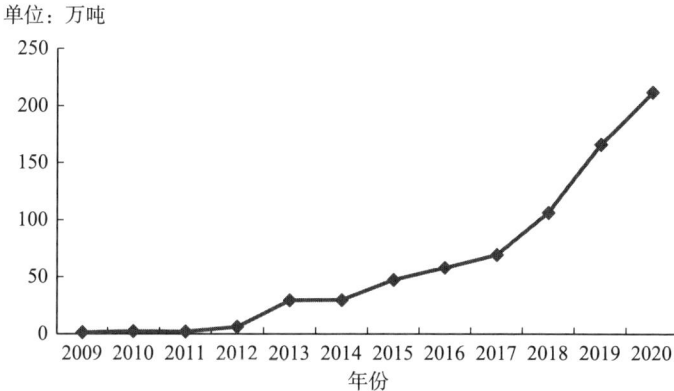

图 6-5 2009—2020 年中国牛肉进口量变化情况

数据来源：中华人民共和国海关总署。

对 2009—2020 年中国热鲜牛肉、冷鲜牛肉进口数量及金额的分析结果显示（表 6-2），冷、鲜牛肉进口总量仍呈震荡增长态势，其中，2013 年出现较大的变化，直至 2020 年，冷、鲜牛肉进口数量已经达到 48 736 733 千克，与之变化趋势相同的还有进口金额。而冻牛肉进口数量及金额与此相差较大。2009—2020 年，冻牛肉进口数量和金额一直呈上升趋势，到 2020 年进口数量为 2 069 557 184 千克，为 2009 年的 152.18 倍，进口金额也呈上升趋势；2020 年为 2009 年的 267.66 倍，由此可见冻牛肉单价也在逐年上升。近年来，由于中国作为世界牛肉消费和进口商品的大国，同时由于中国已经加入了 WTO，并和澳大利亚、新西兰等达成了自贸协议，且大部分国家进口商品牛肉的价格取决于其在国际上的议价能力，因此中国进口商品牛肉的价格在国内外市场是比较具有竞争力的，因此当外国进口商品牛肉产品价格低于我国境内出产牛肉的一般产品价格时，可能会促进我国的牛肉进口。

表 6-2 2009—2020 年中国热鲜牛肉、冷鲜牛肉及冻牛肉进口数量及金额分析

单位：美元、千克

年份	热鲜牛肉、冷鲜牛肉		冻牛肉	
	进口金额	进口数量	进口金额	进口数量
2009	7 539 628	558 928	36 506 600	13 599 514
2010	6 783 550	379 769	77 437 728	23 270 195

（续）

年份	热鲜牛肉、冷鲜牛肉		冻牛肉	
	进口金额	进口数量	进口金额	进口数量
2011	9 050 782	433 660	86 078 403	19 730 464
2012	11 441 603	861 760	243 218 130	60 524 654
2013	67 341 109	11 332 183	1 202 803 988	282 890 880
2014	20 923 087	2 907 241	1 269 061 101	295 042 132
2015	49 788 684	6 692 030	2 271 575 835	467 152 328
2016	57 121 614	6 833 144	2 458 814 703	573 002 448
2017	73 507 735	6 558 076	2 991 620 128	688 507 155
2018	136 560 803	15 989 498	4 663 062 794	1 023 398 682
2019	296 567 215	37 852 410	7 931 482 704	1 622 038 624
2020	407 641 386	48 736 733	9 771 458 657	2 069 557 184

数据来源：中华人民共和国海关总署。

（二）牛肉进口的原因分析

1. 牛肉消费需求大幅快速增加

我国牛肉需求量一直在上升，但因为国内土地价格高、饲养成本高、环境规制严格等原因，使得牛肉存栏量难以大幅度增加；国产牛肉产量虽然每年都在增长，但增长速度赶不上牛肉消费量增长幅度，缺口仍然在逐年扩大。

2. 资源禀赋限制我国肉牛饲养规模

过去 10 年间，肉牛产业经历了主产区从华北地区向边疆和偏远地区转移的过程。河北、河南、山东等省份所占比例逐渐降低，而在西南部区域的四川、贵州、云南，西北部区域的甘肃、青海、新疆，乃至东北部的内蒙古、吉林、黑龙江这些省区所占比重则逐步提高。中部、南方和大部分西部等牛产地的肉牛饲养与屠宰加工企业，将从东北三省、内蒙古、新疆等牧区购入的架子肉牛进行短期育肥出栏，已成为其重要的经营模式。分布在青海、西藏等地的牦牛以散户放牧、小母牛饲养为主要方式。由于牦牛肉的市场需求及牦牛饲养技术的提高，牦牛开始集中育肥，并且育肥地区开始向低海拔、半农半牧区加速迁移。随着我国各地对肉牛行业扶贫项目的逐步收尾，肉牛生产将很快进入过剩状态，我国肉牛行业发展也将进入瓶颈阶段，但牛源紧缺局面却依然无法改善。

3. 对肉牛产业发展缺乏支持和保护政策

肉牛产业发展缺乏政策支持与保护，肉牛产业逐渐步入瓶颈期，尤其是因近年来牛肉市场价格高，连繁殖母牛都难逃被屠宰的命运，因此，肉牛产业发展后劲不足，急需出台繁殖母牛补贴政策和肉牛养殖扶持政策。

4. 肉牛养殖成本较高

肉牛养殖投入成本主要为牛犊、饲料和人工，三方面成本都在上升。以河北省为例，第一，在饲料成本投入方面，与 2019 年相比，2020 年饲料的成本比去年上升了 80 元/吨（2020 年青贮玉米每吨平均费用为 340 元，2019 年每吨平均费用为 260 元）。目前，一头 200 千克左右的西门塔尔肉牛育肥到 700 千克左右所需要的饲料成本大概为 8 000 元，而 2019 年所需要的费用仅为 6 000 元左右。第二，在仔畜费用方面，今年 3 月份一头 200 千克左右的育肥牛犊的费用为 13 500 元左右，比去年增加 2 000 元左右。第三，在人工成本方面，规模以上养殖场每位工人的工资较为稳定，规模以上养殖场的养殖数量在 2 000 头左右时，一般需要 5、6 名工人，工资一般在 3 000 元至 5 000 元。第四，其他费用成本也在增加。一是疫病防控所花费的费用，如承德隆化某养殖场每年的疫病防控费用就达到了 20 多万元。二是保险费用开销，每头牛的保险费用为 400 元，一部分由政府补贴，另一部分由养殖场（户）自身承担，围场县每头牛自身承担的费用为 112 元，隆化县为 80 元。通过对农户和养殖场的调研，一般肉牛养殖的死亡率在 2%～4%，每死一头牛保险公司赔 8 000 元。

二、牛肉进口对国内牛肉价格影响分析

（一）牛肉进口对国内牛肉价格的传导影响路径分析

1. 进口牛肉价格下降，影响国内牛肉价格

众所周知，中国作为最主要的牛肉进口国之一，在国际牛肉进口贸易中占比较大，对促进国际贸易发展有着重要作用，同时对国内外牛肉市场价格变动也有着较大影响。近几年，由于中国销售的国外进口畜产品价格下降，成本价格优势和品质优势都给国外牛肉产品带来了较强竞争力，给国内畜产品市场带来了一定程度冲击，使得国内农民的生产积极性因此也有所降低，同时也会影响这一部分农民自身的经济权益。

2. 国内牛肉价格不断下跌，比较收益降低

从国内牛肉市场价格的传导路径来看，中国未来将成为世界上最大的牛肉生产国和消费国，远高于世界其他发达国家。根据数据统计来看，2020 年中国牛肉总产量是 5 000 万吨，占全球牛肉总产量的 46%；总消费量是 5 407 万吨，占全球牛肉消费量的 50.06%。因此国内牛肉价格必然导致全球市场牛肉产品价格的波动。从国外牛肉价格传导路径分析，虽然近年来中国牛肉进口持续增加，但在中国整体牛肉消费量中仍占很小比例，因此，国外市场在一定程

度上对国内市场影响有限。综上所述，国际贸易蓬勃发展使得我国牛肉及净进口交易市场和全球市场的联结更加密切。

3. 原料供给能力增强，促进畜产品加工业发展

外部进口一定数量的畜产品，能够有效解决相关畜产品及其加工业发展的原材料需求短缺等问题，降低国内原材料数量不足、质量不高带来的消极影响，对国内相关畜产品加工企业的发展具有促进作用，因此，近些年来我国肉类加工企业数量和生产规模也在不断扩大。如果限制了进口，肉类加工企业产能会随之受到影响。

4. 新冠疫情影响供应链，牛肉进口受到影响

2020 年以来新冠疫情对于中国以及世界的政治、经济、社会发展等方面都造成了较大影响。世界贸易供应链的受阻使得牛肉流通受到影响，对中国进口市场的负面冲击凸显出来。自 2020 年 3 月开始，海外牛肉供货商无法及时交货，或受新冠疫情影响国内牛肉分销商资金短缺无法及时交货并陷入倒闭等状况，2020 年 3 月当月报损案件量同比上升约 74％，报损总额也同比上升了近 30％，牛肉进口公司所面临的经营风险大大增加。

（二）牛肉进口对国内牛肉价格影响的实证分析

向量自回归模型又称 VAR 模型，描述了各个内生变量的动态形成过程，解释了内生变量的"跨期"相关性。VAR 描述在选取的同一样本期间内的多个选择变量（内生变量）可以作为它们过去值的某一历史阶段的线性函数。它是 AR 模型的推广，使用各种数据的统计学特性构建模式。VAR 模型是根据将控制系统中的内生变量看作时间滞后性数值的函数处理方法而建成的模型，此模式主要用来开展对互相联系的多个时间序列的结构体系进行估计测算，并随机对多变量体系的动态冲击进行分析研究，同时能够有效地说明每项经济冲击对于各经济变量系统的动态影响，目前该模型被应用于经济、金融等各个领域。

VAR 建模在预测各因素间相互影响关系过程中具有很多优点，第一，模型并不以严格的经济理论知识为主要基础，因为其构建过程仅要求确定 VAR 建模中的变量以及滞后时间 p。第二，对参数不使用零约束，即参数估计值的显著与否都被保持在模式中。第三，由于 VAR 模型的解释变量中并不包含其他当期变量，同时非限制性 VAR 模式为预测模式的一种，因此模式右侧没有收入与费用等变数，在进行预测时也无须根据解释变量在预计期间的取值做任何预测。以此方法的内在机理为基础，研究外生变量、随机扰动项以及自身趋势变化对构建模型系统在不同时间维度上的冲击。本专题以国际贸易中牛肉进口市场的行情指标、国内牛肉产量和价格变化指标为时间序列，构建符合现实

状况的 VAR 模型，通过一系列的模型抗干扰检验和贡献率的分解，分析牛肉进口对国内牛肉市场的影响。

1. 变量选取与数据说明

根据价值传递机制理论，对牛肉进口量与国内牛肉价格的影响分析，选取了牛肉进口价格、进口量与同期对应的国内牛肉价格为研究变量，并基于统计的可得性，将样本区域在 2016 年 1 月至 2020 年 9 月共 57 个月度数据样本进行回归分析。各变量的数据处理方法和数据来源依次是：

(1) 进口牛肉价格（MIP）

本专题统计了 2016 年 1 月至 2020 年 9 月的国内冷鲜带骨牛肉的进口价，以人民币衡量每千克的牛肉价格（以每吨的价格计算而得），数据来源于中华人民共和国海关总署的数据查询平台。从 57 个月度数据看，2016 年以来我国牛肉进口价格基本稳定，波动较小，基本维持在 30 元/千克。即使在疫情严重的 2020 年 1 月至 2020 年 6 月，进口牛肉价格也未超过 30 元/千克，其中 5 月为 26 元/千克，是所有观测样本中最低的数据，价格最高的是 2016 年 9 月，达到了 39.8 元/千克。

(2) 进口牛肉量

本专题统计的牛肉进口量既包括月度数据（BMI），又包括年度数据（BAI），月度数据的统计区间为 2016 年 1 月至 2020 年 9 月，共 57 个样本观测值，年度数据的统计年限为 1990 年至 2020 年，共 31 年的数据，月度数据均来源于中国海关数据库，年度数据来源于中华人民共和国商务部。从月度数据观察，一年中每月的牛肉进口量波动较大，多则相差 2 万吨，但每年的进口量稳定增长，尤其是 2013 年，从 2012 年的 6.13 万吨增长到了 29.42 万吨，增长了近四倍。

(3) 国内牛肉产量（DAY）

国内牛肉产量与进口牛肉产量的样本数据量相同，共 31 个观测值，数据来源于布瑞克农业数据库。我国牛肉产量自 1990 年以来，呈现逐级增长的趋势，从 125.6 万吨增长到了 2020 年的 672 万吨，三十年间增长了四倍多，尤其是 1995 年，增长了近 100 万吨，国内牛肉产量增速达到了顶峰。2007 年产量突破了 500 万吨。但从 2011 年起，牛肉产量出现了 1990 年以来的最低，由 2010 年的 629 万吨降到了 610 万吨，此后的五年内（2011—2016）始终没有恢复到 2010 年的水平，而恰恰从 2010 年起正是进口牛肉量迅速增长的时期。

(4) 国内牛肉价格（DMP）

此变量共统计了 57 个月度的观测值，价格为我国牛肉市场上的每月平均售价。比较可知，两者价格相差甚远，国内价格高出了进口价格的一倍多。此外，通过观察近几年国内价格的波动发现，2020 年是牛肉价格上涨最多的年份，2016 年 1 月至 2019 年 12 月，牛肉价格始终维持在 60～70 元/千克，而到了 2020 年 1 月，价格突然上涨到了 82 元/千克。

2. 牛肉进口对国内牛肉价格影响的实证分析

（1）变量平稳性检验

对于包含时间序列变量的模型来说，在构筑模型之前要保证所有的时间序列都是平稳的，也就是说序列要有稳定长期的数量关系作为支撑，所以首先对各个时间序列变量进行平稳性检验。但是观察法判定序列的平稳性结果比较粗略，为了保证数据是准确无误的，我们选取 ADF 来检验各个时间序列变量是否平稳，首先利用 EViews8.0 软件对我国牛肉月度的进口价格（MIP）、牛肉月度进口量（BMI）、牛肉国内价格（DMP）这三个时间序列进行 ADF 的检验。这种方法也可以称作单位根检验法，检验时间序列中是否存在单位判定变量的平稳性，因为有单位根的时间序列是不平稳的。通过仔细观察结果可以看出，牛肉进口量、进口价格和国内牛肉价格的原始序列都不是平稳的序列，所以需要对三个变量进行平稳化处理，对原始序列进行一阶差分之后，变量都在 1% 的显著性水平下显著，经过了 ADF 平稳性检验，d（BMI）、d（MIP）和 d（DMP）就形成了稳定序列（表 6 - 3）。

表 6 - 3 变量的平稳性检验

变量选取	名称	差分阶数	检验形式	t 统计量	P 值	结论
月度进口量	d（BMI）	1	(c, 0, 2)	−8.362 587	0.000 0***	平稳
进口价格（月）	d（MIP）	1	(0, 0, 0)	−6.182 09	0.000 0***	平稳
国内价格（月）	d（DMP）	1	(0, 0, 0)	−7.099 588	0.000 0***	平稳

注：*** 表示在 1% 显著性水平下显著。

（2）协整检验

①滞后阶数的确定

本专题利用 Johansen 协整方法来检验三个变量之间的协整关系。如果滞后阶数过多会加大自由度损耗，过短不利于数据时效性观测，导致很难清晰明了地展现出模型随时间的动态变化，可以利用 AIC、$HQIC$ 和 $SBIC$ 的准则分别对其最优滞后阶数的变量进行判断。可以看出，最后得出滞后阶数是 4 阶时最优（表 6 - 4）。

②协整检验过程

本专题待检验变量数为 3，用 Johansen 协整检验中的特征根迹（Trace）检验对其进行协整研究，以验证月度进口量（BMI）、进口价格（MIP）以及国内价格（DMP）是否存在长期均衡关系。对比根迹统计量、临界值与 P 值的关系，得出协整关系是长期稳定且均衡的（表6-5）。

表6-4　VAR 模型最优滞后阶数检验的结果

Lag	LogL	LR	FPE	AIC	SC	HQ
1	−646.856 8	NA	18 110 696	25.225 26	25.563 0	25.354 73
2	−626.301 8	36.366 53	11 644 014*	24.780 84	25.456 27*	25.039 78*
3	−621.685 1	7.635 304	13 885 476	24.949 43	25.962 6	25.337 84
4	−607.881 6	21.236 12*	11 715 702	24.764 68*	26.115 54	25.282 56

注：logL 代表对数似然函数的极大值，* 代表从每列标准中选出的最优滞后阶数。

表6-5　变量的协整检验结果

原假设	特征根	迹统计量	5%的临界值	P 值
没有协整关系	0.290 92	36.234 76	29.797 07	0.007 9
最多存在一个	0.233 827	18.701 6	15.494 71	0.015 9
最多存在两个	0.095 48	5.117 904	3.841 466	0.023 7

(3) 格兰杰因果检验方法及结果

在月度进口量（BMI）、进口价格（MIP）以及国内价格（DMP）三个时间序列均为平稳序列，且协整检验结果可知它们之间存在协整关系的基础上，对三个变量进行线性的格兰杰因果关系检验，通过格兰杰因果关系检验三者之间是不是具有相互因果关系，利用 EViews8.0 软件，得出格兰杰因果检验结果（表6-6）。

表6-6　格兰杰因果检验的关系结果

原假设	F 统计量	P 值	结论
DMP 不是 BMI 的格兰杰原因	27.649 21	0.000 0	存在
BMI 不是 DMP 的格兰杰原因	20.654 44	0.000 4	存在
MIP 不是 BMI 的格兰杰原因	1.303 323	0.860 8	不存在
BMI 不是 MIP 的格兰杰原因	1.056 318	0.901 1	不存在
DMP 不是 MIP 的格兰杰原因	0.965 612	0.915	不存在
MIP 不是 DMP 的格兰杰原因	22.656 61	0.000 1	存在

牛肉进口量和国内牛肉价格存在双向格兰杰因果关系，进口量和进口价格之间互相没有互为因果的关系，国内牛肉价格不是进口价格的格兰杰原因，但进口价格是国内牛肉价格的原因。简言之，进口量和国内牛肉价格相互影响，因此，各变量的因果关系符合经济现实逻辑（表6-6）。

（4）VAR 模型构建

通过上述分析可知，所有变量的时间序列都是平稳的，并且存在着协整关系，这样才允许建立 VAR 模型。模型构建，选择了模型的最佳滞后阶数 4，为了保证模型的独立性和稳定性，需要对构建的 4 阶模型进行稳定性检验，VAR（4）模型的抗干扰性是正向冲击检验和贡献率分解的前提条件。本专题对所建模型进行的是否稳定的检验结果显示是可靠的（图 6 - 6），因此，能够继续进行脉冲响应函数及方差分解分析。

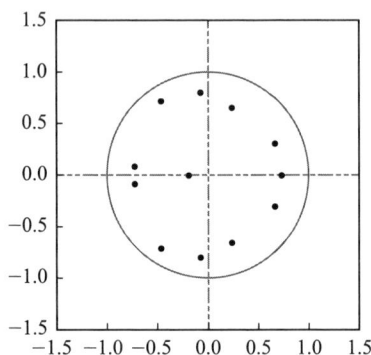

图 6 - 6 VAR 模型的稳定性检验

（5）脉冲响应函数分析与方差分解

①脉冲响应函数分析

脉冲响应函数可以清晰地展示出不同内生变量间的正向影响方向和负向影响趋势，准确地描述所选变量间随着时间的推移，彼此间的动态变化联系。基于脉冲响应函数分析月度进口量（BMI）、进口价格（MIP）以及国内价格（DMP）之间的动态关系；脉冲响应分析的时期设定为 10 期，对 VAR（4）模型中变量牛肉进口价格和牛肉进口量对国内价格传导的冲击反应时间和滞后效应共同进行研究分析，得到了脉冲响应结果［图 6 - 7（a）］。

当标准差对进口牛肉数量产生积极影响时，国内牛肉价格在开始时表现出积极响应，进口牛肉数量对国内价格的积极影响在 3 个增长期后的第 3 个时期达到最大；然后从第 6 期到第 8 期，国内牛肉价格的响应逐渐下降并逐渐收敛，呈现出负影响，负影响逐渐延续，呈现负增长趋势，但始终接近于 0；结果表明，牛肉进口与国内牛肉价格之间存在显著的传导，即进口对国内牛肉价格具有显著的影响。它们开始向同一方向变化，然后表现出负面影响，但这种影响逐渐趋于 0，表明模型也相对稳定［图 6 - 7（a）］。

对Cholesky One S.D.创新的回应
DBMI3对DMIP3的回应

DDMP3对DMIP3的回应

DMIP3对DBMI3的回应

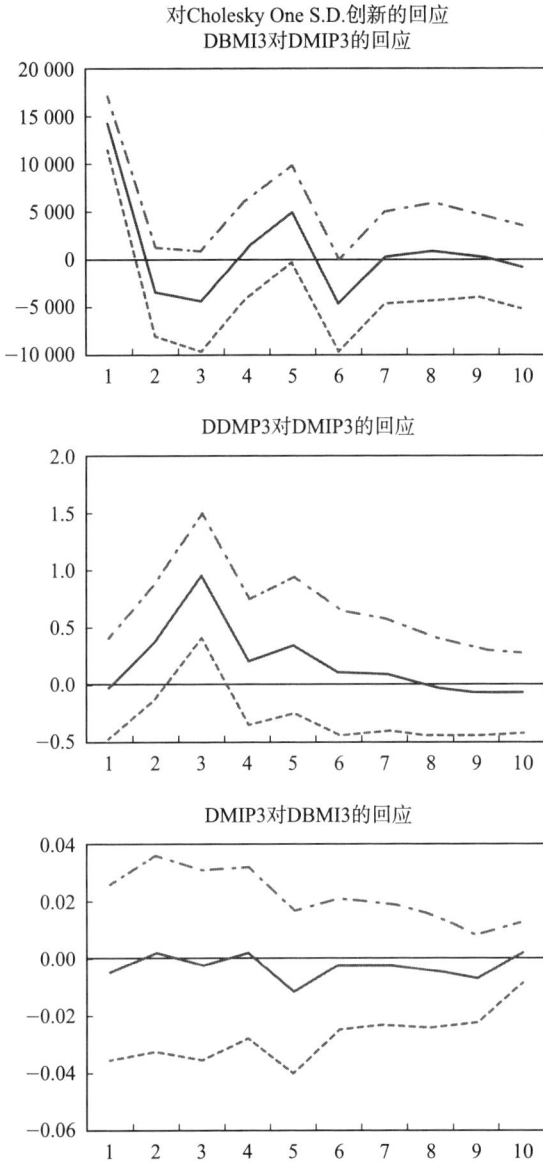

图 6 - 7（a）　牛肉进口量冲击下影响国内牛肉价格波动的脉冲响应函数

　　当给进口牛肉价格一个标准差的正向影响的时候，国内牛肉价格前 3 期表现出负向影响，从第 4 期开始表现为正向响应，进口牛肉价格经过一期的正向加强影响后，又继而降低，随后，国内牛肉价格的反应慢慢变弱，从第 7 期开始慢慢产生收敛，影响也趋向于稳定。研究结果表明，进口牛肉价格对国内牛肉价格具有非常明显的传导作用，也就是进口牛肉价格对国内牛肉价格产生了显著的影响，两者变化的方向一致。当进口牛肉价格开始出现下降的时候，国内牛肉价格也呈现出逐渐开始下降的趋势〔图6-7（b）〕。

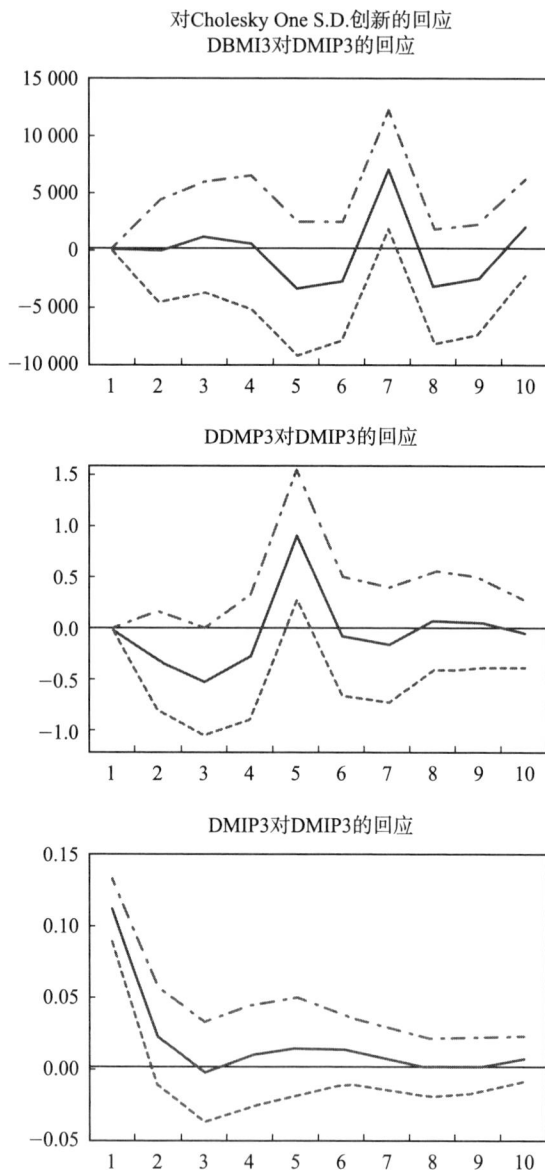

对Cholesky One S.D.创新的回应
DBMI3对DMIP3的回应

DDMP3对DMIP3的回应

DMIP3对DMIP3的回应

图6-7（b）　牛肉进口价格冲击影响国内牛肉价格波动的脉冲响应函数

②方差分解分析

VAR的方差分解是将一个变量的变动进行归因，同时也能动态地展现出某个变量对某另一变量所带来的贡献程度。所以，利用方差分解的办法进一步对 VAR（4）模型测算中牛肉进口价格和牛肉进口数量对国内牛肉价格产生影响的程度进行分析。

　　进口牛肉数量对国内牛肉价格的贡献率具有一定的滞后性，从第 1 期就开始显现，而且影响的程度呈现不断增长的趋势，并且在第 3 期达到最大值30%，此后略有微弱的下降趋势，但是贡献度在 28% 的水平上，牛肉进口量对国内价格具有明显的影响 [图 6 - 8（a）]。

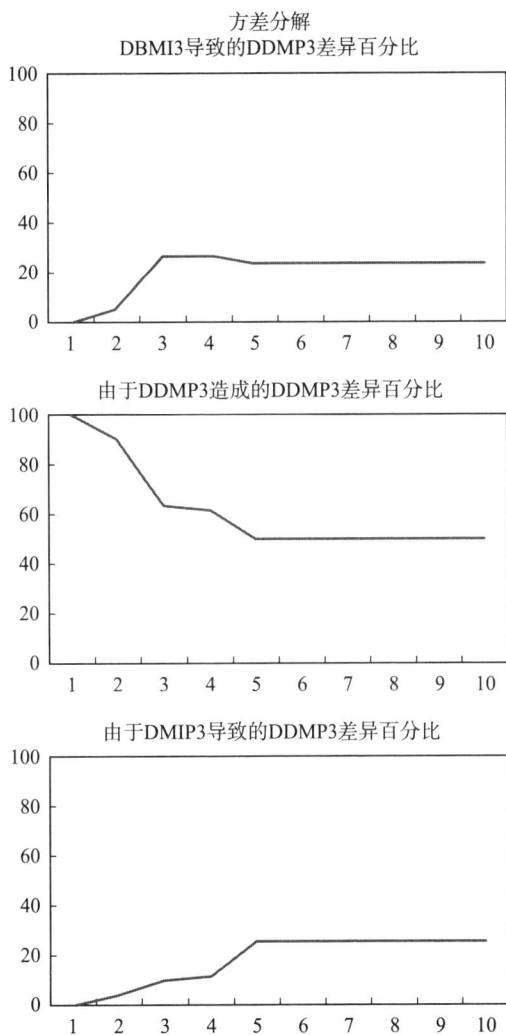

方差分解
DBMI3导致的DDMP3差异百分比

由于DDMP3造成的DDMP3差异百分比

由于DMIP3导致的DDMP3差异百分比

图 6 - 8（a）　牛肉进口产量对国内牛肉价格波动的贡献度

上述研究揭示了进口牛肉价格对国内牛肉价格的影响程度。可以得到以下结论：进口牛肉价格对国内牛肉价格的影响从第 1 期就开始显现，后呈不断增长趋势，但增长较为缓慢，直至第 5 期才达到了最大值 29％；此后始终保持在 29％的水平，进口价格对国内牛肉价格具有一定的滞后性〔图 6-8（b）〕。

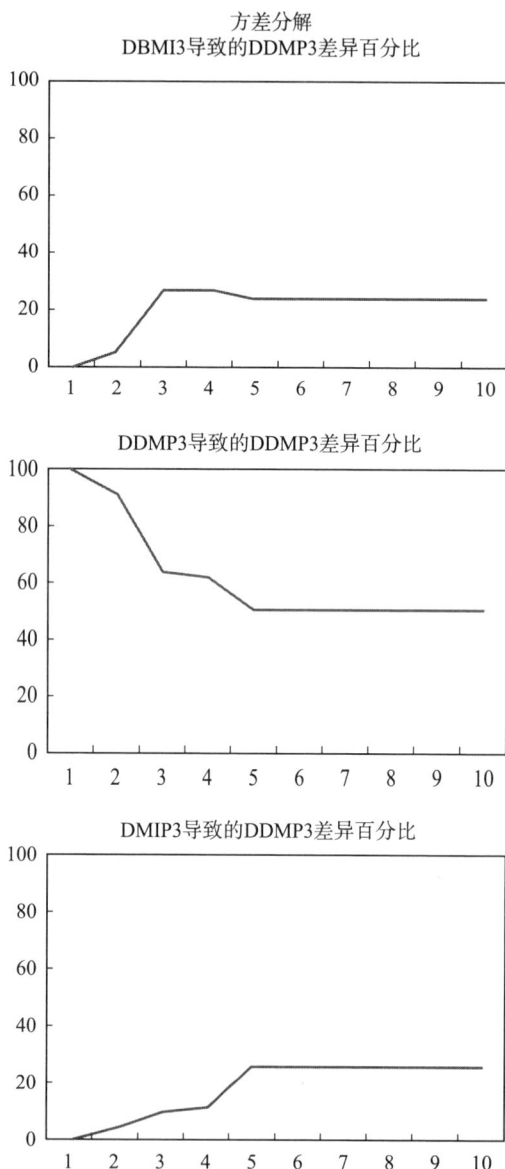

方差分解
DBMI3导致的DDMP3差异百分比

DDMP3导致的DDMP3差异百分比

DMIP3导致的DDMP3差异百分比

图 6-8（b）　牛肉进口价格对国内牛肉价格波动的贡献度

（三）小结

根据价值传递与投资挤出理论，选取了国际牛肉进口价值、国外进口数量、国内进口价值和国内产量作为主要研究变量，构建 VAR 模型，其最佳滞后阶数为 4，并通过脉冲响应函数和方差分解的办法实际验证检验和分析了牛肉进口给中国牛肉价格带来的动态影响。主要结论如下。

（1）国际市场牛肉进口价格对国内牛肉市场价格的变动产生了较大程度的正向影响

牛肉进口价格的下降，造成国内牛肉市场价格一定程度的降低，然而，国际市场的进口价格与国内牛肉价格的滞后性不明显。这种影响从第 1 期开始出现，并随着时间推移呈现上升趋势。第 5 期的贡献率达到最大值 29%，之后稳定在 29%。

（2）从长期来看，牛肉进口量的不断增加将对国内牛肉价格产生更大的负面影响

进口量对国内牛肉价格的影响几乎没有滞后性，从第 1 期就开始呈现。在较短时间内，由于国内牛肉消费市场存在较大需求缺口，当产品市场需求远远大于供给时，进口量和国内价格正相关，此期间内只要有国内外市场的牛肉供给，都会被国内的市场消化，市场的牛肉需求强烈；但从第 8 期开始，市场需求几乎饱和，两者开始呈负相关关系；影响贡献率在第 3 期达到最大值 30%，之后基本保持稳定态势。这主要是由于进口牛肉需求量快速增加，对国内市场产生了影响，国内牛肉市场的总体需求发生了改变。

三、牛肉进口对国内牛肉生产的影响分析

（一）牛肉进口对国内牛肉生产的挤出影响路径分析

1. 牛肉进口量增加，对国内牛肉生产的影响取决于供需关系

目前，中国牛肉处于净进口状态。进口量快速增长不仅受消费水平的影响，还可能与国内畜产品生产存在因果关系。畜产品产量下降也可能是进口大幅增加的原因，进口涌入也可能在一定程度上抑制国内畜产品生产和发展。

2012 年之前，猪、牛和羊等肉类和畜产品进口占消费量的比例不到 1%，但随着经济的增长，居民肉类食品消费结构发生改变，牛肉及其制品进口量增加，牛肉产量也在增加。虽然我的的牛肉产品进口量逐年增长，但占国内生产总量的比例仍较小（表 6-7），主要原因是国内牛肉需求逐年增长，牛肉供应总体处于供不应求的状况。当供大于求后，这种形势将会发生改变，牛肉进口对国内牛肉生产将会产生挤压作用。

表6-7　主要畜产品（猪牛羊肉类）生产量情况

单位：吨、%

年份	进口量	生产量	进口量占生产量的比重
2017	1 145 121.6	67 888 000	1.69
2018	1 474 106.1	67 022 000	2.20
2019	2 420 239.0	65 026 000	3.72
2020	2 160 951.7	65 575 000	3.30

数据来源：中华人民共和国海关总署。

2. 进口牛肉持续增加，影响牛肉加工产业安全

中国的肉畜消费品主要从新西兰、澳大利亚和美国等国家进行进口补充，进口集中度和进口依赖度都比较高。一方面，我国沿海许多城市建立了许多肉类加工企业，企业按照发达国家的肉类加工标准建设，生产符合国外要求的肉类精加工产品，即所谓的"标准化生产"。中国加工企业对进口的高度依赖使其很容易被他人所控制，将会给整个加工行业的健康安全发展带来潜在影响。另一方面，肉牛及其制品的大规模进口致使国际贸易逆差每年都在不断增大，对国内牛肉行业发展造成一定冲击，这种冲击也可能反映到中国畜产品总体市场竞争力水平上。由于我国肉牛饲料成本高、用工成本高造成养殖成本高，肉牛价格也高，牛肉在国际市场上没有明显的国际竞争优势，出口将会受到影响，而牛肉国际贸易实力下降也会进一步加剧中国牛肉国际贸易逆差，长此以往，对我国肉牛市场稳定安全发展将产生不利影响。

（二）牛肉进口对国内牛肉生产影响的实证分析

1. 变量平稳性检验

本专题采用ADF检验方法对进口牛肉（BAI）和国内牛肉生产（DAY）的年度时间序列数据进行单位根平稳性检验（表6-8）。首先，取进口量和出口量数据的对数，然后对差分进行分段，将两个序列转化为一个稳定序列。牛肉进口量通过了显著性水平为1%的稳定性测试，国内牛肉产量通过了显著性水平为5%的稳定性测试，即两者都是稳定的时间序列，因此，满足建立模型的条件，接下来可以建立VAR模型（表6-9）。

表6-8　牛肉进口数量和国内产量平稳性的检验

变量	名称	差分阶数	检验形式	t统计量	P值	结论
年度进口量	dln（BAI）	1	(0, 0, 0)	-2.975 290	0.005 3***	平稳
国内产量（年）	dln（DAY）	1	(c, 0, 0)	-3.280 728	0.031 6**	平稳

注：**、***分别表示在5%、1%显著性水平下通过平稳性检验。

2. 构建 VAR 模型

根据 LR 统计和 FPE 统计结果，以及 *AIC*、*SC* 和 *HQ* 的信息准则，对于最佳滞后阶数进行了验证，得到的最优滞后阶数为 4（表 6 - 9）。

表 6 - 9　VAR 模型构建

Lag	LogL	LR	FPE	AIC	SC	HQ
0	26.127 52	NA*	0.000 137*	−3.217 003	−3.122 596*	−3.218 009
1	29.851 94	5.959 062	0.000 144	−3.180 258	−2.897 038	−3.183 275
2	33.055 01	4.270 767	0.000 167	−3.074 002	−2.601 968	−3.079 03
3	34.988 03	2.061 887	0.000 244	−2.798 404	−2.137 557	−2.805 444
4	42.517 86	6.023 861	0.000 189	−3.269 048*	−2.419 387	−3.278 098*

注：*表示在 10% 水平上显著。

表 6 - 10　VAR 模型滞后阶数检验的结果

Lag	LogL	LR	FPE	AIC	SC	HQ
0	26.127 52	NA*	0.000 137*	−3.217 003	−3.122 596*	−3.218 009
1	29.851 94	5.959 062	0.000 144	−3.180 258	−2.897 038	−3.183 275
2	33.055 01	4.270 767	0.000 167	−3.074 002	−2.601 968	−3.079 03
3	34.988 03	2.061 887	0.000 244	−2.798 404	−2.137 557	−2.805 444
4	42.517 86	6.023 861	0.000 189	−3.269 048*	−2.419 387	−3.278 098*

注：*表示在 10% 水平上显著。

通过对所建立模型的单位根验证，所有 AR 特征根模的倒数都位于单位圆内（图 6 - 9），表明所构建的 VAR（4）模型是比较稳定的，所以估计结果是有效的。因此，可以继续对脉冲响应进行分析和方差分解。

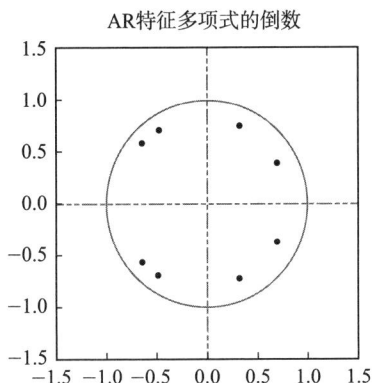

图 6 - 9　VAR 模型的稳定性检验

3. 格兰杰因果检验

在牛肉进口量（BAI）和国内牛肉价格（DMP）这两个时间序列都是平稳序列的情况下，对两个变量进行线性的格兰杰因果检验，通过格兰杰因果关系检验得出两者之间是否存在相互因果关系，利用 EViews8.0 软件分析，得出了格兰杰因果的检验结果（表 6-11）。

表 6-11　格兰杰因果检验的关系结果

原假设	F 统计量	P 值	结论
DAY 不是 BAI 的格兰杰原因	7.059 051	0.132 8	不存在
BAI 不是 DAY 的格兰杰原因	9.223 099	0.055 8	存在

通过检验表明：国内牛肉产量不是牛肉进口量的原因，而牛肉进口量是国内牛肉产量的原因，因此牛肉进口量影响国内牛肉产量，而国内牛肉产量对牛肉进口量虽有影响但影响较小。

4. 脉冲响应函数分析与方差分解

（1）脉冲响应函数分析

在由脉冲响应结果所建立的模型当中，通过了牛肉进口对国内牛肉生产所带来的影响，取得了脉冲响应函数分析带来的分析结果（图 6-10）。当标准差对牛肉进口量产生正面影响的时候，国内牛肉生产量表现出很大程度上的负面反应，直至到了第 5 期的时候才出现了正向的影响，此后的影响在 0 左右波动，且波动趋势逐渐趋向于稳定状态，但总体影响趋向于负值。说明了牛肉进口数量对国内牛肉产量具有一定程度的投资挤出效应，当牛肉进口量增加的时候，国内牛肉产量呈下降趋势，牛肉进口会对国内牛肉产量有比较明显的影响。

（2）方差分解分析

利用方差分解方法对 VAR（4）模型里面牛肉进口数量对国内牛肉产量的影响程度进行进一步分析，得出下列结论（表 6-12）：

第一，国内牛肉产量的贡献率仍占主导地位，也就是说国内牛肉市场中我国牛肉占据市场主导地位。但从进口牛肉第一期开始，国内牛肉市场占有率始终呈下降的趋势，直到第 10 期达到并基本保持在 82% 以上。

第二，牛肉进口量占国内牛肉市场的比例，从第 1 期就开始呈现出不断增加趋势，从第 3 期开始迅速上升到 16.63%，到第 10 期达到并基本稳定在了 17%～18% 的水平，表明牛肉进口量对国内牛肉市场变动的贡献率为 17%～18%。

对Cholesky One S.D.创新的回应
DLNBAI2对DLNBAI2的回应

DLNDAY2对DLNBAI2的回应

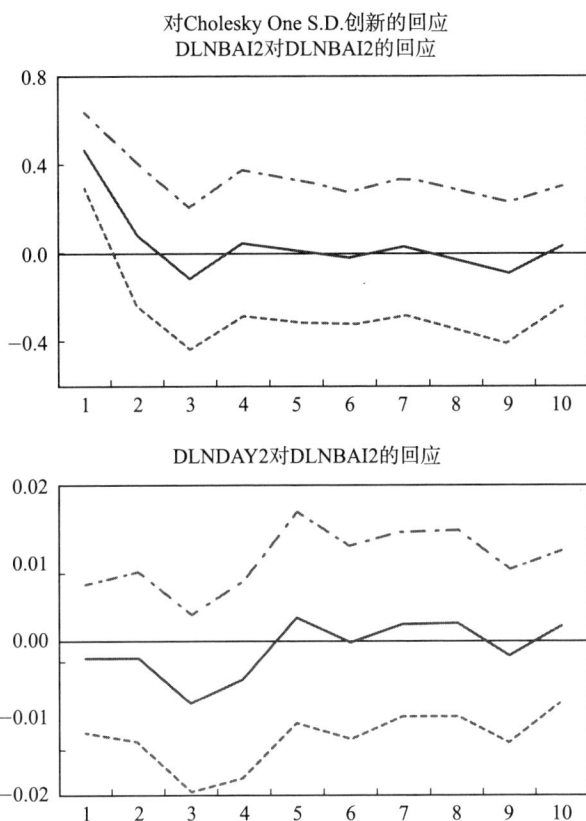

图 6-10　牛肉进口量冲击影响国内牛肉产量波动的脉冲响应函数

通过脉冲响应函数测算结果和方差分解分析结果可知，牛肉进口对国内牛肉的生产产生了影响。2012 年以来，牛肉进口量大幅增加，挤占了国内牛肉市场空间。虽然 2011 年以后牛肉产量逐渐增加，但是 2020 年牛肉产量也未突破 700 万吨，原因在于牛出栏时间长、需要的资金大，因此进口牛肉对国内牛肉市场起到了很好的补充作用。

表 6-12　方差分解结果

Period	S. E.	DLNBAI2（进口量）	DLNDAY2（产量）
1	0.463 062	1.650 032	98.349 97
2	0.598 663	2.776 462	97.223 54
3	0.630 454	16.629 57	83.370 43
4	0.660 253	17.155 45	82.844 55
5	0.676 062	17.510 57	82.489 43

（续）

Period	S. E.	DLNBAI2（进口量）	DLNDAY2（产量）
6	0.687 797	17.073 04	82.926 96
7	0.696 336	17.558 75	82.441 25
8	0.720 426	17.114 87	82.885 13
9	0.742 585	17.436 8	82.563 2
10	0.743 444	17.736 23	82.263 77

数据来源：Eviews0.0 软件处理所得。

（三）小结

将牛肉进口价格、进口数量、国内商品进口价值、国内产量等作为主要研究变量，通过构建 VAR（4）模型，对牛肉进口对中国生产的动态冲击影响进行实证检验分析，得出如下研究结论：

国际牛肉进口量对国内牛肉产量具有显著负向影响，国际牛肉进口量增加会导致国内牛肉产量减少，且这种影响几乎不存在滞后性，冲击和影响从第 1 期就开始呈现，并呈不断上升趋势，对国内牛肉价格变动的贡献率在第 4 期达到最大值 17.12%，而后基本保持稳定。其主要原因是牛肉进口对国内牛肉生产与消费产生了投资挤出效应，进口牛肉占领了国内市场空间，牛肉生产积极性下降，导致国内牛肉产量持续下降。

参 考 文 献

曹娜，2019. 我国牛肉贸易逆差的特征、原因及对策 [J]. 对外经贸实务（05）：75 - 78.

董玲，2007. 我国牛肉生产贸易状况及发展对策 [D]. 呼和浩特：内蒙古农业大学.

韩振，杨春，2018. 美国肉牛产业发展及对我国的启示 [J]. 中国畜牧杂志，54（06）：143 - 147.

厉英珍，孙晨，2019. 中澳牛肉贸易竞争性与互补性研究 [J]. 浙江树人大学学报（人文社会科学），19（03）：43 - 48.

刘春鹏，肖海峰，2018. 中国肉类产品贸易波动的影响因素研究——基于 CMS 模型的实证分析 [J]. 北京航空航天大学学报（社会科学版），31（06）：53 - 59.

刘京京，王军，2018. 肉牛养殖成本收益变动及其影响因素分析——以农牧区六大主产省（自治区）为例 [J]. 黑龙江畜牧兽医（12）：29 - 33.

禄栖麟，起建凌，王安奎，等，2021. 中新牛肉贸易发展对策研究 [J]. 安徽农学通报，27（14）：131 - 134.

齐皓天，韩啸，龙文军，2020. 如何满足中国日益增长的牛肉需求：扩大生产还是增加进口［J］．农业经济问题（11）：87-96.

石自忠，2017．中国牛肉市场价格波动及影响因素研究［D］．北京：中国农业大学.

王楚婷，刘爱军，王远浓，2020．中国牛肉市场的供给与需求分析［J］．市场·贸易
　　（03）：57-59.

王如玉，肖海峰，2020．中国肉类产品进口市场结构变动及效应分析［J］．世界农业，
　　2020（12）：4-11，127.

王岫嵩．纪媛，吉尔格拉，等，2018．中蒙牛肉贸易的现状、潜力与可行方案［J］．世界
　　农业（06）：43-48.

熊偲皓，王东阳，胡志全，2020．我国牛肉供需及国际竞争力研究［J］．中国农业资源与
　　区划，41（10）：89-100.

杨春，朱增勇，崔姹，2017．全球化背景下美国牛肉出口贸易格局研究——简析对中国牛
　　肉市场价格的影响［J］．价格理论与实践（06）：97-100.

杨雨芳，赵慧峰，2019．隆化县肉牛产业发展现状及对策研究［J］．北方牧业（01）：
　　20-21.

伊禹澄，2020．中澳牛肉贸易现状与发展前景［J］．农业经济（06）：127-129.

赵钰洁，2021．我国牛肉贸易逆差问题研究［J］．中国经贸导刊（中）（03）：103-105.

周晔，王万山，2018．中国牛肉进口市场结构与需求弹性研究——基于牛肉进口价格因素
　　的分析［J］．价格理论与实践（03）：103-106.

周忠丽，石自忠，2013．加拿大牛肉进出口贸易及其对国内市场的影响［J］．中国经贸导
　　刊（26）：4-6.

专题七 河北省肉牛产业发展现状调研报告

河北省是肉牛养殖大省，是全国重要的牛肉生产基地，是北京、天津主要的牛肉消费来源地，多年来在促进乡村振兴、促进农民增收、保障市场牛肉供应等方面发挥了重要作用。

一、河北省肉牛产业在全国具有重要位置

河北省发展肉牛具有气候适宜、资源丰富、区位独特、基础雄厚的优势。

一是自然条件优越和区位优势独特。河北省环抱首都北京，拥有 1.1 亿人口。位于北纬 36°05′～42°40′，东经 113°27′～119°50′，全省平均气温为 25.6℃，全省平均降水量为 428.2 毫米，草场面积 2 900 余万亩，全株玉米种植面积 400 万亩以上，苜蓿种植面积 50 万亩以上，是肉牛养殖最适宜地区之一。

二是牛肉产量位居全国前列。2022 年牛肉产量 58.1 万吨，占全国牛肉总产量的 8.1%，位居全国第 3 位。

三是肉牛产业持续稳定发展。据国家统计局调查总队统计，2012—2022年 10 年间牛存栏量下降 1.4%，出栏量上涨 3.8%，牛肉产量上涨 11.8%，表明肉牛产业持续稳定发展，消费需求稳定增长，市场波动较小，饲养技术和水平显著提高，胴体重明显上升（图 7-1）。2012—2022 年 10 年间活牛价格上涨 79.1%，牛肉价格上涨 77.58%，牛肉作为高档肉类，越来越受到消费者的青睐（图 7-2）。

四是肉牛种业发展迅速。肉牛品种以西门塔尔、夏洛莱和利木赞等大型肉牛杂交为主体，以本地黄牛、牦牛、淘汰奶牛、奶公犊为辅助，以引进品种华西牛为新的增长点。拥有 1 个隆化国家肉牛产业园，天和、华田 2 个国家核心育种场，3 个种公牛站，天和国家级肉牛核心育种场每年生产优质肉牛胚胎 3 万枚左右，占全国肉牛胚胎生产总量的 70% 以上。

单位：万头、万吨

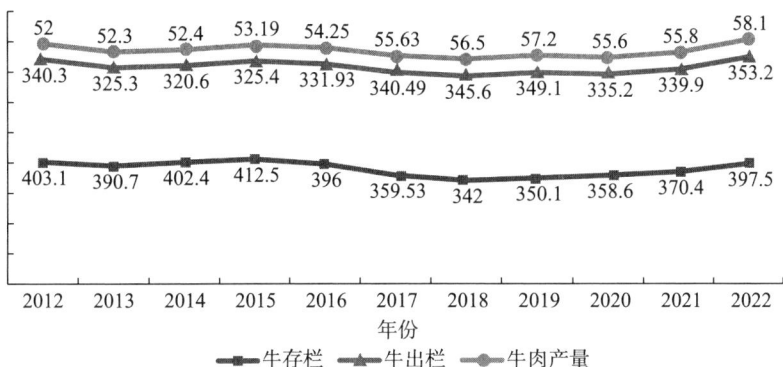

图 7-1　2012—2022 年肉牛存栏、出栏和牛肉产量统计表

单位：元/千克

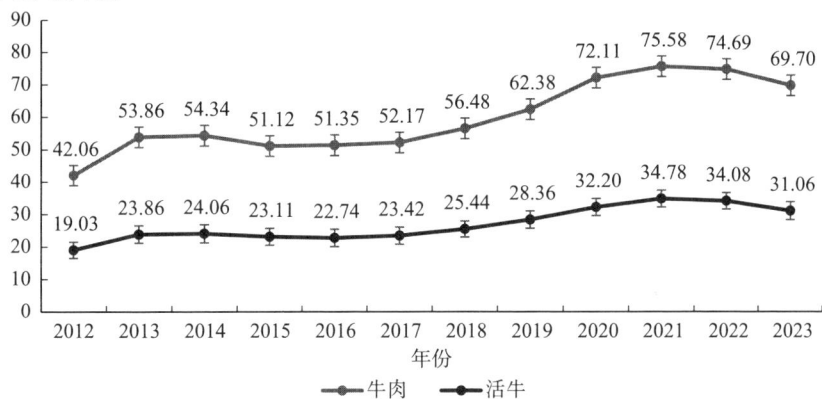

图 7-2　2012—2023 年河北活牛及牛肉价格

五是是北京市场活牛和牛产品重要生产基地。据统计，2022 年河北省进京活牛 3.6 万头，占北京市场的 50%，牛产品 3.4 万吨，占北京市场的 60% 以上，为保障京津市场供应作出了重要贡献。

六是异地育肥模式历久弥新。拥有遍布全国的完善的经纪人队伍、高效的服务体系、先进适用的育肥技术、优秀的技术推广团队，保障了肉牛异地短期育肥产业的长期健康稳定发展。肉牛育肥分为三种形式：第一是直线育肥，以家庭式的散养或小区为主，自繁自育；第二是短期育肥，由外省调入大批架子牛，3~6 个月育肥出栏；第三是奶公犊育肥，将奶公犊直接育肥。2022 年河北省肉牛出栏 353.2 万头，占全国肉牛出栏量的 7%，位居全国第三位；而肉牛存栏量 397.5 万头，占全国肉牛存栏量的 3.1%，位居全国第十四位，肉牛异地育肥是河北省肉牛产业特色（图 7-1）。

七是养殖模式独具特色。河北地理环境独特，既有饲草资源丰富的坝上草原和丘陵，又有秸秆资源丰富的平原农区，经济社会发展差异较大，形成了"北繁南育"肉牛养殖格局，肉牛繁育主要集中在承德、张家口，肉牛育肥主要集中在石家庄、唐山、保定，分户散养是肉牛养殖的主体，散户养殖使用的粗饲料为黄贮＋玉米秸秆，精料为玉米、豆粕和酒糟等，规模化养殖场使用 TMR＋全株玉米青贮。根据行业统计，2022 年全省年出栏 50 头以上肉牛规模养殖场（户）7 535 个，出栏 114 万头，规模养殖比例达到 42.5％。

八是肉牛疾病可防可控。没有发生重大动物疫情，重点防治三类常见病，第一类，运输应激综合征（TSSBC），以呼吸道症状为主。第二类，腹泻病，包括寄生虫性（隐孢子虫、微孢子虫、贾第虫）、病毒性（黏膜病、轮状病毒、冠状病毒）、细菌性（大肠杆菌、沙门氏菌、魏氏梭菌、副结核分枝杆菌）。第三类，血吸虫病，以附红体病、无浆体病为主。

二、河北省肉牛产业发展的问题和不足

河北省肉牛产业发展取得了一定成绩，但仍存在一些短板：

一是缺乏大型肉牛养殖集团。河北省没有进入全国前 30 强的大型肉牛养殖企业，缺少存栏在 1 万头以上的大型肉牛养殖集团的带动，缺少大量社会资本的进入，缺乏大批肉牛营销专业化团队的策划和谋划。

二是母牛养殖资源不足。肉牛饲养规模小而且分散，设施简陋，饲养管理粗放，养殖效率低，缺乏科学的选种选配方案，母牛繁殖率和犊牛存活率低，饲养管理标准化、流程化、机械化程度低。近年来，国家实施母牛扩群增量政策，农户养殖母牛仍以"小群体、大规模"为主体，规模场户逐渐增加。据统计，河北省基础母牛存栏数量在 100 头以上的规模肉牛场 1 643 家，出栏 65.6 万头，占全省 25％，500 头以上的规模肉牛场 241 家，出栏 23.6 万头，占全省 9％。

三是肉牛种业推广规模不足。种公牛站、国家核心育种场和国家肉牛产业园投入不足，优秀种牛推广规模不大，还没有建立育繁推为一体的肉牛育种繁育体系。

四是屠宰加工能力不强，牛肉附加值偏低。定点屠宰企业 90 家，河北省肉牛年屠宰能力 261 万头，以中小型企业为主，缺乏规模较大的屠宰加工企业。肉牛屠宰以西门塔尔杂交牛为主，其次为淘汰奶牛及本地黄牛。加工深度不高，加工方式为分割部位肉或四分体。屠宰加工企业的产品销售市场消费层级低，缺乏深加工产品，冷链"不冷"以及"断链"现象十分严重，缺少具有影响力的知名品牌。

三、促进河北省肉牛产业发展的举措

河北省肉牛产业发展的指导思想是：立足河北省肉牛产业发展现状，以市场需求为导向，以提高河北省肉牛产业竞争力为核心，以创建牛肉知名品牌为目标，优化区域布局，突出异地育肥产业模式，提高肉牛供种能力和群体良种化水平，提高高档牛肉生产能力，挖掘本地饲料资源，加强环境控制和资源化利用，健全疫病防控体系，强化大型龙头企业培育和社会化服务体系建设，加强牛肉新业态的研究和创新政策研究，促进我省肉牛产业健康发展。

河北省肉牛产业发展的目标是：到 2028 年力争肉牛克隆和基因编辑技术取得突破；肉牛活体采卵—体外受精（OPU‐IVF）胚胎实现批量化生产；培育优质华西牛、西门塔尔牛和和牛等纯种肉牛后代 2 000 头，培育 $GCBI \geqslant 120$ 后备种公牛 100 头，组建华西牛、西门塔尔牛和和牛等肉牛品种育种核心群；生产改良后代 20 万头；加强濒危遗传资源冀南牛的抢救性保护，建立其种质资源数据库，增强种公牛自主培育能力，提高肉牛核心种源自给率，提升肉牛业可持续发展能力。

（一）深化河北省特色肉牛育养模式

一是充分发挥环绕京津区位市场优势，支持从省外引进架子牛，利用本地饲料资源，开展"异地育肥"模式。二是根据河北省肉牛养殖特点，培育壮大"北繁南育、西繁东育"的养殖模式，母畜繁育区主要集中在北部和西部山区及坝上地区粗饲料资源丰富的区域，肉牛规模育肥区主要集中在平原农区和黑龙港流域秸秆和饲料资源丰富区域，着力发展壮大承德、唐山、张家口、石家庄、保定、沧州六大肉牛优势产区。三是在沽源、围场、丰宁、赤城、遵化、迁安、昌黎、易县、赞皇、行唐等 10 个肉牛养殖大县，推进基础母牛扩群提质工程，支持养殖场（户）扩大基础母牛饲养量，打造坝上、燕山和太行山区基础母牛集群。

（二）建立健全肉牛良种繁育体系

制定河北省肉牛遗传育种发展规划，加快品种改良进程。一是完善河北省肉牛数据库、保种库。依托天和、华田 2 个国家级肉牛核心育种场和河北奥奈特肉牛种业科技有限公司，利用全基因组分子育种和现代胚胎生物技术，快速扩繁华西牛、西门塔尔牛和和牛等优良肉牛品种，组建纯种肉牛育种核心群。二是开发和牛、比利时蓝白花等特色肉牛品种，实施远缘杂交，培育特色肉牛群体，满足不同消费群体的需求。三是开展河北省濒危地方肉牛品种"冀南牛"的保种利用。开展本品种选育，提高"冀南牛"生产性能，扩大"冀南牛"群体规模，保护地方品种资源。

（三）挖掘本地饲草饲料资源

一是建立粗饲料资源营养成分数据库，加强"张杂谷"等地方饲料资源的研究和推广，挖掘河北省马铃薯渣、红枣渣、山楂碎和苍术等本地非常规、低成本副产物资源。二是研制适合我省肉牛产业的科学日粮配方，推广低碳环保、绿色营养、节本增效等新技术。三是通过发酵技术研发部分替代豆粕的饲料原料，力争使豆粕使用量降低 5%～10%；通过精细营养调控和日粮配方优化研究，提高肉牛对饲料的转化效率，力争使蛋白和能量综合利用效率提高 5%以上。

（四）推进肉牛产业绿色发展

一是以白洋淀流域、秦皇岛入海河流及滹沱河流域为重点，推广粪污减排与高效资源化利用技术，研发和改进肉牛设施和小型设备，凝练废弃物综合利用模式，推进粪污资源化利用，实现牛场废弃物综合利用率提高 5%。二是重点推广粪污堆沤发酵、就近还田资源化利用模式，健全畜禽养殖粪肥收、储、运体系，支持粪肥贮存池、还田管网建设，畅通粪肥还田渠道。三是鼓励养殖场流转土地，种植饲草、消纳粪污。开展有机肥替代化肥行动，优先在水果、蔬菜种植中使用畜禽养殖粪肥，促进肉牛产业绿色健康发展。

（五）强化牛肉深加工及质量安全

一是建立牛肉安全追溯系统。根据《河北省千亿级精品肉类产业工程实施方案》要求，建立牛肉质量安全追溯体系，开展中高温牛肉致病菌群变化规律与品质劣变控制技术研究，消除食品安全隐患，延长货架期。二是开展牛肉精细化分割。研发牛肉精细化分割、牛肉产品开发和副产品加工工艺，提高牛肉精细化分割层级，开发牛肉及副产品，研发牛肉制品，提高副产品综合利用价值。三是开发牛肉预制菜产品。在正定惠康、廊坊福成、保定燕园等企业开展肉牛产业新业态——"预制菜"加工技术的研发，开发特异性、功能性、方便性牛肉制品，扩大特征群体市场消费需求，增加牛肉产品附加值。

（六）加强肉牛疫病防控

制定传染病防控方案，开展纯种肉牛育种核心场"两病"净化，达到国家级验收标准。一是开展兽药减量行动，针对肉牛主要呼吸道、腹泻病原和运输应激综合征，筛选和研发促长防病的系列中药组方，制定防治方案并推广应用。二是开展快速诊断行动，研发口蹄疫等病原和抗体的快速检测技术，实现快速诊断、节本增效。三是开展远程急诊行动，建立微信群，开展肉牛临床诊治和培训，建立肉牛疾病远程诊断技术平台，解决中小牧场看病难的问题。建设 30 个综合示范场，在示范场内力争每头肉牛兽药使用费用降低 50 元。四是开展肉牛临床诊治和培训，建立肉牛疫病线上视频诊断＋远程网络诊断技术平台，解决中小牧场看病难的问题。

（七）创建牛肉知名品牌

针对牛肉品牌构建能力欠缺的瓶颈，重点开展牛肉特色品质挖掘，营销模式与产品创新，通过构建符合自身特点的产业链生产模式推动品牌建设。一是培育品牌创建主体，引导龙头企业增强主体意识、质量意识和创新意识，面向京津开拓高端市场，建设满足未来雄安需求的绿色优质畜产品供给基地，打造一批国家和省级知名企业品牌。二是加大品牌宣传推介，重点扶持一批技术含量和附加值高、市场潜力大的畜产品，充分挖掘品牌文化，提升品牌策划和包装运营水平，着力提升畜产品品牌知名度。三是创新营销模式。鼓励企业与大型电商集团开展战略合作，实施"互联网＋"畜产品出乡进城工程，支持企业在电商平台建设牛肉特产馆，以全新业态组织各种特色牛肉进行线上线下销售。四是加强畜产品物流骨干网络和冷链物流体系建设，加快构建环京津 1 小时鲜活畜产品物流圈，保证鲜活畜产品的运销畅通。

（八）推广先进肉牛养殖新模式

研究分析肉牛产业集群发展的模式及其规律，研究提升河北省肉牛产业竞争力的政策措施，开展河北省肉牛产业竞争力评价。一是做大做强隆化国家肉牛产业园区和河北省肉牛产业集群，提升 30 个肉牛示范点。二是推广 5 种养殖新模式。推广石家庄天和肉牛高科技创新引领发展模式、廊坊北方田园和御道口牧场肉牛自繁自养新模式、邯郸子涵肉牛节本增效养殖模式、张家口禾牧昌光伏＋肉牛＋种植肉牛产业扶贫模式、保定燕园肉牛全产业链一体化养殖模式，引领产业提档升级。

（九）搭建产业融合平台

建立产学研融合，一、二、三产融合的河北省肉牛产业战略创新联盟，建立以企业为主体的河北省牛产业技术研究院，促进肉牛产业振兴。研发奶公犊育肥技术方案，育肥牛日增重平均提高 100～200 克/天、养殖效益提高 5％、单头育肥牛综合经济效益提高 500 元左右。

专题八　承德市肉牛养殖经济效益分析

　　承德市是河北省重要的肉牛养殖基地，在饲草料资源、地理位置等方面有着独特优势。根据统计数据，截至 2020 年 10 月，承德市肉牛饲养量达到 79.25 万头，出栏量达到 66.75 万头，牛肉产量为 11.07 万吨，在河北省所有地级市中居于首位。在承德市各个区县中，隆化县和围场县肉牛存栏量分别为 27 万头、24.9 万头，两县肉牛存栏量占比达到了全市的 65%，两地肉牛出栏量分别为 24 万头、19 万头，占比达到全市的 64.7%；两地牛肉累积产量分别为 3.98 万吨、3.17 万吨，占全市牛肉产量的 64.59%。但是，近年来由于肉牛养殖生产成本上涨，肉牛养殖户收入减少，打击了经营者积极性，急需对承德市肉牛养殖业的经济效益及影响因素进行研究，发现和挖掘其制约因素与原因，为提高承德市肉牛养殖业健康稳定发展提供决策参考。

一、承德市肉牛养殖业发展现状

（一）承德市肉牛养殖业发展条件

1. 资源禀赋状况

　　承德位于河北省东北部，是东北地区和华北地区的中间过渡地带，省外与北京、天津、内蒙古和辽宁相邻，省内与张家口以及两个沿海城市秦皇岛和唐山相邻，幅员辽阔，区域总面积达到了 3.95 万平方千米，在河北省 11 个地级市中居于首位。承德属温带大陆性季风型山地气候区，四季分明，全年平均气温为 9℃，年均降水量在 402.3～882.6 毫米，全年光照将近 3 000 小时。全市地表水、地下水丰富，是河北省大凌河、潮河、滦河、辽河水系发源地，并且还是北京、天津等几个城市用水来源的重要地区，根据 2021 年河北省水资源公报数据统计，2020 年承德市的水资源储存量达到 15.97 亿立方米，是河北省水资源总量的 1/5。全市各类型水域总面积 14.31 万亩，流域面积 100 平方千米以上河流 126 条。另外，承德市拥有丰富的饲草资源，草地总面积达到了

1 199.69 万亩，是河北省草地面积最大的地区，每年提供的牧草产值达到数亿元，为畜牧业发展提供坚实的基础。承德市得天独厚的资源禀赋和优越的区位优势，使其长久以来，都是河北省肉牛优质的养殖区域。

2. 农业发展现状

承德市除了拥有天然草原和众多河流、湿地这些优质的生态资源之外，种植业也比较发达。全市粮食播种面积 427.8 万亩，粮食总产 146.7 万吨，平均亩产 343 千克。在粮食总产量中，谷物 111.1 万吨、豆类 1.7 万吨、薯类（折合为粮食）33.9 万吨。在谷物中，玉米 95.7 万吨、稻谷 3.7 万吨。食用菌与蔬菜全年生产总量达到了 459.2 万吨。全年园林水果、食用坚果产量分别为112 万吨、21.3 万吨。目前，牛羊需要的饲草是以秸秆为主的部分软梗作物，精饲料主要是玉米和麸皮。

承德市畜禽养殖业发展迅速，相关统计数据显示，全市猪、牛、羊禽肉类总产量达到了 39.2 万吨，与 2019 年相比增加 3.1%。其中生猪存栏 92.9 万头，增长 4.0%；牛存栏 74.8 万头，增长 3.9%；羊存栏 99.7 万只，增长5.0%；生猪出栏 182.4 万头，增长 11.9%；牛出栏 71.2 万头，增长 4.8%；羊出栏 160.3 万只，增长 2.3%；家禽出栏 7 903.2 万只，增长 0.6%。根据《2021 年河北省农村统计年鉴》，承德市 2020 年畜牧业总产值达到了 169.37亿元，与 2019 年相比增加了 12.40%，增长率明显高于其他产业（表 8-1）。

表 8-1　2021 年承德市肉类产量和畜牧出栏量

产品名称	绝对数	比上年增长（%）
猪、牛、羊、禽肉产量（万吨）	39.2	3.1
猪肉（万吨）	14.1	9.8
牛肉（万吨）	11.6	1.9
羊肉（万吨）	2.2	−0.9
禽肉（万吨）	11.3	−2.6
禽蛋（万吨）	9.9	−10.5
生牛乳产量（万吨）	9.5	−11.0
生猪出栏（万头）	182.4	11.9
牛出栏（万头）	71.2	4.8
羊出栏（万只）	160.3	2.3

数据来源：2021 年承德市国民经济和社会发展统计公报（下同）。

2017—2020 年承德市农林牧渔总产值一直处于增长趋势，平均年增长率达到了 12.54%。2020 年承德市农林牧渔总产值达到了 517.77 亿元，与 2019

年相比增加了 61.67 亿元。其中农业产值为 293.36 亿元，同比增加 12.35%；林业产值为 43.08 亿元，同比增加 29.02%；渔业总产值为 0.58 亿元，与 2019 年相比减少 1.69%；畜牧业产值为 169.37 亿元，同比增加 12.40%，增长趋势明显。并且在 2020 年承德市四个产业中畜牧业占总产值的比例达到了 33%，可见，畜牧业在承德市农业发展过程中具有重要地位（表 8-2）。

表 8-2　2017—2020 年承德市农林牧渔业产值变化情况

单位：亿元

年份	农林牧渔业总产值	农业	林业	畜牧业	渔业
2017	363.22	207.46	25.35	118.19	2.66
2018	408.06	249.87	23.54	123.80	0.65
2019	456.10	261.12	33.39	150.69	0.59
2020	517.77	293.36	43.08	169.37	0.58

（二）承德市肉牛养殖业发展现状分析

1. 肉牛养殖业发展现状

2020 年在河北省各个市肉牛存栏量中，承德市肉牛存栏数为 62.35 万头，占全省肉牛存栏量的 28.02%，在河北省 16 个地区中排名第一，肉牛产业优势明显。根据近些年河北省肉牛发展情况来看，承德、唐山、张家口都是河北省肉牛产业发展的重要地区，三个地区存栏总量达到了河北省肉牛存栏量的二分之一，存栏量增长平稳，是京津地区牛肉供给的重要来源（图 8-1）。

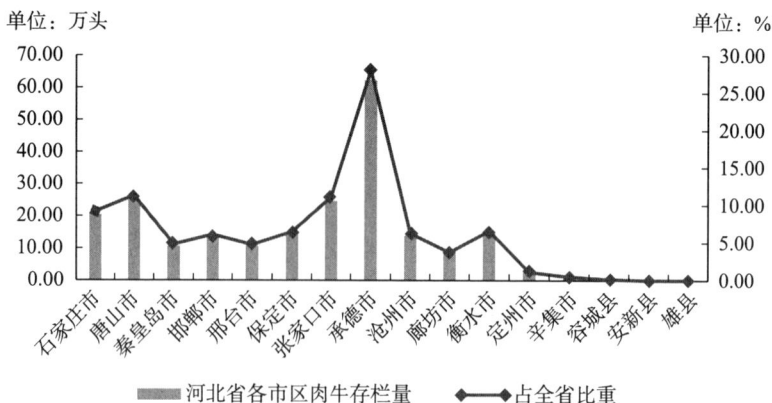

图 8-1　河北省各市肉牛存栏量

数据来源：《河北农村统计年鉴》（2018—2021 年）。

近十年来承德市肉牛养殖规模上下波动，肉牛年末存栏量整体上出现了先下降后增加的趋势，年出栏量整体上一直处于增长的态势，表明其生产能力逐年提升。首先，承德市牛存栏量总体呈现先下降后增长的趋势，2010—2020年牛存栏量一共出现了两次下跌，2012—2014年牛存栏量出现了小幅下跌，牛存栏量减少了3.61万头，2015—2017年牛存栏量下跌幅度较大，减少15.66万头。2017—2020年牛存栏量处于缓慢增长趋势，增加量为8.99万头。其次，牛出栏量呈现总体上升趋势，由2011年53.68万头增加到2020年67.99万头，十年间增加了14.31万头，年均增长率为2.77%。最后，承德市肉牛出栏率总体呈现上升趋势，由2011年的70.03%增加到2020年的94.43%，肉牛养殖产业正在由粗放经营向集约化转变。

2. 肉牛养殖业存在的问题

(1) 肉牛养殖规模化程度低

承德市目前的肉牛养殖主要是以散养和小规模养殖为主，也有少数大型规模化养殖场。肉牛养殖模式主要是外购200千克左右的架子牛进行育肥，还有一部分山区的养殖户是自繁自育养殖模式。由于养殖规模偏小，劳动力基本来源于自家成员，粗饲料以自家或者附近种植的玉米秸秆、豆秧、土豆秧等为主，精饲料则是根据肉牛不同生长阶段的需要饲喂混合精料或购预混料后自行配制。根据实地调研情况，承德市多数肉牛养殖户的存栏量在30~120头，利润接近盈亏平衡临界值，导致专业化、品牌化等肉牛产业经营方式难以顺利进行。表8-3为2011—2020年承德市牛存栏量和出栏量变动情况。

表8-3　2011—2020年承德市牛存栏量和出栏量变动情况

单位：万头、%

指标名称	2011	2012	2013	2014	2015	2016	2017	2018	2019	2020
存栏量	76.65	76.8	74.45	73.19	78.67	68.82	63.01	68.47	71.2	72.00
出栏量	53.68	53.83	53.29	52.33	53.64	56.62	59.59	63.3	65.43	67.99
出栏率	70.03	70.09	71.58	71.50	68.18	82.27	94.57	92.45	91.90	94.43

数据来源：《河北农村统计年鉴》(2012—2021年)。

(2) 养殖成本过高，饲养技术不规范

由于饲料、人工、疫病防疫等养殖成本的增加，导致肉牛养殖效益的下降。实地调研的110户养殖户中，出栏每头肉牛的平均成本利润仅为1 000元，其中有24户的利润处于亏本状态，严重打击了农户的养殖积极性。原因一是部分养殖户缺乏经验，导致仔畜投入费用高，或者采取本地黄牛本交的方

式自繁自育。二是由于养殖技术粗放，肉牛从投入生产到出栏的周期较长，饲料构成比例不合理，粗饲料比例偏高，致使肉牛增长慢、产量低，牛肉品质无法满足市场的需求。总之，承德市仔畜品种较差，养殖周期长，养殖效益差，加之禁牧政策的实施，能繁母牛存栏量的恢复速度较慢，导致架子牛价格高。

（3）从业人员学历普遍较低，科技投入不够

根据实地调查情况，承德市绝大多数肉牛养殖人员都是农村村民，年龄普遍较大，平均年龄达到了 51 岁。养殖人员的受教育水平普遍较低，大多数为小学及以下学历，110 户中只有 1 户养殖人员学历为大专。大多数养殖户养殖靠经验，整体上肉牛养殖的管理水平比较落后，缺乏专业化的养殖经验和专业培训，接受先进技术有一定难度，这就造成了养殖效益低，甚至赔钱。

（4）价格波动较大，养殖收益不稳定

通过深入承德市围场县棋盘山畜牧交易市场以及隆化县张三营畜牧交易市场调查肉牛的市场价格，并与以前价格比较分析，发现肉牛价格波动幅度较大。首先，肉牛品种不优，市场上品种不好的牛与品种好的牛价位差能达到 3 000 元左右，从而导致了价格水平不稳定。其次，一大部分养殖户出售肉牛的方式为商贩上门收购，在出售时价格也由商贩进行定价。

（5）种养结合不够紧密

虽然承德市养殖资源条件较好，但是种养结合不紧密。通过调研了解到，规模养殖场（户）需要的精粗饲料都是外购，特别是干草、麸皮等优质饲料，大部分都是从内蒙古、吉林等外地购买。散养户、小规模养殖户虽然能够在玉米种植与肉牛养殖上做到种养结合，但只是粗放、简单结合，只有较少的养殖户能够通过青贮等方式来养牛。

二、承德市肉牛养殖成本与效益分析

（一）问卷设计、样本选择及分析

1. 问卷设计

调查问卷主要包括 5 部分内容：

第一，养殖户家庭基本情况：主要包括户主性别、年龄、教育程度、家庭参与肉牛养殖劳动力人数等情况。

第二，肉牛养殖基本情况：主要包括肉牛养殖品种、养殖周期、仔畜来源、饲料来源、养殖规模、养牛年限、是否接受培训和培训次数、雇工人数及当地工资等情况。

第三，肉牛养殖投入产出情况：主要包括肉牛养殖过程中各项费用投入、产值以及经营状况。费用投入包括直接费用、间接费用、人工成本和土地成本。直接费用包括仔畜费、饲料费用、燃料动力费（煤炭费和其他燃料动力费）、疫病防控费、死亡损失费、水电费和其他直接费用；间接费用主要包括固定资产折旧、保险费；人工成本主要包括家庭用工折价和雇工费用；土地成本主要包括自营地折价和承包地费用。产出主要包括肉牛年出栏量、出栏体重、出栏价格等。经营情况主要包括：经营组织方式、养殖模式、销售渠道等情况。

第四，养殖户饲料种植情况：主要包括饲料种植规模、投入产出等情况。

第五，其他情况：主要包括近两年肉牛养殖收入满意度、粪污处理、政策补贴、资金来源、资金自有率、扩大肉牛养殖规模的愿望、目前存在的问题以及想要得到的帮助等情况。

2. 样本选择

为了保证样本的代表性和准确性，采用了典型调查和随机抽样相结合的样本选取方式。调查组于 2021 年 7 月以及 2022 年 6 月底先后两次深入承德市隆化县、围场满族蒙古族自治县、平泉市肉牛养殖集聚区域采集样本数据。从调查前的工作准备到最终样本数据的汇总整理前后历时两个月。调查过程中每份问卷平均时长为 30 分钟，并且为了确保养殖户有耐心参加访谈，我们选择养殖户相对清闲的时间段入户调查。通过入户走访座谈的形式，共计完成问卷 115 份，减去 5 份质量较差的样本，最后共得到 110 户有效的样本数据，问卷有效率为 95.7%，其中包括隆化县 58 份、围场满族蒙古族自治县 47 份、平泉市 5 份，承德市样本分布地区包括 3 个县市区、8 个乡镇、18 个自然村（表 8-4）。

表 8-4　承德市不同地区样本分布及构成

单位：户、%

市（县）	镇	村	样本量	比例
隆化	张三营镇	西山村	14	12.73
		前街村	3	2.73
		新丰村	4	3.64
		南园子村	26	23.64
		后街村	6	5.45
		门头沟村	2	1.82
	唐三营镇	二道窝铺村	3	2.73

（续）

市（县）	镇	村	样本量	比例
围场	围场镇	金子村	14	12.73
		甘沟门村	7	6.36
	棋盘山镇	岗门村	5	4.55
		棋盘山村	7	6.36
		二十九号村	1	0.91
	龙头山镇	龙头山村	9	8.18
		多下村	3	2.73
	哈里哈乡	哈里哈村	1	0.91
平泉	平北镇	马泉子村	1	0.91
		太平梁村	3	2.73
	黄土梁子镇	茶朋村	1	0.91
合计	8	18	110	100

数据来源：实地调研数据。

3. 样本数据特征

（1）养殖主体年龄偏大

所调查的承德市 2021 年样本数据中，年龄小于 30 岁的农户仅 1 人，在总量中占比 0.91%；年龄为 31～40 岁的农户有 14 人，占比 12.73%；年龄为 41～50 岁的农户有 30 人，占比 27.27%；年龄为 51～60 岁的农户有 51 人，占比 46.36%；年龄为 60 岁以上的农户有 14 人，占比 12.73%。实地调研数据归总结果，养殖户年龄 40 岁以上的占比为 86.36%，养殖户的平均年龄为51.53 岁，高于平均年龄的农户有 64 户，占总样本量的 58.18%。因此承德市样本地区从事肉牛养殖的农户年龄普遍偏大（表 8-5）。

表 8-5　研究地区养殖户年龄组成

单位：户、%

年龄构成	30 岁以下	31～40 岁	41～50 岁	51～60 岁	60 岁以上	样本总量
样本量	1	14	30	51	14	110
比例	0.91	12.73	27.27	46.36	12.73	1

数据来源：实地调研数据。

（2）养殖主体文化程度偏低

养殖户的文化程度为初中学历的数量最多，有 51 户，占调查总户数的46.36%；小学及以下文化程度的占 31.82%，高中文化程度的占 20.91%，大专及以上学历的养殖户最少仅为1户，占0.91％（表8-6）。因此，样本地区肉牛养殖户的受教育程度普遍偏低。

表8-6 调查地区肉牛养殖户文化程度构成

单位：户、％

文化程度	小学及以下	初中	高中	大专及以上
样本量	35	51	23	1
比例	31.82	46.36	20.91	0.91

数据来源：实地调研数据。

（3）养殖主体肉牛养殖经验丰富

根据调研数据，肉牛养殖户平均养殖年限为15.08年，其中高于平均养殖年限的有46户，占样本总数的41.82％；低于平均养殖年限的有55户，占样本总数的50％，其中最高肉牛养殖年限为35年。对数据进行归总，5～10年的有26户，占比23.64％；11～20年的有51户，占比46.36％；20年以上的有24户，占比21.82％。综上所述，承德市样本地区肉牛养殖户的养殖经验主要集中在11～20年，养殖经验丰富；可喜的是有8.18％新生力量加入该行业（表8-7）。

表8-7 调查地区肉牛养殖户养殖经验构成

单位：户、％

养殖户养殖年限	5年以内	5～10年	11～20年	20年以上
样本量	9	26	51	24
比例	8.18	23.64	46.36	21.82

数据来源：实地调研数据。

（4）肉牛养殖规模主要集中在中小规模

养殖规模是指样本地区养殖户养殖肉牛的存栏数，用来衡量养殖户的肉牛养殖规模化程度。所调查的承德市样本地区的平均肉牛养殖规模为146.7头，其中低于平均值的有85户，占样本总量的77.27％，高于平均值的有25户，占样本总量的22.73％。样本地区肉牛养殖规模主要集中在100头以内的共有67户，占样本总量的60.91％，说明承德市肉牛养殖规模化程度不高，大规模养殖户较少（表8-8）。

（5）大部分养殖户有贷款

肉牛养殖业投入资金大，牛舍建造、牛犊购入、饲料购买、疫病防控等环节，均需要投入一定量的资金。从事肉牛生产的农户由于资金有限，只能通过贷款或亲友借款来解决融资难题。调研显示，110户养殖户中有57％从银行贷款，23%是自有资金，剩下的均为亲朋之间的借贷或者其他途径获取资金（图8-2）。

表8-8 调查地区肉牛养殖户养殖规模构成

单位：户、%

养殖户饲养规模	50头以内	51～100头	101～150头	151～200头	大于200头
样本数	36	31	18	12	13
比例	32.73	28.18	16.36	10.91	11.82

数据来源：实地调研数据。

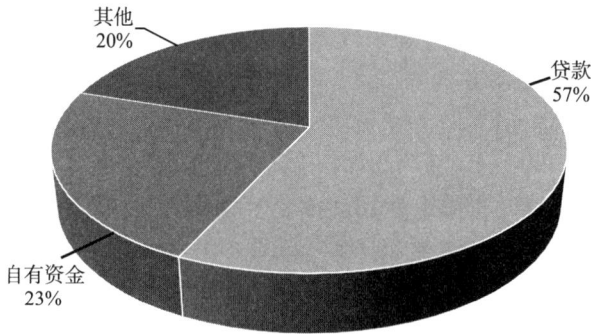

图8-2 养殖户资金来源情况
数据来源：实地调研数据。

（二）肉牛养殖成本分析

1. 肉牛养殖成本要素的确认与计算

肉牛养殖总成本是指对于投入肉牛从养殖到出栏各个环节中的资金、人力等生产要素的总和。参考《全国农产品成本收益资料汇编》中的成本核算统计方法，肉牛养殖成本分为物质与服务费用和人工成本两部分，其中物质与服务费用包括直接成本与间接成本。直接费用主要包括仔畜费、精粗饲料费、医疗防疫费等，间接成本主要包括保险费、销售费、固定资产折旧等。由于一部分费用在肉牛养殖总投入中所占比例较小，可以忽略不计，因此本文主要将肉牛养殖成本投入费用分为7部分，对各项费用的解释如下：

第一，仔畜费用：指自繁或者外购架子牛的总费用，其中自繁主要指母牛养殖生产一头犊牛所花费的各种费用的总和，外购架子牛是按实际购买价格加上其他杂费。

第二，精粗饲料费用：指的是肉牛养殖过程中所投入精饲料、粗饲料以及饲料种植的总费用。

第三，医疗防疫费用：指的是肉牛养殖过程中消毒、驱虫、疫苗以及疫病治疗所花费的总费用。

第四，燃料动力费用：指的是肉牛养殖过程中燃油、电力、煤所花费的总费用。

第五，其他费用：指的是肉牛养殖过程中的保险费、牛舍维护修理费以及固定资产折旧费用，其中固定资产折旧指的是单位价值较大且使用年限在一年以上的圈舍、机械设备（铡草机、搅拌机、撒料车等机械设备）等资产投资的费用，预计其使用年限，进行折损计算。购入的固定资产按实际购入价加上运输费等计算；自行建造的固定资产原值按实际投入的总费用计算。另外，通过对样本地区的调查发现还存在一部分养殖户通过租赁承包圈舍从事肉牛养殖的，其固定资产折旧费用就是每年的租赁费用和新购置的固定资产的折旧费用。

第六，死亡损失费用：指的是肉牛养殖过程中肉牛因疫病、管理不当等各种原因造成死亡而损失的费用。

第七，人工成本：指肉牛养殖户在养殖过程中直接使用的劳动力成本。一般包括家庭劳动用工成本和雇工成本两部分。其中，家庭劳动用工成本指养殖户以及家庭成员在养殖过程中投入的总劳动用工成本。

本文根据当地的工资水平进行家庭劳动用工成本的核算，计算公式如下：

家庭劳动力折价＝当地工资水平×家庭劳动用工天数×家庭劳动力参与人数

雇工成本是指雇佣他人劳动而支付的费用，按照雇工工价乘以劳动天数来计算。

因此肉牛养殖成本计算公式为：

肉牛养殖成本＝仔畜费＋精粗饲料费＋人工成本＋医疗防疫费＋死亡损失费＋燃料动力费＋其他费用。

2. 不同规模肉牛养殖成本比较分析

不同规模肉牛的平均总生产成本呈现出较为明显的差异，按照规模从小到大呈现不断上升的趋势。其中散养规模肉牛养殖成本最低，平均为 20 636.60 元/头，大规模肉牛养殖成本最高，平均为 22 553.67 元/头，二者之差为 1 917.07 元/头，大规模比散养养殖成本高 9.3％。另外小规模肉牛养殖成本为 21 782.19 元/头，中规模肉牛养殖成本为 22 072.72 元/头（图 8 - 3）。

2021 年散养规模肉牛养殖样本地区中，肉牛养殖成本最大的为 24 390.48 元/头，最小的为 9 149.58 元/头；小规模养殖中投入成本最大的为 25 780.85 元/头，最小的为 16 245.93 元/头；中规模养殖中投入成本最大的为

单位：元/头

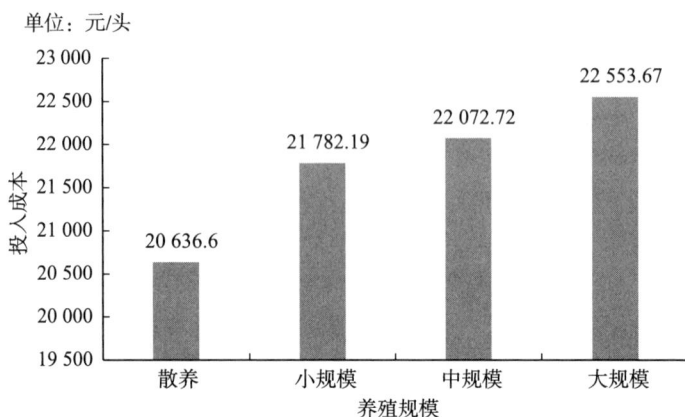

图 8-3　不同规模平均每头肉牛养殖总成本
数据来源：实地调研数据。

25 016.89 元/头，最小的为 13 313.53 元/头；大规模养殖中投入成本最大的为 25 331.14 元/头，最小的为 19 213.11 元/头。从变异系数可以看出，大规模养殖户变异系数最小，其次是散养规模养殖户，说明这两种规模养殖户之间成本投入差距较小，小规模、中规模养殖户变异系数较大，说明两个规模养殖户之间成本投入差距较大（表 8-9）。

表 8-9　不同规模肉牛养殖成本水平

单位：元/头

养殖规模	散养	小规模	中规模	大规模	总计
平均成本	20 636.60	21 782.19	22 072.72	22 553.67	21 171.64
最小值	9 149.58	16 245.93	13 313.53	19 213.11	9 050.00
最大值	24 390.48	25 780.85	25 016.89	25 331.14	25 780.85
标准差	3 120.50	3 879.38	3 741.53	2 568.32	3 837.73
变异系数	0.15	0.18	0.17	0.11	0.18

数据来源：实地调研数据。

3. 不同规模肉牛养殖的成本构成比较分析

（1）不同规模肉牛养殖各项投入费用比较分析

不同规模肉牛养殖各个部分成本投入随着养殖规模扩大呈现出比较明显的差异。

在仔畜投入方面，散养户平均仔畜成本为 11 313.57 元/头，小规模养殖户为 13 020.03 元/头、中规模养殖户为 13 384.62 元/头、大规模养殖户为 13 455 元/头。随着养殖规模的逐渐扩大，仔畜投入成本呈现不断上升趋势，其原因是散户和小规模养殖户自繁自育所占比重较大，中、大养殖场购买的仔畜不多，大部分是购买架子牛用于育肥，故平均体重较大，成本较高。

在饲料投入方面，随着养殖规模扩大呈现出不断上升的趋势。原因为，散户和小规模养殖户采用自己种植的农作物作青贮饲料，降低了饲料成本，而养殖规模越大，若没有配套种植作物，饲料大部分外购，导致饲料投入成本高。

在人工成本投入方面，随着养殖规模扩大人工成本不断降低。散养人工费用最高，平均每头为 1 438.58 元，大规模平均每头牛人工成本最低，为520.52 元，分析原因发现，规模较小的养殖户基本没有雇工成本。大规模养殖场则一人养很多头牛，且有机械设备提高了工作效率、节省了用工。

在医疗防疫投入费用方面，四种模式的投入费用均在 200 元左右，差距较小。在死亡损失费方面，几种规模场均在 200～300 元。其中散养费用最高，主要是由于散养养殖户会养一些繁育母牛，繁育母牛养殖过程中生产的犊牛死亡率要高于外购的架子牛。

综上所述，随着养殖规模扩大，在人工成本、医疗防疫费用等方面，其投入成本有降低趋势，表明规模化养殖在一定程度上会降低部分成本（表 8 - 10）。

表 8 - 10　不同规模养殖户平均每头肉牛投入成本构成

单位：元/头

成本项目	散养	小规模	中规模	大规模
仔畜费	11 313.57	13 020.03	13 384.62	13 455.00
精粗饲料费用	6 947.19	7 093.82	7 351.72	7 863.13
人工成本	1 438.58	836.33	612.17	520.52
医疗防疫费用	253.13	249.82	191.44	200.74
死亡损失费	292.47	242.51	229.65	255.25
燃料动力费	128.62	95.21	91.04	67.27
其他费用	263.04	244.47	212.08	191.76
合计	20 636.6	21 782.19	22 072.72	22 553.67

数据来源：实地调研数据。

（2）不同规模肉牛养殖各项成本投入比例比较分析

肉牛养殖成本构成中仔畜费和饲料费用所占比重最大，散养的两部分之和占总养殖成本的 88.48%，其他规模养殖场的两部分之和所占比重均达到了90% 以上，医疗防疫费、死亡损失费等成本投入所占比重都比较小，基本上都在 10% 以下，占比最小的是燃料动力费（电费、燃油费、煤等动力费用），均在 1% 以下。

从各项投入费用占比来看，总养殖成本投入中仔畜费所占比重最大，四种养殖规模均在50%以上，其中中规模养殖中仔畜费投入所占比重最大，达到了60.64%，散养养殖中仔畜费投入所占比重最小，为54.82%。

在饲料投入中，不同规模场的饲料投入所占比重差异不大，均在33%左右。

在人工成本投入中，随着养殖规模的扩大，平均每头肉牛的人工成本不断减少，其中散养户平均每头牛人工成本最多，占比达6.97%，大规模场人工成本投入最低，为2.31%。

医疗防疫费用在总成本投入中所占比重不大，并且不同养殖规模之间投入存在差异，说明不同规模养殖户在疫病防控方面存在差异。另外死亡损失费用散户最高，占总投入成本的1.42%，中规模养殖户所占的比重最低，为1.04%。

在燃料动力费和其他费用投入方面，燃料动力费所占的比重均在1%以下，差距不大，其他费用（保险、维修费、材料费）随着养殖规模增大呈现不断减少的趋势（表8-11）。

表8-11 不同肉牛养殖规模各成本项目占总成本的比例

单位：%

养殖规模	散养	小规模	中规模	大规模
仔畜费	54.82	59.77	60.64	59.66
精粗饲料费用	33.66	32.57	33.31	34.86
人工成本	6.97	3.84	2.77	2.31
医疗防疫费用	1.23	1.15	0.87	0.89
死亡损失费	1.42	1.11	1.04	1.13
燃料动力费	0.62	0.44	0.41	0.30
其他费用	1.27	1.12	0.96	0.85

数据来源：实地调研数据整理。

（三）肉牛养殖成本收益分析

1. 肉牛养殖收入要素的确认与计算

肉牛养殖收入包括主产品收入和副产品收入两部分。其中主产品收入是指销售活牛得到的收入。副产品是指肉牛牛粪出售获得的收入。通过实地调研了解到样本地区养殖户对产生的牛粪，主要是还田或者给予他人，很少售卖，因此只把主产品收入作为养殖户收入的唯一来源。

计算肉牛养殖成本需要三个指标：养殖成本、出栏活重、销售价格。

养殖成本：指在整个肉牛养殖过程中所投入的物质成本、人工成本的总和，它反映了肉牛养殖过程中的生产投入水平。

出栏活重：指在一个养殖周期，从肉牛补栏开始育肥到最终出栏销售时所得到的活牛的体重，单位为斤*，它体现了肉牛养殖过程中的产出效果。

销售价格：指肉牛养殖户在出售肉牛时的价格，由于每个养殖户销售肉牛的时间不一样，所获得的价格水平也不一样，因此肉牛的销售价格按照每个养殖户出售肉牛的平均价格计算。

肉牛养殖总收入用公式表示为：养殖总收入＝出栏活重×平均销售价格。

2. 不同规模肉牛养殖成本收益分析

基于调研数据分析，不同规模肉牛养殖户利润之间存在较大差异，首先，散养虽然总投入成本在四种养殖规模养殖户中最低，但因其出栏时的平均每头牛活重较轻，并且价格在四种养殖规模中也较低，因此散养的养殖利润率最低，仅为 3.08%。小规模养殖场的活牛出售价格是几种养殖规模中最高的，达到了 17.67 元/斤，但利润率却只有 5.40%，主要是由于出栏时肉牛活重不高，造成总体收益偏低。中规模养殖户的利润最高，达到了 1 506.14 元/头，是利润最小散养户的 2.4 倍，主要是由于其出栏活重较高。大规模养殖场平均每头牛的出栏活重最大，但是收益不是最高，主要是由于成本投入高于其他规模养殖户。综上而言，平均每头牛利润与养殖规模大小呈现出倒 V 形的变化趋势，即随着规模增大，每头牛养殖利润不断增加，中规模时利润达到最大值 1 506.14 元/头，然后大规模时呈现出下降趋势（表 8-12）。

表 8-12　不同规模肉牛养殖户每头牛的成本收益情况

单位：斤/头、元/斤、元、%

养殖规模	出栏活重	价格	总收入	成本	利润	利润率
散养	1 227.42	17.33	21 271.19	20 636.6	634.59	3.08
小规模	1 299.35	17.67	22 959.51	21 782.19	1 177.32	5.40
中规模	1 336.67	17.64	23 578.86	22 072.72	1 506.14	6.82
大规模	1 350.00	17.43	23 530.50	22 553.67	976.83	4.33

数据来源：实地调研数据整理。

3. 不同规模肉牛养殖利润水平比较分析

散养户的平均利润为 634.59 元/头，调研中平均每头牛的最低利润为－2 418.27 元，最高利润为 3 808.00 元，样本标准差为 1 381.11。小规模

* 斤为非法定计量单位，1 斤＝0.5 千克。

养殖户的平均利润为 1 177.32 元/头，调研的平均每头牛的最低利润为 -2 375.38 元，最高利润为 3 426.22 元，样本标准差为 1 323.31。中规模养殖户的平均利润为 1 506.14 元/头，调研的平均最低利润为 -802.54 元/头，最高利润为 3 245.61 元/头，样本标准差为 1 318.68。大规模养殖户平均利润为 976.83 元/头，每头牛的最低利润为 -971.14 元，最高利润为 2 951.16 元，该规模养殖户样本标准差为 1 192.26。

变异系数反映的是样本之间的变动程度，变异系数越大说明样本之间值的波动越大。通过对变异系数的观察，发现四种规模中中等规模养殖户平均每头牛的利润额波动最小，散养养殖户的利润额波动最大（表 8 - 13）。

表 8 - 13　不同规模肉牛养殖户利润水平

单位：元/头

养殖规模	平均利润	最小值	最大值	标准差	变异系数
散养	634.59	-2 418.27	3 808.00	1 381.11	2.18
小规模	1 177.32	-2 375.38	3 426.22	1 323.31	1.12
中规模	1 506.14	-802.54	3 245.61	1 318.68	0.88
大规模	976.83	-971.14	2 951.16	1 192.26	1.22

数据来源：实地调研数据整理。

（四）肉牛养殖盈亏平衡分析

1. 盈亏平衡点计算

盈亏平衡点又称收益转折点、保本点，在肉牛养殖成本分析中是指当投入成本与出售获得总收入相等时，根据具体需要分析出达到盈亏平衡时的肉牛重量或者出售价格。肉牛养殖成本项目中，将其他费用（保险费、固定资产折旧、维修费等）划归为固定成本，将仔畜、饲料、死亡损失、疫病防控、燃料动力、人工成本划归为变动成本。在实际运营过程中，由于各养殖户经营目的不同，因此研究对象定为盈利目标。另外，盈亏平衡的计算需要一个稳定的周期，为了保证分析的有效性，在这个稳定周期内所需要数据不会受到市场与其他因素影响。

前文将肉牛养殖规模划分为散养、小规模、中规模、大规模，饲养量分别为 1~50 头、51~100 头、101~200 头和 200 头以上。在实地调研的基础上，本专题涉及变量均是调研数据计算出的平均值。由于散养户与小规模养殖户的成本收益情况差距不大，将该两种规模统称为小规模养殖。将相关调研数据进行整理得出成本对比表如表 8 - 14 所示。

表 8 - 14　不同养殖规模成本对比表

单位：元/头

成本项目	小规模	中规模	大规模
总变动成本	21 242.89	21 802.99	22 261.92
仔畜费用	12 166.81	13 327.47	13 355.01
精粗饲料费用	7 230.56	7 351.72	7 863.13
疫病防控费用	266.27	191.44	200.74
死亡损失费	285.47	229.15	255.25
燃料动力费	121.80	91.04	67.27
人工成本	1 171.98	612.17	520.52
总固定成本	261.79	212.08	191.76
其他费用	261.79	212.08	191.76

数据来源：实地调研数据整理。

　　根据成本收益理论，当肉牛养殖处于盈亏平衡点时，肉牛养殖成本总投入与肉牛出栏总收入相等，此时利润率等于零。本专题是分析出栏一头牛的盈亏平衡点，因此各个规模出栏量均等于1，此时肉牛市场销售单价和出栏重量计算公式分别为：市场销售价格＝总成本÷（出栏重量×出栏数量）；肉牛出栏重量＝总成本÷（市场销售价格×出栏数量）。

　　根据调研数据，分别计算出盈亏平衡状态下的销售价格与出栏活重如下：

　　（1）不同规模平均每头肉牛的盈亏平衡价格

　　小规模肉牛养殖户平均每头牛的总成本为 21 504.68 元，肉牛出栏的平均重量为 1 283.39 斤，出栏数量为 1 时，代入上述公式，当其处于盈亏平衡状态时，肉牛出栏单价为 16.76 元/斤，即小规模肉牛养殖户出售肉牛的价格大于 16.76 元/斤时，才能处于盈利状态。中规模肉牛养殖户平均每头牛的总成本为 22 058.64 元，肉牛出栏的平均重量为 1 336.67 斤，出栏数量为 1 时，带入上述公式，可计算出盈亏平衡价格为 16.48 元/斤，即中规模肉牛养殖户肉牛出售时价格需不低于 16.48 元/斤，否则会亏本。最后大规模肉牛户平均每头肉牛总成本为 22 553.67 元，出栏平均活重为 1 350 斤，代入公式，计算得出盈亏平衡价格为 16.71 元，结果表明，当该规模肉牛出售时价格低于 16.71 元/斤时，将处于亏损状态（表 8 - 15）。

　　（2）不同规模肉牛的盈亏平衡活重

　　小规模肉牛养殖户平均每头牛的总成本为 21 504.68 元，肉牛平均出栏价格为 17.64 元/斤，当出栏为 1 头时，得出其处于盈亏平衡状态时的出栏重量。

表明小规模肉牛养殖户处于盈亏平衡时的出栏活重为 1 218.09 斤，即当肉牛出栏时体重达到 1 218.09 斤以上，小规模养殖户才有可能处于盈利状态，否则会亏本。中规模养殖户的平均每头牛的总成本为 22 058.64 元，肉牛平均出栏价格为 17.64 元/斤，盈亏平衡出栏重为 1 250.49 斤。大规模肉牛养殖户平均每头肉牛的总成本为 22 553.67 元，出栏平均价格为 17.43 元/斤，盈亏平衡重量为 1 293.96 斤，表明该规模肉牛养殖户肉牛出栏时重量大于 1 293.96斤时，将处于盈利状态。

根据以上对不同规模肉牛养殖户单位肉牛盈亏平衡价格和出栏活重分析结果，现将其整理为表 8 - 15。

表 8 - 15　不同规模肉牛的盈亏平衡价格和出栏重量

单位：元/斤、斤/头

项目	小规模	中规模	大规模
盈亏平衡价格	16.76	16.48	16.71
盈亏平衡出栏活重	1 218.09	1 250.49	1 293.96

通过分析可以看出，在一定范围内盈亏平衡的出栏活重会随着肉牛养殖规模的扩大而增大，即养殖规模越大，不同规模养殖户达到盈亏平衡状态时所需要的出栏重量就越重。小规模的盈亏平衡价格达到了 16.76 元/斤，中规模的盈亏平衡价格为 16.48 元/斤。说明在一定范围内增加肉牛饲养数量对于提升养殖户的经济效益具有重要作用。

2. 盈亏平衡灵敏度分析

在实际情况中，各个养殖户成本收入状况与前述静态盈亏模型不尽一致，有些养殖户会根据实际的生产能力，不断地提高技术水平，在相同周期内，使得肉牛增肥更快，并且出栏重量更高。另外肉牛出栏价格也会随着供需情况变化而变化，这些变化必然会引起经营者净收益、盈亏平衡点等指标的变化，因此，养殖户需要密切注意市场动向，并据此作出相应决策。

（1）肉牛出栏活重变动

如果各规模的养殖户根据目前的生产能力不断提升养殖技术，更加注重肉牛科学喂养，选用或者培育更好的肉牛品种，根据肉牛不同生长阶段合理搭配精粗饲料比例，增加架子牛食欲并适当减少其活动量，会使得肉牛日增重量增加，出栏活重变大。如果养殖户依然采用粗放的喂养方式，也不注重肉牛品种的优劣，并且对肉牛管理不到位，会导致养殖周期延长和出栏重量下降。在成本固定不变的条件下，在目前各规模肉牛出栏重量的基础上分别向上和向下均变动 5% 和 10%，计算出肉牛出栏活重变动情况（表 8 - 16）。

表 8 - 16 出栏肉牛变化后的各规模肉牛出栏活重

单位：斤/头

出栏肉牛重量变化	小规模肉牛出栏活重	中规模肉牛出栏活重	大规模肉牛出栏活重
−5%	1 219.22	1 269.84	1 282.50
−10%	1 155.05	1 203.00	1 215.00
5%	1 347.56	1 403.50	1 417.50
10%	1 411.73	1 470.34	1 485.00

盈亏平衡点价格与肉牛的出栏活重的变化方向相反，即盈亏平衡价格随着肉牛出栏活重的增长而减小，平衡价格越小表明养殖经营安全程度越高，养殖户获得经济效益能力也会增强，由此可知，不同规模经营者应在变动成本与固定成本保持不变的基础上，不断提升养殖技术，致力于提升肉牛日增重速度与出栏活重，逐渐降低盈亏平衡价格，使得养殖户抗风险能力不断增强（表 8 - 17）。

表 8 - 17 肉牛出栏重量变动时各规模盈亏平衡价格变化情况

单位：元/斤

出栏肉牛重量变化	小规模盈亏平衡价格	中规模盈亏平衡价格	大规模盈亏平衡价格
−5%	17.64	17.34	17.51
−10%	18.62	18.30	18.48
5%	15.96	15.69	15.84
10%	15.23	14.97	15.12

（2）销售价格的变动

随着肉牛养殖户数量的不断增加，肉牛市场竞争日益加剧，肉牛出栏量也在不断波动，尤其近两年受疫情、国际环境等多方面影响，使得肉牛销售价格不断上涨，变化趋势比较明显。因此，对不同规模养殖户的肉牛销售价格进行调整，在出售的平均价格基础上分别向上和向下均变动5%和10%，可以看出盈亏平衡出栏活重的变化趋势（表 8 - 18），小规模养殖户肉牛销售价格在15.88～19.40 元/斤，中规模价格在 15.88～19.40 元/斤，大规模价格在15.69～19.17 元/斤。另外，在变动成本保持不变的条件下，分别计算出各规模肉牛养殖户的盈亏平衡出栏活重如表 8 - 19 所示。

不同规模肉牛养殖户的盈亏平衡出栏活重与出栏销售价格的变化趋势相反，肉牛出栏盈亏平衡活重随着出栏价格的上涨而下降。从具体数值上看，肉牛出栏价格对肉牛养殖户经济效益的影响最为明显，所以，广大养殖户要根据市场行情变化，充分运用市场信息来调节生产状况，以实现最大经济效益。

表 8 - 18　销售价格变动后各规模肉牛销售价格情况

单位：元/斤

销售价格变化	小规模	中规模	大规模
−5%	16.76	16.76	16.56
−10%	15.88	15.88	15.69
5%	18.52	18.52	18.30
10%	19.40	19.40	19.17

表 8 - 19　销售价格变动时各养殖规模盈亏平衡情况

单位：斤/头

销售价格变化	小规模出栏活重	中规模出栏活重	大规模出栏活重
−5%	1 283.10	1 313.71	1 356.02
−10%	1 354.20	1 386.69	1 431.36
5%	1 161.16	1 188.59	1 226.88
10%	1 108.49	1 134.56	1 171.11

根据以上计算结果，不同因素对各规模肉牛养殖盈亏平衡点的影响水平有着明显的差异。上述计算结果均是在不同规模养殖户变动成本和固定成本保持不变基础上进行分析的，但在实际经营过程中肉牛养殖投入成本受到多方面因素的影响，养殖户需结合自身状况，在综合考虑其他影响因素的前提下计算出与自己实际情况相符的盈亏平衡点，并且要根据市场的变化规律，充分利用市场信息，优化养殖生产流程，力争实现养殖利润最大化。

三、承德市肉牛养殖经济效益影响因素分析

本部分以养殖户出栏每头牛的利润与利润率为研究对象，考虑从牛犊育肥到肉牛出栏销售的整个过程，确定影响利润与利润率水平的主要因素。

（一）影响因素及假说

养殖户经济效益除了受到投入饲料、仔畜等费用高低的影响外，还有许多其他现实因素会对其造成影响。基于文献研究结果和实地调研，确定的影响因素如下。

1. 养殖户个体特征

主要包括年龄、文化程度、养殖经验三个部分，不同特征的养殖户在决策、管理方式等方面存在着明显差别。一般而言，年龄较大与年龄较小的养殖

户相比会投入更多时间和精力。文化程度高的养殖户会更加容易接受和学习一些关于肉牛养殖方面的知识，来解决养殖过程中所遇到的困难，从而达到更好的养殖效果。养殖经验越丰富的养殖户，在处理养殖过程中出现的问题时，会更加依靠自身积累的实践经验，因此越是有经验的养殖户获得的利润可能越高。基于以上分析，提出原假设：年龄、文化程度、养殖经验对经济效益具有正向影响。

2. 养殖规模

养殖规模越大，不但能使得养殖户具有规模优势，还能使得管理更加标准化。首先，在饲料、架子牛采购方面，大规模养殖户具有一定的规模优势，对降低饲料成本具有积极作用。其次，养殖规模体现了养殖户对市场的供给能力，供给能力又在一定程度上能够决定养殖户的议价话语权，从而能够直接和间接地影响养殖户的养殖收益。基于以上分析，提出原假设：肉牛养殖规模对经济效益具有正向影响。

3. 市场因素

市场因素包括销售方式和销售价格，调研显示样本地区两种销售方式差距很小，主要以牛贩上门收购或者市场上售卖的方式出售育肥牛，但是销售价格差距比较大，因此将肉牛平均销售价格作为影响因素进行分析，销售价格越高，单位肉牛出栏总收入越高，养殖效益也就越好。基于以上分析，提出原假设：销售价格对经济效益具有正向影响。

4. 组织因素

调研发现肉牛养殖户组织方式主要分为两种："合作社＋农户"与独立经营，养殖户是否参加合作社会对肉牛养殖经济效益产生一定影响。肉牛养殖合作社可以为合作社成员供应饲料，提供肉牛养殖技术指导，帮助销售肉牛，解决养殖户肉牛养殖过程中遇到的诸多问题。因此，提出原假设：加入合作社对经济效益具有正向影响。

5. 养殖周期

养殖周期决定了肉牛养殖饲料投入的多少，是区分短期育肥与中长期育肥的重要指标。如果养殖周期较长，那么会使得养殖成本升高，并且养殖的代际更新速度慢。因此提出原假设：养殖周期对经济效益具有负向影响。

6. 政府支持

政府为了激发养殖户养牛积极性，对达到一定饲养数量的养殖户，给予一定资金或者政策性方面的支持。如果享受到政府补贴，养殖户成本会降低，利润率也会增加。因此，提出原假设：政府支持对经济效益具有正向影响。

7. 培训次数

肉牛养殖技术培训主要是针对肉牛养殖防疫知识和管理等方面的培训。学习科学的防疫知识和管理技术对提升肉牛养殖收益非常重要。因此提出原假设：培训次数对经济效益具有正向影响。

8. 牛犊来源

实地调研显示，在肉牛养殖总成本投入中仔畜费用所占的比重最高，自繁自育与外购仔畜相比成本可以降低 2 000～3 000 元/头。因此提出原假设：牛犊自繁对经济效益具有正向影响。

9. 自家劳动力数量

自家劳动力在肉牛养殖过程中会比雇佣工人成本低、更有责任心。因此提出原假设：自家劳动力数量对经济效益具有正向影响。

10. 饲料种植面积

养殖户经营的耕地规模越大，为肉牛养殖提供的饲料资源就越多，饲料投入成本也就越低，单位肉牛养殖成本投入也就越低。因此提出原假设：饲料种植面积对经济效益具有正向影响。

11. 消毒周期

肉牛养殖圈舍定期消毒能有效降低养殖环境中的病原微生物含量，大大降低肉牛传染病发病率和死亡率，是提高养殖水平和经济效益的重要方法。因此提出原假设：消毒周期对经济效益具有负向影响。

12. 肉牛月平均增重

在一个肉牛养殖周期中，如果肉牛增重量较大，那么其出售时活重较高，利润也就越高。因此提出原假设：月平均增重会对养殖利润产生正向影响。

13. 肉牛死亡率

在肉牛养殖过程中由于疫病、管理不当等原因会或多或少的造成肉牛死亡的现象，由于近些年来活牛的格越来越高，死亡一头 1 000 多斤育肥牛保险赔付以后还要损失将近 10 000 元，因此死亡率高低对养殖经济效益有重要影响。因此提出原假设：肉牛死亡率对经济效益具有负向的影响。

（二）模型选择及变量说明

1. 模型选择

肉牛养殖经济效益可以用利润以及利润率来表示，因此，选择平均每头肉牛利润（Y_1）、平均每头肉牛利润率（Y_2）作为因变量，以上述 15 个有可能影响经济效益的因素作为自变量，建立回归模型，分析肉牛养殖经济效益与各影响因素指标之间的关系。具体模型如下：

$$Y_1 = \alpha_0 + \sum_{i=1}^{n} \alpha_i X_i \qquad (8-1)$$

$$Y_2 = \beta_0 + \sum_{i=1}^{n} \beta_i X_i \tag{8-2}$$

其中，Y_1、Y_2 分别为平均每头肉牛利润、平均每头肉牛利润率。X_1 到 X_{15} 为影响因素指标，α_0 和 β_0 为常数项。

2. 变量说明

模型中被解释变量为每头肉牛利润率（Y_1）、每头肉牛成本利润率（Y_2）。解释变量一共包括 15 项，分别为年龄（X_1）、文化程度（X_2）、养殖经验（X_3）、养殖规模（X_4）、销售价格（X_5）、是否加入合作社（X_6）、养殖周期（X_7）、是否得到政府支持（X_8）、培训次数（X_9）、牛犊来源（X_{10}）、自家劳动力数量（X_{11}）、饲料种植面积（X_{12}）、消毒周期（X_{13}）、月平均增重（X_{14}）、死亡率（X_{15}）。

年龄（X_1）为数量变量，以用户的实际年龄来表示，单位为岁。

文化程度（X_2）为定性变量，有四个取值分别为：$X_2=1$，小学及以下；$X_2=2$，初中学历；$X_2=3$，高中及中专学历，$X_2=4$，大专及以上学历。

养殖经验（X_3）为数量变量，以养殖户实际从事肉牛养殖业的年数来表示，单位为年。

养殖规模（X_4）为数量变量，以平均年存栏量的多少来表示养殖户养殖规模的大小，单位为头。

销售价格（X_5）为数量变量，以养殖户出售肉牛的平均价格来表示，单位为元/斤。

是否加入合作社（X_6）为定性变量，有两个取值分别为：$X_6=0$ 没有加入合作社，$X_6=1$ 加入合作社。

养殖周期（X_7）为数量变量，以养殖户平均出栏的肉牛的养殖时间来表示，单位为月。

政府支持（X_8）为定性变量，有两个取值分别为：$X_8=0$ 没有得到政府的支持，$X_8=1$ 得到了政府的支持。

培训次数（X_9）为数量变量，以养殖户接受关于养殖牛技术的培训次数来表示，单位为次。

牛犊来源（X_{10}）为定性变量，有三个取值分别为：$X_{10}=1$ 完全外购，$X_{10}=2$ 部分外购部分自繁，$X_{10}=3$ 完全自繁。

自家劳动力数量（X_{11}）为数量变量，以自家人参与自己家养殖肉牛的劳动力的人数来表示，单位为人。

饲料种植面积（X_{12}）为数量变量，以自家种植肉牛养殖需要的农作物的规模来表示，单位为亩。

消毒周期（X_{13}）为数量变量，以养殖户家牛舍消毒平均间隔时间来表示，单位为天。

月平均增重（X_{14}）为数量变量，以养殖户自家肉牛从进栏育肥到出栏增重的总量除以养殖周期得到的数值来表示，单位为斤/月。

死亡率（X_{15}）为数量变量，以养殖户每年死亡的肉牛数量与年出栏量的比值来表示，单位为％。

（三）变量的描述性分析

本部分数据是基于承德市肉牛养殖户实地调研的 110 户有效问卷整理所得，数据真实、准确，基本上满足模型分析需要。通过软件整理（表 8 - 20），可以看出平均每头牛的利润以及利润率分别为 1 060.49 元和 5.85％。养殖户平均年龄为 51.53 岁，养殖经验平均值在 15 年，说明养殖经营经验较丰富，将近 50％的养殖户接受过政府的支持。养殖户学历大部分集中在初中和小学及以下，说明养殖户学历水平偏低。

表 8 - 20　描述统计结果

项目	平均值	标准偏差	个案数
Y_1 每头肉牛利润	1 060.488 159	1 319.012 207	110
Y_2 每头肉牛利润率	5.85％	8.31％	110
X_1 年龄	51.53	8.961	110
X_2 文化程度	1.91	0.749	110
X_3 养殖经验	15.08	7.249	110
X_4 养殖规模	153.08	267.727	110
X_5 销售价格	17.633 5	1.909 98	110
X_6 是否加入合作社	0.36	0.483	110
X_7 养殖周期	10.264	3.380 8	110
X_8 政府支持	0.49	0.502	110
X_9 培训经历	4.29	3.009	110
X_{10} 牛犊来源	1.68	0.649	110
X_{11} 自家劳动力数量	2.10	0.801	110
X_{12} 饲料种植面积	83.85	197.39	110
X_{13} 消毒周期	28.47	17.243	110
X_{14} 月平均增重	77.09	12.10	110
X_{15} 死亡率	6.24％	5.93％	110

（四）模型检验及结果分析

如果运用多元线性回归模型对解释变量与被解释变量进行分析，很容易就能得到结果，由于解释变量较多，极有可能存在共线性问题，但是该模型没有考虑到解释变量之间可能存在的共线性问题，因此用多元线性回归模型所得到结果的解释力度就会受到影响。为了消除自变量之间的共线性，选择使用逐步回归的方法。

1. 利润与影响因素的回归结果及分析

把平均每头肉牛利润（Y_1）与 15 个影响因素数据输入 SPSS 计量统计软件，对被解释变量与各解释变量进行逐步回归分析，得到以下统计结果（表 8-21）：

表 8-21 利润与各影响因素的回归结果

模型		未标准化系数		标准化系数	t	显著性
		B	标准错误	$Beta$		
1	（常量）	−125.425	171.354		−0.732	0.466
	X_9 培训次数	276.378***	32.746	0.630	8.440	0.000
2	（常量）	−1 040.173***	202.384		−5.140	0.000
	X_9 培训次数	205.713 8***	29.882	0.469	6.884	0.000
	X_3 养殖经验	80.757***	12.402	0.444	6.512	0.000
3	（常量）	−1 604.298***	247.147		−6.491	0.000
	X_9 培训次数	182.717***	29.026	0.417	6.295	0.000
	X_3 养殖经验	73.052***	11.946	0.401	6.115	0.000
	X_2 文化程度	408.048	112.722	0.232	3.620	0.000
4	（常量）	−1 235.124***	262.882		−4.698	0.000
	X_9 培训次数	168.270***	28.168	0.384	5.974	0.000
	X_3 养殖经验	69.114***	11.511	0.380	6.004	0.000
	X_2 文化程度	417.505***	108.045	0.237	3.864	0.000
	X_{15} 死亡率	−42.611***	13.175	−0.192	−3.234	0.002
5	（常量）	−2 512.992***	471.732		−5.327	0.000
	X_9 培训次数	141.470***	28.267	0.323	5.005	0.000
	X_3 养殖经验	71.092***	11.051	0.391	6.433	0.000
	X_2 文化程度	392.303***	103.869	0.223	3.777	0.000
	X_{15} 死亡率	−44.713***	12.646	−0.201	−3.536	0.001
	X_1 年龄	27.641***	8.626	0.188	3.204	0.002

（续）

模型		未标准化系数		标准化系数	t	显著性
		B	标准错误	$Beta$		
6	（常量）	$-2\,810.417^{***}$	482.321		-5.827	0.000
	X_9 培训次数	127.299^{***}	28.485	0.290	4.469	0.000
	X_3 养殖经验	69.659^{***}	10.870	0.383	6.408	0.000
	X_2 文化程度	398.277^{***}	102.018	0.226	3.904	0.000
	X_{15} 死亡率	-38.727^{***}	12.709	-0.174	-3.047	0.003
	X_1 年龄	25.327^{***}	8.534	0.172	2.968	0.004
	X_{10} 牛犊来源	267.743^{**}	121.154	0.132	2.21	0.029
7	（常量）	$-2\,336.998^{***}$	529.573		-4.413	0.000
	X_9 培训次数	119.633^{***}	28.319	0.273	4.224	0.000
	X_3 养殖经验	67.380^{***}	10.769	0.370	6.257	0.000
	X_2 文化程度	384.554^{***}	100.743	0.218	3.817	0.000
	X_{15} 死亡率	-37.334^{***}	12.540	-0.168	-2.977	0.004
	X_1 年龄	23.355^{***}	8.464	0.159	2.759	0.007
	X_{10} 牛犊来源	247.148^{**}	119.802	0.122	2.063	0.042
	X_{11} 消毒周期	-8.863^{**}	4.375	-0.116	-2.026	0.045

在估计中使用逐步回归的方法，最终被保留的变量为 X_9 培训次数、X_3 养殖经验、X_2 文化程度、X_{15} 死亡率、X_1 年龄、X_{10} 牛犊来源、X_{11} 消毒周期。变量参数的 t 检验统计量分别为 4.224、6.257、3.817、-2.977、2.759、2.063、-2.026，其伴随的概率分别为 0.000、0.000、0.000、0.004、0.007、0.042、0.045，模型参数估计结果在 1% 和 5% 显著性水平下显著成立，t 检验通过。

该模型的可决系数 R^2 为 0.708，调整后的可决系数 R^2 为 0.688，可能是由于上述模型并没有找出影响肉牛养殖利润的全部因素。对于截面数据而言，R^2 值取到 0.4~0.6 的范围内已经较优，因此该模型具有一定的拟合度，对原有的信息有提取，能够较为准确地反映各个影响因素之间的关系。另外，根据德宾—沃森结果为 1.997，一般认为 DW 值在 2 左右则不存在自相关，因此，可以断定模型结果不存在异方差现象，模型整体回归性质较为良好（表 8-22）。

模型 F 检验统计量为 39.396，其概率为 0.000，在 1% 显著性水平下显著成立，因此证明因变量与自变量之间的线性关系在 1% 水平下显著成立（表 8-23）。

表 8-22　模型汇总和可决系数

模型	R	R^2	调整后 R^2	德宾-沃森
1	0.630a	0.397	0.392	
2	0.754b	0.568	0.560	
3	0.785c	0.616	0.605	
4	0.807d	0.651	0.637	
5	0.826e	0.682	0.667	
6	0.835f	0.697	0.679	
7	0.842g	0.708	0.688	1.997

表 8-23　模型方差分析和 F 检验

模型		平方和	自由度	均方	F	显著性
1	回归	75 368 186.48	1	75 368 186.48	71.233	0.000b
	残差	114 269 272.7	108	1 058 048.821		
	总计	189 637 459.2	109			
2	回归	107 799 241.1	2	53 899 620.55	70.471	0.000c
	残差	81 838 218.07	107	764 843.16		
	总计	189 637 459.2	109			
3	回归	116 803 304.2	3	38 934 434.72	56.664	0.000d
	残差	72 834 155.02	106	687 114.67		
	总计	189 637 459.2	109			
4	回归	123 401 624.9	4	30 850 406.22	48.905	0.000e
	残差	66 235 834.31	105	630 817.47		
	总计	189 637 459.2	109			
5	回归	129 353 613.6	5	25 870 722.72	44.631	0.000f
	残差	60 283 845.56	104	579 652.361		
	总计	189 637 459.2	109			
6	回归	132 082 610	6	22 013 768.34	39.396	0.000g
	残差	57 554 849.14	103	558 784.943		
	总计	189 637 459.2	109			
7	回归	134 308 503.0	7	19 186 929	35.371	0.000h
	残差	55 328 956.19	102	542 440.747		
	总计	189 637 459.2	109			

通过分析发现，解释变量 X_9 培训次数、X_3 养殖经验、X_2 文化程度、X_{15} 死亡率、X_1 年龄、X_{10} 牛犊来源、X_{11} 消毒周期的 VIF 值分别为 1.459、1.225、1.143、1.112、1.156、1.214 和 1.144，均小于参考值 5。表明 7 个自变量之间不存在多重共线性关系（表 8 - 24）。

表 8 - 24　共线性统计

变量	1/VIF	VIF
X_9 培训次数	0.685	1.459
X_3 养殖经验	0.817	1.225
X_2 文化程度	0.875	1.143
X_{15} 死亡率	0.899	1.112
X_1 年龄	0.865	1.156
X_{10} 牛犊来源	0.824	1.214
X_{11} 消毒周期	0.874	1.144

综上所述，在解释变量中有 7 个变量进入模型，其余解释变量不显著被剔除，反映了 X_9 培训次数、X_3 养殖经验、X_2 文化程度、X_{15} 死亡率、X_1 年龄、X_{10} 牛犊来源、X_{11} 消毒周期是影响肉牛养殖经济效益的主要因素。另外模型回归分析的 F 检验统计量在 1‰ 显著性水平下成立，说明模型形式正确，估计意义显著。因此最佳的回归方程可表示为：

$$Y_1 = -2\,336.998 + 119.633X_9 + 67.38X_3 + 384.554X_2$$
$$-37.334X_{15} + 23.355X_1 + 247.148X_{10} - 8.863X_{11} \qquad (8-3)$$

根据上述的回归结果，将影响养殖户利润率的主要因素及其显著性归纳如下：

首先从培训次数方面看，其回归系数为正值，反映了技术培训对肉牛养殖经济效益具有正向的作用。从显著性结果上看，参数估计结果在 1‰ 显著水平下成立，因此培训次数对经济效益具有正向影响的假设成立。从逐步回归的方程中可以看出，在其他条件不变的前提下，养殖户接受技术培训的次数每增加一次，平均每头肉牛养殖利润将增加 119.633 元。

从个人特征中的养殖经验看，其回归系数为正值，说明养殖经验对肉牛养殖经济效益具有正向作用。参数估计结果在 1‰ 显著性水平下显著成立，说明这种正向影响作用是显著的，因此养殖经验对经济效益具有正向影响的假设成立。从逐步回归方程中可以看出，在其他条件不变的前提下，养殖户的养殖经验每增加一年，平均每头肉牛的利润将增加 67.38 元。

从个人特征中的文化程度方面看，其回归系数为正值，说明养殖户文化程度对肉牛养殖的经济效益具有正向的作用。参数估计结果在1%显著性水平下成立，说明这种正向的作用是显著的，因此养殖户文化程度对肉牛养殖经济效益具有正向影响的假设成立。

从死亡率方面看，其回归系数为负值，说明肉牛养殖死亡率对肉牛养殖的经济效益具有负向的作用。参数估计结果在1%显著性水平下成立，说明这种负向作用是显著的，因此死亡率对于肉牛养殖经济效益具有负向影响的假设成立。从逐步回归方程中可以观察出，在其他条件不变的前提下，死亡率每增加1%，平均每头肉牛的利润将减少37.334元。

从个人特征中的养殖户年龄方面看，其回归系数为正值，说明养殖户年龄对肉牛养殖经济效益具有正向的作用。参数估计结果在1%显著性水平下成立，说明这种负向作用是显著的，因此养殖户年龄对于肉牛养殖经济效益具有正向影响的假设成立。逐步回归结果显示，养殖户年龄每增加一年，平均每头肉牛的利润将增加23.355元。

从牛犊来源方面看，其回归系数为正值，并且其参数在1%显著性水平下成立，说明牛犊来源对于肉牛养殖的经济效益的影响显著，因此证明了牛犊来源对于肉牛养殖经济效益具有正向影响的假设成立。可能的原因是，外购仔畜的费用大约占肉牛养殖总成本的60%~70%，通过自己繁育，每头牛的成本要节约3 000~5 000元，会使得获得更大的利润。

从消毒周期方面看，其回归系数为负值，说明消毒周期对肉牛养殖利润具有负向的作用，并且其参数在1%显著性水平下成立，说明消毒周期对于肉牛养殖的经济效益的影响显著，因此证明了消毒周期对于肉牛养殖经济效益具有负向影响的假设成立。另外根据回归方程结果显示，消毒周期每增加一天，每头牛的利润将减少8.863元。

2. 利润率与影响因素的回归结果及分析

首先把平均每头肉牛的利润率（Y_2）与15个影响因素数据输入SPSS计量统计软件，对被解释变量与各解释变量进行逐步回归分析，得到以下统计结果（表8-25）。

表8-25　利润率与各影响因素的回归结果

模型		未标准化系数		标准化系数	t	显著性
		B	标准误差	$Beta$		
1	α_0（常量）	-3.760***	1.533		-2.452	0.016
	X_3 养殖经验	0.637***	0.092	0.556	6.950	0.000

（续）

模型		未标准化系数		标准化系数	t	显著性
		B	标准错误	$Beta$		
2	α_0（常量）	−10.604***	1.93		−5.494	0.000
	X_3 养殖经验	0.558***	0.084	0.487	6.634	0.000
	X_{10} 牛犊来源	4.78***	0.94	0.373	5.083	0.000
3	α_0（常量）	−10.713***	1.836		−5.834	0.000
	X_3 养殖经验	0.462***	0.085	0.403	5.459	0.000
	X_{10} 牛犊来源	3.806***	0.937	0.297	4.062	0.000
	X_9 培训次数	0.745***	0.213	0.27	3.496	0.001
4	α_0（常量）	−24.429***	5.246		−4.656	0.000
	X_3 养殖经验	0.459***	0.082	0.400	5.59	0.000
	X_{10} 牛犊来源	3.423***	0.919	0.267	3.724	0.000
	X_9 培训次数	0.754***	0.207	0.273	3.647	0.000
	X_5 销售价格	0.815***	0.293	0.187	2.779	0.006
5	α_0（常量）	−35.597***	6.496		−5.480	0.000
	X_3 养殖经验	0.471***	0.080	0.411	5.907	0.000
	X_{10} 牛犊来源	3.074***	0.900	0.240	3.416	0.001
	X_9 培训次数	0.595***	0.208	0.215	2.852	0.005
	X_5 销售价格	0.985***	0.291	0.226	3.385	0.001
	X_1 年龄	0.18***	0.065	0.194	2.766	0.007
6	α_0（常量）	−33.721***	6.464		−5.217	0.000
	X_3 养殖经验	0.457***	0.079	0.399	5.799	0.000
	X_{10} 牛犊来源	2.688***	0.907	0.210	2.965	0.004
	X_9 培训次数	0.549***	0.207	0.199	2.655	0.009
	X_5 销售价格	0.978***	0.287	0.225	3.412	0.001
	X_1 年龄	0.189***	0.064	0.204	2.951	0.004
	X_{15} 死亡率	−0.192**	0.094	−0.137	−2.044	0.044

通过使用逐步回归的方法，最终被保留的变量是 X_3 养殖经验、X_{10} 牛犊来源、X_9 培训次数、X_5 销售价格、X_1 年龄、X_{15} 死亡率。变量参数的 t 检验统计量分别为 5.799、2.965、2.655、3.412、2.951、−2.044，其伴随着概率分布分别为 0.000、0.004、0.009、0.001、0.004、0.044，参数估计结果在 5% 显著性水平下显著成立，t 检验通过。

模型的可决系数 R^2 用于回归方程中的拟合优度检验，衡量检验样本回归函数与实际观测点接近程度，取值范围为 $0\sim1$。R^2 越接近 1，证明样本线与实际观测点越接近，拟合优度越高。此外，R^2 的取值也会受自变量个数的影响。上述回归模型中的 R^2 为 0.584，调整后的可决系数 R^2 为 0.560，可能是由于上述模型并没有找出影响肉牛养殖利润率的全部因素。对于截面数据而言，R^2 值取到 $0.4\sim0.6$ 的范围内已经较优。另外，根据德宾-沃森结果为 1.928，一般认为 DW 值在 2 左右则不存在自相关，因此，根据 DW 值确定模型结构不存在异方差现象，模型回归结果较好（表 8-26）。

表 8-26 模型汇总和可决系数

模型	R	R^2	调整后 R^2	德宾-沃森
1	0.556a	0.309	0.303	
2	0.666b	0.443	0.433	
3	0.708c	0.501	0.487	
4	0.732d	0.535	0.517	
5	0.753e	0.567	0.546	
6	0.764f	0.584	0.560	1.928

该模型 F 检验的统计量为 27.237，其伴随概率为 0.000，在 1% 显著性水平下显著成立，证明因变量与自变量之间的线性关系在 1% 显著性水平下显著成立（表 8-27）。

表 8-27 模型方差分析和 F 检验

模型		平方和	均方	F	显著性
1	回归	2 327.175	2 327.175	48.303	0.000b
	残差	5 203.257	48.178		
	总计	7 530.433			
2	回归	3 339.079	1 669.539	42.621	0.000c
	残差	4 191.354	39.172		
	总计	7 530.433			
3	回归	3 772.441	1 257.48	35.469	0.000d
	残差	3 757.991	35.453		
	总计	7 530.433			
4	回归	4 029.951	1 007.488	30.22	0.000e
	残差	3 500.482	33.338		
	总计	7 530.433			

（续）

模型		平方和	均方	F	显著性
5	回归	4 269.746	853.949	27.237	0.000f
	残差	3 260.686	31.353		
	总计	7 530.433			
6	回归	4 396.802	732.8	24.087	0.000g
	残差	3 133.63	30.424		
	总计	7 530.433			

通过分析发现，解释变量 X_3 养殖经验、X_{10} 牛犊来源、X_9 培训次数、X_5 销售价格、X_1 年龄、X_{15} 死亡率的 VIF 值分别为 1.17、1.239、1.384、1.073、1.186、1.109，均小于参考值 5。表明 6 个自变量之间不存在多重共线性关系（表 8 - 28）。

表 8 - 28　共线性统计

变量	$1/VIF$	VIF
X_3 养殖经验	0.855	1.17
X_{10} 牛犊来源	0.807	1.239
X_9 培训次数	0.722	1.384
X_5 销售价格	0.932	1.073
X_1 年龄	0.843	1.186
X_{15} 死亡率	0.902	1.109

综上所述，在解释变量中有 6 个变量进入模型，其余解释变量不显著被剔除，反映了 X_3 养殖经验、X_{10} 牛犊来源、X_9 培训次数、X_5 销售价格、X_1 年龄、X_{15} 死亡率与肉牛养殖经济效益之间的关联最密切。另外模型回归分析的 F 检验统计量在 1% 显著性水平下成立，说明模型形式正确，估计意义显著。因此最佳的回归方程可表示为：

$$Y_2 = -33.721 + 0.457X_3 + 2.688X_{10} + 0.549X_9$$
$$+ 0.978X_5 + 0.189X_1 - 0.192X_{15} \tag{8-4}$$

根据上述的回归结果，将影响养殖户利润率的主要因素及其显著性归纳如下：

个人特征中的养殖经验回归系数为正值，表明养殖经验丰富的养殖户平均出栏每头肉牛获得的利润更高。从显著性检验结果来看，参数估计结果在 1% 显著性水平下成立，因此个人特征中的养殖经验对于经济效益具有正向影响作用的假设成立。从逐步回归的方程中可看出，养殖户每增加一年的养殖经验会使得养殖利润率增加 0.457%。

　　牛犊来源回归系数为正值，说明牛犊来源为自己繁育的会比那些外购牛犊的利润更高。从显著性结果上看，参数估计结果在 1% 显著性水平下成立，并且是正相关关系，因此牛犊来源对经济效益具有正向影响的假设成立。由此可见，牛犊来源于自己繁育对于提高肉牛养殖的经济效益有显著积极的影响。

　　培训次数回归系数为正值，反映了技术培训对肉牛养殖经济效益具有正向的作用。从显著性结果上看，参数估计结果在 1% 显著性水平下成立，因此培训次数对经济效益具有正向影响的假设成立。从逐步回归的方程中可以看出，在其他条件不变的前提下，养殖户接受技术培训的次数每增加一次，平均每头肉牛养殖利润率将增加 0.549%，表明随着培训次数的增加会使得养殖户的经济效益也不断提升。

　　销售价格回归系数为正值，说明养殖户肉牛平均销售价格水平对每头肉牛的经济效益有着显著的正向影响作用。从显著性检验结果来看，参数估计结果在 1% 显著性水平下成立，因此销售价格对经济效益具有正向影响的假设成立。另外从逐步回归的方程中可以看出，在其他条件不变的前提下，养殖户出售肉牛的平均价格每增加 1 元，其养殖利润率将增加 0.978%，表明随着平均出售价格的增加，会使得养殖户的经济效益也不断提高。

　　养殖户年龄回归系数为正值，说明年龄对于肉牛养殖经济效益有着正向的影响作用。从显著性检验结果上看，参数估计结果在 1% 显著性水平下成立，因此个人特征中养殖户年龄对经济效益具有正向影响的假设成立。从逐步回归的方程中观察到，养殖户年龄每增加一岁，平均每头牛的利润率将增加 0.189%，说明随着养殖户年龄的增加会使得肉牛养殖经济效益不断提升。

　　死亡率回归系数为负值，反映了肉牛养殖死亡率对于肉牛养殖的经济效益有着显著的负向影响作用。从显著性检验结果来看，参数估计结果在 1% 显著性水平下成立，因此肉牛死亡率对经济效益具有负向影响的假设成立。从逐步回归的方程中观察到，死亡率每增加 1%，平均每头牛的利润率将减少 0.192%，说明随着肉牛养殖死亡率的增加会使得经济效益不断降低。

四、研究结论与对策建议

（一）研究结论

　　选择了承德市隆化县、围场满族蒙古族自治县、平泉市三个地区为调查对象，基于 110 户肉牛养殖户的数据，对不同规模肉牛养殖户之间的成本构成、成本收益进行了比较分析，运用盈亏平衡分析法，结合调研数据对不同规模养殖户出栏一头肉牛的盈亏平衡价格和盈亏平衡出栏活重进行计算，并研究不同因素改变对于盈亏平衡点的内在影响关系，最后通过多元回归模型的建立筛选出影响养殖户肉牛养殖经济效益水平的主要影响因素，并且对各个主要影响因素的影响规律和程度进行了解释。

基于上述研究结果，将结论总结如下：

第一、不同规模养殖户之间的成本构成以及投入水平不同，反映了各个规模养殖方式的差异。另外，通过对投入成本的比较分析，发现不同规模肉牛养殖户之间在仔畜费用、饲料费用、人工费用等方面的成本投入存在一定的差异，不同规模的养殖户平均每头肉牛总成本投入的大小呈现出"大规模＞中规模＞小规模＞散养"的特点，但共同之处是仔畜费和精粗饲料费用两部分费用占总养殖成本的90%左右，疫病防治费用、死亡损失费等费用占比较小，因此，从成本方面提高养殖户经济效益应该重点从仔畜与精粗饲料方面着手。

第二、样本地区多数养殖户处于保本或者保持微利，还有个别养殖户处于亏损的状态。中规模养殖利润率最高达到了6.82%，其次是小规模、大规模的利润率分别为5.40%、4.33%，最后是散养养殖利润率最小，仅为3.08%。从养殖饲料投入方面来看，有效利用了自家生产的粮食以及饲草资源，对于降低饲料成本的投入具有一定的作用；从劳动力成本上看，充分利用了家庭剩余劳动力，增加了家庭收入；从养殖牛犊来源方面来看，对于优良品种的引进和养殖技术水平的提高有积极的促进作用。另外，肉牛散养户并不是养殖收益最大化的养殖规模，它在饲料成本、市场竞价能力方面不占优势，另外人工费用也存在着较高的时间成本和机会成本，并且散养模式的进入门槛较低，对于肉牛养殖业的发展以及牛肉品质的提升有着一定的限制作用。

第三、当处于盈亏平衡时，出栏的肉牛市场销售单价，小规模肉牛养殖户为16.76元/斤，中规模为16.48元/斤，大规模为16.71元/斤；小规模肉牛养殖户盈亏平衡出栏活重为1 218.09斤/头，中规模为1 250.49斤/头，大规模为1 293.96斤/头。盈亏平衡灵敏度分析结果表明，肉牛出栏活重增加以及出栏销售价格上涨均能使盈亏平衡点降低。

第四、肉牛养殖经济效益的影响因素多元线性回归结果表明：主要影响因素是养殖经验、牛犊来源、培训次数、销售价格、年龄及死亡率。

（二）促进肉牛养殖经济效益提升的对策建议

根据研究结论，从肉牛养殖户层面、行业层面和政府层面三个维度提出提高承德市肉牛养殖经济效益的可行性对策。

1. 养殖户层面

（1）坚持提升饲料利用率与开发饲草资源并举，减少养殖成本

一方面，养殖户要调整饲料配比结构，最大限度地利用玉米秸秆等饲料资源。另一方面应加强饲料资源开发、寻找可替代的原材料、实施农副产品饲喂等措施。要用好"粮改饲"政策，流转土地用于饲草饲料生产，保证肉牛饲草料资源能够持续稳定供给。

（2）加强自主学习和技术培训，不断提高肉牛养殖技术

一方面，养殖户要积极参加有关部门组织的肉牛科学养殖培训，接受科学的养殖技术知识。另一方面，养殖户也可以利用各种渠道不断学习养殖技术，比如关注一些微信公众号、抖音以及快手等自媒体上相关的肉牛养殖技术，把所学的肉牛养殖技术知识和实际操作结合起来，不断提高自身的经营管理能力，提高肉牛养殖抗风险能力。

（3）适时开展自繁自育，提高养殖经济效益

近年来，由于牛犊价格不断上涨，一些肉牛养殖户养殖效益受到了影响，所以需要养殖户根据自己的养殖规模和饲养水平进行适当自繁自育，以减少购买仔畜成本。要大力发展规模化、集约化、标准化养殖小区，加强防疫、养殖管理技术等方面的规范化生产，提高规模养殖户标准化养殖水平。努力改善肉牛养殖育肥喂养技术，缩短肉牛养殖周期，并且降低死亡率，不断提升肉牛养殖经济效益。

2. 行业层面

（1）加快肉牛养殖合作组织建设

推动肉牛养殖合作组织建设，既可以保护肉牛养殖户集体利益，又可以保证养殖户个人利益。鼓励肉牛养殖聚集地区建立肉牛养殖合作社，统一饲料购买、育肥牛销售、贷款等环节，减少因盲目生产而导致的生产过剩，以及因市场价格变动而带来的不利影响，减少养殖经营者在肉牛产业链上的被动性。

（2）鼓励走联合养殖的道路

规模较大的养殖场（企业）可以采取"企业＋基地＋农户"方式，不断提升对肉牛市场风险变动的抵抗性。发挥企业在技术指导、信息共享等方面的优势，不断加强联合体在肉牛市场中的影响力，实现共同发展进步。

3. 政府层面

（1）发挥政府引领作用，提升产业抗风险能力

一方面，政府要加大对基础生产设施的投资和补贴、健全良种补助体系，从根本上提高养殖经济效益。另一方面，有关部门也要拓宽融资渠道，根据各地具体情况，创新融资、信贷和保险政策，不断减轻经营者的经济压力。

（2）加强科研和技术推广，提高养殖水平

首先，肉牛品种改良和推广是提高经济效益的源头。其次，基层技术人员下乡对肉牛养殖户进行肉牛养殖技术的相关培训，积极帮助养殖户解决肉牛养殖过程中遇到的困难。

（3）推动规模化发展，进行适度规模养殖

根据中规模的肉牛养殖户平均每头牛利润水平最高的结论，应引导肉牛散养向规模化转变。特别在承德市偏远的山区要引导散养户适度扩大养殖规模。

参 考 文 献

高海秀，王明利，2018. 我国肉牛生产成本收益及国际竞争力研究［J］. 价格理论与实践（03）：75 - 78.

高延清，2020. 肉牛养殖经济效益差异及影响因素研究——以东北地区为例［D］. 长春：吉林农业大学.

胡向东，王明利，石自忠，等，2017. 我国肉牛养殖风险及影响因素分析［J］. 中国农业大学学报（02）：144 - 156.

黄建伟，张兆亮，2022. 农户行为理论分析框架下宅基地流转主体特征与影响因素的实证研究［J］. 农村经济（01）：39 - 51.

李晨曦，刘文明，2019. 中国肉牛养殖成本收益影响因素贡献率分析［J］. 家畜生态学报，40（03）：78 - 81.

李娜，王明利，石自忠，2016. 世界肉牛养殖成本收益与效率比较分析［J］. 中国畜牧杂志（22）：1 - 8，15.

刘京京，王军，2018. 肉牛养殖成本收益变动及其影响因素分析——以农牧区六大主产省（自治区）为例［J］. 黑龙江畜牧兽医（12）：29 - 33.

吕剑平，马亚飞，谢小飞，2022. 小农户参与现代农业行为的影响因素——基于甘肃 348 户农户调查分析［J］. 中国农业资源与区划，43（05）：218 - 228.

马晓萍，王明利，2021. 中国肉牛优势产区不同规模养殖成本效率变动趋势——基于 2013—2019 年的面板数据［J］. 湖南农业大学学报（社会科学版），22（06）：11 - 20.

马志雄，丁士军，2013. 基于农户理论的农户类型划分方法及其应用［J］. 中国农村经济（04）：28 - 38.

木其儿，杨苏日娜，宝希吉日，等，2021. 散养肉牛饲养成本收益及影响因素分析——以我国五大散养肉牛主产省（区）为例［J］. 畜牧与饲料科学，42（06）：92 - 102.

谭桂宁，胡健康，2017. 浅谈肉牛育肥技术提高养牛经济效益［J］. 中国畜牧杂志（14）：56 - 57.

王佳欢，2017. 肉牛养殖稳定发展的最小经济规模分析——基于机会成本视角［J］. 黑龙江畜牧兽医（18）：48 - 50.

王晶，肖海峰，2017. 中国草食畜牧业标准化规模养殖经济效益影响因素研究——基于微观调研数据的实证分析 [J]. 农业经济与管理（02）：62 - 70.

王巍，易军，等，2018. 四川省规模化肉牛场养殖规模调查分析 [J]. 黑龙江畜牧兽医（04）：57 - 61.

王转，2021. 农户肉牛托养模式及成本分析 [J]. 农业灾害研究，11（09）：143 - 144.

魏爱彬，2020. 唐山市丰南区肉牛养殖模式及效益分析 [J]. 北方牧业（16）：19 - 20.

许荣，肖海峰，2018. 中澳肉牛养殖成本收益比较及差异原因分析 [J]. 世界农业（04）：28 - 35.

杨雨芳，赵慧峰，2021. 2007—2018 年河北省散养肉牛养殖成本与收益分析 [J]. 黑龙江畜牧兽医（04）：14 - 17，21.

袁学英，颉茂华，2016. 基于成本收益理论视角下的公司盈余管理方法选择研究 [J]. 宏观经济研究（08）：84 - 96.

张旭华，屈红卫，昝林森，2018. 陕西肉牛养殖不同规模对养殖效益影响的调研分析 [J]. 中国牛业科学，44（03）：37 - 39.

专题九 廊坊市肉牛产业发展现状及对策研究

廊坊市虽然在河北省内各市的肉牛存栏量、牛肉产量排名中位置并不靠前，但由于其有优越的地理位置、悠久的养牛历史和先进的养殖技术、屠宰加工技术，使得廊坊市在保障本市以及京津地区牛肉供给，带动其他市肉牛产业发展中发挥了重要的作用。廊坊市肉牛养殖以短期育肥为主，肉牛规模养殖比例与产业化发展程度明显优于河北省其他地区。原因是：廊坊市地处温带，适宜饲草饲料作物的生长和肉牛育肥；回族人口较多，回民习惯养牛、吃牛肉，所以该地区肉牛产业起步较早；区位优势明显，交通便利。依托良好的区位优势和少数民族聚集区的天然条件，形成了稳定的牛肉制品加工集群。廊坊市毗邻京津，尤其是北三县（三河、香河、大厂）完全被京津包围，使得廊坊市牛肉及其产品不仅供应本市，而且还供应京津市场，高端牛肉市场已经开拓到北上广深等一线城市。为推动肉牛产业发展，多年来廊坊市政府从土地利用、税收优惠等方面对肉牛龙头企业给予较大支持。这些有利条件为廊坊市肉牛产业进一步发展奠定了基础。但随着区域经济发展与产业转型，一些问题也逐渐暴露出来，京津冀一体化背景下环境政策约束致使产能大幅下降，传统肉牛产业发展思路已不适合廊坊市情。如何使廊坊市肉牛产业转型升级、提高产业附加值是当前亟待解决的问题。因此，全面认识廊坊市肉牛产业各环节的发展现状及制约因素，并探索促进廊坊市肉牛产业发展的可行对策，就显得尤为必要。

一、廊坊市肉牛产业发展现状

（一）廊坊市肉牛产业发展的资源禀赋

1. 自然条件和区位优势

廊坊地处温带季风气候，年平均降水 554.9 毫米，光热资源充足，雨热同期，有利于农作物生长。地貌平缓，平原面积占 98% 以上，耕地面积 554 万亩，2019 年玉米种植面积达到 20.2 万公顷，饲草种植面积 6 744 公顷，为肉牛养殖提供了适宜的自然环境以及丰富的秸秆和饲料资源。

廊坊市位于河北省中部，被誉为"京津走廊上的明珠"，总面积 6 429 平方千米，在全省 11 个下辖地级市中排名最末位。廊坊市辖广阳、安次两个区，大厂、香河、永清、固安、文安、大城六个县和廊坊经济技术开发区，代管三河、霸州两个县级市。北部与北京市相邻，西部与保定市的涿州、雄安新区、高碑店接壤；南部与沧州市的任丘、河间、青县相连；东部与天津市的武清、宝坻、蓟州交界。尤其是与京津为邻，为廊坊市肉牛产业提供了更为广阔的市场基础。在廊坊市境内国道、高速网络密集，有 102、103、104、106、112 等多条国道和京沈高速、京沪高速、京台高速、京德高速、京雄高速、首都环线高速、大广高速、荣乌高速、唐廊高速、廊涿高速等多条高速路，廊坊与京津对接干线公路达 17 条、28 个接口，公路路网密度全省第一，为活牛与牛肉运输提供了便利条件。

2. 廊坊市的养牛技术

廊坊市回族人口较多，有大厂回族自治县，回族人喜欢养牛和吃牛肉，所以该地区有养牛的传统，肉牛产业起步较早，养殖技术相对成熟。在 20 世纪 90 年代初，通过廊坊市政府一系列的养牛补贴与奖励政策，廊坊市兴起养牛热潮，逐渐出现一批规模养牛场，主要集中在大厂回族自治县和三河市，随后也带动了其他县。在廊坊市肉牛产业发展历程中，最广为人知的事迹要数三河的养牛状元李福成。20 世纪 80 年代末，43 岁的李福成在政策支持下，利用贷款买牛创办福成养牛场，并逐步形成年出栏肉牛 3.2 万头、存栏 8 000 头的规模肉牛养殖场。时任总理李鹏、温家宝等国家领导人曾先后莅临福成牛场进行视察指导。自此，福成公司逐步发展为全国家喻户晓的养牛大场，并对市内其他地区养牛起到了带头示范作用。

经过多年发展，廊坊市外购肉牛快速育肥饲养技术比较成熟，屠宰加工技术处于全国先进水平。2021 年廊坊市有 3 家企业被省政府评为肉牛养殖的龙头企业，分别是文安县北方田园农牧发展有限公司、大厂回族自治县福华肉类有限公司（以下简称福华公司）和河北福成五丰食品股份有限公司（以下简称福成公司）。三河市为全市唯一一个国家级畜牧大县。

（二）廊坊市肉牛产业链各环节发展现状

廊坊市肉牛产业链的三个环节为：处在上游的养殖环节、处在中游的屠宰加工环节以及处在下游的流通销售环节（图 9-1）。

1. 养殖环节

2019 年廊坊市生产总值为 3 190 亿元，一、二、三产业产值比例为 6：34：60，第一产业总值为 212.4 亿元，其中牧业产值 68.22 亿元。2019 年廊坊市的养

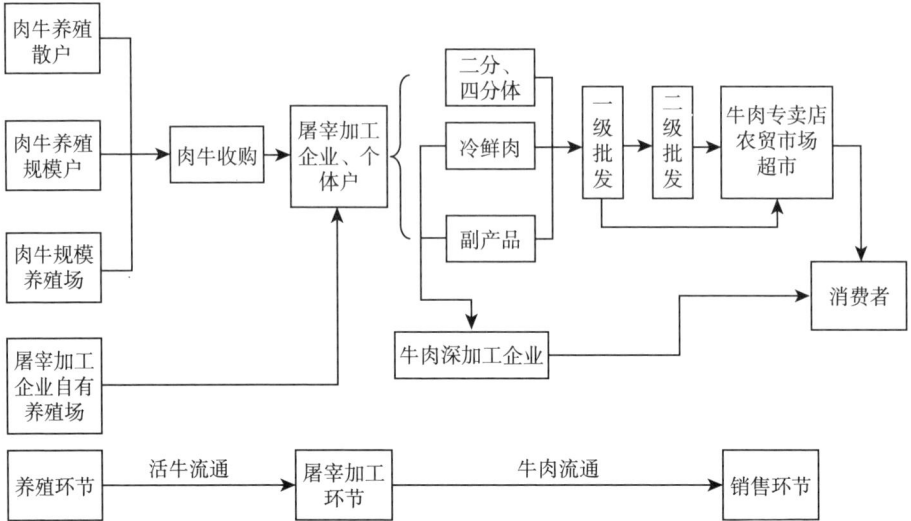

图9-1 廊坊市肉牛产业链各环节流程图

牛产值（不含奶牛）为14.87亿元，占牧业总产值的19%，仅次于生猪产业，肉牛产业是廊坊市的第二大畜牧产业（图9-2）。

单位：万元

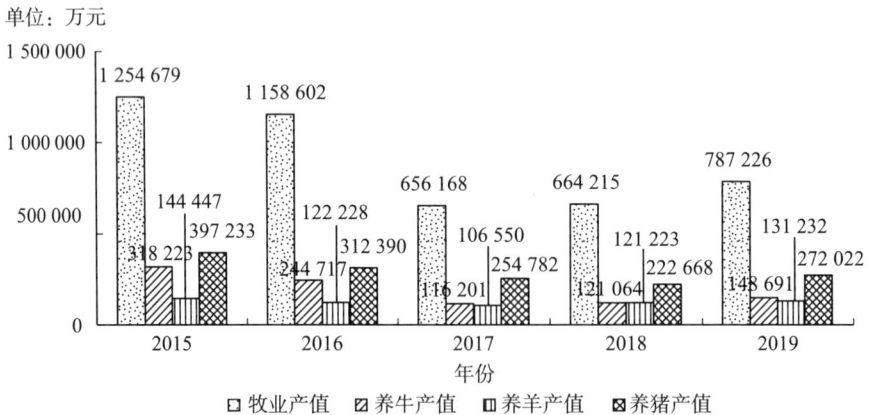

图9-2 2015—2019年廊坊市牧业、养牛、养羊、养猪产值

数据来源：《河北农村统计年鉴》（2016—2020年）。

（1）肉牛养殖规模呈下降趋势

廊坊市具有悠久的养牛传统，养牛产业是廊坊市的优势产业，但是廊坊市肉牛的存、出栏量近10年来呈下降的趋势（图9-3），其中2012—2013年和2015—2017年这两个阶段发生大幅下降。廊坊市的存栏量从2010年的29.8万头下降到2020年的8.32万头，下降幅度达72%；出栏量从2010年的48.22万头下降到 2020 年的 15.2 万头，下降幅度达 68%。2010 年廊坊市肉牛存、出栏量在河北省中占比分别约为 20% 和 14%。随着近年来廊坊市的肉牛存、出栏量快速下滑，其肉牛存、出栏量在河北省中占比分别为 4% 和 5% 左右。

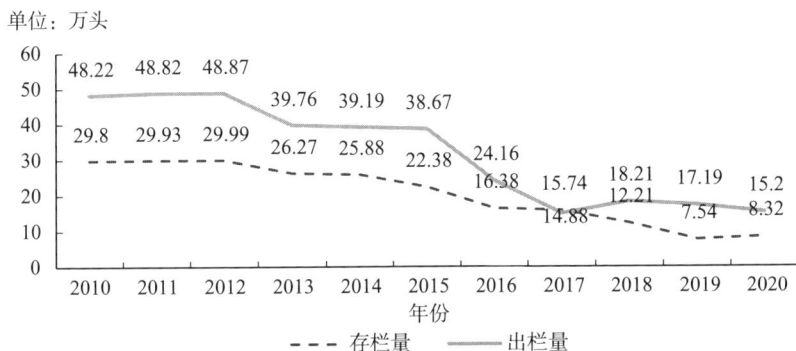

图 9-3　2010—2020 年廊坊市肉牛存、出栏量

数据来源：由《河北农村统计年鉴》（2010—2020 年）、廊坊日报中数据整理计算而得。

近两年来廊坊市的肉牛存、出栏量趋于稳定，但总量依然较低，短期内难以恢复到 2015 年以前的水平。2020 年全市肉牛存栏为 8.32 万头，较 2019 年同期增长 10.3%。全市肉牛累计出栏 15.20 万头，较 2019 年同期下降 11.6%。全市的存栏能繁母牛约 1.1 万头。从年出栏量可以看出，大厂县和三河市是廊坊市肉牛的主产区，尤其是大厂县，全称为大厂回族自治县，回族人有养牛的传统（图 9-4）。

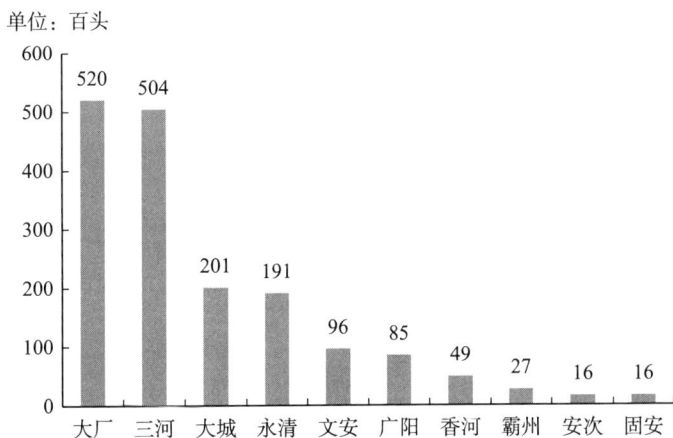

图 9-4　2020 年廊坊市各县肉牛出栏量

数据来源：由《河北农村统计年鉴》（2020 年）整理而得。

廊坊市肉牛存、出栏量大幅下降原因如下：首先是受政府政策影响，主要是环保政策。在京津冀一体化进程中，北京通州地区与北三县协调发展，对该地区环境建设也有了更高要求，肉牛养殖业是重点管制的农业产业，一些禁养限养政策使得部分肉牛养殖场难以扩大规模甚至关停。其次是近年来养牛成本逐渐上涨，利润空间变小。尤其是犊牛价格上涨较快，廊坊市犊牛来源以外购为主，许多养殖户由于缺少资金，只能缩减养殖规模甚至退出养殖业。

（2）肉牛养殖规模比例较高

经过多年发展，河北省肉牛规模化养殖取得了一定进步，在全国范围内，河北省肉牛养殖的规模化水平处于中上等。2019年河北省肉牛年出栏量在1～9头的养殖场（户）数约占全省的88%（表9-1），说明河北省的肉牛养殖整体上还是散养居多，规模化程度有待提升。

表9-1　2019年河北省不同规模肉牛养殖场（户）情况

单位：个、%

规模	年出栏 1～9头 场（户）数	年出栏 10～49头 场（户）数	年出栏 50～99头 场（户）数	年出栏 100～499头 场（户）数	年出栏 500～999头 场（户）数	年出栏 1 000头以上 场（户）数
数量	230 378	28 009	2 613	980	153	53
占比	0.881 6	0.106 8	0.01	0.009 9	0.000 6	0.000 2

数据来源：《中国畜牧兽医年鉴》（2020年）。

虽然全省的散养比重较大，但是廊坊市的规模化程度却远远高于其他地区。从不同规模肉牛养殖场（户）年出栏肉牛数量来看（表9-2），廊坊市年出栏1～9头的肉牛养殖户，即散户年出栏量仅占7.01%，规模肉牛养殖场（户）年出栏量占92.99%，说明廊坊市内多数肉牛出栏于规模养殖场，规模化养殖比例较高。在2010年规模养殖比例为35%，2014年就已经达到76%，现已达到80%以上，远远高于河北省的平均水平，可以说总体上达到了规模养殖，但多数还是500头以下的中小规模养殖场。

表9-2　2017年河北省各市不同规模肉牛养殖场出栏数所占比例（前六名）

单位：%

地区	1～9头年 出栏数占比	10头年出 栏数占比	50头年出 栏数占比	100头年出 栏数占比	500头年出 栏数占比	1 000头以上 年出栏数占比	散养 出栏数 占比	规模养殖 出栏数 占比
廊坊	7.01	92.99	71.19	66.77	51	32.15	7.01	92.99
衡水	27.61	72.39	43.2	30.75	15.89	9.45	27.61	72.39
辛集	29.13	70.87	34.37	28	13.96	0	29.13	70.87

（续）

地区	1～9头年出栏数占比	10头年出栏数占比	50头年出栏数占比	100头年出栏数占比	500头年出栏数占比	1 000头以上年出栏数占比	散养出栏数占比	规模养殖出栏数占比
保定	42.52	57.48	26.56	24.12	12.41	6.94	42.52	57.48
承德	44.26	55.74	15.36	10.88	3.69	2.55	44.26	55.74
定州	53.62	46.38	24.75	23.72	10.11	0	53.62	46.38
全省	53.87	46.13	20.07	13.84	6.38	3.4	53.87	46.13

数据来源：河北省畜牧兽医局。

廊坊市肉牛养殖规模化程度较高的原因如下：

第一，受廊坊市的地理状况和土地资源的限制。廊坊市以平原为主，人口密度较大，全省排名第三（含定州），人均拥有土地量小，土地资源有限，肉牛只能集中圈养。散养比重较大而且省内肉牛主产区的张家口、承德二市，人口密度都比较小（图9-5）。

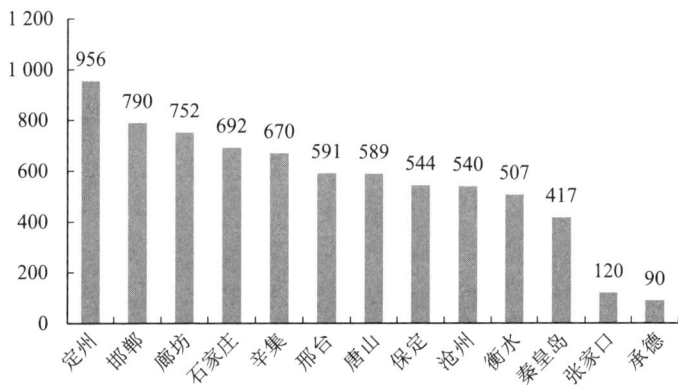

单位：人/平方千米

图9-5 2019年河北省各市人口密度

数据来源：《河北经济年鉴》（2020年）。

第二，养牛经验丰富和地区经济发展水平较高。廊坊地区回族人口较多，因民族习惯问题，回民喜食牛羊肉，饲养牲畜也以牛羊为主。长期以来积累的养牛经验，让养殖户有能力饲养管理好更多的肉牛。规模养殖肉牛需要较多的资金，廊坊地区经济水平高，人均可支配收入常年位于河北省前列，有较多的社会资本投入肉牛养殖。

第三，养牛的散户因各种原因退出养殖。在十几年前廊坊市还有较多的农户养牛，规模多数为 1～10 头，据走访了解，多数养殖者为兼业或者年龄较大的农民。随着这些人的劳动能力逐渐下降，很难再饲养肉牛。由于散养肉牛收益较低，年轻人更多地选择去城里从事收入更高的工作。另外，散户承受肉牛病死等风险能力较低，所以散户基本上退出了肉牛养殖，因此廊坊市的肉牛散养占比越来越小。

（3）肉牛养殖品种与繁育能力趋于稳定

在我国北方地区的河北省张家口、承德以及东北、内蒙古等地区的肉牛交易市场中，肉牛品种以西门塔尔牛杂交牛为主，其次是夏洛莱牛、黄牛。廊坊市的肉牛主要从这些地区购买，经过多年的养牛实践，廊坊市逐渐形成了以西门塔尔杂交牛逐渐成为了廊坊市养殖肉牛的主流品种，其次为夏洛莱牛、黄牛以及奶公牛等。

实地走访发现，养殖场（户）中饲养肉牛的良种率受资金的影响较大。规模在 300 头以下的养殖户或散户，会因资金不足而选择降低肉牛良种率，适当买入奶公牛、黄牛等普通品种。2021 年 220 千克左右的西门塔尔架子牛价格在 11 000～13 000 元，而 200 千克左右的奶公牛价格在 9 000 元左右，相差 4 000 元。规模越大的肉牛养殖场越会注重其所饲养肉牛的品种，良种肉牛效益高，便于管理。例如福华公司建立了存栏千头以上的西门塔尔牛养殖场以及高档黑毛和牛养殖场。文安县北方田园农牧有限公司饲养品种均为弗莱维赫（德系西门塔尔）牛，存栏 1 200 余头。

廊坊市肉牛的繁育环节较为薄弱，与其他市区相比繁育能力一直处于低水平。主要的原因是多年来形成了架子牛快速育肥模式，重育肥，轻繁育。近年来，政府不断重视肉牛良种繁育，河北省的畜牧发展规划中确立了以"西门塔尔、夏洛莱、利木赞品种肉牛为主体，弗莱赫维为补充的改良路线，以和牛和安格斯为主体的高档牛肉生产繁育路线"。但是在廊坊固有的肉牛育肥模式下，良种肉牛繁育工作难以取得明显进展。目前廊坊市内没有种公牛场，且无优质种公牛，仅有一家纯种西门塔尔牛的种母牛场，基础母牛 600 头，良种培育处于起步阶段，市内冻精全部来自外地。市内能繁母牛约 1.9 万头，分布在存栏在 300 头以下的规模户中。

（4）不同规模下肉牛养殖成本与收益分析

目前廊坊市肉牛养殖主要以单一肉牛育肥模式为主，"养殖场育肥＋自繁"模式所占比重较小。同时，本专题以单一育肥模式的肉牛养殖场为研究对象进行成本分析。选取廊坊市内的散养户、规模养殖户和规模养殖场 2021 年的相关数据进行比较分析（表 9-3），数据来自实地调研与河北省肉牛团队廊坊综合试验站。

廊坊市肉牛散养每头收益约 2 300 元，规模养殖收益在每头 3 000～4 500

元，收益还是比较可观。但是在实际调研中，牛场主反映受活牛价格不稳定与政府管制的影响，进一步扩大规模的意愿并不强烈。

表9-3　廊坊市单头肉牛养殖成本

成本项目	散养	规模养殖户	规模养殖场
架子牛体重（购入/出栏）（千克/头）	300/700	400/1 200	600/1 500
架子牛费用（元/头）	8 000	12 000	15 000
饲料费用（元/头）	2 500	5 500	7 000
医疗防疫费用（元/头）	200	300	300
工人工资（元/月）	0	3 000	3 500
饲养周期（天/头）	300	300	300
售价（元/头）	13 000	21 600	27 000
利润（元/头）	2 300	3 425	4 262

数据来源：实地调研、根据河北省肉牛团队廊坊综合试验站提供的数据整理而得。

相关数据说明：

①架子牛体重与费用。因购入时体重、品种的不同，其价格也不同。散养户多为兼业养牛，不愿投入过多资金购买良种肉牛，饲养肉牛品种多为黄牛或奶公牛，在体重和价格上都低于良种牛。规模养殖户和养殖场更加注重品种的选择，廊坊市的肉牛养殖以西门塔尔杂交牛为主。

②饲料费用。廊坊市没有可供放牧的草场，需全年人工喂养。粗饲料青贮为主，散养户与规模户使用非全株型玉米青贮，成本约为160元/吨；规模养殖场使用全株型玉米青贮，价格在400～500元/吨，2021年受雨季影响，全株玉米青贮价格在700～900元/吨。精饲料主要包括玉米粉、麦麸、豆粕、棉粕等，综合起来为3.2～3.6元/千克。

③医疗防疫费用。调研得知，廊坊市肉牛防疫针由政府免费提供，养殖场需要自己给肉牛定期打驱虫针，每年每头牛2～4针，每针30元。再加上疾病的治疗、添加剂的使用，每头牛育肥期间医疗防疫费用为200～300元。

④工人工资。普通的生产工人工资约为3 500元/月，本文结合调研数据，按照每个工人可管理80头牛计算。散户养殖无此项支出。

⑤其他成本。规模养殖户和养殖场的水电费、燃油费、折旧费用等支出基本可与卖牛粪收益相抵。散养户的水电费较少，牛粪简单堆放后直接还田。土地租金差异较大，且规模养殖户及小规模养殖场占地多为自用土地无租金，此处忽略不计。

⑥一般情况下，肉牛饲养10个月左右可以出栏，出栏价格约18元/斤。

2. 屠宰加工环节

河北省牛肉产量从2017年开始持续下降，2020年牛肉产量为54.25万吨，但在国内地位仍然靠前，仅次于河南、山东和内蒙古，排名第四（图9-6）。河北省肉牛屠宰加工技术水平整体一般，生产加工标准化意识较差，缺乏深加工，知名品牌较少。但是受民族习俗与区位因素影响，廊坊市的肉牛屠宰水平远远高于其他市，处于国内领先水平。

单位：万吨

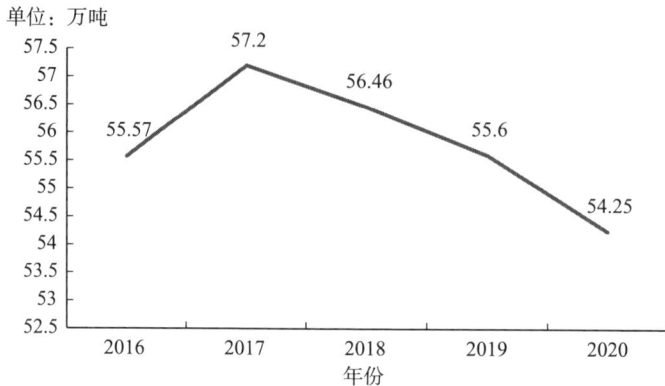

图 9-6 河北省 2016—2020 年牛肉产量

数据来源：https://www.sohu.com/a/47397_5671350221。

（1）屠宰加工企业起步早且分布集中

廊坊市肉牛屠宰加工企业几乎与肉牛养殖业同时起步发展。早在 20 世纪，廊坊市大厂回族自治县就已经开始了现代化牛肉生产模式。在 1985 年以前，我国肉牛屠宰方式普遍采用卧宰方式，俗称"地打滚"宰牛，即众人把牛捆在地上进行屠宰分割。1985 年大厂县华安公司在全国率先引进德国先进的牛羊屠宰流水线和屠宰加工设备，采用密闭的生产技术，引入了排酸工艺，把牛身上的部位精细分割，开发出上百种产品，深受本地区消费者的喜爱，并逐渐打开了京津牛肉市场。廊坊大厂县肉牛屠宰加工的兴起，对全市有明显的带动作用，越来越多的屠宰加工场和个体户犹如雨后春笋，纷纷成立。这些屠宰企业的发展使得廊坊市的肉牛屠宰加工水平处于国内领先水平，同时也带动了肉牛养殖业的发展。

时至今日，肉牛屠宰加工能力不断提高，现代化屠宰比重不断提升。大型屠宰加工厂以福华肉类有限公司、河北福成五丰食品股份有限公司为代表。2021 年廊坊市的肉牛屠宰加工企业共有 45 家，年生产能力 8 499 吨。

根据河北省定点屠宰办提供的数据显示，河北省内的 33 家肉牛定点屠宰场有 26 家分布在廊坊市（表 9-4），廊坊市的 26 家肉牛定点屠宰场有 20 家集中在大厂，约占全市的 77%，大厂县是廊坊市的屠宰大县。大厂福华肉类有限公司是目前廊坊市唯一一个屠宰肉牛的省级屠宰标准化厂。

虽然廊坊市的肉牛屠宰加工技术处于全国领先水平，但是由于牛源不足，多数屠宰企业未能达到建厂时设计的屠宰量，许多企业不能达到满负荷运转，近十年来廊坊市牛肉产量呈下降趋势。从 2010 年的 7.7 万吨下降到 2019 年的 2.8 万吨，降幅约为 64%（图 9-7），未能发挥出最大屠宰能力。

表 9 - 4 廊坊市肉牛定点屠宰企业名录

序号	县别	企业名称	注册资本（万元）	是否养殖肉牛
1	三河市	福成五丰三河肉牛屠宰分公司	4 900	是
2		双盈清真肉类有限公司	1 000	是
3	香河县	华耀肉类有限公司	100	
4		富华肉类有限公司	500	是
5		华香肉类有限公司	1 000	是
6		福华肉类有限公司	2 000	是
7		万福肉类有限公司	1 000	
8		跃华肉类有限公司	800	是
9		盛欣肉类有限公司	300	
10		福顺肉类有限公司	500	是
11		鑫悦肉类有限公司	500	是
12		京恒安肉类有限公司	500	
13		四星肉类有限公司	110	
14		利盛恒业肉类有限公司	300	
15	大厂县	强盛肉类有限公司	200	
16		河北景盛名华肉类有限公司	500	
17		金富山肉类有限公司	600	
18		华瑞肉类有限公司	1 500	
19		鑫诚肉类有限公司	500	是
20		天普肉类有限公司	500	
21		永鑫肉类有限公司	100	
22		京华安肉类有限公司	500	是
23		恒泰肉类有限公司	500	是
24		福海肉类有限公司	60	
25	文安县	廊坊市福安科技有限公司	550	是

数据来源：河北省定点屠宰办统计。

当前，廊坊市肉牛屠宰主要有三种形式：个体屠宰户屠宰、中低档屠宰加工厂加工和现代化屠宰加工厂加工。廊坊市的现代化肉牛屠宰加工企业例如福华、福成、顺泽等大型企业都成立了自己的养殖场，通过先进的养殖技术以及屠宰加工技术，生产高品质牛肉，并建立直营店、网店、体验店等，实现了产加销一体化的生产模式。此外还有许多小型屠宰场和个体屠宰户，主要分布在廊坊大厂县的十余个回族村附近，例如南寺头、北坞、苇子庄等地。这些小型

单位：吨

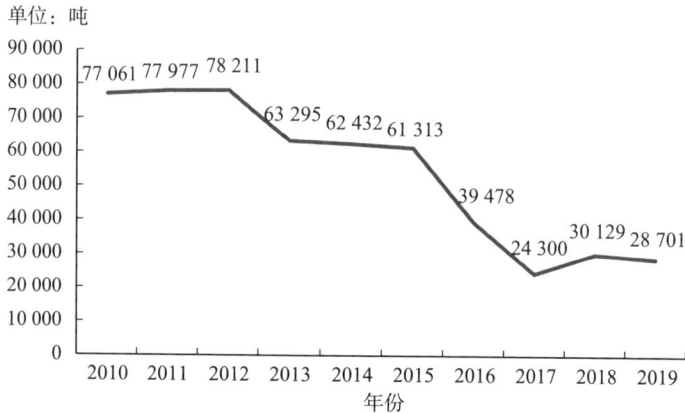

图 9-7　2010—2020 年廊坊市牛肉产量

数据来源：《河北农村统计年鉴》（2011—2020 年）。

屠宰场和个体屠宰户中生产清真牛肉的较多，品种细分不多，可以生产热鲜肉、冷鲜肉和其他牛头、牛蹄和牛下水等产品。

（2）高端牛肉品牌已经形成

廊坊市的屠宰加工企业非常注重高端牛肉产品的开发，河北省有 3 个高端牛肉品牌，其中两个就在廊坊市，分别是福成肉类和福华肉类。"福成"商标被中国商标局认定为中国驰名商标，"福华"商标为廊坊市知名商标。福成和福华两个公司都以现代化的饲养管理技术，饲养纯种西门塔尔牛、和牛等高档肉牛，通过成熟的屠宰加工技术生产出高质量的精细分割牛肉、雪花牛肉，提升牛肉附加值，供应本地及京津大商场、高档酒店、餐馆，用于国家和地区的大型活动。福成和福华两家公司分别是 2008 年北京奥运会与 2010 年广州亚运会牛肉供应商。这两家公司的牛肉产品质量已经达到了国际标准，已通过 ISO9001 国际质量管理体系认证并且获得了农业农村部无公害认证。大厂县的福华公司还建立了产品溯源体系，消费者可以通过扫描包装上的二维码，了解到所买牛肉从养殖场到屠宰加工场的全过程，对牛肉更放心。

2015 年成立的大厂顺泽肉类有限公司一直致力于发展高端牛肉，并且取得一定进展。该公司以生产中高档牛肉为主，通过科学饲养黑毛和牛、郏县红牛，使牛肉的雪花肉等级平均为 AAA，平均每头牛屠宰后可以获得 3 万～4 万元的效益。

（3）国家地理标志："大厂肥牛"

"大厂肥牛"地理标志起源于 20 世纪 90 年代，因其开发地在廊坊的大厂县而得名。受民族习俗影响，当地居民擅长肉牛养殖与屠宰，生产的牛肉品质较高。纯正的"大厂肥牛"牛肉色泽鲜艳、大理石花纹均匀分布，口感细嫩，回味无穷，在附近县域以及京津地区都占有一定的市场。2010 年县政府开始积极申报地理标志保护。2010 年 12 月，经国家市场监督管理总局审核，决定对"大厂肥牛"实施国家地理标志产品保护。大厂肥牛地理标志产品保护产地范围为河北省大厂县所辖行政区域内的 5 个乡镇 105 个行政村。福华公司生产的肥牛，是"大厂肥牛"的优秀代表。

3. 流通销售环节

该环节主要包括活牛和牛肉的运输和销售。

（1）活牛的流通

多年来廊坊市因"重育肥、轻繁育"的养殖理念和屠宰场较大的需求量，形成了以"外购后育肥"为主的养殖模式。多数架子牛购买自省内北部地区以及外省，包括承德、张家口以及内蒙古、吉林、辽宁和新疆等地。在这些肉牛交易市场，存在着许多牛经纪人，他们为买家和卖家建立起桥梁，可以帮助不熟悉当地情况的廊坊市养殖户挑选出满意的犊牛。随着抖音平台的兴起，现在有很多牛经纪人利用抖音直播来为养殖户介绍活牛。

此外，奶牛场也为廊坊市提供了大量的公牛犊和淘汰母牛。2020 年廊坊市的奶牛中能繁母牛存栏约 2 万头，按每头奶牛每年一胎计算，加之性控冻精配种的使用，每年廊坊市的奶牛场可以提供近 1 万头奶公牛犊。这些奶公牛犊在断奶后直接送到育肥场进行育肥。廊坊市的 29 家奶牛场存栏约 4.77 万头，奶牛场中奶牛的淘汰率约为 30%，因此廊坊市每年有大量的淘汰奶牛用于屠宰。肉牛屠宰加工场的牛源之一是市内肉牛养殖散户、规模户以及规模养殖场。规模较大的屠宰加工厂为了解决优质牛源不足的问题，如福华、福成、顺泽等公司，建立起自己的肉牛养殖场，可以根据产品需求进行有针对性的养殖。约十年前廊坊市的郊区有活牛集市，市内散户会在这里购买和销售架子牛。但是随着政府禁养限养政策的落地实施、散户退出与基础母牛数量减少，活牛集市已不复存在。

（2）牛肉的流通与销售

廊坊市的牛肉主要供应本地居民消费以及附近省市，高档牛肉已经在京津沪深等大城市占据一定份额，但是只在京津地区形成了较大的销售规模以及积累了一部分固定的消费群体，其中清真牛肉占领了北京市 70% 的市场，在其他地区市场占有率较小。随着京津地区环境治理力度加大、产业转型升级，肉牛养殖业与屠宰加工业的产能逐渐下降或者外迁，只能由外地的牛肉来满足需求，廊坊市凭借优良的牛肉产品和优越的地理位置，迎来前所未有的机遇。

按照牛肉质量以及贮藏方式，可将牛肉分为高档冷鲜牛肉、优质冻鲜牛肉和普通鲜牛肉、冷冻牛肉，例如福成、福华等大型屠宰加工场生产的高档冷鲜牛肉，主要供应高档餐厅、宾馆以及高收入群体，制作优质牛肉菜品。同时这些大型屠宰加工场也会生产其他的两种中低档牛肉，和小规模屠宰场（户）共同满足大众日常的需求。

大型屠宰场的销售渠道主要包括与本地及京津地区高档餐厅、宾馆、超市签订购销合同，开设京东和天猫网店以及线下的专营店和高档牛肉体验店。小屠宰场或个体屠宰户主要以批发的方式供应给经销商或者自己开设专卖店进行销售。线上运营效果较好的要数顺泽肉类有限公司，大厂顺泽肉类有限公司开通线下"致匠和牛旗舰店"，并在青岛、长沙等省外大城市开设体验店，在快手和抖音开通线上销售渠道，线上线下渠道相互配合，日销售额均在 20 万元左右，适逢春节、中秋节等传统节日销售额会翻番或更多，以特色精细分割的雪花牛肉为主打特色产品，取得了线上同类雪花牛肉产品销量、关注量、在线人数均为第一的好成绩。

（三）廊坊市肉牛产业链纵向协作分析

为了理清廊坊市肉牛产业的养殖环节、屠宰加工环节与流通销售环节是如何实现联结的，本节在全面分析廊坊市牛肉产业链各环节的发展现状基础上，运用纵向协作理论，对廊坊市肉牛产业链的各环节之间的联结关系进行分析。结合廊坊市实际情况，根据产业链各环节实现联结的具体方式和协作关系的紧密程度从低到高排序，将廊坊市肉牛产业链中存在的协作关系归纳为以下四种：市场交易模式、契约模式、合作社模式和纵向一体化模式。

1. 肉牛养殖环节与屠宰加工环节的纵向协作运行机制

目前廊坊市肉牛养殖环节与屠宰加工环节之间纵向协作模式有：市场交易模式、契约模式和合作社模式。

市场交易模式主要涉及肉牛养殖散户、规模户与中小规模屠宰场之间的育成牛交易。受经营规模、文化水平等因素影响，肉牛养殖散户、规模户与中小规模屠宰场的经营者往往认为不需要签订合同或缺乏合同意识，只进行自由交易。调研过程中了解到，廊坊市现在基本没有养殖户与屠宰场之间的经纪人，只存在养殖户与中小规模屠宰场的直线交易，且多为屠宰场上门收购。该模式的缺点有二：第一，交易成本与其他模式相比是最高的。屠宰场（户）上门买牛需要花费时间、燃油费，与养殖者讨价还价也会有相应的成本。若购买失败，沉没成本更高。第二，不利于形成稳定的供销渠道。虽然此模式往往发生在"熟人""关系户"之间，但由于缺乏合同的约束，若出现价格合适的其他买家，养殖户会直接卖掉，造成屠宰场（户）买不到活牛，只能到其他地区收购活牛，无疑增加了成本。

契约模式存在于大规模屠宰场与养殖场（户）之间。签订契约即签订合同，包括销售合同与生产合同。销售合同即屠宰场与养殖场（户）签订的规定好购买时间、数量以及价格的合同，双方仅存在买卖的关系。生产合同是在销售合同的基础上，屠宰场对养殖场（户）所供应肉牛的质量做出规定，并给予养殖场（户）一定的技术指导，使其育成的肉牛符合屠宰标准。在调研中发现，廊坊市屠宰加工企业采用该模式的较少，较多采用市场交易模式。例如福华肉类有限公司这样的大型现代化屠宰加工企业才会与养殖户签订生产合同。该模式加强了养殖环节与屠宰加工环节的联系，还有利于生产出屠宰加工企业所需的优质肉牛。但缺点是签订合同时双方对出栏时的活牛价格无法事先预估，如果在实际交付时活牛价格有较大幅度波动，总会有一方利益受损，受损方容易发生违约行为。

合作社模式往往是一个村或者附近几个村肉牛养殖户成立肉牛养殖合作社，因其涉及的利益相关主体较多，运行较难，合作社的负责人被委托授权，以合作社的名义与屠宰加工企业进行交易，帮助养殖户统一购买生产资料，统一销售肉牛，逐渐形成"农户＋合作社＋企业（龙头企业）"的利益联结模式。该模式仅存在于廊坊市少数区县，如文安、永清。而肉牛养殖主产区的北三县，现已没有肉牛养殖的合作社。

2. 屠宰加工环节与牛肉销售环节的纵向协作运行机制

目前廊坊市肉牛屠宰加工环节与牛肉销售环节之间纵向协作模式有：市场交易模式、契约模式。

市场交易模式是指个体屠宰户与小规模屠宰场将所生产的牛肉批发给零售商、二级批发商或小餐馆。例如在廊坊大厂县几个回族村的个体屠宰户就有近1 000个。这些个体屠宰户与小规模屠宰场的买家往往是固定的，但是未签订购买合同。

契约模式是指大型肉牛屠宰加工企业与超市、高档饭店、酒店、牛肉深加工企业之间存在长期纵向协作关系。例如福成、福华公司生产的优质牛肉与本地的超市、京津沪地区的高档酒店签订购买合同，供应优质牛肉。

在这两种模式下，牛肉的经销商由于难以对产品质量有效把控，从而难以形成自己的品牌。与此同时，供应超市、高档饭店、酒店、牛肉深加工企业的屠宰加工企业还面临着众多竞争者，在激烈的市场竞争中难以使肉牛产业链的中游和下游形成稳定的协作关系。

3. 纵向一体化模式的运行机制

该模式是目前肉牛产业链纵向协作模式中最有效、使各环节联结最紧密的一种模式。主要集中在北三县，经济发展水平相对较高，又处于肉牛主产区，在空间上容易形成一体化模式。纵向一体化最核心的运行机制就是通过建立"产加销"一体化的经营模式，将外部市场内部化，降低交易成本，使各个环节不再是追求利润的博弈者，而是隶属于统一集团下的子公司，是合作者，资源配置更有效。在养殖环节通过建立自己的养殖场（基地）来解决牛源问题，无须再为省钱而讨价还价。建立自己的牛肉直营店、餐饮店，可保持销路稳定。这样下来，整条肉牛产业链中绝大多数利益都掌握在自己手中。例如大厂福华公司下辖福华肉牛良种育肥场、大厂福华肉类有限公司和北京京福华餐饮公司，子公司之间紧密联结，相互合作。

（四）廊坊市典型肉牛产业发展模式

产业发展模式是指在既定的内部因素如企业行为、企业绩效和外部发展条件如市场结构、政府政策、自然资源等的共同作用下，内外部诸多因素之间相互影响、相互融合后呈现出的要素组合方式和资源利用方式。廊坊市肉牛养殖、屠宰加工主体，利用当地资源优势，依托政府政策，逐渐探索出了 4 种典型的肉牛产业发展模式：以屠宰加工企业为核心的"产加销一条龙"发展模式、以养殖合作社为核心的"种养结合"发展模式、以龙头企业为核心的"龙头企业＋贫困户"发展模式、以肉牛繁育场为核心的"良种繁殖＋育肥"发展模式。

1. 以屠宰加工企业为核心的"产加销一条龙"发展模式

该模式主要是以廊坊市大厂县和三河市的肉牛屠宰加工企业为代表。下面以大厂福华公司为例进行介绍：

（1）形成过程

福华公司成立于 1997 年，是廊坊市内起步较早，发展较快的屠宰加工业。但是随着地区屠宰加工企业越来越多、加工能力越来越强，牛源却面临着不足与不优的问题。为了解决该问题，福华公司建立起了自己的养殖场，并注重品牌建设与推广，所生产的牛肉全部自营，实现效益的最大化。经过几年的实践探索，形成了以屠宰加工企业为核心的"产加销一条龙"的肉牛产业发展模式。

（2）运行特征

第一，"产加销一条龙"发展模式在起步时以屠宰加工企业为核心，逐步发展壮大。相对于肉牛养殖，肉牛屠宰加工行业盈利能力更强，更容易实现资本积累和规模扩张，从而实现全产业链的整合。发展到后期，福华公司的子公司北京京福华餐饮公司发展成为企业的重要支柱。

第二，外部市场内部化。为解决优质牛源不足的问题，福华公司一是成立自己的千头肉牛养殖场，饲养西门塔尔牛、黑毛和牛进行短期快速育肥；二是与周围的农户签订购销合同，形成稳固的"农户＋基地＋公司"经营模式，并且制定统一标准，为农户提供养牛技术指导，进一步保障屠宰时牛源的充足与优质。同时注重销售环节的建设，开设自己的直营店、福华火锅城、餐饮店，将肉牛养殖、屠宰加工与销售环节整合到一起，形成了"产加销一条龙"的产业化链条。

第三，注重品牌建设。福华公司选择良种肉牛饲养，重视科学养殖，使肉牛的品质更好。引进先进的屠宰加工设备，按照国标进行精细分割，生产高档牛肉。利用"大厂肥牛"地理标志的优势，生产优质肥牛。同时注重食品安全，得到国际质量管理体系认证，建立起了产品追溯体系，"吃福华牛肉，走健康之路"的口号深入人心。

（3）运行效果

延长了产业链。福华公司通过建立肉牛养殖场、屠宰加工场、福华牛肉直营店和餐饮店，实现了一、二、三产融合发展，并进军房地产开发行业，取得良好效益。既节约了企业交易成本，又提高了牛肉附加值。由于在发展中注重牛肉品质与食品安全，企业树立起了良好品牌，市场占有率不断提升。与农户签订养牛购销合同的模式也带动了农户增收。现在，福华集团肉类有限公司先后获评"全国肉牛标准化示范场""河北省农业产业化重点龙头企业""河北省食品行业优秀企业"等荣誉称号，成了大厂县肉牛产业的代名词。

2. 以养殖合作社为核心的"种养结合"发展模式

该模式主要以文安县滩里镇的秋泉畜牧养殖专业合作社（以下简称秋泉养殖合作社）为代表。该合作社成立于2012年，现种植饲用玉米面积1 000多亩，青贮饲料1万立方米，年出栏肉牛300余头，销往全国多个省市。

（1）形成过程

政府对治理农业污染源的重视程度越来越高，为了解决肉牛养殖过程中对环境造成的破坏，鼓励各地发展"以种带养、以养促种"的种植业与畜牧业协调发展的模式。受此影响，该地区以前从事塑料生产等污染行业的农民纷纷转行，越来越多的农民从事种养业。秋泉养殖合作社依托利好政策，在负责人帅德利的带领下，整合社内种植业和肉牛养殖资源，流转土地，形成种植业与肉牛养殖结合的绿色发展模式。

（2）运行特征

第一，实现了小区域内养殖业和种植业废弃物的充分利用。种植玉米等作物产出的秸秆作为粗饲料用于养牛，牛粪经处理后还耕种植，生态循环高效利用，真正做到种植养殖两互促、节本增效两不误。为实现肉牛饲养生产过程的"零排放"，规模化养殖蚯蚓，可年消耗牛粪50万立方米。蚯蚓是一种传统的中药材，有很高的药用价值和经济价值；同时蚯蚓粪可以做有机肥，收购价500～650元/吨，真正实现废弃物转换闭环。

第二，需要较大的肉牛养殖规模和作物种植规模。成立合作社模式，有利于规模经济效应的产生。养殖规模较小，无法消纳玉米秸秆；种植规模过小，无法实现粗饲料自给；资金不足也无法有效处理粪污。所以该模式适合大规模肉牛养殖场或肉牛合作社采用。

（3）运行效果

减轻肉牛养殖对环境的污染，在提高秸秆和粪污资源利用率的同时实现了农业的绿色可持续发展。使得肉牛养殖产业链延长，增加就业岗位，更好地带动周边的村民增加收入。

3. 以龙头企业为核心的"龙头企业＋贫困户"发展模式

该模式主要以大厂县为代表。

（1）形成过程

近年来，脱贫攻坚与防止返贫是政府工作的重中之重，相比直接的经济补贴，产业扶贫更具有持久性。2018年河北省政府出台了《河北省提升产业扶贫质量水平三年行动指导意见》，提出各地要科学确定扶贫产业，找准脱贫路径。肉牛养殖是大厂县的优势农业产业，因此逐步探索出来了一种适合本地实际的以龙头企业为核心的"龙头企业＋贫困户"发展模式，既促进肉牛产业发展，又提高贫困户的收入。

（2）运行特征

第一，"龙头企业＋贫困户"利益联结。由政府出资并牵头，每年投资约400万元，农民以扶贫资金入股福华集团肉类有限公司与四星肉类有限公司两个公司的肉牛养殖基地，以托养的形式实现合作。两个公司为托养的肉牛提供专用场地、专用饲料、购买保险等，贫困户按照生产标准实行集约化、科学化、规范化养殖。此举既提升了地区肉牛养殖的规模化水平，又提升了贫困户的肉牛养殖技术，有助于地区肉牛产业的可持续发展。

第二，进行高档肉牛养殖。扶贫资金用于企业养殖高档肉牛。以福华公司为例，每年获得政府提供的230万元左右的扶贫资金，饲养高档黑毛和牛。高档肉牛需要投入较多资金，但也能创造较多收益。当前大厂县高端牛肉供应能力需要提升，此举有利于进一步开拓高端牛肉市场。

（3）运行效果

全县102个贫困户都被覆盖，贫困户根据贫困等级的不同，每年可以享受1 800～3 000元的分红，改善了生活质量，使大厂县的建档立卡贫困户逐年减少，2020年全部退出。与此同时，肉牛养殖企业得到了更多的高档肉牛养殖资金，提升了高档牛肉产量，进一步占领高消费市场，有利于企业发展，实现了经济效益与社会效益的双丰收。

4. 以肉牛繁育场为核心的"良种繁殖＋育肥"发展模式

该模式以文安县北方田园农牧发展有限公司（以下简称北方田园公司）为代表。该公司于2008年由董事长刘永利先生创办，注册资本为100万元，占地 1 200 亩，现总投资超 2 800 万元。

（1）形成过程

北方田园公司借助国家提供的养殖母牛补贴、良种补贴、规模养殖补贴等政策，形成了以肉牛繁育场为核心的"良种繁殖＋育肥"发展模式。

（2）运行特征

第一，现代化的养殖模式。北方田园公司现有标准牛舍 9 栋，占地 15 000 平方米，建有挤奶厅、产房、犊牛舍、兽医诊疗室、人工授精室等配套设施，自有种植基地 3 000 亩，以种植玉米、黑麦草、燕麦等粗饲料为主，保障了玉米与青贮粗饲料的日常需求。公司注重良种肉牛的选择，依靠人工授精技术，逐步形成 200 余头的纯种弗莱维赫（德系西门塔尔）母牛群。

第二，繁殖和育肥同时进行。繁殖出来的公牛犊既可作为良种公牛出售给其他养殖场，又可进行育肥后出栏屠宰；繁殖出来的母牛可留下继续作为基础母牛饲养，不断提升繁育能力。目前，该公司存栏肉牛 1 200 余头，其中基础母牛 600 余头。

第三，与省市内的科研项目团队联动。该公司 2013 年加入了项目试验点，与河北省现代农业技术体系肉牛创新团队实现产研联动，团队科研人员定期到该公司进行肉牛养殖技术与产业经济等方面的指导和交流。例如 2021 年 6 月，河北省肉牛团队首席专家李树静等人为场内的技术人员开展了胚胎移植技术培训，详细讲解胚胎移植技术要领，三天内为该场移植美系进口西门塔尔胚胎 123 枚。

（3）运行效果

该公司经过不断发展，已成为廊坊市唯一一家弗莱威赫种母牛场，繁育出的良种肉牛销售到天津、沧州、保定等周边多地养殖场（户）。自繁自育模式使得该公司与其他养殖场相比，犊牛牛源稳定且成本较低，同时良种肉牛的售价更高，提高了养牛的收益。

（五）廊坊市肉牛产业发展存在的问题

1. 养殖规模和牛肉产能大幅缩减

廊坊市肉牛养殖存栏量已不足 9 万头，其规模和产能大幅缩减的主要原因是环境政策约束。廊坊市原本的肉牛养殖重点区域在北三县，受到本市肉牛养殖区划调整的影响，很少再得到政策支持，政府还加大了对肉牛养殖场污染与扩建问题的管控。在新规划的适养区即南三县，虽也有多年肉牛养殖基础，但规模养殖场数量和肉牛存栏数量偏低，短期内不能达到北三县原有水平，产能也难以提升。所以近几年来廊坊市肉牛出栏量处于较低的水平。市内牛源供应不足，短期内又难以得到有效补充，屠宰加工企业不能达到满负荷运转，加之部分中小规模屠宰场因环保问题被关停，直接导致了市内牛肉产量的下降。

2. 肉牛良种覆盖率和母牛繁育能力有待提升

廊坊市大型肉牛养殖场肉牛良种率较高，以西门塔尔牛和夏洛莱牛为主，福华等大公司甚至可以做到 100％的良种率。但是在一些存栏较少尤其是规模在 300 头左右的养殖场（户）中，受架子牛成本影响，除了饲养西门塔尔牛外，还饲养奶公牛、黄牛、半改良牛，疏于对优质牛源把控。同时，本市的肉牛繁育场较少，养殖户在配种时将良种牛与普通牛杂交，不利于良种基因的保存。市内没有种公牛场，无法生产优质冻精，品种改良只能依赖于外地牛杂交和本交。

3. 中小规模肉牛养殖场（户）的饲养管理方式落后

中小规模的肉牛养殖场（户）的负责人一般都为农民，既要负责采购与销售，又要负责肉牛的饲养与管理，但是他们普遍缺乏专业知识，养牛技术主要是靠个人的经验积累。调研中的养殖户表示，有学习养牛知识的意愿，但并未有实际行动。所需劳动力较少，一般只雇佣生产工人，负责饲料搅拌、投喂以及粪便清理工作，没有专业技术人员，肉牛产业从业人员整体素质较低，廊坊市乡村从业人员高中及以下学历人数占比约 75％，不利于先进饲养技术的推广。喂牛的精饲料以玉米、麦麸、豆粕、棉粕和精料为主，缺少科学配方，没有定期对牛称重来调整饲料配方。廊坊市超过 77％的牛场采用简单堆放的方式处理牛粪，粪污资源利用率低，对周围环境造成污染。

4. 多数企业未形成完整产业链条

虽然廊坊市大厂县、三河市的大型肉牛屠宰加工企业如福华、福成实现了"产加销"的一条龙运营模式，产业链条相对完整，但该地区以及其他区县的肉牛屠宰加工环节仍处于相对断裂的状态。廊坊市 33 家定点屠宰场建立养殖基地的不足 10 家，仅做到了"加销"联结，而且主要集中在大厂县。"公司＋农户"的产业化组织形式，也只存在于个别大型企业与养殖户之间，且能带动的养殖户有限。大部分加工企业与养殖户之间还仅仅只是活牛交易，没有签订销售合同，未能形成由企业、基地与养殖户联合成一体的"利益均享、风险共担"的产业化组织形式。

此外，种植和养殖经常处于分割的状态，养牛的不种地，种地的不养牛，仅有文安、永清部分地区的养殖户通过合作社实现种养结合，而肉牛养殖的主产区北三县的肉牛养殖场（户）几乎没有采取种养结合的模式，都是从本地购买玉米秸秆制作青贮，从外地购买干稻草、麦秸。同时粪污资源也难以及时处理，不利于绿色养殖业的形成与发展。

5. 品牌建设与营销能力有待提升

廊坊市在肉牛屠宰加工方面具有较高的市场占比，但仍然缺少在国内形成一定知名度的牛肉产品品牌。主要体现在肉牛屠宰加工多数是以四分胴体为主的初级产品，缺乏有力的市场竞争力，地方品牌特色和产品差异化不明显；进行优质高档牛肉胴体分割等精深加工产品生产的企业仅有顺泽肉类公司和福华肉类公司等少数企业，生产的产品数量无法有效满足国内中高档牛肉市场需求。

廊坊市牛肉及其制品的销售，仍以传统方式为主，销售地点主要包括本地以及京津农贸市场、超市、城中小门脸店铺以及牛肉直营店。但是近年来网购普及和疫情管控期间造成的购物不便，使越来越多的消费者网上购买牛肉的倾向增强。线上销售渠道除了顺泽肉类有限公司做得比较好之外，其他企业的线上营销能力明显不足。像福华这样的大公司，虽然开通了京东店铺，但除节假日外月销量不过 10 单；福成开通了京东、天猫店铺，但是不销售牛肉，只是销售菜品。一些新兴的高端牛肉直营店或牛肉制品店，经营者已经有利用网络宣传的意识，但并未搭建起网络销售平台，也缺少对自己品牌的宣传，缺乏网络销售经验，成交量低，多是介绍进口高档牛肉，讲解高档牛肉知识，消费者无法便捷地购买。

6. 牛肉质量安全问题时有发生

廊坊市屠宰加工水平较高，生产的牛肉品质优良，但近几年牛肉质量安全问题时有发生。一方面由于养殖者的逐利心理，使用违禁药物；另一方面是屠宰加工和销售对牛肉质量的重视不足，缺乏应有的检测。与此同时，政府近年来对瘦肉精的检测重心主要在猪肉，对牛羊肉的监管不到位，直至青县羊肉中检测出瘦肉精事件发生后，廊坊市对牛羊肉的检测才有所重视。河北省和北京市质量监督管理局公布的监测数据显示，仅在 2016—2021 年，廊坊市被通报存在牛肉质量问题的牛肉加工销售企业就有不下十家。问题主要集中在克伦特罗、恩诺沙星、氧氟沙星以及铬超标。这些问题主要是养殖过程中违规使用兽药或添加剂造成的。克伦特罗是瘦肉精的主要成分，部分小规模养殖场以及养殖户为了提高牛肉的瘦肉率，获得更多收益，不惜违规使用此种禁药，但此物质会对人的心脏和神经等造成危害。恩诺沙星和氧氟沙星曾经作为预防感染的兽药，因会对人体造成危害，也被国家禁用。而重金属铬超标主要原因是牛的饲料中违规添加，其目的也是促进牛的快速增膘。

除了存在影响人身体健康的牛肉食品安全事件发生外，还存在着部分商家以次充好，破坏廊坊市牛肉品牌形象的问题。尤其是廊坊市大厂县生产的清真牛肉，经过多年的经营，以其良好的品质，在京津等大城市形成了良好的口碑。但是少数屠宰加工企业凭借廊坊市牛肉的良好品牌形象，私屠滥宰，生产注水肉、病死牛肉以及将口感较差的淘汰奶牛肉当作商品牛肉售卖，影响了廊坊市牛肉的品质，破坏了品牌形象。

二、廊坊市肉牛产业发展影响因素分析

影响廊坊市肉牛产业发展的因素既有外部因素，也有内部因素。外部宏观环境对肉牛产业产生直接或间接的影响，且只能被动地接受。本专题利用 PEST 分析法分析外部宏观环境。PEST 分析法是分析产业宏观环境的常用工具，它从政治环境、经济环境、社会环境以及技术环境四个角度分析宏观环境变化对产业的影响。产业内部的影响因素由产业自身原因所决定，可以从养殖环节、屠宰加工与流通销售三个内部环节视角进行分析。

（一）廊坊市肉牛产业发展的 PEST 分析

1. 政治因素

政治因素包括一个国家或地区的政治制度、体制、方针政策、法律法规等方面。根据出台的政策对肉牛产业发展产生支持还是约束的效果，可将政治因素从政策支持和政策约束两个角度进行分析。

（1）政策支持

政府对产业的支持往往表现为政策上的支持。廊坊市非常重视畜牧产业包括肉牛产业的发展，认真贯彻执行上级各项政策，并制定了适合廊坊市特点的支持政策。

从国家层面，近年来借着乡村振兴的契机，国家提出一系列促进肉牛产业发展的政策。在 2018—2021 年的"中央 1 号"文件中，分别提出发展优质牧草、培育推广良种、建设现代养殖体系等畜牧业重点发展方向。2020 年国务院印发的《关于促进畜牧业高质量发展的意见》中，不仅提出一系列关于肉牛养殖、屠宰加工、疫病防治、绿色养殖等发展规划，还确立"市长负责制"、保障畜牧业用地、加大金融支持等一系列保障性政策。2021 年农业农村部出台《推进肉牛肉羊生产发展五年行动方案》，提出政策重点向包括河北省在内的 9 个省份倾斜支持肉牛肉羊发展，针对肉牛产业链各个环节提出了具体发展措施。

从省级层面，2011 年河北省人民政府印发《关于加快现代畜牧业发展的意见》；2014 年河北省制定了基础母牛扩群项目，致力于提升省内的肉牛繁育能力；2014 年河北省畜牧兽医局出台《关于加快推进畜牧产业链条经济发展的实施意见》，提出"要打造以屠宰加工为龙头、品牌销售为纽带、标准化规模养殖为重点的产业模式"；2015 年河北省农业农村厅、河北省财政厅印发了

《河北省 2015 年促进金融支持畜牧业发展工作实施方案的通知》，积极协调当地政府，加大财政扶持力度，整合支农资金，重点支持畜牧业链条经济发展。2016 年河北省人民政府办公厅出台的《关于进一步加快现代畜牧业发展的意见》，在肉牛规模化养殖、培育龙头企业、技术推广等领域提出了一系列发展措施。2020 年河北省畜牧工作重点中与肉牛产业相关的措施有深化良繁体系建设、推进畜禽粪污资源化利用、创建标准化示范场。此外，河北省还有青贮补贴、动物防疫补贴、粪污处理项目补贴、贷款补贴等政策。

从市级层面，廊坊市根据国家和河北省制定的一系列政策，结合本市特点，在 2017 年制定了《廊坊市畜禽养殖废弃物资源化利用工作方案》，支持规模养殖场配备粪污处理设备，并给予一定的资金支持。2018 年制定了《廊坊市畜牧业发展规划 2018—2025》，对肉牛产业发展做出重要战略部署，以实现绿色优质畜产品供给和生态环境保护协调发展为目标，致力于解决供给问题、污染问题以及政策支持不足的问题。2021 年，廊坊市农业农村局与邮储银行合作，设立支持畜牧业发展贷款风险补偿基金，可向符合标准的肉牛规模养殖场发放单笔最高 200 万元的贷款，致力于解决经营主体融资难融资贵的问题。目前廊坊市重大动物疫情应急指挥系统建设项目正在建设中，有利于提升廊坊市处理动物疫情的能力。

（2）政策约束

在查阅政府文件与调研过程中发现，为了使肉牛养殖行为更加规范，各级政府和主管部门制定的相关政策会对肉牛产业发展产生一定程度的约束作用。

2017 年，受京津冀协同发展政策的影响，廊坊市与北京交界地区（北京通州、大兴）划定了畜牧产业禁止和限制范围，覆盖了廊坊市的大厂、三河、香河、广阳、永清、固安六个区市，这势必成为廊坊市肉牛产业发展布局规划最重要的影响因素。从大厂县畜牧局了解到，目前廊坊市养牛的重点区域已由北三县（大厂、三河、香河）向南三县（大城、文安、霸州）转移。北三县曾经作为廊坊市养牛和肉牛屠宰加工的重点区域，因为此规划的推出，该地区的肉牛养殖户受到的扶持力度也越来越小。在走访过程中，大厂县大厂镇陈府乡的养殖户纷纷表示，目前政府对本地区肉牛养殖扶持力度较小，仅仅能享受到免费的防疫针，除此之外无其他补贴。而养牛技术培训也因缺乏有效宣传推广，养殖户的参与度与知晓度也较低。

虽然国家已经出台相关政策为肉牛养殖用地审批放宽条件，只要不是基本农田，就可以建养殖场。但是在实际执行过程中，地方行政部门实行一刀切，养殖户土地审批困难，不利于养殖规模的扩大。在走访过程中，廊坊市大厂县漫兴营村一名养殖户利用自有土地建设住房和肉牛养殖场，有扩建打算。虽然门外仍有一块土地产权属于他，但是因土地利用类型模糊，乡政府不允许其进行扩建。

2. 经济因素

从宏观角度看，一个地区的经济环境稳定，该地区的产业才能够健康发展。因此，廊坊市经济发展水平对肉牛产业发展有着重要影响。近年来，廊坊市经济不断发展，十年来 GDP 从 2011 年的 1 612 亿元增长到 2020 年的 3 303.1 亿元，增长率约为 105%，有助于提升社会资本对肉牛产业的支持。从微观角度看，城乡居民可支配收入逐年提升（图 9-8），牛肉消费能力逐年加强。虽然 2020 年河北省城乡居民、城镇居民、农村居民的人均牛肉消费量分别为 1.7 千克、2.6 千克和 0.7 千克，低于全国 2.3 千克、3.1 千克和 1.3 千克的平均水平，但是这也说明居民牛肉消费能力还有着较大的提升空间。更重要的是，京津是廊坊市牛肉销售重要的市场，这里人口众多，接近 3 500 万，常年牛肉需求量大且层次高。

单位：元

图 9-8　2010—2019 年廊坊市城乡居民人均可支配收入

数据来源：《河北农村统计年鉴》（2011—2020 年）。

3. 社会因素

廊坊市是回族聚居区，回族人口较多，这是该市肉牛产业长期以来不断发展的重要基础。全市有 1 个回族自治县（大厂回族自治县），2 个民族乡（永清县管家务回族乡、文安县大围河回族满族乡），数十个民族村。在廊坊市，回族人口数量超过 8 万。在京津地区也有将近 50 万的回族人口。受回族饮食习惯的影响，每逢宰牲节、开斋节以及中秋春节等节日，人们常以牛肉送礼。较多的回族人口极大地提高了本地区对牛肉的需求，在这个氛围中汉族居民也对牛肉颇为喜爱。

4. 技术因素

从 2008 年至今，廊坊文安的北方田园农牧公司利用冻精和胚胎移植技术改良、繁育优质纯种的德系和美系西门塔尔牛，培育了一个 200 余头种母牛组成的核心群，有效地加快了育种进程，提升了核心种群的质量。河北省成立了肉牛产业创新团队，在廊坊设置了综合试验站。这些科研人员在疾病防控、人工授精、肉牛生产技术指导等方面为养殖场提供了非常大的帮助。

质量安全追溯体系技术的应用大大增强了消费者对牛肉质量的信赖，该技术将以北三县为中心，逐步在全市范围内的大型屠宰场推广。冷链运输技术，让牛肉产品的销售范围变得更广，利用网络技术拓宽牛肉的销售渠道。

（二）廊坊市肉牛产业内部影响因素评价

1. 指标选取的原则

（1）完整性和系统性

所构建的指标体系具有逻辑层次，既能涵盖整个肉牛产业，又能够反映产业各生产环节和系统之间的逻辑关系。指标体系既要定量分析问题又要考虑定性问题，无法用定量指标反映的影响因素要设置合理的定性指标，能够客观反映产业实际；指标体系设计上从完整性和系统性出发，指标之间应当相互联系、互相补充，具有层次性和结构性。

（2）重要性与独立性

重要性要求在选用指标时应分清矛盾的主要方面和次要方面，选择主要方面中最重要的指标。独立性要求各指标应能独立代表一个侧面，减少各因素指标的相关性、重叠性，使衡量标准尽可能简化。

（3）科学性与实用性

这里的科学性指的是在设计指标时要以科学的理论作为依据，即指标须具有一定的科学内涵，目的清楚，定义准确，能够度量和反映廊坊市肉牛产业各个环节的发展水平。实用性是指指标体系要对最终提出对策建议有着明显的指导作用。

2. 指标体系的构建

肉牛产业链主要可以分为三个环节，分别是养殖、屠宰加工与流通销售环节。肉牛养殖过程中的主要生产经营活动包括购买架子牛、架子牛饲养管理、饲料和人工等成本的投入、育成牛销售。屠宰加工与流通销售过程的主要生产经营活动包括购买肉牛、屠宰加工、牛肉的运输与销售和企业品牌的建设。由于屠宰加工与销售环节联系紧密，故对其影响因素综合到一起进行分析。结合三个环节的主要经营活动，选取如下指标对廊坊市肉牛产业发展的内部影响因素进行分析（表 9-5 和表 9-6）：

表 9 - 5　肉牛养殖环节影响因素指标

指标	说明
养牛产值	反映廊坊市肉牛养殖环节整体经营状况
活牛价格	活牛价格直接影响着养殖者的养牛成本、规模以及养牛的意愿
规模养殖比例	廊坊市规模养殖场（户）数与所有养殖主体数量的比值。规模越大，饲养管理水平越高，规模经济效应越明显
养牛中间消耗值	反映养殖过程中的成本消耗多少，如人工、饲料、医疗等
每一农村农林牧渔业从业人员创造农林牧渔业增加值	反映劳动力的生产效率，创造的附加值越高，工人的生产效率也就越高
平均单头牛产肉量	产肉量对产量有直接影响，良种肉牛产肉量高
科技进步贡献率	科技对肉牛养殖也有着重要影响
出栏率	反映廊坊市肉牛养殖环节销售情况以及饲养周期的长短

表 9 - 6　屠宰加工与流通销售环节影响因素指标

指标	说明
企业数量与开工率	衡量廊坊市肉牛屠宰加工环节的总体生产能力，屠宰加工企业是该环节中的主体，它的数量与开工率直接影响地区总产能
牛源供应	表示屠宰加工企业所需生产原料即活牛的供应状况
屠宰加工技术	屠宰加工技术越高，越有利于牛肉的精细分割，附加值越高
与上下游环节联结程度	屠宰加工企业与上下游环节紧密联结，有利于减少交易成本和实施一体化战略
物流发展水平	物流发展水平尤其是冷链运输水平可以衡量廊坊市牛肉产品的运输配送能力，物流发展水平越高越有利于市场的拓展
品牌建设与营销水平	品牌建设与营销水平对牛肉的销售有着重要影响，消费者在购买牛肉时总会选择信赖的品牌和便捷的方式

3. 肉牛养殖环节影响因素分析

灰色关联分析法是以各因素的样本数据为依据用灰色关联度来描述因素间关系的强弱、大小和次序的方法，关联度在 0.7 以上可以认为是强关联，在 0.6～0.7 可以认为是中等关联。

(1) 各指标原始数据

时间跨度为 2010—2019 年，数据由 2011—2020 年的《河北经济年鉴》《河北农村统计年鉴》中的数据以及河北省肉牛产业创新团队提供的数据整理而得。原始数据见表 9 - 7。

表 9-7　廊坊市肉牛产业养殖环节影响因素原始数据

年份	养牛产值（万元）	架子牛价格（元）	规模养殖比例 X_2（%）	河北省养牛中间消耗值 X_3（元）	每一农村农林牧渔业从业人员创造农林牧渔业增加值 X_4（元）	产肉量 X_5（千克/头）	科技进步贡献率 X_6（%）	出栏率 X_7（%）
2010	265 210	13.07	0.35	2 148.72	19 626	160.8	0.099 8	1.662 8
2011	291 505	16.02	0.4	2 466.35	21 818	160.7	−0.047 9	1.638 3
2012	332 316	20.26	0.5	2 721.75	24 767	162.5	0.108 0	1.632 8
2013	324 442	24.75	0.68	4 003.63	25 202	160.8	−0.040 4	1.325 8
2014	337 012	26.29	0.76	4 483.62	26 157	163.4	0.036 5	1.491 8
2015	318 223	23.37	0.77	5 507.97	26 436	163.4	−0.040 4	1.494 2
2016	244 717	22.49	0.79	5 247.09	25 537	163.4	−0.009 2	1.079 5
2017	116 201	24.23	0.8	5 369.6	24 801	163.3	−0.373 8	0.908 4
2018	121 064	24.65	0.82	5 472.06	27 329	163.4	0.048 1	1.156 9
2019	148 691	27.38	0.85	5 941.93	32 070	163.9	0.141 5	1.407 9

数据来源：由《河北农村统计年鉴》（2011—2020 年）、河北省肉牛团队廊坊综合试验站、调研数据整理计算而得。

（2）数据处理

第一步：确定分析数列。

令养牛产值为 X_0，为参考序列；令架子牛价格至出栏率 7 个指标依次为 $X_1 \sim X_7$，确定为比较序列。

第二步：变量的无量纲化。

由于系统中各因素列中的数据计量单位可能不同，因而原始数据存在量纲和数量级上的差异，不便于比较或在比较时难以得到正确的结论。因此在进行灰色关联度分析时，一般都要进行数据的无量纲化处理。本书选用初值法表达式为：

$$x_i = \frac{X_i}{X_I(1)} \qquad (9-1)$$

处理后得到表 9-8：

表 9-8　初值法无量纲处理后的变量序列

年份	X_0	X_1	X_2	X_3	X_4	X_5	X_6	X_7
2010	1.000 0	1.000 0	1.000 0	1.000 0	1.000 0	1.000 0	1.000 0	1.000 0
2011	1.099 1	1.225 7	1.142 9	1.147 8	1.111 7	0.999 4	−0.479 8	0.985 3
2012	1.253 0	1.550 1	1.428 6	1.266 7	1.262 0	1.010 6	1.081 8	0.982 0

（续）

年份	X_0	X_1	X_2	X_3	X_4	X_5	X_6	X_7
2013	1.223 3	1.893 6	1.942 9	1.863 3	1.284 1	1.000 0	−0.405 4	0.797 3
2014	1.270 7	2.011 5	2.171 4	2.086 6	1.332 8	1.016 1	0.366 2	0.897 2
2015	1.199 9	1.788 1	2.200 0	2.563 4	1.347 0	1.016 2	−0.405 0	0.898 6
2016	0.922 7	1.720 7	2.257 1	2.442 0	1.301 2	1.016 2	−0.092 6	0.649 2
2017	0.438 1	1.853 9	2.285 7	2.499 0	1.263 7	1.015 5	−3.747 2	0.546 3
2018	0.456 5	1.886 0	2.342 9	2.546 7	1.392 5	1.016 1	0.482 3	0.695 8
2019	0.560 7	2.094 9	2.428 6	2.765 3	1.634 1	1.019 3	1.418 8	0.846 7

数据来源：由表 9-3 计算整理而得。

第三步：计算绝对差值序列。公式为：

$$\Delta i(k) = |X_0(k) - X_i(k)|, \quad i = 1, 2, 3, \ldots, 7 \qquad (9-2)$$

处理后得到表 9-9。

表 9-9　差值序列

年份	Δ_1	Δ_2	Δ_3	Δ_4	Δ_5	Δ_6	Δ_7
2010	0	0	0	0	0	0	0
2011	0.126 6	0.043 7	0.048 7	0.012 5	0.099 8	1.579 0	0.113 9
2012	0.297 1	0.175 5	0.013 7	0.009 0	0.242 5	0.171 2	0.271 0
2013	0.670 3	0.719 5	0.640 0	0.060 8	0.223 3	1.628 8	0.426 0
2014	0.740 7	0.900 1	0.815 9	0.062 0	0.254 6	0.904 8	0.373 5
2015	0.588 2	1.000 1	1.363 5	0.147 1	0.183 7	1.604 9	0.301 3
2016	0.798 0	1.334 4	1.519 2	0.378 5	0.093 4	1.015 3	0.273 5
2017	1.415 7	1.847 6	2.060 8	0.825 5	0.577 4	4.185 4	0.108 2
2018	1.429 5	1.886 4	2.090 2	0.936 0	0.559 7	0.025 8	0.239 3
2019	1.534 2	1.867 9	2.204 7	1.073 4	0.458 6	0.858 2	0.286 0

数据来源：由表 9-4 计算整理而得。

第四步：计算参考数列与比较数列的关联系数：

$$\xi_i(k) = \frac{\min\limits_{i}\min\limits_{k}\Delta_i(k) + \rho \max\limits_{i}\max\limits_{k}\Delta_i(k)}{\Delta_i(k) + \rho \max\limits_{i}\max\limits_{k}\Delta_i(k)} \qquad (9-3)$$

其中 $\min\limits_{i}\min\limits_{k}\Delta_i(k)$ 表示两级最小差，$\max\limits_{i}\max\limits_{k}\Delta_i(k)$ 则为两级最大差。$\rho \in (0, \infty)$，称为分辨系数。ρ 越小，分辨力越大，一般 ρ 的取值区间为 $(0, 1)$，通常取 $\rho = 0.5$。处理后得到表 9-10。

表 9 - 10 关联系数序列

年份	ξ_1	ξ_2	ξ_3	ξ_4	ξ_5	ξ_6	ξ_7
2010	1	1	1	1	1	1	1
2011	0.943 0	0.979 5	0.977 3	0.994 0	0.954 5	0.570 0	0.948 4
2012	0.875 7	0.922 67	0.993 5	0.995 8	0.896 1	0.924 3	0.885 3
2013	0.757 4	0.744 1	0.765 8	0.971 8	0.903 6	0.562 3	0.830 9
2014	0.738 6	0.699 1	0.719 5	0.971 2	0.891 5	0.698 2	0.848 5
2015	0.780 6	0.676 6	0.605 5	0.934 3	0.919 3	0.566 0	0.874 1
2016	0.723 9	0.610 6	0.579 4	0.846 9	0.957 3	0.673 3	0.884 4
2017	0.596 5	0.531 1	0.503 8	0.717 1	0.783 8	0.333 3	0.950 8
2018	0.594 1	0.525 9	0.500 3	0.691 0	0.789 0	0.987 8	0.897 4
2019	0.577 0	0.528 4	0.487 0	0.661 0	0.820 2	0.709 2	0.879 7

数据来源：由表 9 - 9 计算整理而得。

第五步：计算关联度并依据关联程度按大小进行排序。

关联度 r_i 公式为：

$$r_i = \frac{1}{N} \sum_{k=1}^{N} \xi_i(k) \qquad (9 - 4)$$

计算出结果并排序，结果见表 9 - 11。

表 9 - 11 关联度排名

指标	关联度	排名
出栏率 X_7	0.90	1
平均单头牛产肉量 X_5	0.89	2
每一农村农林牧渔业从业人员创造农林牧渔业增加值 X_4	0.88	3
活牛价格 X_1	0.76	4
规模养殖比例 X_2	0.72	5
中间消耗值 X_3	0.71	6
科技进步贡献率 X_6	0.70	7

数据来源：由表 9 - 10 计算整理而得。

（3）结果分析

根据各个指标与廊坊市养牛产值的关联度大小排序如下：出栏率＞平均单头牛产肉量＞每一农村农林牧渔业从业人员创造农林牧渔业增加值＞活牛

价格＞规模养殖比例＞中间消耗值＞科技进步贡献率。7个指标的关联度在0.7以上，说明各个指标关联程度都较强。

排名在第一位的是出栏率，关联度为0.9，属于较强关联。廊坊市肉牛养殖特点就是外购架子牛，快速育肥后出栏屠宰。廊坊市肉牛养殖受环境政策约束大，养殖规模难以再扩大。依靠快速育肥模式，提升出栏率，缩短养殖周期才能获得更高收益。出栏率高反映了廊坊市肉牛销售顺畅。在调研中养殖场主也表示肉牛育肥后，销路畅通，能够及时出栏。此外，出栏率高也在一定程度上反映肉牛的育肥技术好。因此稳定养殖规模，保持较高的出栏率对廊坊市肉牛产业发展尤为重要。

平均单头牛产肉量的关联度为0.89，排在第二位，说明肉牛的产肉量对肉牛养殖也有很大影响。产肉量可以衡量养殖环节的肉牛饲养技术和肉牛的良种程度。体重越大，对育肥技术的要求也就越高。良种肉牛产肉率优于普通肉牛，廊坊市良种肉牛的出肉率比普通黄牛出肉率高8%左右。

每一农村农林牧渔业从业人员创造农林牧渔业增加值指标用来衡量养牛从业人员的素质，关联度为0.88，排在第三位。劳动力素质越高，劳动生产效率就越高，可以创造更高的附加值。廊坊市肉牛养殖工人平均月工资约3 500元，在既定的劳动力资本投入后产生更多的价值，就需要提升劳动者的生产效率。

活牛价格与中间消耗值指标的关联度分别为0.76和0.71，可以衡量肉牛养殖成本。河北省肉牛养殖整体上为高投入、高产出、低收益，廊坊市肉牛养殖成本相比省内其他市区更高。成本高，压缩了利润空间，会影响到养殖者的养殖意愿。

规模养殖比例指标关联系数为0.72，用来衡量廊坊市肉牛养殖的规模化程度。廊坊市肉牛养殖规模化程度优于省内其他市区，规模经济效应更强。但受近年来的环境政策调整影响，养殖总量逐年下降，规模养殖程度高的优势没有发挥出来。

科技进步贡献率指标关联度为0.7。科学技术在肉牛养殖中育种、精料研发、疾病防治等方面的作用越来越重要，但是廊坊市中小规模养殖场较多，先进技术的普及存在一定的滞后性，因此科技进步贡献率指标对肉牛养殖环节的影响相对较低。

4. 廊坊市肉牛产业屠宰加工与流通销售环节影响因素分析

（1）屠宰加工企业数量与开工率

屠宰加工企业数量直接影响了该地区的牛肉产量，也影响着该环节在肉牛产业中各个环节所占的比重。廊坊市的肉牛屠宰加工企业数量较多，涌现出了以福华肉类公司为代表的几家达到国内一流水平的屠宰加工企业，多数省内定点肉牛屠宰场也位于廊坊，带动了廊坊市内肉牛屠宰加工行业的发展。

虽然廊坊市屠宰加工企业数量较多，但是开工率还有待提升。肉牛屠宰加工企业的年开工率指的是企业年实际的屠宰量除以设计的年屠宰量。只有当屠宰加工企业的开工率达到满负荷运转时，企业的产量才能达到最大化。受经营水平的影响，廊坊市的肉牛屠宰加工企业普遍开工率不足，超过 59%的肉牛规模屠宰企业屠宰量未能达到设计屠宰能力的 50%（图 9 - 9）。

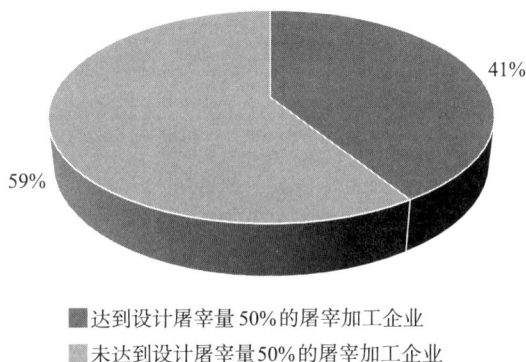

图 9 - 9　廊坊市肉牛屠宰加工企业开工率统计图

数据来源：河北省现代农业产业技术体系肉牛产业创新团队调研结果。

（2）牛源供应情况

牛源供应情况主要指育成牛数量能否满足屠宰加工企业的需求。若牛源不足，势必影响屠宰加工企业的正常生产。根据前文所述，廊坊市各大肉牛屠宰场的牛源主要来自以下 3 个方面：一是来自屠宰场自有养殖基地；二是来自市内以及附近省市的奶牛场；三是来自其他省份和河北省内的肉牛养殖场。牛源供应充足，企业才能进行最大的投入产出活动。通过近几年廊坊市肉牛出栏量与牛肉产量可以发现（图 9 - 10），随着廊坊市肉牛出栏量下降，牛肉产量也下降，折线图走势一致，这说明牛源供应情况对屠宰加工环节的产能影响是最直接、显著的。

（3）屠宰加工技术

随着消费水平的提高，消费者对牛肉产品的需求趋于多元化，只有先进的屠宰加工技术，才能分割出高品质的牛肉产品，满足消费者的需求，提高企业的市场占有率。廊坊市少数几家大型的屠宰加工企业采用了牛肉品质分级标准，进行更深入的分割，提高了牛肉产品附加值。大厂华安公司最早引进了德国先进屠宰加工流水线，使得大厂肉牛屠宰加工技术有了质的提升，其他企业纷纷效仿，改进设备，生产出高质量牛肉产品，使大厂县成了肉牛屠宰大县。廊坊市多数中小型肉牛屠宰企业均未使用牛肉品质分级标准，如 NY/T 676

单位：吨

单位：万头

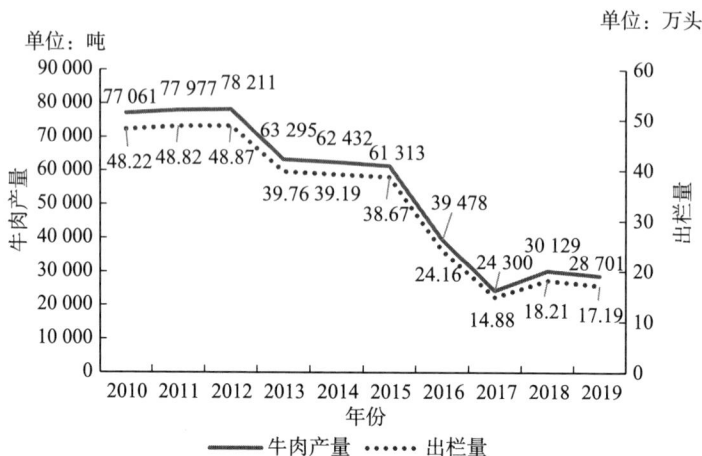

图 9-10　2010—2019 年廊坊市肉牛出栏量与牛肉产量

数据来源：《河北省农村统计年鉴》(2011—2020 年)。

等，销售以四分体交易或分割肉冻品为主。落后的屠宰加工技术水平低，导致优质牛肉与普通牛肉混在一起分割出去，造成牛肉利用率低下，也难以打造出更多优质品牌。屠宰加工技术水平高低影响着牛肉产品的开发，对屠宰加工环节有着重要影响。

（4）与上下游环节联结程度

屠宰加工环节处于整个肉牛产业链的中间地位，既需要充足且优质的肉牛作为加工的原材料，生产出来的牛肉产品也需要畅通的销路。因此与上游养殖环节和下游销售环节紧密联结在一起，加强纵向协作，可以使屠宰加工环节的生产与销售更加顺畅、高效。实现"产加销一体化"的屠宰加工企业，有利于企业减少交易成本，加快产品与资金的运转。而那些处于产业链断裂中的屠宰加工企业，一方面由于活牛供应的数量与质量不稳定，影响其产量与产品品质；另一方面超过 70% 的企业销售渠道为批发商，进一步压缩了其利润空间。廊坊市内目前实现三产融合发展的代表性企业有福华公司、福成公司和顺泽公司，都以"产加销一体化"的发展模式获得良好的盈利效果。

（5）物流发展水平

廊坊市肉牛产业的供销渠道是典型的"买全国，卖全国"，即从全国各地购买架子牛进行短期育肥，经屠宰加工后再将牛肉销往全国各地。此模式涉及地区间的商品流通，既包括活牛贩运，也包括牛肉制品运输，因此物流发展水平对廊坊市肉牛产业发展有着重要影响。尤其是冷链运输的发展可以将优质牛肉产品向更远的地区辐射，扩大市场。目前发达国家肉类冷链流通率达 95%

以上，而我国仅为 34％，原因是国外消费以冷鲜肉为主，而我国以热鲜肉为主，但无论是冷鲜肉还是热鲜肉，保持低温运输都对牛肉品质有重要影响，因此健全冷链物流体系将会促进廊坊市牛肉的销售质量提升，销售范围进一步扩大。

（6）品牌建设与营销方式

良好的品牌形象可以更好地满足消费者追求品质、安全的消费心理，增强消费者对牛肉产品的信任，从而促使一个稳定的消费群体的形成，并通过这个群体不断地扩大品牌的影响力，最终使市场占有率不断提升。例如福华、福成集团生产的牛肉产品就是靠着其过硬的质量，打造出了良好的品牌形象，使其在京津沪各大城市都占据了一定的市场份额。

通过问卷星收集了廊坊市大厂县、三河市、香河县、文安县、安次区五个区县的 116 位城乡居民（其中城镇居民 70 人，农村居民 46 人）对牛肉品牌知名度的问卷调查发现，虽然廊坊市内肉牛屠宰加工企业较多，但仅有福成和福华的品牌知名度超过了 70％，多数企业知名度均小于 50％（图 9 - 11）。有70％的消费者买牛肉时更看重食品安全与质量。因此通过提升牛肉品质与安全，树立良好品牌形象有利于取得消费者的信赖。

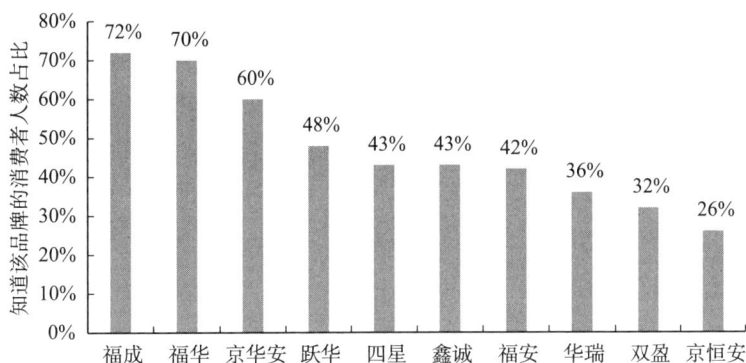

图 9 - 11　廊坊市牛肉销售企业知名度情况调查

数据来源：调查问卷数据整理。

营销方式与品牌建设紧密结合。在对消费者牛肉购买方式的问卷调查中发现，有 86％表示只在线下购买牛肉，但有 78％的消费者表示如果冷链技术足以保证牛肉新鲜程度，愿意在网上购买。还有 55％的年轻消费者（18～30 岁）表示希望利用社区团购来购买牛肉（图 9 - 12）。可见牛肉的批发零售商只有结合消费者的需求，不断完善各种线上线下的营销方式，才能提升市场占有率。

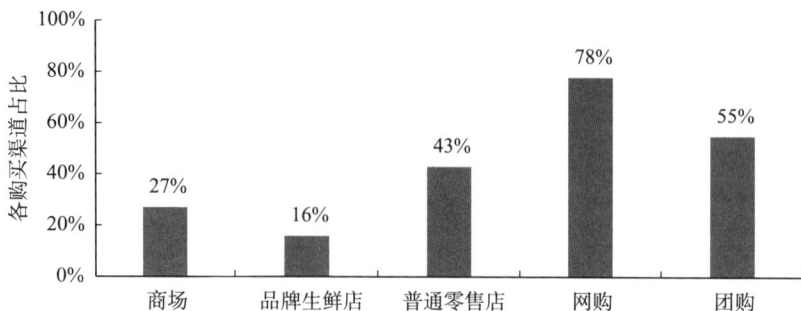

图 9 - 12　廊坊市城乡居民购买渠道调查情况

数据来源：根据调查问卷数据整理。

三、研究结论与对策建议

（一）研究结论

通过对廊坊市肉牛产业发展现状与影响因素的分析得出如下结论：

第一，廊坊市肉牛养殖环节在产业链中处于相对较弱的地位。具体表现为养殖规模不断缩减，存栏量和出栏量逐年降低；肉牛繁育能力较差，牛源以外购为主，品种杂乱，且无种公牛站，良种率有待提升；中小规模养殖场较多，养殖技术有待提升。

第二，屠宰加工环节是廊坊市肉牛产业的优势所在。廊坊市屠宰加工业几乎与肉牛养殖业同时起步，现今发展水平较高。主要体现在：屠宰加工企业较多，河北省78%的肉牛定点屠宰企业在廊坊；屠宰加工技术高，通过配备先进设备，将牛肉精细分割，提升其附加值；涌现出福华、福成两个高端牛肉品牌；大厂县的"大厂肥牛"以其优异品质被认定为国家地理标志产品。

第三，销售环节需要进一步发展。除了福华和福成之外，其他牛肉品牌的影响力较小，在消费者中知名度不高。而且营销渠道仍以传统线下销售为主，多数企业没有开通线上销售平台或营销效果较差，网店每月订单量过低。

第四，整体上产业融合程度不高，纵向协作效果较差。除了福成、福华、顺泽等少数几家大型屠宰加工企业实行纵向一体化发展战略，建立了产加销一条龙的发展模式，多数屠宰加工企业和个体户还是采取市场交易模式，既无固定的牛源供应渠道，也无固定的销售渠道，凭借"老顾客"的关系进行市场交易，稳定性较差。

第五，政策因素、社会因素、区位因素对廊坊市肉牛产业发展产生重大影响。政策因素主要指环境政策对肉牛养殖的约束，使得廊坊市肉牛产业产能大幅下降；社会因素主要指廊坊市回族人口较多，牛肉是回民主要肉食来源，农村地区回民饲养牲畜也会选择饲养牛，廊坊市肉牛产业受此影响发展较早，饲养经验丰富，屠宰加工技术成熟。区位因素是指廊坊市紧邻京津，生产的清真牛肉占据京津 70% 的市场，随着雄安新区的建设，消费市场将进一步扩大。此外，在养殖环节，坚持外购肉牛快速育肥模式，保持产能稳步增长。在屠宰加工环节，要注重牛源供应、屠宰加工技术、与上下游环节联结程度、冷链建设以及品牌建设与营销方式等因素对企业的影响。

（二）廊坊市肉牛产业发展思路

廊坊市肉牛产业今后在发展过程中，应充分发挥其两大比较优势：区位优势和屠宰加工优势。还要利用好市内的奶牛资源。

1. 利用区位优势，抓住京津市场

廊坊市肉牛产业发展较快的一个重要原因就是京津庞大市场的拉动作用。作为京津地区重要的农产品供应地，在京津冀一体化协同发展的战略背景下，廊坊市肉牛产业发展迎来重大机遇。京津作为全国特大一线城市，常住人口众多，高消费群体庞大，牛肉需求的数量多，层次高，因此市场潜力大。与此同时，随着雄安新区的不断建设发展，廊坊市牛肉产品的消费市场将进一步扩大。因此要凭借得天独厚的区位优势，牢牢抓住京津、雄安的市场，供应优质牛肉，不断提升市场占有率，并且进一步向其他一、二线城市的牛肉市场开拓。同时针对日益扩大的高消费群体，增加高档牛肉产品的生产供应。

2. 发挥屠宰加工优势，引导肉牛养殖业退出或转型

廊坊的北三县（大厂、三河、香河）被规划为"北部畜产品加工示范区"，屠宰加工技术已达国内领先水平。为了与廊坊市畜牧业发展规划相协调，肉牛养殖业今后在廊坊市肉牛产业中的地位应逐渐弱化，有条件的养殖区域应转型升级。而政府对肉牛屠宰加工环节的管控相对较轻，而且廊坊市屠宰加工企业较多，规模庞大，今后可以通过配备设备减轻污染，注重牛肉安全，提升牛肉质量，实现进一步发展。所以，廊坊市肉牛养殖环节应逐步退出或转型升级，今后发展的重点应放在肉牛的屠宰加工环节，但是要注重其质量的提升与牛源供应的稳定。

3. 依托奶牛优势，壮大肉牛产业

肉牛养殖环节弱化导致屠宰加工环节必然面临肉牛资源不足的情况。解决措施一是"买全国，卖全国"，即从全国各地购买活牛，屠宰加工成牛肉后销往全国；二是充分利用好市内的奶牛资源。奶牛产业在廊坊市发展较好，实现了 100% 规模化养殖，相关政策支持较多，市畜牧局专门规划了"中部奶牛养殖示范区"来进一步发展奶牛业。奶牛场每年约有 30% 的淘汰率，每年可以

稳定地为屠宰加工企业供应两万多头活牛。因此要加强奶牛与屠宰加工业的联动，促进肉牛产业的发展（图9-13）。

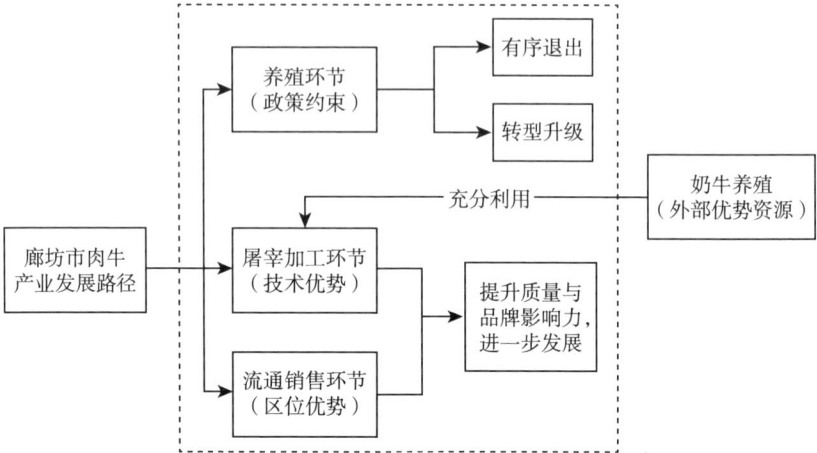

图9-13 廊坊市肉牛产业总体发展路径

（三）廊坊市肉牛产业发展对策

1. 养殖环节发展对策

（1）加强肉牛主产区转移相关政策宣传与落实

针对廊坊市肉牛产业区划，有关部门在禁养区和适养区相应地做好政策宣传工作。今后廊坊市肉牛产业发展必须与环境承载力相适应，与京津冀一体化发展和雄安新区的建设相协调，因此要加强对养殖业的环境治理，科学规划禁养区、限养区与适养区，逐步引导禁养区肉牛养殖业合理退出。根据廊坊市环境政策与环境承载力，有关部门要科学确定廊坊市肉牛养殖规模总量，不再鼓励兴建、扩建规模肉牛养殖场，稳定现有养殖规模，重点放在提质增效，逐步引导北三县肉牛养殖主体有序退出。

（2）促进适养区肉牛养殖提质增效

适养区为永清县、文安县、大城县、霸州市等廊坊市南部区域，加强对这些区域内现有中小规模养殖场户的整合，进一步提升规模化养殖水平，提高养殖效率，要求规模养殖场配套先进的粪污处理设备，减少对环境的破坏。引导养殖大户和家庭养殖场联合组建专业合作社，提高中小规模养殖水平。针对中小规模养殖场（户），可由政府引导建立养殖小区，实行肉牛托管养殖。借鉴推广廊坊市永清县白土岗园区经验，通过建立养殖园区，引导养殖场入驻。政府与金融机构合作设立肉牛养殖专项基金，为存栏千头以上的肉牛养殖小区、产业园中养殖场给予整体性补贴，如肉牛养殖保险、青贮补贴和农机具购置补贴等；借鉴推广文安县的种养结合模式，以养带种、种养结合，支持养殖场实行种养结合循环模式，推动构建植物生产、动物转化、微生物还原的绿色循环农业模式。基层畜牧站点加强对适养区肉牛养殖场（户）养殖技术的指导，定期组织讲座，提升其养殖技术。

加强对肉牛养殖场违禁药物使用情况的监测。农业农村局要加强对养殖场的定期抽检，加强与乡镇畜牧站点的联动，形成严密有效的监测网。其次，可通过建立长效的群众举报奖励机制，鼓励群众对使用违禁药物行为进行举报，对使用违禁药物的养殖主体进行相应处罚。

（3）注重推进品种改良

推广人工授精服务，提升冻精质量与冷配服务在适养区的覆盖面积。注重技术人员培养，确保每个县、乡都有畜牧改良站以及足够的技术人员，增强对技术人员的培训与考核，提升配种技术水平，确保受胎成功率。注重科技在品种改良中的作用。

（4）引导肉牛养殖转型升级

单纯的饲养肉牛母牛来解决牛源不足的问题，不符合廊坊市肉牛"短期育肥"养殖模式实际，经济效益也比较低，因此可探索发展乳肉兼用模式。要选择良种乳肉兼用牛，既可保证产奶量的充足，又可以产出良种奶公犊，充分发挥奶牛高饲料报酬率的特点，育肥成优质肉牛。以文安县北方田园农牧科技公司为试点，发挥其带动作用，逐步推广复制以弗莱维赫牛（德系西门塔尔牛）为主的乳肉兼用养殖模式。

2. 屠宰加工与流通销售环节发展对策

（1）重点支持北三县肉牛屠宰加工企业发展

廊坊市大型屠宰加工企业主要集中在北三县，应重点支持北三县发展肉牛屠宰加工业。加大对福华、福成等肉牛屠宰加工类龙头企业支持力度，培育一批牛肉精深加工领军企业。依托龙头屠宰加工企业，开发牛肉深加工品，如调理牛肉、熟牛肉制品和牛头蹄下水制品，提升产品宽度，增加优质产品供给。支持大中型屠宰加工企业或多家小型屠宰加工企业联合起来实行肉牛采购、屠宰、加工、配送、销售的纵向一体化经营模式，提升产业融合程度。屠宰加工企业应有品牌意识，鼓励企业建立"养殖场（户）＋屠宰场＋超市＋线上自营"模式，与养殖场和附近的养殖户签订生产合同，实行订单式养殖，并对养殖肉牛品种和标准作出一定规范，从而减少交易成本。在销售牛肉时，一方面可以与超市、饭店建立长期合作关系，另一方面还要提升企业自销能力，建立牛肉直营店，打造自有品牌，利用抖音等电商平台建立网店，拓展线上销售渠道。

（2）畅通牛源供应渠道

除了坚持"买全国、卖全国"的外购肉牛快速育肥出栏的模式外，还要支持龙头企业建设稳定的养殖基地。引导北三县屠宰加工企业与适养区的肉牛养殖场建立跨区域合作关系，签订生产合同，实现市内的异地产销对接。

充分利用市内的奶牛资源，一方面要引导屠宰加工企业加强对奶公牛和淘汰奶牛牛肉的开发利用和深加工，给予其税收优惠；另一方面，在奶牛繁育品种上有所把控，在奶牛场开展一定数量的优质肉牛品种胚胎移植工作，依靠"借腹怀胎"技术，快速生产血统纯正、优质高产的肉牛品种，继而在全市扩大优质肉牛品种的种群数量和质量，实现推动廊坊肉牛业高效、快速、健康发展的目标。

（3）打造廊坊特色牛肉品牌

依托福华、福成两大高端牛肉品牌来提升廊坊市牛肉产品的知名度。要牢牢抓住京津雄的广阔市场，逐渐形成三大特色："清真""高端""安全"。

利用回族聚居区的人文地理特点，打造"伊乡"清真特色牛肉品牌，引导清真牛肉厂商生产优质清真牛肉，稳固市内以及京津的清真牛肉市场。充分利用"大厂肥牛"国家地理标志的优势，规范"大厂肥牛"的质量标准，支持企业通过销售优质的"大厂肥牛"产品来提升企业的知名度。引导龙头企业增强创新意识，调整产品结构，开拓高端牛肉市场。加大投入引进先进屠宰加工设备，注重工人培训，通过精细分割，加大产品宽度。

强化企业安全意识，注重对产品质量的把控，不能为追求利润而销售注水肉、病死牛肉。以北三县牛肉产品追溯体系为纽带，逐步建立起全市范围内的牛肉追溯体系，引导肉牛屠宰加工企业落实肉牛屠宰前后的检测与登记制度，统一牛肉质量安全标准，严厉打击私屠滥宰、倒卖病死牛、牛肉注水等违法行为，维护大厂清真牛肉以及廊坊牛肉的良好形象。

（4）增强牛肉营销能力

要利用好区位优势，把京津雄作为主要的供应市场，支持屠宰加工企业与京津雄地区的餐馆、超市建立长期稳定的供应关系，针对不同消费群体，强化牛肉产品开发能力，满足不同层次消费者的需求，并向周边其他城市拓展市场。

引导企业拓宽营销渠道，形成多层次、全方位的销售体系。除了天猫、京东店铺以外，牛肉销售企业可开通抖音、快手、微信公众号等平台进行售卖，与销售平台合作，定期直播销售，提高产品的知名度。社区团购模式近几年在全国范围内开始兴起，鼓励企业通过开发购物小程序，推广社区（村委会）团购牛肉模式。

注重冷链建设。今后廊坊市的高端牛肉市场将进一步打开，因此一定要注重冷链建设。强化冷链物流重要节点的大规模冷藏设施建设，强化农产品仓储保鲜冷链系统之间的协调、配合与合作，逐步形成环绕京津雄的高效农产品物流圈。鼓励企业升级牛肉冷鲜技术和冷链运输贮藏技术，加强与第三方物流公司的合作。完善冷链运输有关标准，保证优质产品可以配送到更广的范围，扩大市场占有率。

参 考 文 献

曹兵海，李俊雅，王之盛，2019. 2018 年肉牛牦牛产业技术发展报告［J］. 中国畜牧杂志，55（03）：133 - 137.

曹兵海，张越杰，李俊雅，等，2020. 2020 年肉牛牦牛产业发展趋势分析与政策建议［J］. 中国畜牧杂志，56（03）：179 - 182.

陈栋，2018. 安徽省肉牛产业链整合研究［D］. 合肥：安徽农业大学.

陈银清，2010. 发展乳肉兼用牛实现廊坊养牛业可持续发展［A］. 河北省畜牧兽医学会. 2010 畜牧业与低碳经济科技论文集［C］. 河北省畜牧兽医学会：3.

崔姹，2018. 我国肉羊产业链主要环节纵向协作关系研究［D］. 北京：中国农业科学院.

廊坊市农业农村局，2018. 河北省廊坊市畜牧业发展规划（2018～2025 年）［Z］.

梁自胜，2021. 当前农产品品牌建设存在的问题与对策［J］. 山西农经（13）：167 - 168.

帕提古丽・托乎提，2014. 淘汰奶牛肉用监督检疫规范探讨［J］. 草食家畜（02）：14 - 15.

唐琦，2019. 我国畜牧产品市场营销的发展现状及创新方式［J］. 商场现代化（13）：63 - 64.

王娜，杨苗苗，2020. 大厂：产业扶贫 为贫困户稳定增收上"双保险"［N］. 廊坊日报. 2020 - 07 - 07.

王秀芳，靳晓彤，赵慧峰，2019. 河北省肉牛产业发展模式研究——基于张家口、承德、廊坊、石家庄四地的肉牛养殖模式调研［J］. 黑龙江畜牧兽医（18）：21 - 26.

王艳，2020. 农产品电子商务发展创新模式［J］. 农业工程，10（08）：125 - 128.

魏然，陈晓宇，2020. 典型发达国家冷链物流发展现状与经验借鉴［J］. 物流技术，39（07）：1 - 4，16.

徐华，2018. 廊坊地区肉牛人工授精技术应用［J］. 中国畜牧业（23）：57 - 58.

张丽凤，2018. 福至工匠心 华耀品牌路——走进廊坊福华肉类有限公司［J］. 北方牧业（23）：18 - 19.

赵晓桅，2013. 陕西省牛肉产业链研究［D］. 西安：西北大学.

专题十 隆化肉牛产业园区发展水平评价

隆化县地处河北省北部，是河北省乃至我国整个北方地区重要的肉牛繁育与生产基地。当地农户素有养牛传统，早在20世纪70年代，隆化县张三营大牲畜交易市场和邻县围场县棋盘山大牲畜交易市场就已是我国北方著名的大牲畜交易中心。"隆化肉牛"一直在京津冀辽蒙等地享有很高的知名度，2021年，隆化县被农业农村部评为全国七大肉牛产业园区之一，这也是河北省第一个国家级肉牛产业园区。国家级肉牛产业园区的建设给隆化肉牛产业发展带来了良好的机遇，但同时也提出了更高的要求。为了提升隆化肉牛产业园区建设与发展水平，有必要梳理园区建设和肉牛产业发展现状，对园区肉牛产业发展水平进行科学评价，进而充分挖掘隆化县肉牛产业发展中存在的突出问题，为园区肉牛产业发展探寻未来发展路径和对策。

一、隆化县肉牛产业发展与园区规划建设现状

（一）隆化县肉牛产业发展现状

1. 肉牛生产发展持续向好

隆化县是河北省"百万头肉牛生产基地"中心示范区。2020年全县饲养肉牛48.3万头，占河北省总饲养量（557.7万头）的8.67%，为河北省第一养牛大县。全县有17个万头牛乡镇、150个千头牛村，养牛5头以上的养殖户有1.72万户。2020年末存栏肉牛27.6万头，同比增长2.22%，出栏23.37万头，同比增长3.4%（图10-1）。

从肉牛存栏量变化来看，2010年至2020年间，隆化县肉牛存栏量整体呈上升趋势，但受市场变化影响，肉牛存栏量也发生了一些波动。在2012年至2013年和2016年至2017年处于下降趋势。其中，2014年至2015年增加了2.07万头，增幅较大；2016年处于数量最高点，为32.48万头；但在2016年至2017年急速下降，从32.48万头下降至25.51万头，为2010年至2020年的最低点。

单位：万头

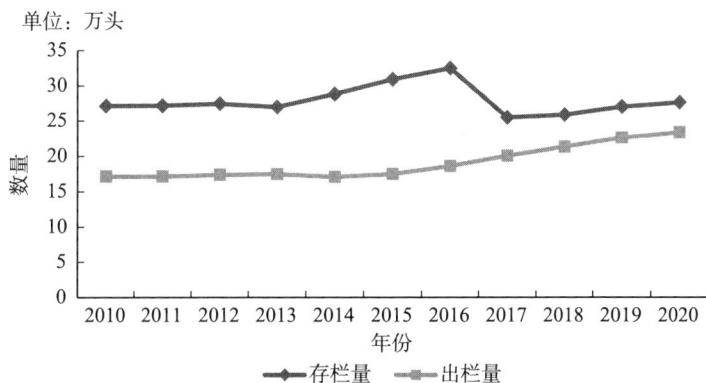

图 10-1 2010—2020 年隆化县肉牛存栏量及出栏量统计

数据来源：《河北农村统计年鉴》（2011—2021 年）。

从肉牛出栏量变化来看，相对于存栏量的变化，隆化县肉牛出栏量变化幅度较小。从 2010 年到 2020 年，整体呈现稳定增长态势，2010—2014 年，整体态势趋于平稳，从 2014 年开始直到 2020 年都处于上升趋势，从 2010 年的 17.14 万头增加至 2020 年的 23.37 万头，增幅 36.35%。

2010 年至 2013 年存出栏量比较稳定，从 2013 年至 2016 年存栏量和出栏量差值增大，并在 2016 年时差值最大，说明存栏多出栏少。2017—2020 年存栏量和出栏量比例保持稳定并持续向好。

2. 肉牛养殖规模化水平大幅提升

根据河北省人民代表大会常务委员会《关于加强张家口承德地区草原生态建设和保护的决定》等法律法规，2021 年 1 月隆化县人民政府办公室印发《隆化县封山禁牧工作实施方案》，规定全县行政区域内的所有林地实行全年全时封山禁牧，禁牧畜种包括牛、羊、马、驴、骆驼和其他人工饲养的草食动物，禁止在封山禁牧区域内从事放牧或者散放牲畜等活动。隆化县推行"禁牧舍饲"由上山放牧散养向圈舍饲养的养殖方式转变，规模养殖比例大幅提高。表 10-1 显示了 2020 年全县肉牛养殖的规模化水平。

截至 2020 年底，全县有 2 个能繁母牛存栏数量在 500 头以上的大型规模养殖场，有 26 个饲养规模在 1 000 头以上的规模化养殖场，有 520 个规模为 100 头以上的养殖场，8 个省部级示范养牛场。产业园区饲养规模达到了 19.02 万头，肉牛存栏量 96 830 头，出栏量为 93 361 头，千头牛村 95 个，饲养量达到 1 000 头以上的规模化养牛场 12 个，省部级示范型养牛场 4 个。产业园区共有规模肉牛养殖场 51 家。园区总占地面积占隆化县总面积 27.7%，园区内肉牛养殖规模占全隆化县肉牛养殖规模的 39.3%，园区肉牛存栏量占全县肉牛存栏量 35%，园区肉牛出栏量占全县出栏量 39.9%。总的来说，规模化养殖已成为肉牛养殖业的大势所趋，隆化县肉牛养殖规模化水平已初步形成。

表 10-1　2020 年隆化县、园区肉牛养殖规模化水平一览表

区域	规模分类	数量
隆化县	养殖规模（万头）	48.3
	千头牛村（个）	150
	饲养规模在 1 000 头以上规模化养牛场（个）	26
	省部级示范养牛场（个）	8
	万头牛乡镇（个）	17
	规模为 100 头以上的养牛场（个）	520
	能繁母牛存栏量在 500 头以上规模养殖大场（个）	2
	养牛 5 头以上的养殖户（万户）	1.72
园区	养殖规模（万头）	19.02
	千头牛村（个）	95
	饲养规模在 1 000 头以上规模化养牛场（个）	12
	省部级示范养牛场（个）	4

数据来源：隆化肉牛产业园区创建方案。

3. 肉牛品种及繁育日趋优良化

隆化县肉牛养殖历史悠久，早在 20 世纪 70 年代就开展黄牛品种改良，形成了以西门塔尔杂交牛为主，夏洛莱，安格斯、日本和牛、比利时蓝等高端优良品种肉牛为补充的优质肉牛种群。隆化县特殊的地理环境使得"隆化肉牛"具有优良的品质，隆化肉牛具备耐粗饲、长得快、繁殖力优良、四肢健壮等优良特性，其肉质鲜美、氨基酸含量高。引进德国西门塔尔和夏洛莱改良当地黄牛效果显著，全年完成当地黄牛 3.5 万头以上改良，进一步优化肉牛品种，全县的优质肉牛占 95% 以上。能繁母牛存栏量在 500 头以上规模养殖场有 2 个。近年来，引入了部分新品种，如日本和牛、红安格斯牛等优质肉牛，每年有 1 万头高品质的肉牛供冷配，建成了两个高端优质型肉牛生产示范基地，培育的高档优质肉牛实现了河北省高端优质肉牛生产零的突破。

4. 多种肉牛产业发展模式初步形成

隆化肉牛产业蓬勃发展得益于当地的自然环境、区位优势、养殖传统，形成了育肥场＋养殖小区模式、家庭母牛繁育模式、养殖场育肥模式、屠宰加工为龙头的种养销一体化生态产业发展模式、牛经纪短期育肥＋流转模式、"保

揣"母牛养殖模式等几种模式。

（1）育肥场＋养殖小区模式

该模式主要以位于承德市隆化县张三营镇南园子村的华商恒益农业开发有限公司为代表，公司的主业是繁育、养殖、育肥、销售优质肉牛以及种植销售有机农产品、有机肥等。公司现有高规格牛舍11栋，其中有3栋用于胚胎移植技术的培育及品种改良、安格斯优质肉牛的生产和销售，另外8栋牛舍向外出租。

①模式运行特征

第一，育肥场发挥龙头企业带动作用。华商恒益公司以肉牛养殖为起点，拓展了肉牛胚胎移植技术培育与品种改良等肉牛繁育工作以及有机肥加工与处理、有机农业种植等系列工作。同时将部分养殖饲喂设备租赁给养牛户，带动养牛户一起实现粪肥的有机处理，解决了农户肉牛养殖粪污处理难的问题，形成了"育肥场＋养殖小区"的肉牛发展模式（图10-2）。

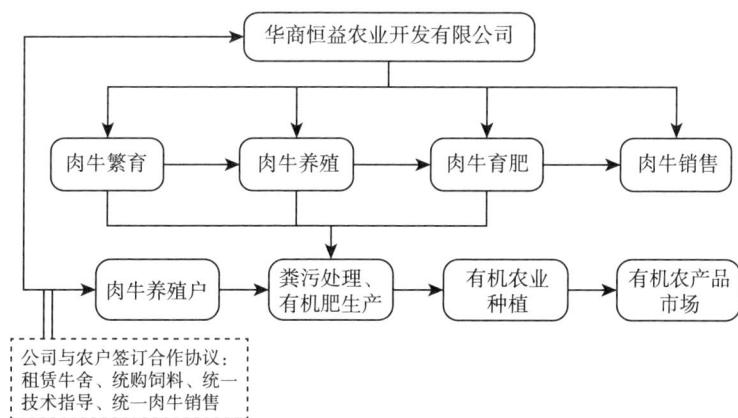

图10-2 育肥场＋养殖小区模式示意图

第二，公司与养殖户签订了租赁牛舍、防疫、粪便处理等多项协议。养殖小区拥有高标准牛舍11栋、1 000立方米的青贮窖、1 000平方米的草料棚、粪污处理设施以及有机加工厂，年处理牛粪82 400吨，秸秆5 960吨，彻底解决了周边种养殖户的粪便、秸秆焚烧等污染问题。

②模式运行效果

第一，该模式将自养和租赁有效结合。华商恒益公司自建设之日起，不论是养殖场地、牛舍结构还是其他养牛生产设备，都是按照国际化标准建设，在饲料加工、饲喂技术、疫病防治、粪污处理等方面也都是按照规范化、标准化组织生产。因此，租户从公司租赁的养殖场地和生产设备也会按照公司的统一要求使用，提高了养殖的规范化和标准化，促进了整体养殖水平的提高。

第二，该模式形成了种养结合的一体化经营模式，将产业链条不断延长，以育肥为核心点，在肉牛繁育、养殖、饲料加工、粪污处理、生态有机种植等方面，形成生态循环产业链，将肉牛养殖和种植有机农产品结合，实现农业全产业链经营，提高了农业畜牧业的综合收益和市场竞争力。

（2）家庭母牛繁育模式

该模式以承德市隆化县唐三营镇二道窝铺村为代表，这种模式下，以基础母牛繁育为核心，村里家家户户都拥有十多年养殖历史和丰富的母牛繁育经验，每户养殖数量在十几到几十头不等。养殖品种主要是西门塔尔和夏洛莱。由于山上禁止放牧的原因，养殖户的管理方式为自己搭建牛舍，圈舍饲养繁育肉牛，是典型的家庭母牛繁育模式。

①模式运行特征

第一，能繁母牛分为基础母牛和后备母牛。家庭母牛繁育模式是指适龄母牛与种公牛配种，繁殖出售小牛犊获得收益。体质好的母牛 48 天怀孕，经过九个半月产下牛犊，饲养 7～8 个月后，公牛犊（500～600 斤）直接出售，品相好的母牛犊则留下来作为后备母牛用来繁育，品相较差的母牛犊因为长得慢，一般是在一个月左右出售，价格 7 000～8 000 元。肉牛繁育养殖周期一般在 16～17 个月，最多不超过 20 个月。

第二，通常养殖户家中会饲养优质的种公牛，用作与母牛配种。隆化有母牛繁育配种补贴，根据品种不同分为 200 元/头、300 元/头、500 元/头三个档次，养殖户配种需要自己支付 150 元/头。体质好的母牛可一年产一胎，恢复期 2 个月左右，使用期限一般为 15 年。西门塔尔肉牛长得快、品种好、价格贵。2021 年，500～600 斤的小公牛价格在 12 000～13 000 元，小母牛在10 000 元左右。该地牛经纪人很多，一般采用上门收牛的方式购买牛犊，小养殖户看牛经纪人出价合适就出售。

第三，由于 2021 年下半年开始饲料价格上涨，一袋 80 斤的饲料售价 200元，牛一天平均吃 2 斤饲料，肉牛养殖成本提高，养殖户采用上山割草、多喂草料、少喂玉米和家庭种植的方式来降低饲养成本。牛粪一般用在养殖户自己种的地里，多余的也免费送给附近种地的农户。

②模式运行效果

第一，自家母牛生产牛犊成本低。牛犊从出生到出栏时在一个牛场里，不和外界接触，大大降低了交叉感染和应激反应，从而减少生病。拥有自繁母牛群，牛源有保证，自繁自养能保障品种的纯度，肉牛品质也更加有保障，使繁育的牛犊具有良好的生产特性和经济效益，养殖户通过优胜劣汰的养殖方式逐步提高肉牛种群的质量，避免外购牛出现以次充好的现象。

第二，由于玉米饲料涨价的影响，肉牛养殖成本提高。与前两年相比，自繁自养牛利润大大降低，母牛繁育需要承担大牛和小牛的饲草料，即使有外购母牛补贴和母牛繁育配种补贴，母牛繁殖的利润仍不高，再加上小牛的育肥，综合成本比只卖牛犊要高，这就造成了繁育母牛的养殖户越来越少。

第三，繁育母牛养殖周期长。例如在购入青年母牛的情况下，买回家后需喂3—5个月再配种，在交配成功后，需要在九个半月生一头小牛犊，这就需要至少一年半时间，一头繁育母牛要花两年半的时间才能有盈利，这是一个投资大、周期长的过程。

第四，母牛繁育需要精心照料。牛舍环境、养殖户的观察能力和敏锐度都是决定牛是否能养好的关键，好的管理能保证牛不生病不死亡，大大降低养殖风险。

（3）养殖场育肥模式

该模式以承德市隆化县张三营镇新丰村的养殖户为代表，该养殖户存栏190头，养殖场有5个圈舍，占地8亩，肉牛养殖时间有24年，有丰富的养殖经验。该养殖户还经营一家牛肉摊位，有屠宰设备可自行屠宰，但屠宰量较低，主要收入来源是卖活牛。养殖的肉牛品种有西门塔尔、夏洛莱和比利时蓝，是典型的养殖场育肥模式，该模式包括短期育肥和长期育肥两种形式。短期育肥的形式分为两种，一种是针对架子牛的前期育肥，也称为"倒卖"架子牛，另一种是针对架子牛的后期育肥，属于对大重量架子牛进行短期育肥以快速达到出栏标准。

①模式运行特征

第一，短期育肥（前期育肥、"倒卖"）架子牛的牛源主要从吉林、围场、内蒙古赤峰、多伦等地的大牲畜交易市场购买，或是通过"向导"带领养殖户去赤峰、多伦等肉牛养殖聚集地区的养殖户家中选购优质架子牛，"向导"收取养殖户100元的向导费用；另外，养殖户也会从当地肉牛交易市场选购部分架子牛。短期育肥（"倒卖"）购买的架子牛月龄为5~6个月，重量为400斤左右，通过1—4个月较短的育肥周期，出栏重量在600斤左右。

第二，短期育肥（后期育肥）的牛源大多来自当地的肉牛交易市场，养殖户购入1 000斤左右的架子牛，使用TMR搅拌机通过科学的饲料配比，喂养的肉牛快速增重以达到出栏标准。其养殖周期不超过3个月，平均日增重在4~5斤，出栏重量1 400~1 600斤，出栏肉牛大多销售到南方，经过深加工后流入市场。其利润来源主要是通过短期快速育肥增重，提高出栏价格。

经过育肥后的肉牛出售方式有三种，一是通过牛经纪人销往贵州、广州、江苏、山东等地的各大肉牛养殖户，二是运往张三营、棋盘山交易市场上进行售卖，三是长期育肥养殖户上门选购短期育肥后的架子牛。

第三，长期（专业）育肥的对象为架子牛，架子牛的购买渠道主要是从围场、吉林、内蒙古赤峰、多伦等地的大牲畜交易市场购买，或者是养殖户到张三营、棋盘山交易市场和短期育肥养殖户聚集的村庄进行上门选购。架子牛购入时的重量为 500～600 斤，育肥期日增长 1.5～3 斤，出栏时重 1 400～1 600斤，育肥周期为 16～18 个月，在育肥期间内，依据不同季节肉牛增重的差异性制定不同的精粗饲料配比比例和适当调整饲料量，通过科学化增重方法缩短肉牛养殖周期，充分发挥肉牛的增重潜能，减少料肉比，增加经济效益。如果行情不景气，养殖户会减少饲料投入，仅确保育肥牛获取基本所需能量，延长养殖周期以减少亏损。

②模式运行效果

第一，"倒卖"架子牛的育肥周期短，资金回笼快，年出栏批次多，并且育肥周期的长短受架子牛市场价格变动影响较大。架子牛价格上涨，养殖户及时出栏，所获经济效益较好；"倒卖"架子牛养殖模式因其育肥周期较短，受市场价格波动的影响要小于长期（专业）育肥养殖模式。

第二，短期育肥养殖户的利润来源于两方面，一是以较低价格买进架子牛，以高价位快速出栏，赚取差价获取利润；二是架子牛通过短期育肥快速增重，提高出栏价格获得更高收益。

第三，长期（专业）育肥养殖模式的育肥周期长，4～7 个月小牛死亡率高，面对市场价格波动的反应能力较迟钝，饲料投入成本高，饲料的转化率较低，资金回笼慢，导致养殖风险较大。

（4）屠宰加工为龙头的种养销一体化生态产业发展模式

这一模式以承德北戎生态农业有限公司为代表。该公司坐落在隆化县经济开发区的食品医药产业园内，公司具有集高端优质肉牛和绿色生态肉牛养殖加工、农业生态种植、有机肥生产、农产品销售相结合的绿色生态全产业链，是省级农业产业化重点龙头企业（图 10-3）。

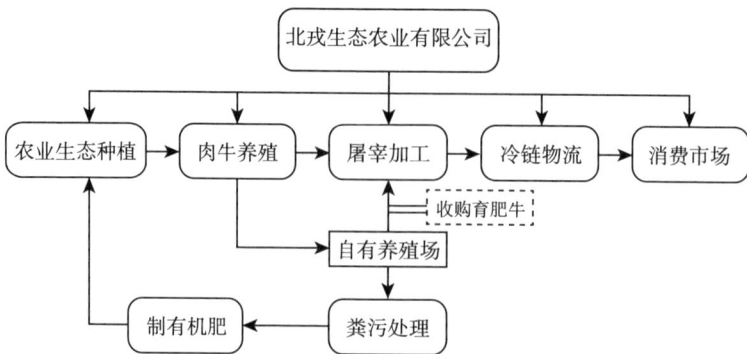

图 10-3　屠宰加工为龙头的种养销一体化生态产业发展模式示意图

数据来源：实地调研整理。

公司主营高端肉牛及生态肉牛的养殖和屠宰加工、绿色生态农业种植、有机肥生产、生态农产品销售等。建立起了生态养殖基地、肉牛屠宰与产品加工、全产品多渠道物联网营销平台等三大板块，真正实现了完善的"产、加、销"一条龙的生产、经营和管理模式。采取"龙头企业＋综合农协＋合作社＋牛联体"的经营管理模式，以北戎企业、隆化县综合农协、北戎牛业合作社、牛联体为核心主体，主要以直接分红、土地流转、肉牛高于市场价收购等方式、服务带动整合全县 24 个乡镇、357 个行政村养殖户。循环生态产业链如图 10 - 4 所示。

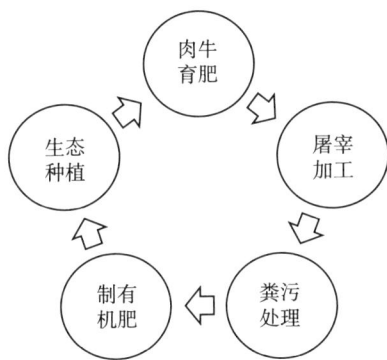

图 10 - 4　循环生态产业链示意图

①模式运行特征

第一，企业自有养殖场肉牛存栏量 500 头，基本满足日常屠宰加工的需求，绝大多数是屠宰自养的牛，也有少量从市场购买或者收购附近养殖户的牛，但也要自养一段时间。同时也会买入养殖户的架子牛，采用育肥场集中饲养育肥的方式。育肥牛主要用于屠宰。养殖场收购附近养殖户的架子牛集中育肥使养殖户节约了养殖成本，增加了收入。

第二，公司计划并逐步实施"牛联体"平台，即牛联体→企业→合作社→农户，主要是以直接分红、土地流转、肉牛高于市场价收购等方式，带动全县所有养殖户、联合体的核心企业向养殖户提供肉牛、提供饲料、处理牛粪制有机肥等，为养殖户提供有实质性的帮助。

第三，北戎生态农业有限公司已经建立了完整的粪污处理链条，能有效处理肉牛养殖以及屠宰加工过程中形成的废弃物。设有有机肥处理场，对牛粪便进行无害化处理，通过牛粪处理大棚进行堆肥和酵素菌发酵制成有机肥。公司还自己种植生态有机蔬菜，形成了"肉牛育肥—屠宰加工—粪污无害化处理—制有机肥—生态种植"的循环经济产业链。承德北戎生态农业有限公司是集高端优质肉牛和绿色生态肉牛养殖加工、农业生态种植、有机肥生产、农产品销售于一体的绿色生态全产业链省级农业产业化重点龙头企业。

第四，通过和牛肉加工、农产品销售公司合作，进一步提升屠宰加工能力，打造"产、加、销"一条龙生产经营管理模式。"北戎雪花牛肉"和"北戎生态牛肉"是公司的主要产品。全产品多渠道物联网营销平台主要包括直播电商基地、社区门店、社群团购、电商平台等销售方式。

②模式运行效果

第一，保证了牛源充足与稳定。屠宰自养肉牛，防疫风险小，可以保证牛肉品质。通过提供足够的牛源保证，养殖户可以共享流通和加工环节的收益，实现合作共赢。

第二，采取"龙头企业＋综合农协＋合作社＋牛联体"的经营模式。以北戎生态农业有限公司、隆化县综合农协、北戎牛业合作社、牛联体为核心主体，整合了全县 24 个乡镇、357 个行政村养殖户，以做大做强牛业产业为己任，已打造成了集肉牛繁育、肉牛育肥、屠宰加工、有机肥生产、生态种植于一体的生态全产业链，加强了产业链上游与下游的紧密衔接，完善利益联结机制，为养殖户提供实际帮助。

第三，在养殖、屠宰加工、农业生态种植、生产有机肥料、生态农产品销售为一体的完整生态产业链的带动下，肉牛养殖育肥和屠宰加工阶段得到了很好的提升，生态农业种植、粪污无害化处理和有机肥加工大大优化了当地生态友好型和环境保护型的养牛环境，打造出"北戎"生态农业品牌，起到了龙头企业带动的作用。

第四，电商直播销售拓宽了线上销售渠道。由于疫情影响，销售由线下转为线上是大势所趋，也使得电商销售的优势充分体现。

第五，肉牛屠宰加工企业的发展，促进了育肥牛、商品牛、牛肉产品的良性循环，该模式是现代肉牛养殖生产方式的一种创新，为今后肉牛产业的可持续发展提供了参考。

（5）牛经纪短期育肥＋流转模式

该模式主要是以承德市隆化县河南营村小养殖户的肉牛养殖模式为代表。该养殖户所在区域拥有十多年肉牛养殖历史，是小养殖户中短期育肥＋流转模式的典型。

①模式运行特征

第一，采用养殖户自己搭建牛舍，圈舍饲养育肥牛的养殖方式，用精饲料喂养，肉牛短期增肥效果好。目前每个家庭自繁自育 30 头牛左右，繁育的架子牛可供山东、河南等地二次育肥的养殖户收购。

第二，小养殖户还担任牛经纪人的角色，以此来赚取每头 200 元的中间价，带动了当地肉牛购销的增长，促进了肉牛养殖业的快速流转。

②模式运行效果

第一，在圈舍进行繁育和育肥肉牛属于养殖户的基础养殖模式，在节约养殖成本的同时能达到短期快速育肥的目的，提高了养殖户的经济效益。

第二，牛经纪人促进肉牛交易信息流通，实现了购牛者与交易市场的有效对接，加速肉牛流转。

（6）"保揣"母牛养殖模式

"保揣"母牛养殖模式是指养殖户直接购入怀孕母牛或者购入母牛自行配种，然后以出售怀孕母牛为主的一种养殖方式，也称为"倒卖"怀孕母牛的养殖方式，以承德市围场县棋盘山镇为代表。"保揣"母牛从内蒙古赤峰大牲畜交易市场购买，带犊母牛买入后直接进入圈舍饲养，未孕母牛则与种牛配种。选购母牛的要求较为严格，分别从花色、重量、价格、体格、体型等方面综合考量。月龄在 7～9 个月，重量为 700～800 斤、体格健壮、体形匀称、价格适中的怀首胎母牛为最佳选择。养殖周期为 1—3 个月，售卖方式为商贩上门收购，商贩选购时除强调重量、体格外，着重给母牛做 B 超观察牛犊月份、预产期等，另外，也通过当地的交易市场进行售卖。"保揣"母牛仅需保持基本所需能量，投入的饲料成本较低，养殖周期短，应对市场价格波动反应灵敏，养殖效益较好。

（二）隆化肉牛产业园区规划建设与发展现状

1. 资源与区位优势

隆化县地处河北省北部，早在 20 世纪 70 年代，就已经成为我国北部有名的大牲畜交易市场：张三营和棋盘山。"隆化肉牛"特色品牌在京津冀辽蒙等地已拥有很高的知名度。隆化县在 1978 年被列为全国商品牛生产基地；2010年成为国家肉牛牦牛产业技术体系示范基地；2013 年被省农业农村厅确定为肉牛标准化生产示范区。2020 年，全县肉牛饲养规模达到 48.3 万头，其中存栏数为 25.2 万头。全县肉牛养殖业产值达到 17 亿元以上，占畜牧业总产值的60％以上，养殖户年人均养牛收入达到 4 864 元，占养殖户人均纯收入的 60％以上，覆盖贫困户 2 960 户。隆化县委、县政府高度重视肉牛产业发展，出台了《关于进一步推进养牛产业化进程的决定》《关于加快养牛产业发展的决议》等一系列文件，在资本投资、土地审批、服务保障等方面发布了一系列优惠政策。努力创建以隆化县为核心的河北省"百万头肉牛基地"，全力设立冀北山区肉牛产业生态循环示范区，通过开展京津地区风沙源治理、肉牛标准化生产等项目，推动规模养殖场的标准化经营和种养一体化循环发展模式。

2. 区域划分

园区位于隆化县北部，承围公路和京通铁路沿线，以隆化镇为核心区域，辐射张三营镇、汤头沟镇、尹家营乡、偏坡营乡、唐三营镇、山湾乡和庙子沟乡，共 8 个乡镇 142 个行政村，园区所涵盖的乡镇是隆化县肉牛主产区，由于园区数据记录时间较短，故用整个隆化县的数据来反映产量，在一定程度上反映园区的发展现状。产业园区总面积 227.5 万亩，其中耕地面积 30.76 万亩，肉牛养殖面积 8 554 亩。总投资 18.32 亿元，其中中央拨款 1 亿元，地方扶持资金 2 亿元，金融及社会资本投入 15.32 亿元。园区有京通铁路并设有张三营火车站，还有承围公路和大广高速穿境而过，交通便捷，地理位置优势显著。

3. 功能布局

按照现代农业"做强一产、做精二产、做活三产、三产融合"的总体建设思路，将现代农业产业园总体布局为"一核三区三基地"。"一核"即现代肉牛产业园核心区。以隆化镇（隆化县城所在地）为核心，发挥产业园核心服务功能，"三区"即肉牛加工示范区、三产融合示范区、绿色高质量发展示范区，"三基地"即基础母牛繁育及活牛出口示范基地、肉牛育肥示范基地、粮改饲基地。

4. 园区肉牛产业规模

产业园区主导产业为肉牛产业。园内农户数 50 890 户，其中肉牛养殖户 24 032 户，肉牛品种主要以西门塔尔为主。截至 2020 年底，园区内肉牛饲养规模达到了 19.02 万头，其中肉牛存栏量 96 830 头，出栏量为 93 361 头，千头牛村 95 个，园区共有规模肉牛养殖场 51 家，其中饲养量达到 1 000 头以上的规模化养牛场 12 个，省部级示范型养牛场 4 个。园内肉牛饲养量常年稳定在 19 万头左右，占全隆化县肉牛饲养量的 39.3%。其中肉牛总存栏量达到了 9 万头以上，占全县总存栏量的 35.7%；生产母牛总存栏量为 3.2 万头，肉牛良种覆盖率达到 95%。依托河北冀康商贸、承德北戎牛业等龙头企业，年屠宰加工肉牛 2.8 万头，年产值 21.48 亿元。依托张三营大牲畜交易市场，每年肉牛交易量突破 10 万头，交易额突破 15 亿元。依托承德京堂肉牛养殖有限公司，年供港澳活牛出口 8 000 余头，出口创汇 2 300 万美元左右。产业园区内冷链设施总库容 5.1 万吨，园内冷藏车总箱容 0.14 万吨。依托"承德山水"及"隆化七零鼎品"等电商平台，年肉牛网络销售额 3.2 亿元。产业园肉牛养殖、加工、流通、科技等全产业链已初步形成。

5. 肉牛产业园区项目政策支持力度加大

隆化肉牛产业园区的发展离不开政策支持。从近几年发布的政策文件可以看出，从中央、河北省、承德市到隆化县对园区的支持力度不断增大，产业园区的发展乃至隆化县的发展享有多方面的政策扶持。特别是在脱贫攻坚时期，隆化肉牛是隆化县委、县政府重点发展的支柱产业，隆化县把发展肉牛作为扶贫重点，相关政策、财政、项目等方面都向肉牛产业倾斜，扶持当地龙头企业，发挥其带动作用，增加财政投入和项目资金（表 10 - 2），例如为养殖企业或养殖户新建存栏 50 头以上标准化肉牛养殖场（小区），牛舍、机器设备等按照统一技术标准建设；对产业园内的肉牛养殖场（户）牛舍等基础设施及设备进行改造提升；对产业园内肉牛养殖场（户）扩大肉牛养殖贷款按照不超过 4% 进行贴息，撬动金融资本 1 亿元以上，新增肉牛存栏规模达到 1 万头以上等。提高配套服务质量，使隆化县的肉牛产业发展态势持续向好。

实施政府主导，企业开发，市场化运作，产业化经营。依据隆化县的实际情况和相关规划要点，隆化县人民政府与隆化县农业农村局作为产业园区的创建主体和牵头单位，加强对于园区的管理，作为市场经营主体的龙头企业、肉牛合作社、家庭农场、大养殖户要起到引领带动作用，政府采用多种形式例如政策扶持、资金支持等引导各个经营主体进行标准化生产，同时注重绿色发展，提高技术水平与肉牛产品质量，从而推动隆化肉牛产业园区可持续发展。

表 10 - 2 隆化肉牛产业园区政策支持

发布时间	政策文件	主要内容
2020 年	《财政部农业农村部发布 2021 年重点强农惠农政策》	实施肉牛增量提质行动，支持开展基础母牛扩群提质和种草养牛养羊全产业链发展，提高牛羊肉产品供给能力。
2021 年	《关于持续深化"四个农业"促进农业高质量发展的行动方案（2021—2025 年)》	打造肉牛产业示范带，布局推进隆化肉牛养殖示范区。
2019 年	《隆化县人民政府关于加快推进有机产业发展工作实施方案》	提出强力推进有机产品生产基地建设、加大隆化肉牛品牌宣传工作力度等十项重点工作。
2017 年	《隆化县特色肉牛产业扶贫发展规划（2017—2020 年)》	建立产业结构调整和扶贫项目两本台账以及帮扶手册，让所有贫困户与扶贫产业精准对接。
2017 年	《隆化县关于扶持农业产业发展助力脱贫攻坚的实施意见》	县政府拿出 1 亿元资金用于"政银企户保"农业政策性贷款贴息，撬动银行贷款 10 亿元，用于肉牛养殖产业发展。
2018 年	《隆化县 2018 年促进扶贫产业全覆盖若干政策》	推动实现产业就业全覆盖，计划全年乡（镇）村新建养牛帮带小区扶贫工厂（车间）150 个等项目。
2018 年	《隆化县 2018 年促进扶贫产业全覆盖若干政策补充意见》	每年整合涉农资金 3 亿元以上支持产业发展，对新建舍饲存栏肉牛养殖小区等产业均制定了补贴标准。
2019 年	《隆化县 2019 年促进扶贫产业发展的若干政策》	在肉牛产业方面，对新建存栏 50 头以上圈舍给予补贴，对贫困户给予 10 万元贴息贷款支持。
2018 年	《隆化县肉牛产业"险资直投"工作实施方案》	县财政为所有养牛户上养殖保险，保险公司拿出所得收益为养殖户提供信贷支持，实现养牛户在养殖环节零风险。

数据来源：农业农村部、承德市人民政府、隆化县人民政府官网。

6. 肉牛屠宰加工进入了探索发展阶段

长期以来，隆化及其周边的肉牛生产，主要以养殖和繁育为主，屠宰加工业起步相对较晚。主要是源于以下原因，一是隆化当地拥有全国知名的中国北方大牲畜交易市场，外地客商（包括广东、香港、上海等地）往往慕名而来，在张三营、棋盘山大牲畜交易市场购买"隆化肉牛"，通过长途运输到外地再进行活体屠宰，以确保牛肉的质量；二是隆化离北京、天津较近，北京天津的客商到大牲畜交易市场购买肉牛后，短途运输即到京津落地后进行屠宰更加便利。近年来，随着全国肉牛生产地区的增多，肉牛生产与销售市场的竞争日趋激烈，活体肉牛运输的高损耗性增加了牛肉的成本。于是，承德北戎生态农业有限公司和河北冀康商贸两家大型企业投产建设了年产量分别为5万头和10万头的肉牛屠宰生产线，作为隆化肉牛产业园区肉牛屠宰加工业的领军企业，年屠宰加工肉牛2.8万头，年产值21.48亿元。隆化县形成了较为完整的肉牛产业体系，涵盖肉牛繁育、育肥、成牛屠宰加工等产业链主要环节，屠宰加工产业发展过程注重产品品质和品牌建设，两个公司都获得了无公害农产品、清真食品、地理标志农产品和HACCP质量的认证。肉牛屠宰加工产业的发展是肉牛养殖业的延伸，是肉牛产业的重要组成部分（表10-3）。

表10-3　隆化县两大肉牛屠宰加工企业生产能力与生产情况一览表

屠宰加工企业名称	生产能力	生产量	销售市场
承德北戎生态农业有限公司	5万头/年	3 000头/年	天津、北京
河北冀康商贸	10万头/年	不足4万头/年	上海、成都、天津

数据来源：实地调研整理。

作为隆化县龙头企业的承德北戎生态农业公司是农业农村部肉牛标准化示范养殖场、河北省农业产业化龙头企业。2016年在隆化县经济开发区食品药品产业园投资2 060万元，建设了一条以屠宰加工高端优质肉牛与绿色生态肉牛为主的标准化流水线，设计屠宰能力达5万头/年。养殖基地被商务部确定为肉牛贮备基地。在加工方面，主要产品有高、中、低档精细分割牛肉。承德北戎屠宰车间肉牛屠宰设备选择国际上最先进的荷兰斯托克的肉牛屠宰生产线。牛源全部来自自有养殖场和肉牛合作社的养殖户。牛肉产品方面以部位分割肉为主，屠宰加工生产线直观展示了肉牛屠宰、分割的具体流程，在生产车间内工作人员以拍摄小视频的方式发布到电商销售平台，展示肉牛分割工艺，更加直观清楚地了解牛肉加工程序，让消费者买到更加干净、放心、高品质的牛肉。产品方面以部位分割肉为主，价格区间在60～300元/斤不等；平均出肉率41%～45%，屠宰率56%左右，单头利润5 000元左右。产品主要通过天津（天津金维康）和北京（832 平台、国家扶贫网）等地区的线上平台进行销售，销售区域遍及全国，京津市场的消费比例在 70％左右（可能受到销售渠道的影响）；头蹄下水和牛皮等副产品以 1 500～2 000 元/头的价格销售给外地深加工公司。

隆化冀康商贸有限公司主要产品为排酸牛肉，生产线屠宰加工肉牛可达每年 10 万头，满负荷可分割牛肉 2.75 万吨，牛肉副产品 0.5 万吨，牛皮可达 10 万张，可解决当地 2 700 余人的就业问题。目前企业屠宰生产线每周屠宰量 100 头左右，年屠宰量不足 4 万头。牛源主要来自隆化、丰宁和围场等地，品种主要是西门塔尔杂交牛，平均酮体率 54％，出肉率 46％，单头毛利润在 3 000 元左右。目前公司以生产牛肉为主，品种包括四分体、十六分体和冷鲜肉，没有深加工产品，而头蹄下水及牛皮等副产品销售给重庆的专业加工企业。产品主要销往上海、成都和天津，另外在河北省内还有很小部分销量；销售渠道以线下销售为主，无电商渠道。

7. 肉牛产业园区交易市场建设不断完善

目前，隆化园区大牲畜交易市场主要是张三营、棋盘山两大交易市场和郭家屯等规模较小的市场（表 10－4）。

表 10－4　隆化、围场两大肉牛交易市场的交易能力基本信息一览表

市场名称	主要交易品种	交易规则	肉牛日交易量	辐射范围
张三营	西门塔尔	按照每头大牲畜 10 元标准收取管理费	2 000 头	北京、天津、广东、云南、湖南、湖北、安徽、山东等
棋盘山	西门塔尔	按照每头大牲畜 10 元标准收取管理费	4 500 头	北京、天津、山东、山西、湖北、内蒙古、辽宁、云南等

数据来源：实地调研整理。

承德市位于河北省的最北部，隆化县和围场县平均海拔分别为 750 米、1 500 米，受地理、气候和历史因素的影响，肉牛养殖是当地农户的主要收入来源，由此形成享誉全国北方地区的大型牲畜交易市场。近年来，在国家畜牧业发展政策的推动之下，当地养殖户、养殖场场主和牛市经纪人也通过各种渠道（包括隆化牛农宝 App、养牛网站、贴吧、微博、微信公众号等）积极宣传本地的交易市场，吸引了全国各地的客商前来选购。

我国华北地区最大的大牲畜交易市场——棋盘山大牲畜市场，位于承德市围场县棋盘山，北与内蒙古相邻，距赤峰市、克旗、锡盟、多伦等地均在 200 千米以内，南接京、津、唐、秦、承等大中城市，距离承德市 140 千米，北京 360 千米，交通便捷，四通八达，占据着北方农产品南流的黄金通道。交易辐射北京、天津、山东、山西、湖北、内蒙古、辽宁和省内多个地区，有效带动了包括隆化地区在内的周边辐射地区养殖业的发展。销往山东的大部分肉牛是为了进行二次育肥，然后在当地进行屠宰加工；销往广东、云南、河南、湖北、湖南、内蒙古、安徽等地的肉牛，基本是落地后即屠宰。

棋盘山市场的交易方式主要是采用大集交易，在农历三、六、九开集，一般 3 天一个集。市场交易产品主要是大型家畜，包括牛、马、驴、骡，但是以架子牛为主。市场交易量存在淡季和旺季之分，交易淡季和近两年疫情防控期间，交易日肉牛入场量为 1 000 头，交易量约 100 头，成功交易率较低，约10%；每年的 8 月份过后就会迎来交易旺季，交易日肉牛入场量能达到 3 000头，交易数能超过 500 头，成交率达 40% 以上。全年的肉牛市场年销售量超过 10 万头；年可实现营业额超过 10 亿元，利税 500 万元。

经过 30 多年的建设与发展，棋盘山交易市场已经成为交易基础设施齐备、管理严格、交易产品多样化、带动作用较强、享誉全国的中国北方大型大牲畜交易市场。它拥有完备的交易服务体系，包括交易区、交易厅棚、停车场、装卸台、大小地磅，设有检疫办、市场监管办、配货站等相关服务部门；同时配备电子商务购销平台、电子结算等业务，农村商业银行、中国农业银行、邮储银行、建设银行均已入驻，并进行了信用结算。监督管理机制完善，设有监督举报信箱、治安管理小分队。

张三营交易市场是第二大市场。位于隆化县的张三营镇，西邻赤峰市，占地面积约 42 亩，市场内基础设施建设齐备。隆化县按照《动物防疫法》的要求，在市场内设置了动物检疫监督室，派驻专人进行监督管理和检疫服务，在肉牛进入市场审批方面严格把关，特别是从本市场进入屠宰环节的肉牛，进行严格质量把控，从源头确保百姓餐桌肉牛的品质与安全。市场交易品种主要以西门塔尔肉牛为主。交易旺季主要集中在 9 月、10 月、11 月三个月，月度交易量保持在 2 000 头左右，成功交易比例达到 90%，年交易量在 10 万头左右。肉牛主要销往北京、天津、广东、云南、湖南、湖北、安徽、山东等地。

8. 肉牛产业园区的粪污处理能力明显提升

长期以来，由于大牲畜粪尿较多，畜牧业的粪污处理问题一直是环境治理方面比较棘手的问题。隆化肉牛产业园区管理部门致力于打造绿色高质量发展示范区。属于园区辐射范围内的张三营镇管家营村和保山营村落实园区绿色发展粪污处理要求，在管家营村投资建立了信得隆化生物科技有限公司，是有机肥制造中心，可对园区内的肉牛粪污统一收集，进行无害化处理和资源化利用；保山营村设置了一处病死牛收集处理中心，对园区内所有病死肉牛进行统一无害化处理。此外，园区内的肉牛散养户也采用了粪污收集堆沤发酵还田技术，共同努力实现经济效益与生态效益的统一。产业园区对肉牛粪污进行无害化处理和资源化再利用，一年可生产生物有机肥 30 万吨，粪污资源化利用率 2020 年已达到 93%，计划在 2023 年达到 95%，打造了"养殖—粪污处理—有机肥加工—生态种植—饲草饲料"的循环农业产业链。

创建绿色高品质发展示范区，加快园区基础建设，大力推广并运用标准化圈舍、肉牛粪污处理设备和青贮窖等，园区的所有养殖场全部拥有粪污、污水标准化处理设备。园区内的北戎生态农业有限公司拥有完备的粪污处理设备，已经形成了完整的粪污处理链条，能有效处理肉牛养殖以及屠宰加工过程中形成的废弃物。北戎生态农业有限公司自有养殖场存栏 500 多头，设有有机肥处理场，对牛产生的粪便进行无害化处理，通过在养殖场外设置的牛粪处理大棚进行堆肥和酵素菌发酵，加工制成有机肥后，售卖给附近种植番茄的农户。企业拥有一体化污水处理设施，废水经过专业设备处理后达到肉类加工污水三级标准，方可通过园区雨水管和污水管网直接进入隆化污水处理厂处理，处理完达到最高标准后排放进入（水体）河流。提升了生态环境治理能力和治理水平，发挥企业优势，平衡好生态环境和经济高质量发展的关系（图 10-5）。

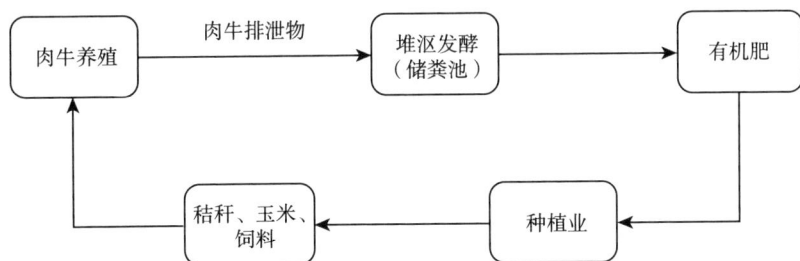

图 10-5　粪污处理示意图

数据来源：实地调研整理。

9. 肉牛产业园区文化建设初见成效

隆化肉牛产业园区的两项发展工程即牛文化宣传展示中心项目和牛肉电商综合销售平台项目，在隆化县北戎生态农业有限公司落地建设，隆化牛文化宣传展示中心扎根隆化红色沃土绿色生态，以"牛文化"为主题，弘扬"牛"精神，传播"牛"文化，打造牛联体、干好牛事业。隆化牛文化可溯源于三千多年前北戎部落牛的原生态文化，三百多年前康熙北巡御道吃北戎牛肉美食的皇家文化，依托隆化县历史文化和民俗文化，打造"隆化肉牛，中国好牛"的隆化肉牛地理标志品牌。按照隆化肉牛产业园区的规划建设项目，中央财政资金投入 300 万元，在公司内落地建设隆化县牛文化宣传展示中心，占地面积 1 700 平方米，展厅内通过 LED 大屏幕依次静态和动态展示牛文化。文化园包括牛肉食材体验、牛文化大讲堂、牛廊大道、牛文化大舞台、迎宾大厅等多个牛文化板块。展示柜中还有北戎生产的主要商品生态牛肉、雪花牛肉和礼盒装版本的牛肉制品（表 10-5）。

表 10-5 隆化肉牛文化展示中心

单位：平方米

主要建设内容	具体项目	占地面积
景观生态区	牛文化园景观石、"三牛精神"雕像、网红打卡广场、各种雕塑等	4 000
牛文化创意体验区、牛肉食材体验区	生态牛肉、雪花牛肉食材体验等	2 000
隆化牛文化科技展馆	迎宾大厅、大展厅＋演艺厅＋特产馆、多功能厅、八个主题展厅	1 702

数据来源：《隆化县牛文化宣传展示中心建设项目建议书》。

项目将食品产业园与牛文化产业园融为一体，形成景观生态区、牛庄体验区、牛文化创意体验区、牛肉食材体验区、隆化牛文化科技展馆等主要功能区。北戎公司有着良好的文化氛围，公司为员工统一定制了红色和蓝色两种不同颜色的文化衫，"牛廊大道"挂满了有关牛的字画，让人身处北戎企业能时时刻刻感受到企业文化，有较好企业文化的企业在社会上也更具有发展潜力。牛文化宣传展示中心的建设致力于创建隆化肉牛科技、文化、成果展示综合体验区，打造研学基地，把食品园区构建成产业与文化相结合的现代农业园区，推进国家级肉牛产业园区建设，实现一、二、三产融合发展。推广隆化肉牛地理标志产品品牌，做强隆化肉牛产业，推动乡村振兴。北戎公司主打牛肉品牌为"北戎雪花牛肉"和"北戎生态牛肉"。全产品多渠道物联网营销平台主要包括直播电商基地、社区门店、社群团购、电商平台等物联网销售方式。网络直播销售突破了地理上的局限，使商家和消费者之间的联系更加紧密，节约了逛街购物时间，任何人都能在任何时间、地点进行云采购，显示出便捷、高效率、成本低廉等优点，是农产品销售的重要途径，是帮助农民创造财富的好助手。

北戎生态农业有限公司承载着产业园区的发展和希望，致力于打造"承德山水，隆化肉牛"，牛文化宣传展示中心的建设为日后打造成为参观体验地、网红打卡地、电商直播地打下了良好基础，为直播电商提供可转化的消费场景。为落实牛肉电商综合销售平台项目，中央财政资金投入 100 万元创建电商销售平台，在北戎公司设立电商直播基地——"牛园助农直播基地"，建设大小共 26 个直播间，在抖音平台运行直播官方账号，直播销售产品，目前有一个直播间在运营中。与此同时，企业通过拍摄发布短视频、按时直播并增加直播时长来加大宣传力度，提高北戎牛肉产品的知名度，并积极参加官方主办的

"助农直播"，以此来开辟网络销售渠道。

除此之外，北戎生态农业有限公司计划并逐步实施"牛联体"平台，即牛联体→企业→合作社→农户，主要是以直接分红、土地流转、肉牛高于市场价收购等方式，带动 500 多户养殖户，累计 10 万头牛，带动贫困户 1 000 多户，预计将隆化全县所有养殖户纳入联合体中，以加强产业链上下游的紧密衔接，完善利益联结机制。联合体的核心企业向养殖户提供肉牛、提供饲料、处理牛粪制有机肥等养殖生产环节，主要从活牛销售方面使养殖户得到实际的帮助，提高屠宰加工企业肉牛来源稳定性。屠宰自养肉牛具有可追溯认证标识，可追溯到每一块肉，追溯合格证贴纸在商品肉制品纸箱上，可通过扫码查询到肉牛养殖防疫、用药以及无害化处理等信息，目前该溯源平台还在建设中。

（三）养殖户对园区建设的满意度调查

1. 调研设计与说明

本书从性别、年龄、受教育程度、养殖年限、对园区了解程度、养牛风险程度感知、风险来源、是否愿意粪污统一处理、养殖模式和对园区建设满意度这几个方面设计了调查问卷，实地调研了隆化县处于园区内的 75 个养殖户和企业、大型养殖场等多个主体，被调查对象具有代表性，因此以下统称为养殖户。共发放 75 份调查问卷，剔除无效问卷 3 份，回收有效问卷 72 份，调研样本有效率为 96%。调研样本中有 84.72% 为男性，15.28% 为女性，肉牛养殖者男性居多，年龄大多处于 41～60 岁，有 44.44% 的养殖户是家庭养殖。80% 养殖户为初中以下学历。养殖时间超过 15 年的占 41.67%。据调查，50% 的养殖户不了解隆化肉牛产业园区建设，33.33% 的养殖户了解程度一般，只有 16.67% 表示非常了解。说明园区建设的宣传力度还不够。

2. 调研分析与结论

83.33% 的养殖户表示养肉牛风险较高，16.67% 的人表示养殖风险一般，认为养牛无风险的为 0 人。其中风险来源多为市场价格波动或重大动物疾病。2022 年上半年受国际战争和新冠疫情影响，玉米价格上升导致饲料成本提高，养牛利润大大缩减。大部分养殖户认为，保险是一种更好地分散养殖风险的方法，隆化县 2016 年在全国首创"政银企户保"金融扶持模式，养殖户贷款难问题得到有效解决，超 95% 养殖户办理了贷款。在此基础上隆化县 2018 年创新实施肉牛产业"险资直投"新模式，按照架子牛保 4 000 元，成品牛保 8 000 元的形式，隆化全县所有养殖户不用交保费即可上肉牛养殖保险，大大降低了养殖户在养殖环节中的风险。

58.33% 的养殖户为养殖场育肥模式，33.33% 养殖户为家庭母牛繁育模式。因倒卖育肥牛的利润可观，部分家庭母牛繁育养殖户逐步转为养殖场育肥模式，因此催生了"牛经纪人"这个行业。在被调查者中，有 51.39％通过"牛经纪人"在附近乡镇进行近距离交易，33.33％的养殖户自行交易，将育肥牛卖到贵州、广东、江苏、山东、上海、广西等地屠宰加工。北戎生态农业有限公司作为隆化县龙头企业，虽然有较强的屠宰加工能力，但是平均每天的宰杀量只有几头，屠宰加工设备开工不足。

调查发现，70.83％的被调查者不愿参与园区统一粪污处理。隆化县政府投资搭建堆粪大棚供养殖户处理牛粪，但大棚覆盖户数有限，无法达到每户一棚，部分养殖户处理牛粪仍不便利，自行建造需要付出成本，因此养殖户对于粪污处理满意度不高。大棚入口牛粪堆积导致道路湿滑，粪车不易入内也是养殖户满意度不高的原因（表 10 - 6）。

表 10 - 6　养殖户对园区建设的满意度

养殖户基本情况	样本情况分类	样本量（个）	占比（％）
性别	男	61	84.72
	女	11	15.28
年龄	30 岁以下	0	0.00
	31～40 岁	11	15.28
	41～50 岁	26	36.11
	51～60 岁	27	37.50
	60 岁以上	8	11.11
受教育程度	小学及以下	19	26.39
	初中	40	55.56
	高中或中专	13	18.06
	大专及以上	0	0.00
养殖年限	5 年以下	10	13.89
	6～10 年	22	30.56
	11～15 年	10	13.89
	15 年以上	30	41.67
对园区了解程度	非常了解	12	16.67
	一般	24	33.33
	不了解	36	50.00
养牛风险程度感知	风险很大	60	83.33
	风险一般	12	16.67
	无风险	0	0.00

（续）

养殖户基本情况	样本情况分类	样本量（个）	占比（%）
风险来源	一般性疾病	8	11.11
	重大动物疫病	24	33.33
	市场价格波动	40	55.56
是否愿意粪污统一处理	愿意	21	29.17
	不愿意	51	70.83
交易方式	自行交易	24	33.33
	通过交易市场交易	8	11.11
	通过牛经纪人交易	37	51.39
	卖给屠宰加工企业	3	4.17
养殖模式	养殖小区	3	4.17
	家庭母牛繁育	24	33.33
	养殖场育肥	42	58.33
	屠宰加工为龙头的种养销一体化	3	4.17
是否对园区建设满意	满意	58	80.56
	不满意	14	19.44

数据来源：实地调研整理。

走访发现，围场县肉牛养殖不同于隆化县，隆化县肉牛多为圈舍饲养，围场县养殖户为肉牛搭建的圈舍同时拥有运动场，因此围场县肉牛养殖病死率较低。围场县保险政策不同于隆化，肉牛出生即可参保，保险费用每头为112元，但牛犊三个月以内死亡不赔。隆化县肉牛出生后也可参保，无须养殖户缴纳保费，但需观察15天，15天以内死亡不予赔付，保险赔付时间不超过一个月。

总的来说，养殖户对于隆化肉牛产业园区建设的满意度较高，为80.56%，原因：一是相较于养殖初期来说，当前肉牛养殖拥有更多政策保障；二是养殖户养殖经验丰富，技术水平不断提高。但通过对养殖户满意度的调查可以看到，当地肉牛产业发展还存在很多问题，如绿色发展理念还需加强、屠宰加工产能闲置、产业链短、市场建设不完善等。

二、隆化县肉牛产业园区发展水平评价

（一）园区发展水平评价指标体系设计

1. 评价指标的选取

依照《河北隆化现代农业产业园创建方案（2021—2023年）》，借鉴以下研究成果：赵海燕等的《现代农业产业园产业融合发展水平研究》、武国兆的《现代农业产业园发展水平测度研究》、刘鹏程的《淮安国家农业科技园区主导产业高质量发展路径研究》、杨钧媛的《湘西州产业园区发展综合评价研究》、吴绮纹的《龙井市肉牛全产业链发展水平评价》，结合实际情况，对隆化肉牛产业园区的发展水平进行评价，评价指标的一级指标主要反映园区主导产业经济效益、生态效益、科技创新力以及示范带动农民情况，可进一步分为产业经济效益、绿色发展、科技创新以及联农带农4个一级指标。选取结果如下：

（1）产业经济效益指标的选取

产业经济效益指标是园区经济发展实力的展现，通过园区产值、肉牛养殖、屠宰、加工、销售产值等指标来衡量该园区的经济运行状况，也能体现出作为园区主导产业的肉牛产业在园区经济发展中的实际情况。因此选取肉牛养殖产值占总产值的比重、屠宰加工产值占总产值的比重、肉牛产品网络销售额占销售总额的比重、肉牛产业产值占园区总产值比重、园区总产值和肉牛主导产业加工转化率6个二级指标。

①肉牛养殖产值占总产值的比重

在肉牛产业园区的发展过程中，肉牛产业作为园区的主导产业，养殖是加工和销售的基础。其计算公式为：

肉牛养殖产值占总产值的比重＝肉牛养殖产值/总产值

②屠宰加工产值占总产值的比重

在精深加工环节中，屠宰加工的产值高低能直接显示出规模化加工水平，反映出园区的屠宰加工能力。其计算公式为：

屠宰加工产值占总产值的比重＝屠宰加工产值/总产值

③肉牛产品网络销售额占销售总额的比重

单一的销售模式已不适应现代销售发展要求，电商平台以及直播销售的快速发展拓宽了销售渠道，网络销售比重的提高与降低说明园区借助互联网销售的发展水平。其计算公式为：

肉牛产品网络销售额占销售总额的比重＝肉牛产品网络销售额/销售总额

④肉牛产业产值占园区总产值比重

肉牛产业作为园区的主导产业，直接体现肉牛产业在园区产业结构中的经济效益，是体现主导产业竞争力的一项重要指标。

肉牛产业产值占园区总产值比重＝肉牛产业产值/园区总产值

⑤园区总产值

该指标反映了园区的年生产总值，直接体现园区生产经营情况，能展示出园区发展的总体实力。

⑥肉牛主导产业加工转化率

该指标是指肉牛加工占总肉牛原材料的比重，体现了园区肉牛主导产业加工转化水平。其计算公式为：

肉牛主导产业加工转化率＝加工产品/加工原料消耗

（2）绿色发展指标的选取

绿色发展水平即园区发展的生态效益，隆化肉牛产业园区的发展要遵循绿色高效、生态友好的原则，园区在提高经济效益的同时还要注重肉牛养殖粪污处理要求、提高资源利用率和农产品质量安全等问题，推动园区全面发展和可持续发展。因此选取节水灌溉面积比重、主要农作物化肥利用率、园内"两品一标"农产品认证数量、农产品质量安全追溯管理的比例、粪污处理率、园区养殖及屠宰标准化率6个二级指标。

①节水灌溉面积比重

该指标反映园区节水灌溉设备和技术的水平。

②主要农作物化肥利用率

该指标是指园区农作物化肥减少用量的水平，是衡量绿色发展的一项重要指标。其计算公式为：

主要农作物化肥利用率＝化肥施用量/耕地面积

③园内"两品一标"农产品认证数量

该指标是指园区内获得绿色食品、有机农产品与农产品地理标志农产品的数量，是体现园区农产品安全、绿色、优良的一项重要指标。

④农产品质量安全追溯管理的比例

这一指标是指产业园区在生产、订购、贮存、运输过程中可追溯农产品数量占农产品总数的比重，是衡量园区绿色发展程度的重要指标。其计算公式为：

农产品质量安全追溯管理的比例＝可追溯的农产品数量/农产品总数量

⑤粪污处理率

该指标是指园区内可以资源化利用的畜禽粪污占园区总粪污的比重。其计算公式为：

粪污处理率＝已完成粪综合治理场（户）畜禽年存栏量/园区当年总畜禽存栏量

⑥园区养殖及屠宰标准化率

该指标是指园区内符合养殖及屠宰标准的肉牛占园区总肉牛数量的比例。

（3）科技创新指标的选取

科技创新水平指产业园区的科技创新力，能反映出产业园区的发展潜能。基于园区现有的产业基础，提高科技创新能力，促进园区创新资源集聚，以科技创新力支撑园区的发展。因此选取肉牛良种覆盖率、科技研发投入占总投入比重、科技创新研发平台数量、科研人员覆盖率4个二级指标。

①肉牛良种覆盖率

该指标是指园区内优良品种的肉牛养殖情况，是体现园区科技创新发展水平的重要指标。

②科技研发投入占总投入比重

产业园区科技研发需要投入大量的资金，包含技术设施的购入费、人才引进费、新技术或新品种推广费等，是反映科研投入程度的重要依据。其计算公式为：

$$科技研发投入占总投入比重＝科技研发投入/总投入$$

③科技创新研发平台数量

该指标是指园区拥有的科技创新平台数量，体现了园区科技创新能力。

④科研人员覆盖率

该指标是指每百头牛科研人员的数量，科研人员可提供相应的技术指导、培训等服务。

（4）联农带农指标的选取

联农带农能力主要体现隆化肉牛产业园区发展目标实现情况。该指标主要反映园区联农带农作用是否凸显，园区农户参与程度是否提高，村镇及农户的收入水平是否得到保障。因此，在联农带农方面主要选取带动农户数量、园内村集体经济平均收入、园内农户人均可支配收入3个二级指标。

①带动农户数量

该指标是指园区的发展对农户的带动作用，例如提供岗位促进就业和带动农户增加收入。

②园内村集体经济平均收入

该指标是指园区内村集体的平均收入水平，直接反映园区内村集体经济情况。

③园内农户人均可支配收入

这一指标反映了在园区中农户人均可支配收入，反映了园区农户的收入能否得到保证。其计算公式为：

$$园内农户人均可支配收入＝农户可支配总收入/农户总人数$$

根据以上内容，构建肉牛产业园区发展水平评价指标体系，其中，一级指标有4项，二级指标有19项。评价园区发展水平的指标体系如表10-7所示。

（二）园区发展水平评价方法

关于水平评价的方法有很多，常见的有层次分析法、德尔菲法与主成分分析法等，不同分析方法有相应的特点和适用范围，经过对以上方法进行比对，本书最终选用熵权- TOPSIS 评价方法对园区发展水平进行评价。

表 10 - 7　隆化肉牛产业园区发展水平评价指标体系

目标层	一级指标	二级指标
隆化肉牛产业园区发展水平	产业经济效益	肉牛养殖产值占总产值的比重
		屠宰加工产值占总产值的比重
		肉牛产品网络销售额占销售总额的比重
		肉牛产业产值占园区总产值比重
		园区总产值
		肉牛主导产业加工转化率
	绿色发展	节水灌溉面积比重
		主要农作物化肥利用率
		园内"两品一标"农产品认证数量
		农产品质量安全追溯管理的比例
		粪污处理率
		园区养殖及屠宰标准化率
	科技创新	肉牛良种覆盖率
		科技研发投入占总投入比重
		科技创新研发平台数量
		科研人员覆盖率
	联农带农	带动农户数量
		园内村集体经济平均收入
		园内农户人均可支配收入

选取并确定产业园区发展水平评价指标体系后，对评价指标进行赋权处理，权重具有衡量各个指标影响大小的作用，用来描述各个指标在研究对象整体中的重要程度。本书采用熵权- TOPSIS 评价法，是将熵权法和 TOPSIS 法结合在一起，此评价方法是更接近于理想解的一种排序方法，先测算出要评价的对象与最优解、最劣解有多大差距，再测算原始规范化指标与理想值的贴近程度，最后进行优劣排序。首先，使用熵权法对各个指标进行客观赋值，使各个指标的重要性得到客观、真实的体现，从而反映各指标的权重变动。然后运用 TOPSIS 法测算出各个指标值到理想解的贴近程度，从而得出各个指标的优劣排序。该方法适用于多指标评价，具有客观性和可操作性，因此，用此方法评价隆化肉牛产业园区的发展水平。

1. 熵权法的测算步骤

熵权法是一种具有客观赋权性的方法，它在评价时间序列指标方面具有较大的优越性。在某一特定的区域发展水平评价指标中，各指标间的数据存在较大的差异，则该指标对最终评估的效果有较大的影响，这一指标所包含和传输的信息就越多，被赋予的权重也就越大。熵权法计算权重的具体步骤如下：

第一、有关正向指标和负向指标的标准化处理计算公式存在一定的差异。其中，正向指标和负向指标按式（10-1）、式（10-2）进行处理。

正向指标处理公式：

$$X'_{ij} = X_{ij} - \min\{X_j\} / \max\{X_j\} - \min\{X_j\} \qquad (10-1)$$

负向指标处理公式：

$$X'_{ij} = \max\{X_j\} - X_{ij} / \max\{X_j\} - \min\{X_j\} \qquad (10-2)$$

式（10-1）和式（10-2）中：$X_{ij}(i=1,2,\cdots,m; j=1,2,\cdots,n)$ 是指第 i 年第 j 项评价指标的值；$\max\{X_j\}$，$\min\{X_j\}$ 分别指第 j 项评价指标的最大值和最小值。

第二、计算指标权重，首先计算第 j 个评价指标的信息熵 e_j，即

$$e_j = -k \sum_{i=1}^{m} (Y_{ij} \times \ln Y_{ij}) \qquad (10-3)$$

在式（10-3）中，$k=1/\ln m$，并且 $k>0$，ln 是自然对数；$Y_{ij}=P_{ij}/\sum_{i=1}^{m} p_{ij}$ 假定 $Y_{ij}=0$，$Y_{ij}\ln Y_{ij}=0$，然后对第 j 个评价指标的差异性系数 d_j 进行计算，即

$$d_j = 1 - e_i \qquad (10-4)$$

最后，计算第 j 个评价指标的权重 w_j，即

$$w_j = d_j / \sum_{j=1}^{n} d_j \qquad (10-5)$$

2. TOPSIS 法的测算步骤

TOPSIS 法是由 Hwang 和 Yoon 在 1981 年提出的，是一种被广泛用于决策分析的系统分析方法，其基本原理是依据指标值与最优解和最劣解的靠近程度，再依次排顺序来评价目标对象，该方法是一种距离评价法，能综合考量各个指标的重要性程度，来客观全面地反映每个方案的优劣程度。评价步骤如下：

第一、建立加权规范化矩阵 $\boldsymbol{V}$。w_j 为熵权法算出来的指标权重矩阵，$\boldsymbol{X}'_{ij}$ 为式（10-1）、式（10-2）标准化处理后的矩阵。

$$\boldsymbol{V} = |V_i|_{m \times n} = w_j \times \boldsymbol{X}'_{ij} \qquad (10-6)$$

第二、确定正负理想解

正理想解为

$$V^+ = \{\max v_{ij} / i = 1,2,\cdots,m\} \qquad (10-7)$$

负理想解为

$$V^- = \{\min v_{ij} / i = 1, 2, \cdots, m\} \qquad (10-8)$$

第三、计算评价目标各年份到正理想解的距离 D^+ 和到负理想解的距离 D^-。

$$D_i^+ = \sqrt{\sum_{j=1}^{n}(V_{ij} - V_j^+)^2}, \quad (i=1, 2, \cdots, m) \qquad (10-9)$$

$$D_i^- = \sqrt{\sum_{j=1}^{n}(V_{ij} - V_j^-)^2}, \quad (i=1, 2, \cdots, m) \qquad (10-10)$$

其中，D_i^+ 越小说明越接近正理想解，效果越好；D_i^- 越小说明越接近负理想解，效果越差。

第四、计算评价目标与理想解的贴近度 C_i。

$$C_i = \frac{D_i^-}{D_i^- + D_i^+} \qquad (10-11)$$

在式（10-11）中，贴近度 C_i 取值范围是 0～1，这一数值越接近 1 表示第 i 年状况越好。

（三）园区发展水平的实证分析

1. 数据来源及处理

该部分的数据均来源于《隆化肉牛产业园区创建方案》，由于需要用连续三年数据才能综合评价园区发展水平且该园区 2021 年批设创建时间较短，数据有限，故以 2023 年园区建设计划数值作为 2022 年的数据进行分析，且 2021 年与计划值差距大小更能说明园区发展问题所在。因该评价指标体系中的二级指标比较多，不同数据存在差异性，在进行实证分析之前，先对原始数据进行标准化处理。由于熵权法涉及对数运算，标准化处理后有数值为 0 的情况，数值为 0 时无意义，因此需将所有数据平移 0.000 1 个单位。本书以隆化肉牛产业园区为研究对象，其评价指标系统中有负向和正向两种指标，对此，在数据规范化过程中，由于各指标的作用方向不同，使用的计算方法也不同，在计算公式上有细微的差别。其中，正向指数和反向指数分别按式（10-1）、式（10-2）进行处理，得到以下结果（表 10-8）。

表 10-8　隆化肉牛产业园区发展水平评价指标标准化值

二级指标	2020 年	2021 年	2022 年
肉牛养殖产值占总产值的比重（％）	1.000 1	0.954 8	0.000 1
屠宰加工产值占总产值的比重（％）	0.056 5	0.000 1	1.000 1
肉牛产品网络销售额占销售总额的比重（％）	0.000 1	0.650 1	1.000 1
肉牛产业产值占园区总产值比重（％）	0.000 1	1.000 1	0.463 7

（续）

二级指标	2020 年	2021 年	2022 年
园区总产值（亿元）	0.000 1	0.135 0	1.000 1
肉牛主导产业加工转化率（%）	0.000 1	0.500 1	1.000 1
节水灌溉面积比重（%）	0.000 1	0.333 1	1.000 1
主要农作物化肥利用率（%）	1.000 1	0.633 4	0.000 1
园内"两品一标"农产品认证数量（个）	0.000 1	0.400 1	1.000 1
农产品质量安全追溯管理的比例（%）	0.000 1	0.333 4	1.000 1
粪污处理率（%）	0.000 1	0.500 1	1.000 1
园区养殖及屠宰标准化率（%）	0.000 1	0.500 1	1.000 1
肉牛良种覆盖率（%）	0.000 1	0.400 1	1.000 1
科技研发投入占总投入比重（%）	0.000 1	0.500 1	1.000 1
科技创新研发平台数量（个）	0.000 1	0.000 1	1.000 1
科研人员覆盖率（%）	0.000 1	0.497 8	1.000 1
带动农户数量（户）	0.000 1	0.333 4	1.000 1
园内村集体经济平均收入（万元）	0.000 1	0.204 6	1.000 1
园内农户人均可支配收入（元）	0.000 1	0.333 3	1.000 1

2. 评价过程

（1）在标准化数据的基础上进行特征值处理（表 10 - 9）

表 10 - 9　隆化肉牛产业园区发展水平评价指标特征值

二级指标	2020 年	2021 年	2022 年
肉牛养殖产值占总产值的比重（%）	0.511 6	0.488 4	0.000 1
屠宰加工产值占总产值的比重（%）	0.053 5	0.000 1	0.946 4
肉牛产品网络销售额占销售总额的比重（%）	0.000 1	0.393 9	0.606 0
肉牛产业产值占园区总产值比重（%）	0.000 1	0.683 2	0.316 7
园区总产值（亿元）	0.000 1	0.118 9	0.881 0
肉牛主导产业加工转化率（%）	0.000 1	0.333 3	0.666 6
节水灌溉面积比重（%）	0.000 1	0.249 8	0.750 1
主要农作物化肥利用率（%）	0.612 2	0.387 7	0.000 1
园内"两品一标"农产品认证数量（个）	0.000 1	0.285 7	0.714 2
农产品质量安全追溯管理的比例（%）	0.000 1	0.250 0	0.749 9
粪污处理率（%）	0.000 1	0.333 3	0.666 6

（续）

二级指标	2020 年	2021 年	2022 年
园区养殖及屠宰标准化率（％）	0.000 1	0.333 3	0.666 6
肉牛良种覆盖率（％）	0.000 1	0.285 7	0.714 2
科技研发投入占总投入比重（％）	0.000 1	0.333 3	0.666 6
科技创新研发平台数量（个）	0.000 1	0.000 1	0.999 8
科研人员覆盖率（％）	0.000 1	0.332 3	0.667 6
带动农户数量（户）	0.000 1	0.250 0	0.749 9
园内村集体经济平均收入（万元）	0.000 1	0.169 9	0.830 1
园内农户人均可支配收入（元）	0.000 1	0.250 0	0.750 0

（2）将各二级指标的特征值进行熵值计算（表 10 - 10）

表 10 - 10　隆化肉牛产业园区发展水平评价指标熵值

二级指标	熵值
肉牛养殖产值占总产值的比重（％）	0.631 2
屠宰加工产值占总产值的比重（％）	0.190 9
肉牛产品网络销售额占销售总额的比重（％）	0.610 9
肉牛产业产值占园区总产值比重（％）	0.569 0
园区总产值（亿元）	0.332 8
肉牛主导产业加工转化率（％）	0.580 0
节水灌溉面积比重（％）	0.512 4
主要农作物化肥利用率（％）	0.608 4
园内"两品一标"农产品认证数量（个）	0.545 2
农产品质量安全追溯管理的比例（％）	0.512 6
粪污处理率（％）	0.580 0
园区养殖及屠宰标准化率（％）	0.580 0
肉牛良种覆盖率（％）	0.545 2
科技研发投入占总投入比重（％）	0.580 0
科技创新研发平台数量（个）	0.001 9
科研人员覆盖率（％）	0.579 4
带动农户数量（户）	0.512 6
园内村集体经济平均收入（万元）	0.415 5
园内农户人均可支配收入（元）	0.512 5

（3）计算各二级指标的差异系数（表 10-11）

表 10-11　隆化肉牛产业园区发展水平评价指标差异系数

二级指标	差异系数
肉牛养殖产值占总产值的比重（%）	0.368 8
屠宰加工产值占总产值的比重（%）	0.809 1
肉牛产品网络销售额占销售总额的比重（%）	0.389 1
肉牛产业产值占园区总产值比重（%）	0.431 0
园区总产值（亿元）	0.667 2
肉牛主导产业加工转化率（%）	0.420 0
节水灌溉面积比重（%）	0.487 6
主要农作物化肥利用率（%）	0.391 6
园内"两品一标"农产品认证数量（个）	0.454 8
农产品质量安全追溯管理的比例（%）	0.487 4
粪污处理率（%）	0.420 0
园区养殖及屠宰标准化率（%）	0.420 0
肉牛良种覆盖率（%）	0.454 8
科技研发投入占总投入比重（%）	0.420 0
科技创新研发平台数量（个）	0.998 1
科研人员覆盖率（%）	0.420 6
带动农户数量（户）	0.487 4
园内村集体经济平均收入（万元）	0.584 5
园内农户人均可支配收入（元）	0.487 5

（4）依据式（10-3）至式（10-5）确定各个指标的权重（表 10-12）

表 10-12　隆化肉牛产业园区发展水平评价指标权重

二级指标	权重
肉牛养殖产值占总产值的比重（%）	0.038 4
屠宰加工产值占总产值的比重（%）	0.084 3
肉牛产品网络销售额占销售总额的比重（%）	0.040 5
肉牛产业产值占园区总产值比重（%）	0.044 9
园区总产值（亿元）	0.069 5
肉牛主导产业加工转化率（%）	0.043 8
节水灌溉面积比重（%）	0.050 8

（续）

二级指标	权重
主要农作物化肥利用率（%）	0.040 8
园内"两品一标"农产品认证数量（个）	0.047 4
农产品质量安全追溯管理的比例（%）	0.050 8
粪污处理率（%）	0.043 8
园区养殖及屠宰标准化率（%）	0.043 8
肉牛良种覆盖率（%）	0.047 4
科技研发投入占总投入比重（%）	0.043 8
科技创新研发平台数量（个）	0.104 0
科研人员覆盖率（%）	0.043 8
带动农户数量（户）	0.050 8
园内村集体经济平均收入（万元）	0.060 9
园内农户人均可支配收入（元）	0.050 8

（5）计算出加权规范化决策矩阵（表 10-13）

表 10-13　隆化肉牛产业园区发展水平评价指标加权规范化决策矩阵

二级指标	2020 年	2021 年	2022 年
肉牛养殖产值占总产值的比重（%）	0.038 4	0.036 7	0.000 0
屠宰加工产值占总产值的比重（%）	0.004 8	0.000 0	0.084 3
肉牛产品网络销售额占销售总额的比重（%）	0.000 0	0.026 4	0.040 5
肉牛产业产值占园区总产值比重（%）	0.000 0	0.044 9	0.020 8
园区总产值（亿元）	0.000 0	0.009 4	0.069 5
肉牛主导产业加工转化率（%）	0.000 0	0.021 9	0.043 8
节水灌溉面积比重（%）	0.000 0	0.016 9	0.050 8
主要农作物化肥利用率（%）	0.040 8	0.025 8	0.000 0
园内"两品一标"农产品认证数量（个）	0.000 0	0.019 0	0.047 4
农产品质量安全追溯管理的比例（%）	0.000 0	0.016 9	0.050 8
粪污处理率（%）	0.000 0	0.021 9	0.043 8
园区养殖及屠宰标准化率（%）	0.000 0	0.021 9	0.043 8
肉牛良种覆盖率（%）	0.000 0	0.019 0	0.047 4

（续）

二级指标	2020 年	2021 年	2022 年
科技研发投入占总投入比重（％）	0.000 0	0.021 9	0.043 8
科技创新研发平台数量（个）	0.000 0	0.000 0	0.104 0
科研人员覆盖率（％）	0.000 0	0.021 8	0.043 8
带动农户数量（户）	0.000 0	0.016 9	0.050 8
园内村集体经济平均收入（万元）	0.000 0	0.012 5	0.060 9
园内农户人均可支配收入（元）	0.000 0	0.016 9	0.050 8

（6）将各个二级指标计算出正理想解和负理想解（表 10 - 14、表 10 - 15）

表 10 - 14　隆化肉牛产业园区发展水平评价指标正理想解

二级指标	2020 年	2021 年	2022 年
肉牛养殖产值占总产值的比重（％）	0.000 0	0.000 0	0.001 5
屠宰加工产值占总产值的比重（％）	0.006 3	0.007 1	0.000 0
肉牛产品网络销售额占销售总额的比重（％）	0.001 6	0.000 2	0.000 0
肉牛产业产值占园区总产值比重（％）	0.002 0	0.000 0	0.000 6
园区总产值（亿元）	0.004 8	0.003 6	0.000 0
肉牛主导产业加工转化率（％）	0.001 9	0.000 5	0.000 0
节水灌溉面积比重（％）	0.002 6	0.001 1	0.000 0
主要农作物化肥利用率（％）	0.000 0	0.000 2	0.001 7
园内"两品一标"农产品认证数量（个）	0.002 2	0.000 8	0.000 0
农产品质量安全追溯管理的比例（％）	0.002 6	0.001 1	0.000 0
粪污处理率（％）	0.001 9	0.000 5	0.000 0
园区养殖及屠宰标准化率（％）	0.001 9	0.000 5	0.000 0
肉牛良种覆盖率（％）	0.002 2	0.000 8	0.000 0
科技研发投入占总投入比重（％）	0.001 9	0.000 5	0.000 0
科技创新研发平台数量（个）	0.010 8	0.010 8	0.000 0
科研人员覆盖率（％）	0.001 9	0.000 5	0.000 0
带动农户数量（户）	0.002 6	0.001 1	0.000 0
园内村集体经济平均收入（万元）	0.003 7	0.002 3	0.000 0
园内农户人均可支配收入（元）	0.002 6	0.001 1	0.000 0

表 10 - 15　隆化肉牛产业园区发展水平评价指标负理想解

二级指标	2020 年	2021 年	2022 年
肉牛养殖产值占总产值的比重（％）	0.001 5	0.001 3	0.000 0
屠宰加工产值占总产值的比重（％）	0.000 0	0.000 0	0.007 1
肉牛产品网络销售额占销售总额的比重（％）	0.000 0	0.000 7	0.001 6
肉牛产业产值占园区总产值比重（％）	0.000 0	0.002 0	0.000 4
园区总产值（亿元）	0.000 0	0.000 1	0.004 8
肉牛主导产业加工转化率（％）	0.000 0	0.000 5	0.001 9
节水灌溉面积比重（％）	0.000 0	0.000 3	0.002 6
主要农作物化肥利用率（％）	0.001 7	0.000 7	0.000 0
园内"两品一标"农产品认证数量（个）	0.000 0	0.000 4	0.002 2
农产品质量安全追溯管理的比例（％）	0.000 0	0.000 3	0.002 6
粪污处理率（％）	0.000 0	0.000 5	0.001 9
园区养殖及屠宰标准化率（％）	0.000 0	0.000 5	0.001 9
肉牛良种覆盖率（％）	0.000 0	0.000 4	0.002 2
科技研发投入占总投入比重（％）	0.000 0	0.000 5	0.001 9
科技创新研发平台数量（个）	0.000 0	0.000 5	0.010 8
科研人员覆盖率（％）	0.000 0	0.000 5	0.001 9
带动农户数量（户）	0.000 0	0.000 5	0.002 6
园内村集体经济平均收入（万元）	0.000 0	0.000 2	0.003 7
园内农户人均可支配收入（元）	0.000 0	0.000 3	0.002 6

（7）计算各年度园区综合水平至各个正理想解的距离 D_i^+ 以及至各个负理想解的距离 D_i^-（表 10 - 16）

表 10 - 16　各年份综合水平到正负理想解的距离

年份	D^+	D^-
2020	0.231 8	0.056 2
2021	0.181 4	0.096 0
2022	0.061 0	0.230 0

3. 评价结果与分析
（1）综合得分评价结果与分析

通过对评价指标体系中各一级指标与总目标的重要程度进行对比和分析，并对 2020 年至 2022 年园区发展水平评价的整体趋势特征和各项指标的发展状况做出分析判断，从而便能够科学衡量隆化肉牛产业园区的发展水平。根据表10-17 可知，2020 年的综合得分最低，为 0.20，说明该年份园区建设刚刚起步，各项发展规划处于初步落实中，因此发展水平较低；2021 年排名第二，综合得分为 0.35，说明经过一年的发展，园区各项建设步入正轨；2022 年综合得分排名第一，为 0.79，发展水平最高，园区 2020 年至 2022 年的发展水平呈现出越来越好的发展趋势。除此之外，2021 年综合得分为 0.35，不到 2022 年 0.79 的一半，说明这两年期间发展差距大，需要加大园区发展力度，追赶园区发展的计划数值。

表 10-17　隆化肉牛产业园区发展水平综合得分

年份	综合得分	排名
2020	0.20	3
2021	0.35	2
2022	0.79	1

（2）产业经济效益评价结果与分析

隆化肉牛产业园区在 2020 年至 2022 年从创建到发展的三年里，产业经济效益处于逐步提高的发展态势，从结果来看得分从 2020 年的 0.23 增长到了 2022 年的 0.74。园区总产值、肉牛养殖产值、屠宰加工产值、销售额等都在稳步增加，占比也在逐渐加大，在一定程度上带动了周围养殖户经济收入的增长，推动了隆化县肉牛产业的经济增长。但是因受到新冠疫情和部分育肥牛卖往外地的影响，屠宰加工这一环节产生的经济效益增长较为缓慢。可喜的是，肉牛产品网络销售额占销售总额的比重在逐步提高，网络电商直播基地的创建起到了重要作用，线上线下联动销售模式提高了牛肉产品销售额，延长了冷链物流产业链，提高园区主导产业经济效益（表 10-18）。

表 10-18　隆化肉牛产业园区产业经济效益评价结果

年份	产业经济效益得分	排名
2020	0.23	3
2021	0.39	2
2022	0.74	1

（3）绿色发展评价结果与分析

园区绿色发展水平增长趋势显著，得分已经从 2020 年的 0.28 增长到了 2022 年的 0.72。2021 年比 2020 年提高了 0.16，2022 年比 2021 年高出 0.28，但发展较为缓慢，需要更加重视肉牛产业园区粪污处理和养殖环境的改善

（表 10-19）。2019 年印发的《隆化县人民政府关于加快推进有机产业发展工作实施方案》在转变传统农业的绿色、生态、有机循环方面效益显著，主要是在有机肥上予以补助，园区内的牛粪进行无害化处理生产制造有机肥，并循环利用，达到了经济效益与生态效益相结合。

表 10-19　隆化肉牛产业园区绿色发展评价结果

年份	绿色发展得分	排名
2020	0.28	3
2021	0.44	2
2022	0.72	1

（4）科技创新评价结果与分析

隆化肉牛产业园区的科技创新能力从 2020 年的 0 分增长至 2022 年的 1 分（表 10-20），说明园区科技创新水平在逐年提高。由指标权重可知，肉牛良种覆盖率、科研投入、科技创新研发平台数量和园区科研人员数量四个指标中，只有科技创新研发平台数量的权重大于 0.1，依据权重的大小可以看出，科技创新研发平台重要程度较高，但目前现有的科技创新研发平台数量不足，主要原因可能是科研人员缺乏，科技创新能力不高。应加强校企合作，吸引大量科技型人才，加快科技要素的集聚。

表 10-20　隆化肉牛产业园区科技创新评价结果

年份	科技创新得分	排名
2020	0.00	3
2021	0.24	2
2022	1.00	1

（5）联农带农评价结果与分析

隆化肉牛产业园区的联农带农发展水平得分从 2020 年的 0 分提高到 2022 年的 1 分，说明园区联农带农能力逐年提高。2021 年相较于 2020 年有一定的提高，但距离 2022 年差距过大（表 10-21），说明园区联农带农能力还需进一步加强。产业园区辐射带动农户属于肉牛产业园区的社会效益，主要体现在带动农户数量、园内村集体经济平均收入、园内农户人均可支配收入三个指标，相对于联农带农指标来说的权重分别为 40%、33%、33%，这表明带动农户指标是一项重要指标，园内村集体经济平均收入和园内农户人均可支配收入也都有所提升，这说明园区发展对隆化县养殖户收入提高有很大促进作用。

表 10-21　隆化肉牛产业园区联农带农评价结果

年份	联农带农得分	排名
2020	0.00	3
2021	0.28	2
2022	1.00	1

（四）本章小结

园区在 2020 年至 2022 年期间园区发展水平呈逐年提升趋势，虽然园区建设时间短，各项建设处于发展初级阶段，产业经济效益较好，绿色发展水平较高，文化建设也初见成效，但园区发展过程中仍存在一些问题，如电商销售水平不高，市场建设不完善，专业人才不足，科研人员覆盖率较低，屠宰加工环节较为薄弱等问题凸显。2018 年起隆化县实施粪污资源化利用整县推进项目，提高了粪污利用效率。由于目前 2022 年数据还未统计出来，2023 年的科技创新和联农带农能力的计划值与 2021 年差距较大，因此，2022 年需重点发展：增加科研投入、大力吸引技术人才、提高带动农户数量。

三、隆化县肉牛产业园区发展存在问题分析

（一）屠宰加工开工不足，产品深加工水平不高

隆化肉牛产业园区产业链将肉牛生产、养殖、育肥、屠宰加工、运输、交易等环节联系起来，从产业链源头起，形成饲料种植、肉牛繁育、架子牛育肥、屠宰、精深加工、冷链物流、市场交易为一体的肉牛全产业链。隆化县坚持"生产＋加工＋科技"的综合发展，汇集所有生产要素，加速发展肉牛产业。坚持"龙头企业＋合作社＋家庭农场＋养殖基地＋养殖户"的利益链条，拓宽延长产业链（图 10-6）。

园区为解决肉牛繁育和育肥的饲草料问题，形成了种养结合模式。肉牛繁育出的小牛犊分为母牛和公牛。其中母牛留下继续繁育，公牛用作架子牛育肥，品质好的公牛留作种公牛配种。育肥完成后的肉牛一部分通过牛经纪人交易，一部分运送至张三营大牲畜交易市场或棋盘山交易市场进行买卖。屠宰加工企业将自有养殖场的肉牛自行屠宰，出售冷鲜肉、成牛肉罐头、牛肉速食产品等。打造隆化肉牛电商服务中心，创建"承德山水·隆化肉牛"网上运营销售平台，创新产品销售方式。建设"产地＋冷链运输＋销售"的冷链物流运输体系，做好电商与物流的对接工作，拓展销售市场。健全农产品追溯系统，使产品在消费者手上能用条形码进行追溯。

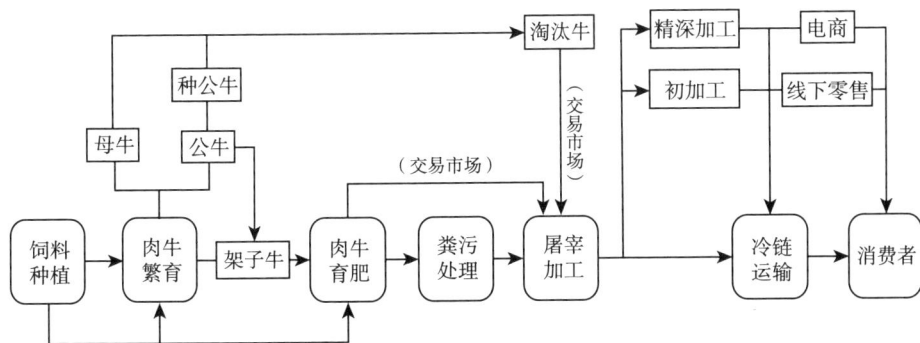

图 10 - 6　园区产业链示意图

数据来源：实地调研整理。

肉牛产业链包括肉牛养殖、肉牛育肥、屠宰和加工、销售等环节。目前隆化肉牛产业园区产业链屠宰环节较为薄弱，产业链一体化水平不足。屠宰企业主要以批发、农贸市场等低端市场为主要销售对象，市场层次较低。虽然隆化有冀康商贸、北戎生态等肉牛深加工企业，但由于受利益链条制约，隆化县育肥牛大多流向南方。受新冠疫情影响，牛肉销量降低导致牛肉产量有所下降，企业屠宰量也纷纷减少。2020 年实地走访承德北戎生态农业有限公司和隆化冀康商贸有限公司得知，北戎 2020 年设计屠宰量为 5 万头，每年实际屠宰数量只有 3 000 头，不足设计屠宰能力的 1/10；冀康 2020 年设计屠宰量是 10 万头，但实际年屠宰数量不到 4 万头，企业屠宰生产线每周屠宰量 100 头左右，屠宰设备开工率不足。屠宰量下降导致肉牛养殖量下降，2020 年北戎自有养殖基地存栏量 650 头，2022 年降低至 500 头（表 10 - 22）。

表 10 - 22　2020 年隆化县屠宰加工企业基本情况

单位：头，元

企业	年屠宰量	年设计屠宰量	单头净利润	主要销售渠道	主要销售地区
北戎	3 000	50 000	5 000	线上为主	天津、北京
冀康	不足 40 000	100 000	3 000	线下，无电商渠道	上海、成都、天津

数据来源：实地调研整理。

加工企业缺乏深加工产品，产品附加值低。北戎公司产品以冷鲜肉切割为主，牛肉罐头仍以初级加工为主，牛副产品加工几乎未涉及，牛腱、牛蹄筋等交给其他地区专业企业做，头蹄下水和牛皮等副产品以 1 500～2 000 元的价格销售给外地深加工公司，因此屠宰加工企业深加工水平不高，利润较低，整体实力不强。

（二）交易市场建设不完善，缺乏规范化管理

棋盘山交易市场虽然建设较早，但交易市场硬件设备较为落后，市场地面是黄土地，车辆开过会扬起沙尘，牲畜随时随地排泄粪便，市场环境较差。地磅、饲喂场所、存放圈舍、车辆运输等基础设施建设薄弱，因大多是露天，遇到雨、雪等恶劣天气会严重影响市场的交易进程。承德市肉牛交易场所呈现"三高一低"的态势，人工成本、饲料成本和购买牛犊成本较高，肉牛售价较低，养殖户强调出栏价低于 17 元处于赔钱的状态。每年 6 月、7 月处于价格低谷期，养殖户处于观望状态，只得延长肉牛养殖时间来增加肉牛体重。

交易市场内随处可见牛经纪人的身影，大多数牛经纪人都是土生土长的当地人，对牛的判断很有一套，善于体察人心，且能言善辩，有的肉牛养殖户也兼任牛经纪人角色。由于牛经纪人没有严格的工作流程，完全是按照自己的想法和意愿去做，这就造成了市场上缺少对牛经纪人的管理，经常出现部分牛经纪人有哄抬价格、索取高额报酬等现象。

大牲畜交易市场缺乏专业的肉牛交易服务平台，牲畜上市、市场行情等基本信息没有公开渠道，买卖双方通过牛经纪人获取价格或是通过微信群、口头传播等方式得知市场行情。还有部分养殖户通过交易市场外牛经纪人自行交易，不经过交易市场渠道，这也是交易市场交易量无法大幅度提升的原因。

内蒙古有开鲁牛市、伊胡塔牛市两家交易量较大的交易市场，占地面积分别为 180 亩和 199.5 亩。与此相比，张三营交易市场占地面积 31.5 亩、棋盘山交易市场 100 亩，规模都较小。张三营在交易旺季的日交易量为 2 000 头，棋盘山日交易量为 4 500 头，开鲁牛市日交易量达 10 000 头，伊胡塔牛市日交易量为 5 000 头。棋盘山交易市场按照每头大牲畜 10 元的标准收取管理费，在开鲁牛市和伊胡塔牛市每有一头牲畜交易成功会支付给市场 20 元的手续费，如果未交易就不需要支付任何费用（表 10 - 23）。

表 10 - 23　交易市场基本情况表

单位：头、元、亩

名称	地点	开集时间	日交易量	交易费用	占地面积
张三营	隆化县张三营镇	阳历 2 5 8	2 000	10	31.5
棋盘山	围场县棋盘山镇	阳历 3 6 9	4 500	10	100.0
开鲁牛市	开鲁县	阳历 1 4 7	10 000	20	180.0
伊胡塔牛市	伊胡塔镇	阳历 2 5 8	5 000	20	199.5

数据来源：实地调研、黄牛网。

（三）品牌知名度低，营销能力不足

由于被屠宰的肉牛品种很多，牛肉品质差别较大，所以很难产生有影响力的隆化本地牛肉品牌。尽管在当地已有北戎、福泽等具有一定影响力的品牌，但其品牌影响力、市场创新能力、辐射带动能力都明显欠缺。企业对于自身的文化宣传和牛肉产品的宣传不够，市场没有完全打开，同时缺乏专业的品牌运作。目前北戎生态农业有限公司通过发布短视频和在平台直播来加大宣传力度，同时积极参与官方发起的助农直播，从而通过线上电商平台打开销路。当前存在的问题是拍摄视频内容单一，短视频多为在屠宰生产车间拍摄肉牛各部位切割来展示牛肉品质，缺乏创新性和对品牌故事的渲染，对观看者的吸引力不足。

北戎产品主要通过线上平台销往天津和北京，京津市场占全部消费市场的70%，线下生鲜牛肉的销售市场一直无法打开，除了隆化县有一家门店之外几乎没有冷鲜肉销售。但线上销售也出现了诸多问题，如新冠疫情影响导致快递物流无法正常运输等情况，与物流公司合作进行生鲜食品冷链运输成本较高。而冀康生产的牛肉产品以线下销售为主，无电商渠道，产品主要销往上海、成都和天津（图10-7）。

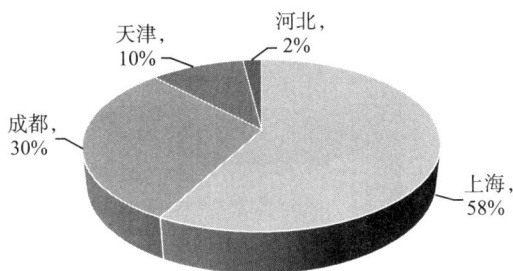

图 10-7　冀康公司线下销售地区比例统计图

数据来源：实地调研整理。

（四）人才队伍缺乏，养殖户素养较低

隆化肉牛产业园区科研人员覆盖率较低，仅为9%。青海省民和县科研人员覆盖率为12%，酒泉市科研人员覆盖率为67%，均高于隆化园区水平（表10-24），这说明园区目前科研人员缺乏。园区科研人员数量较少的原因可能是工作环境差、薪资待遇不高等，乡镇从事畜牧业的专业技术人员队伍不稳定。

基层对于配种员、兽医的需求量很大，部分养殖户有固定合作的兽医，农村散养户更愿意自费寻找配种员。配种员和兽医人员短缺主要是由于工资低、奖励政策少，懂繁殖技术的人不愿意做这项工作。肉牛养殖技术一般通过兽医来指导教学，缺乏统一专业的技术人员上门服务，导致农户养殖技术参差不齐，大部分靠自己摸索和与人交流来提高养殖水平。

表 10 - 24　科研人员覆盖率统计表

单位：百头、人、%

名称	牛数	人数	科研人员覆盖率
隆化肉牛产业园区	1 902	168	9
民和县	851	98	12
甘肃酒泉市	1 680	1 132	67

数据来源：实地调研、民和县畜牧兽医站调研、《中国畜牧兽医年鉴》。

调查结果显示：目前隆化县养殖户年龄偏大、受教育程度偏低、养牛技术水平参差不齐，多数以家庭养殖为主，年轻人大多外出打工不愿从事肉牛养殖工作，主要原因为养牛风险较大、收入不稳定、养牛环境脏差等。图 10 - 8 为隆化县养殖户年龄结构。

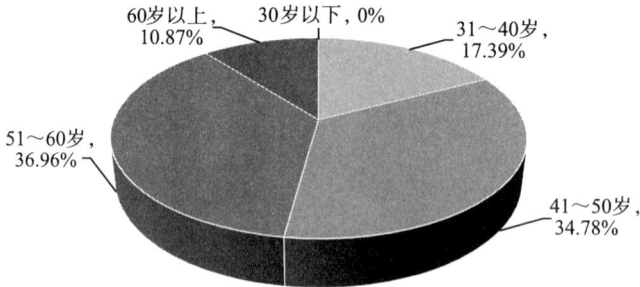

图 10 - 8　隆化县养殖户年龄结构

数据来源：实地调研整理。

养殖户文化水平偏低，大多是小学和初中学历，部分养殖户甚至不会写字，未经过科学专业的养殖培训，缺乏一定的防疫安全意识（图 10 - 9）。

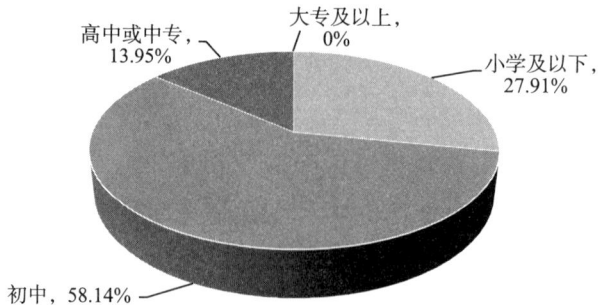

图 10 - 9　隆化县养殖户受教育程度

数据来源：实地调研整理。

四、隆化县肉牛产业园区发展水平提升建议

（一）推动园区产业链延伸

引进优良品种，提高优良品种普及率，从源头提高经济效益；重视牛肉深加工和新产品开发，围绕冷鲜牛肉深加工产业化项目，丰富产品类别。例如：将牛肉制作为小牛肉块、牛柳和牛肉罐头等牛肉预制菜，研制更高品质的牛肉产品，提高整体附加值。学习采用先进加工技术，提高牛副产品附加值，发挥科技支撑作用；大力发展第三产业，发展牧牛观光产业，游、养结合，游客可在标准化养殖小区内欣赏各类品种的牛，也可亲身体验养牛，可在田园内亲手种植作物，体验农村生活。

（二）强化市场的规范化管理

完善交易市场基础设施建设，提高交易市场的整体质量，更好地为大牲畜交易服务；对于市场功能区进行合理的划分，将牛、马、驴等动物按比例划分为不等的交易区域，便于管理；出台牛经纪人职业标准和管理条例，对交易市场的操作流程进行严格的把控，杜绝牛经纪人降低当地市场信用的情况；建立市场交易信息平台，在网络上及时共享交易市场集市上的牲畜品种、数量、价位区间等信息，提高交易成交率和采购效率。

（三）打造"隆化牛肉"特色品牌

提高农产品的品牌叙事与推广营销能力，结合企业文化打造"隆化肉牛，中国好牛"的隆化肉牛地理标志品牌，从产品广告、包装、推广宣传等各个环节展示隆化悠久的肉牛文化和企业精益求精的生产理念以及企业文化、创业故事和肉制品生产加工流程等，把文化与产业相融合，这样既能展示企业文化提高品牌宣传力度，也能使消费者更加了解品牌并感受到企业对于产品的用心程度，从而提高品牌在消费者心目中的知名度和好感度；农产品电商平台把握好品牌发展方向，结合消费者的消费意愿和市场大趋势，有针对性地做好品牌建设，提高短视频对于品牌故事的叙述能力，可以将创业理念和产品故事等品牌文化融入短视频的拍摄中去，打破短视频内容单一性，充分发挥隆化地理资源优势，用好水土出好产品的宣传理念宣传隆化牛肉品牌。

（四）提高绿色发展能力

坚持贯彻"绿色、创新"发展理念，以高质量促进发展，以绿色促进发展；坚持创新发展观念。无害化处理工作需政府加大支持力度，给予企业一定

的补贴来引导企业做好绿色发展建设。

（五）加强园区文化建设

规范牛文化宣传展示中心的标准，在园区建设中，把食品园区构建成产业与文化相结合的现代农业园区，文化创意产区的场景要有特色，如将产品与公司形象相结合的雕塑或创意摆件放在展厅内，并在外墙上喷涂产品的艺术广告口号或卡通化涂鸦，为园区的景观特色增加了创意性、趣味性、观赏性，同时也为自身的产品做了宣传；要激发和促进我国的文化消费，就需要不断地提升自己的创新意识和能力；申请"隆化肉牛，中国好牛"的隆化肉牛地理标志品牌，使文化产业园的规划、建设更加健康有序。

参 考 文 献

常亮，罗剑朝，2019. 农业园区科技创新能力影响因素分析［J］. 北方园艺（05）：186 - 193.

陈文晖，王婧倩，2021. 产业园区高质量发展的战略思考［J］. 宏观经济管理（04）：55 - 62.

董姗姗，隋斌，赵立欣，等，2020. 基于能值分析的奶牛产业园区循环发展模式评价［J］. 农业工程学报，36（17）：227 - 233.

杜罗莎，张丹丹，陈驰，2019. 产业园区转型升级过程中的政府职能定位［J］. 宏观经济管理（07）：55 - 63，72.

方萌，2019. 诸暨市现代农业产业园区发展研究［D］. 杭州：浙江农林大学.

冯燕妮，闫二旺，高道平，2017. 山西省静脉产业园区发展模式研究［J］. 经济研究参考（69）：28 - 34.

郭钰磊，袁军，卢泽发，2021. 现代农业园区三维参数化设计研究［J］. 西南师范大学学报（自然科学版），46（04）：45 - 52.

黄学群，李瑾，宋建辉，等，2012. 天津现代农业园区发展模式与对策研究［J］. 中国农业资源与区划，33（06）：79 - 84.

李晓萍，霍明，房建琳，2021. 我国农业科技园区运营效率的区域差异与影响因素分析——基于 139 家国家农业科技园区的创新能力监测数据［J］. 中国农业资源与区划，42（09）：232 - 240.

李梓璇，2019. 产业园区发展模式研究［D］. 北京：北京交通大学.

吴中兵，杨雪，邓运，2016. 金融创新方式推动产业园区发展途径分析［J］. 金融理论与实践（10）：116 - 118.

颜培霞，2019. 我国低碳产业园区的研究进展与未来展望［J］. 生态经济，35（05）：26 - 30，87.

张振杰，2017. 江浙沪文化创意产业空间分布特征及影响因素研究［D］. 宁波：宁波大学.

专题十一 安国市畜禽疫病防控现状及对策研究

近年来我国连续暴发禽流感、非洲猪瘟等重大动物疫病，这几类重大动物疫病具有传染速度快、畜禽死亡率高、病毒存活率高的特点，安国市也受到严重威胁，动物疫病防控形势极其严峻。动物疫病对养殖户增收及农村经济发展产生巨大影响。部分动物疫病还是人畜共患病，威胁人类的健康和生命。由此看来动物疫病的防控已是严重的社会问题。

在国内连续暴发重大动物疫病的背景下，如何有效防止和控制安国市动物疫病的发生和蔓延，是一个值得研究的课题。本专题将在实际调查安国畜禽疫病防控现状的基础上提出相应对策，为安国畜牧业更快、更稳定地发展保驾护航。

一、安国市畜禽养殖情况及畜禽疫病防控现状

安国市位于华北平原腹地，在北京、天津、石家庄三角中心地带，与安平、深泽、博野、定州、清苑、望都毗邻。

（一）安国市畜禽养殖情况

安国市畜牧业发展呈现出了积极的态势。2013年至2021年，畜禽数量普遍持续增长。2021年底，家禽存栏452.56万只，较2020年存栏数增长119.69％。牛存栏3 592头，较2020年同比增长20.53％。羊只存栏4.87万只，较2020年增长2.70％。2018年、2019年受非洲猪瘟疫情影响，很多生猪养殖场关闭，生猪数量出现下滑。政府及畜牧部门积极干预，2020年养殖情况回转。至2021年底，全市猪只存栏20.47万头。2020年、2021年生猪存栏数量保持稳定（表11-1）。

安国市养殖户主要以中小养殖户为主，规模化程度低（表11-2）。

表 11 - 1　2013—2021 年安国市畜禽存栏

种类	2013 年	2014 年	2015 年	2016 年	2017 年	2018 年	2019 年	2020 年	2021 年
家禽（万只）	156.55	151.894	153.28	152.5	176.4	191.8	190.1	205.99	452.56
牛（头）	4 730	3 400	2 830	2 760	2 310	2 200	2 960	2 980	3 592
羊（万只）	5.12	5.03	4.89	4.45	4.53	4.86	4.663	4.744 6	4.872 7
猪（万头）	16.9	16.536	16.890	16.81	20.6	17.231 7	15.279 2	21.026	20.474

数据来源：安国市农业农村局畜牧业生产情况年报表。

表 11 - 2　2013—2021 年安国市规模养殖场数量

单位：个

种类	2013 年	2014 年	2015 年	2016 年	2017 年	2018 年	2019 年	2020 年	2021 年
禽	10	10	11	11	36	28	12	13	19
牛	3	6	4	3	8	6	1	2	4
羊	45	30	26	26	11	13	0	0	4
猪	95	95	95	95	184	100	60	73	64

数据来源：安国市农业农村局畜禽饲养规模情况年报表。

（二）安国市畜禽疫病发生情况

动物疫病是指动物传染病、寄生虫病。不同类别的动物疫病对人和动物产生不同程度的危害，《动物防疫法》根据动物疫病对养殖业生产和人类身体健康的危害程度，将动物疫病分为三类（表 11 - 3）。

表 11 - 3　动物疫病分类图

类别	特点
一类疫病	对人与动物危害严重，需要采取紧急严厉的强制预防、控制、扑灭等措施的动物疫病
二类疫病	可能造成重大经济损失，需要采取严格控制、扑灭等措施，防止扩散的动物疫病
三类疫病	常见、多发、可能造成重大经济损失，需要控制和净化的动物疫病

安国市畜牧部门严格按照上级业务部门的要求，落实各项防控措施，从近几年的监测和调查情况看，在安国市政府及畜牧防疫部门努力下，动物疫病防治工作取得了显著的成绩，2020 年和 2021 年动物的发病率分别为1.35％、1.63％，与 2013 年、2014 年的 13％、12.5％相比，动物发病率显著下降。安国 2021 全年没有一类动物疫病，二类动物疫病 4 种，三类动

物疫病 1 种，没有其他动物疫病。发生疫病的疫点共 35 个，易感动物数（全县全年动物饲养量）478.265 9 头（只）、发病动物数 77 957 头（只）、病死总数 32 460 头（只）、发病率 1.63%、病死率 41.63%。其中，猪的发病率 2.97%、病死率 20.68%，鸡的发病率 0.144%、病死率 77.906%，牛的发病率 0.6%、病死率 6.1%，羊的发病率 0.35%、病死率 20.9%。猪传染性胃肠炎是猪群中发生的最主要疫病。鸡败血支原体是鸡群中发生的最主要疫病（表 11-4）。

表 11-4 安国市畜禽发病率（2013—2021 年）

年份	2013 年	2014 年	2015 年	2016 年	2017 年	2018 年	2019 年	2020 年	2021 年
发病率	13%	12.5%	5.31%	4.05%	4.86%	4.92%	2.72%	1.35%	1.63%

数据来源：全国兽医卫生综合信息平台的疫情和监测信息。

（三）安国市畜禽疫病防控组织体制

1. 畜禽疫病防控体系

自 2004 年以来，安国市着力建设动物疫病防控体系，到 2008 年已经建成。安国市农业农村局现设有畜牧发展股和下属事业单位疫控中心等机构，5 个区域性乡镇动物防疫监督分站，定性为全额拨款事业单位，全市确定 188 名村级动物防疫员。

疫控中心：承担全市动物疫病预防与控制工作，包括畜禽疫病的采样、检测、送检工作，动物流行病的预警工作，动物疫情上报工作，拟定重大动物疫病防控技术方案并组织实施，对突发疫情的应急处置工作以及动物疫病预防的指导、宣传工作。

防疫分站：统计村级防疫员排查数据，并登记造册，严格按照日排查制度上报。组织开展重大动物疫病强制免疫工作，入村防疫，建立免疫档案，做好报告工作。全面实行报检制度，接到报检电话，立即上门报检。坚持"三不"：不做形式主义，不消极厌战，不盲目乐观。给养殖户讲解疫情防控技术知识，宣传有关法律法规，政策信息，指导养殖户全面做好养殖户内外的消毒灭源工作，指导养殖户做好病死畜禽的无害化处理工作。做好职责范围内的其他畜牧兽医工作。

村级动物防疫员：协助疫病防控部门做好畜禽疫病防疫的宣传推广工作。负责对本村的畜禽建立免疫档案，负责对本村饲养的所有畜禽数量及畜禽发病情况进行调查，做好报告工作。协助开展畜禽疫病监测、消毒等防疫活动。图 11-1 为安国市动物防疫机构设置。

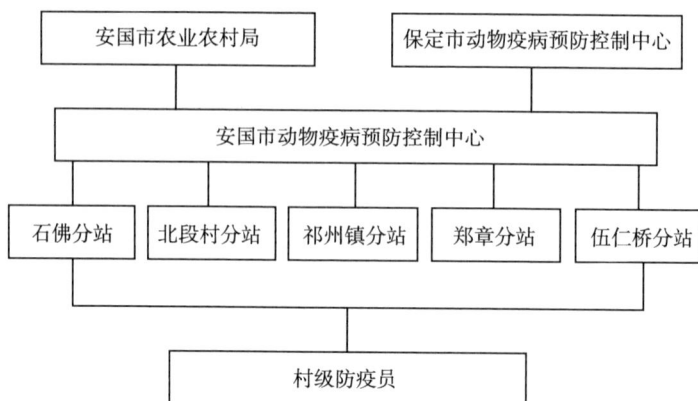

图 11-1 安国市动物防疫机构设置

2. 实验室安全监管

安国市实验室主要担负动物疫病的检验检测、流行病学调查、试剂采购与管理、样品接收与管理、仪器设备日常维护、实验室的生物安全管理和使用管理以及动物疫病预防控制中心统计报表和档案管理工作。实验室建立了严格的实验室生物安全管理责任制度，实验室人员严格遵守，避免发生生物安全事故。每年按照培训计划，组织人员开展培训 2 至 3 次，培训内容主要包括实验室管理规范、生物安全、检测规程等，实验室各项记录完整，档案管理规范，由专人按制度保管。

3. 疫病防控人员队伍

2021 年，安国市疫控中心编制数是 14 人，实际在岗 7 人。5 个区域性乡镇动物防疫监督分站，人员从乡镇（办事处）农业综合中心从事畜牧兽医工作的人员和畜牧水产局下属事业单位内选调，批复编制 38 人，实际 12 人。全市确定村级动物防疫员 188 名。

畜牧人员畜禽疫病防治工作主要包括绑定畜禽、接种疫苗、诊断疫病，国家对从事这项工作的人员有专门的要求：第一，体力好，年龄不宜超过 50 岁；第二，工作人员要懂得畜牧、兽医等方面的专门知识，教育程度不能太低（表 11-5、表 11-6）。

表 11-5 2021 年安国市畜禽疫病防疫人员学历现状

单位名称	硕士	本科	专科	高中	初中	小学
疫控中心	0	3	4	0	0	0
各乡分站	0	7	5	0	0	0
村级防疫员	0	0	4	34	54	96

数据来源：安国市农业农村局机构人员结构统计表。

表 11-6　2021 年安国市疫病防控人员年龄情况

单位名称	30 岁以下	31~40 岁	41~50 岁	51 岁以上
疫控中心	1	2	3	1
各乡分站	0	4	4	4
村级防疫员	2	22	96	68

数据来源：安国市农业农村局机构人员结构统计表。

实际在岗人员中，村级防疫员 50 岁以上人数占到总人数的 36.17%，专科及以上人数仅有 2.12%，存在学历低、年龄偏大现象，疫控中心和各乡级分站中有年轻人才断档趋势。

4. 经费保障情况

近几年防疫人员工资虽有所上涨，但总体偏低，尤其是村级防疫员待遇较低，每年每人只有 1 300 元，基层技术员留不住，更不能吸引高素质的人才。在防疫经费方面，2021 年政府全年纳入财政预算畜牧和林业共 20 万元。仅疫苗经费一项就需要 19.4 万元，不能满足需要，其他监测经费、应急物资储备、防治工作运转经费缺口较大。防控工作的运转主要靠政府财政支持，要确保防疫工作的正常进行，必须加大财政资金的扶持力度。

（四）疫病防控工作开展情况

针对当前疫病防控的新形势，为保证畜牧业的平稳发展，繁荣农业农村经济，安国市结合工作中存在的具体问题，对动物疫病防控机制方面进行了以下几方面的探索。首先，坚持"防疫优先，防重于治"原则。切实做好春秋两季的强制免疫工作。其次，每年按计划开展疫病监测检测、流行病学调查、疫情预测工作。再次，注重人才培养，定期开展技术培训。最后，狠抓人畜共患病防控工作的落实。安国市努力提高抗风险管理水平，促进畜牧业健康发展，助力乡村振兴。

1. 畜禽强制免疫情况

畜禽的强免工作是防疫工作的重中之重，安国市疫病防控部门严格按照上级防控要求每年春秋主持召开春秋重大动物疫病防控工作会议。对全体防疫人员和部分村级防疫人员进行免疫技术培训，各分站对本辖区内的村级防疫员和养殖场技术人员进行逐级免疫培训。培训内容包括疫苗的类型、运输和储藏，免疫接种时的正规流程等，保证疫苗质量，保证免疫落到实处，取得真正效果。

春秋强免期间组织防疫员成立防疫突击小分队，以集中免疫和日常补免相结合的方式，实行分片包干，定期通报，确保乡不漏村、村不漏场（户），做到分工明确，行动迅速，免疫到位。保证应免动物强制免疫率达到100％，对怀孕畜、仔畜、漏免畜、因病缓免畜做到及时补针。2021年安国市免疫畜禽478.265 9万只（头）。应免畜禽免疫密度达到100％。在安国疫病防控部门及全体防疫人员的努力下，安国近几年群体免疫密度常年维持在90％以上，高致病性禽流感、口蹄疫和小反刍兽疫、布病和高蓝、猪瘟免疫抗体合格率常年保持在70％以上。全面提高了畜禽抵抗疫病风险的能力。

2. 疫病监测、检测、流行病学调查和预警预报情况

现今畜禽疫病种类繁多，感染途径复杂，只有定期开展畜禽的病原学、血清学动态监测，对畜禽定期采血化验，对发病畜禽及时诊断，有针对性地确定免疫病种，制定相应的免疫程序才能有效控制动物疫病的发生和流行。安国市疫控中心实验室全面做好主要动物疫病监测、流行病学调查。从安国实验室年度报告中得知，安国2020年、2021年两年来共监测和检测血清和其他样品34 369份，进行流行病学调查201份，每月坚持对畜禽疫病月监测并及时上报数据。每季度对规模养殖场进行全面检查，对小规模养殖场进行抽样检查。通过以上监测检测工作把握全市动物疾病的发生与流行规律，为动物疫病预警提供了大量的科学数据（表11-7）。

表11-7 安国市2013—2021年血清学及其他样品检测

年份	2013年	2014年	2015年	2016年	2017年	2018年	2019年	2020年	2021年
样品数（份）	15 416	14 531	14 639	15 327	16 742	15 120	16 847	17 299	17 070

数据来源：安国市疫病预防控制中心实验室年报表。

安国市疫控中心不断强化重大疫情预警预报工作，根据重大、外来、新发动物疫病发展态势和常见病严重程度，及时组织开展疫情排查和实验室检测。每季度组织一次市级专家动物疫情解析预警，每年形成季度性预测报告3份，年度预测报告1份。紧急情况随时预警，预警情况及时向社会发布。

3. 开展技术培训情况

（1）防疫人员技术培训情况

每年组织实验室人员参加市局组织的培训学习两到四次，提高实验室人员检测水平。定期对基层防疫人员进行基础知识、基本操作技能、法律法规知识培训，加快防疫人员知识更新步伐，提高防疫人员综合素质，防止防疫人员对防疫工作和疫病认识停留在很多年前。

（2）养殖户技术培训情况

据调查，安国对养殖户的培训力度不大，对养殖户关于防疫法规、防疫技术等系列的培训较少，对防疫知识的宣传主要以发放明白纸为主。

　　本专题以调查问卷方式对 98 户养殖户技能现状及需求进行了调查。技能来源方面，有 35 户通过互联网手机，30 户通过书本了解技术知识，经过技术培训了解的有 23 户，其他 10 户（图 11-2）。说明安国市养殖户技能来源渠道较多，方式先进。防疫部门对疫病防控的宣传可以与微信、微博、快手等新型媒体连接。在养殖技能的掌握上，97.95% 认为自己技能水平较高，2 户一般。养殖政策掌握上，3 户认为自己掌握水平较高，42 户认为一般，35 户略懂，18 户不太了解。认为自己对防疫政策的了解程度较高的仅占 3.06%（图 11-3），说明防疫部门对养殖政策和法律的宣传普及度低。养殖技能需求上，93 户均对专家或畜牧技术人员指导、到大型企业进行现场观摩和学习、开展技能培训班进行系统讲解有需求，需求率达到 94.8%。

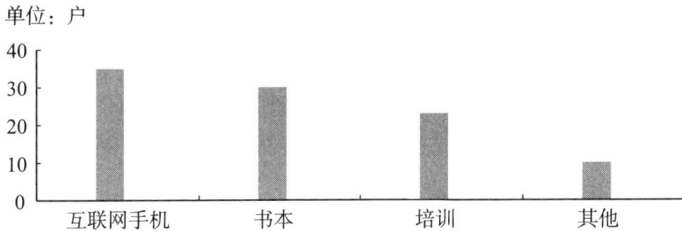

图 11-2　安国市养殖户养殖技能来源

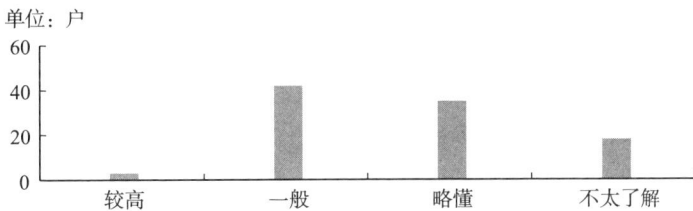

图 11-3　安国市养殖户养殖政策的掌握

4. 人畜共患病防控

　　世界卫生组织数据表明，人类有 60% 的传染病与动物有密切关系，50% 的畜禽疫病可以传染给人，而现行的人畜共患病有 200 多种，因此人畜共患病防控是保障民众健康的重要措施。安国在做好重点人畜共患病防控方面，坚持"人病兽防、关口前移"八字方针，加强牛羊布病等主要人畜共患病的防控，统筹抓好结核病、狂犬病、炭疽等人畜共患病防控。对牛羊进行布病强制免疫，指导狂犬病实施全面免疫。全市奶牛年内至少开展一次布病、结核病检测，对肉牛布病、结核病和羊布病实施抽检。严格限制活畜从布病高风险区向低风险区移动。

5. 病死畜禽无害化处理体系建设及监管情况

安国市认真开展病死畜禽无害化处理工作。严格处理和规范上报，市动物卫生监督所对上报材料进行审核把关，必要时进行抽查，在执行过程中，坚持原则，严格程序，据实申报，接受群众和社会的监督，确保养殖环节病死畜禽无害化处理工作有序开展。认真谋划无害化处理收集点建设。按照保定市政府《关于建立保定市动物无害化处理工作长效机制实施方案》的要求，安国市积极推进 2 个收集点建设。防疫员指导养殖户对病死猪等动物的处置严格按照农业农村部《病死及病害动物无害化处理技术规范》进行无害化处理。采取深埋法进行无害化处理时，掩埋地点应选在地势较高的地方，且以下风向为主。防疫员在各村加强病死畜禽无害化处理的宣传，告知各养殖场随意抛弃病死动物是违法行为，一经查实，根据《中华人民共和国动物防疫法》应处以 3 000 元以下罚款并由当事人自行对抛弃病死动物进行无害化处理。2021 年安国市集中无害化处理病死畜禽的比例达到 80％以上。

二、安国市畜禽疫病防控影响因素实证分析和模糊综合评价

影响安国畜禽疫病防控的因素是多方面的，本专题着重对安国市畜禽疫病防控影响因素进行实证分析，判明其影响大小，用模糊综合评价对影响因素指标体系进行合理性论证。

（一）层次分析法确定评价指标主观权重

1. 层次分析法原理

美国大学教授 T. L. Saaty 等人于 1970 年初提出层次分析法，层次分析法是一种将定量分析和定性分析相结合的多目标决策分析方法，用来判断和评价一些难于用定量分析的复杂问题。

层次分析法可分为以下四个步骤进行：建立递阶层次结构、构建判断矩阵、层次单排序与一致性检验、对权重由高到低进行排序得出最重要的影响因素。

（1）建立层次结构模型

将问题中包括的因素分解成不同的层次，然后用流程图的方式表示各层次的递阶结构和因素的从属关系，如图 11 - 4 所示。

（2）构建判断矩阵

构建层次结构模型之后，也就确定了上下层之间的从属关系。然后运用判

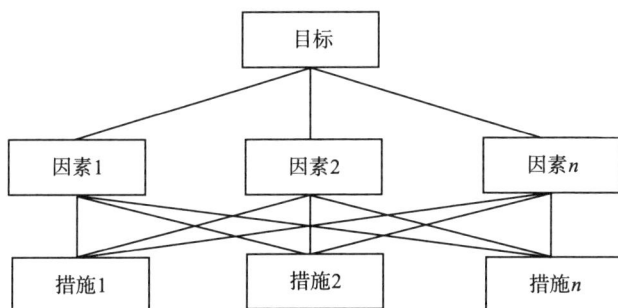

图 11-4 层次结构模型

断矩阵标度表，将两个因素两两判断比较，构建判断矩阵。表 11-8 为判断矩阵标度值。

表 11-8 判断矩阵标度值

标度	定义	说明
1	同等重要	两个因素相比同等重要
3	稍微重要	两因素相比，一个比另一个稍微重要
5	明显重要	两因素相比，一个比另一个明显重要
7	非常重要	两因素相比，一个比另一个非常重要
9	绝对重要	两因素相比，一个比另一个绝对重要
2，4，6，8	相邻判断的折中	取以上相邻标度的折中值
上述各数的倒数	两个因素反比较	对应上述各因素反比较时的标度值

（3）层次单排序和一致性检验

层次单排序是为了确定上一层次中某个因素所支配的下一层次中的因素的重要性次序的权重值。对层次单排序进行一致性检验，如果随机一致性的比率小于 0.1，层次单排序的结果就具有较好的一致性，否则就需要对判断矩阵进行调节，它的取值由下面的公式获得：

$$CR = \frac{CI}{RI} \qquad (11-1)$$

$$CI = \frac{\lambda_{\max} - n}{n - 1} \qquad (11-2)$$

$$\lambda_{\max} = \sum_{i=1}^{n} \frac{(AW)_i}{W_i} \qquad (11-3)$$

平均随机一致性指标 RI 的取值如下（表 11-9）。

表 11 - 9 *RI* 系数表

n	2	3	4	5	6	7	8
RI	0.00	0.58	0.90	1.12	1.24	1.32	1.41
n	9	10	11	12	13	14	15
RI	1.45	1.49	1.51	1.48	1.56	1.57	1.59

（4）层次总排序和一致性检验

层次总排序是指同一层次中所有的因素相对于最高层次的组合权重值。计算层次总排序的随机一致性比率小于 0.1，层次总排序的结果具有较好的一致性。

2. 计算评价指标主观权重

（1）评价指标确定

利用知网、维普、万方等数据库进行大量文献资料查询，梳理安国市动物疫病防控相关政策文件，实地调研安国市畜禽疫病防控情况，汇总关键指标。利用德菲尔专家咨询法确定评价指标：邀请有丰富畜牧兽医实践经验，掌握着大量疫病及疫病防控第一手资料的养殖户、村级防疫员、安国市动物疫病预防控制中心工作人员初步拟定评价指标、提出意见并修改完善，最终确定评价指标。

根据安国市的实际情况，将一级指标分为两类，一是社会与经济，二是管理与技术。

社会与经济因素是安国市畜禽疫病防疫体系的发展基础。社会因素对防疫开展具有巨大的推动作用，经济是防疫工作开展的保障。离开了社会经济因素，防疫工作无法开展。社会与经济因素选取防疫经费、规模场数量、养殖户意识、免疫合格率作为三级指标。

管理与技术因素是安国市畜禽疫病防疫体系的发展关键。管理和技术因素不断提高安国市畜禽疫病防疫体系建设的同时改善防疫体系薄弱的环节，推动防疫体系发展。管理技术因素选取防疫政策宣传、疫病监测能力、人才保障、养殖户技能作为三级指标。

各指标选取确定遵循以下原则：

第一、确保评价指标的科学性、合理性，对养殖户进行实地调查，请教安国市业内资深动物疫病专业人士和基层工作经验丰富的兽医工作人员，听取他们的意见和建议。

第二、能够细致反映防疫体系建设的问题，能够反映安国市畜禽疫病防疫体系发展的整体水平。防疫经费是畜禽疫病防疫工作的基础，防疫经费越高，防控效果越好；规模场的科学管理落实越到位，疫病防控技术含量越高，规模场越多，防控效果越好；养殖户的防控意识是防疫体系构建的前提；免疫合格率是疫病不大规模暴发的保障；防疫政策宣传可以有效地促进防疫体系的快速发展；疫病监测是摸清疫病防控态势首要措施；人才是防疫体系建设的根本；养殖户技能是疫病防控工作中的重要一环。防疫经费、规模场数量、养殖户防控意识、免疫合格率、防疫政策宣传、疫病监测、防疫人才、养殖户技能都是影响防疫效果的主要指标。

（2）构建层次结构模型

表 11-10 为安国市畜禽疫病防控影响因素层次结构。

表 11-10　安国市畜禽疫病防控影响因素层次结构

目标层 A	因素层 B	指标层 C
		防疫投入经费 $C1$
	社会与经济因素（$B1$）	规模场数量 $C2$
		养殖户防控意识 $C3$
安国市动物疫病防控效果		免疫合格率 $C4$
		防疫政策宣传 $C5$
	管理与技术因素（$B2$）	疫病监测能力 $C6$
		人才保障 $C7$
		养殖户技能 $C8$

（3）建立判断矩阵及一致性检验

选择 10 位行业资深的安国市动物疫病预防控制中心工作人员、防疫员、养殖户进行打分，其中动物疫病预防控制中心工作人员 4 名、防疫员 3 名、养殖户 3 名（表 11-11）。建立各指标层下的判断矩阵，计算频数。

表 11-11　组成专家基本特征统计表

统计指标	分类指标	数量	比例
性别	男	7	70%
	女	3	30%
年龄	20～40 岁	5	50%
	40～60 岁	4	40%
	60 岁以上	1	10%
文化程度	初中	3	30%
	高中	3	30%
	专科	2	20%
	本科及以上	2	20%

（续）

统计指标	分类指标	数量	比例
是否畜牧专业	是	8	80%
	否	2	20%
从业年限	5 年以下	1	10%
	5～10 年	2	20%
	10～20 年	5	50%
	20 年以上	2	20%

第一、因素层下的指标社会与经济因素（B1）和管理与技术因素（B2）。

第一步，构造判断矩阵（表 11 - 12）：

表 11 - 12　因素层判断矩阵

A	B1	B2
B1	1	1
B2	1	1

第二步，计算权重：

求得 B 层各因素相对于 A 因素的权重为：

$$\vec{W} = (W_1, W_2)^{\mathrm{T}} \qquad (11 - 4)$$

$$\vec{W_l} = \frac{1}{2} \sum_{j=1}^{2} \frac{a_{ij}}{\sum_{k=1}^{2} a_{ij}} \quad (i = 1, 2) \qquad (11 - 5)$$

$\vec{W} = (0.5, 0.5)$

第三步，进行一致性检验：

二阶判断矩阵本身就具有完全一致性，无须进行一致性检验。

第二、构造三级指标的判断矩阵及一致性检验。

在第二层指标因素社会与经济因素下，第三层指标因素相对重要性比较（判断矩阵 B1 - C）如表 11 - 13 所示。

$\lambda_{\max} = 4.060\,1$，一致性指标 $CI = \frac{\lambda_{\max} - n}{n-1} = 0.02$，$RI = 0.9$，$CR = 0.02/0.9 = 0.022\,2 < 0.1$，一致性检验通过。

C1、C2、C3、C4 的标准化特征向量分别是 0.161 7、0.378 6、0.090 9、0.368 7。

相对于管理与技术因素，各影响因素之间的相对重要性比较（判断矩阵

$B2 - C$）如表 11 - 14 所示。

表 11 - 13 因素层 **B1** 下的指标层判断矩阵

B1	C1	C2	C3	C4
C1	1	1/2	2	1/3
C2	2	1	5	1
C3	1/2	1/5	1	1/3
C4	3	1	3	1

表 11 - 14 因素层 **B2** 下的指标层判断矩阵

B2	C5	C6	C7	C8
C5	1	1/6	1/6	1/7
C6	6	1	2	1/3
C7	6	1/2	1	1/5
C8	7	3	5	1

$\lambda_{\max}=4.227\ 2$，一致性指标 $CI=\dfrac{\lambda_{\max}-n}{n-1}=0.075\ 7$，$RI=0.9$，$CR=0.075\ 7/0.9=0.084\ 1<0.1$，一致性检验通过。

$C5$、$C6$、$C7$、$C8$ 的标准化特征向量分别是 $0.043\ 8$、$0.246\ 0$、$0.153\ 2$、$0.557\ 0$。

（4）层次总排序和一致性检验

根据评判矩阵，用各二级指标权重乘以各三级指标的权重，得出各个指标的综合权重（表 11 - 15）。

表 11 - 15 层次总排序

综合排序	指标	权重
1	C8	0.278 5
2	C2	0.189 3
3	C4	0.184 3
4	C6	0.123 0
5	C1	0.080 8
6	C7	0.076 6
7	C3	0.045 4
8	C5	0.021 9

指标总排序后，一致性检验得出，$CI=0.047\ 9$，$CR=0.053\ 1<0.1$，故

指标总排序一致性检验通过。其中养殖户技能、规模场数量、免疫合格率、疫病监测能力、经费投入、人才保障 6 个指标的权重均超过了 0.05，它们对畜禽疫病防控的影响最大。

（二）熵权法确定评价指标客观权重

运用层次分析法对安国市畜禽疫病防控指标进行了权重分析，但是层次分析法有很强的主观性，因此下面采用熵权法对疫病影响因素进行进一步分析。

1. 熵权法原理

熵权法作为客观赋权的手段，在信息论中被用作度量信息量，一个系统有序性高，信息熵反而低；反之，有序性低，则信息熵高。在现实运用中，可以利用信息熵这个工具，计算各指标熵权，然后再用每一个评价指标的熵权对所有的评价指标进行加权，得到较为客观的评估效果。

2. 确定评价指标

本次熵权法选用防疫经费、规模场数量、养殖户防控意识、免疫合格率、防疫政策宣传、疫病监测、防疫人才保障及养殖户养殖技能八个指标。选取 2013—2021 年防疫经费投入（X1）来反映防疫财政支持水平，其中防疫经费投入水平越高，防疫财政支持力度越高，疫病发生率越低；选取 2013—2021 年规模场数量（X4）反映发病率差异，规模场在饲养管理、防疫行为、饲养环境方面要优于散养户，规模场数越多，畜禽发病率越低；选取 2013—2021 年养殖户疫病防控意识调查问卷评分代表养殖户防控意识的高低，养殖户疫病防控意识越高，畜禽患病概率越低；选取 2013—2021 年疫病免疫合格率（X3）来反映免疫程度，免疫程度越高，畜禽抵抗疫病风险能力越强，疫病发生率越低；选取 2013—2021 年会议、讲座、防疫员入户次数（X6）来反映宣传程度，其中讲座次数越多，宣传程度越大；选取 2013—2021 年监测血清及其他样本数代表监测水平（X2），监测水平越高，越可以有效避免疫病传播，降低发病率；选取 2013—2021 年防疫人员大专学历以上人员数量（X7）反映防疫高素质人才保障水平，其中大专学历以上人员越多，高素质人才防疫保障水平越高；选取 2013—2021 年养殖户技术水平考核平均分（X5）来反映养殖户的专业程度，其中平均分越高，养殖户专业程度越高。通过对以上数据分析，指标均为正向指标。下面用熵权法确定以上八个指标的权重。

防疫经费数来源于安国农业农村局财务室业务报表；规模场是从安国市农业农村局饲养规模报表中统计得出；养殖户防控意识评分是由养殖户畜禽疫病防控意识调查问卷得出；免疫合格率是从 11 个乡镇中随机抽取 4 个乡镇，每个乡镇随机抽取 3 个村，每个村抽取猪血 10 份、羊血 10 份、牛血 10 份、鸡蛋 10 个分别进行禽流感、口蹄疫、小反刍、猪瘟、新城疫、伪狂犬、猪圆环抗体、细小病、鸡传染性支气管炎等重大动物疫病及常见动物疫病抗体检测得出的平均值；防疫政策宣传数是每年培训数、会议数及防疫员入户宣传数总和；疫病监测数来源于安国市农业农村局疫病防控中心实验室年报；防疫员大专以上人数来自村防疫员档案及安国市疫控人员结构统计表。养殖技能评分由养殖技能调查问卷得出。

3. 计算评价指标客观权重

第一步，当指标为正向指标时，其标准化公式为：

$$x'_{ij} = \frac{x_{ij} - x_j^{\min}}{x_j^{\max} - x_j^{\min}} \tag{11-6}$$

表 11 - 16 为标准化后结果数据。

表 11 - 16 标准化后结果数据

防疫经费	养殖环境（规模场数）	养殖户意识	免疫合格率	防疫政策宣传	血清病原监测能力	人才保障	养殖技能
0.000 0	0.481 9	0.150 0	0.925 1	0.041 1	0.319 7	0.000 0	1.000 0
0.173 3	0.409 6	0.000 0	1.000 0	0.000 0	0.000 0	0.250 0	0.872 3
0.314 5	0.379 5	0.300 0	0.427 3	0.315 1	0.039 0	0.250 0	0.678 7
0.513 5	0.373 5	0.400 0	0.145 4	0.520 5	0.287 6	0.500 0	0.532 4
0.532 7	1.000 0	0.500 0	0.000 0	0.315 1	0.798 8	0.500 0	0.443 1
0.757 4	0.445 8	0.650 0	0.577 1	0.972 6	0.212 2	0.750 0	0.370 8
0.917 8	0.000 0	0.650 0	0.541 9	1.000 0	0.836 7	0.750 0	0.112 6
1.000 0	0.090 4	0.900 0	0.339 2	1.000 0	1.000 0	1.000 0	0.000 0
0.917 8	0.108 4	1.000 0	0.339 2	0.863 0	0.917 3	1.000 0	0.251 0

第二步，部分指数在经过规范化处理后，会产生一个数值偏低或偏负的现象，因此，为计算的统一性和简便性，此处采用平移法来解决以上问题：

其中 H 为指标平移的幅度，一般取 1。

$$x''_{ij} = H + x'_{ij} \tag{11-7}$$

表 11 - 17 为平移后的结果数据。

表 11 - 17 平移后结果数据

防疫经费	养殖环境（规模场数）	养殖户意识	免疫合格率	防疫政策宣传	血清病原监测能力	人才保障	养殖技能
1.000 0	1.481 9	1.150 0	1.925 1	1.041 1	1.319 7	1.000 0	2.000 0
1.173 3	1.409 6	1.000 0	2.000 0	1.000 0	1.000 0	1.250 0	1.872 3
1.314 5	1.379 5	1.300 0	1.427 3	1.315 1	1.039 0	1.250 0	1.678 7

（续）

防疫经费	养殖环境 （规模场数）	养殖户 意识	免疫合 格率	防疫政策 宣传	血清病原 监测能力	人才保障	养殖技能
1.513 5	1.373 5	1.400 0	1.145 4	1.520 5	1.287 6	1.500 0	1.532 4
1.532 7	2.000 0	1.500 0	1.000 0	1.315 1	1.798 8	1.500 0	1.443 1
1.757 4	1.445 8	1.650 0	1.577 1	1.972 6	1.212 8	1.750 0	1.370 8
1.917 8	1.000 0	1.650 0	1.541 9	2.000 0	1.836 7	1.750 0	1.112 6
2.000 0	1.090 4	1.900 0	1.339 2	2.000 0	2.000 0	2.000 0	1.000 0
1.917 8	1.108 4	2.000 0	1.339 2	1.863 0	1.917 3	2.000 0	1.251 0

第三步，利用比重法对数据进行无量纲化：

$$y_{ij} = \frac{x''_{ij}}{\sum\limits_{i=1}^{n} x''_{ij}} \qquad (11-8)$$

表 11 - 18 为无量纲化后结果数据。

表 11 - 18　无量纲化后结果数据

防疫经费	养殖环境 （规模场数）	养殖户 意识	免疫合 格率	防疫政策 宣传	血清病原 监测能力	人才保障	养殖技能
0.083 1	0.114 7	0.073 8	0.150 4	0.071 3	0.074 6	0.089 3	0.141 2
0.093	0.112 3	0.095 9	0.107 2	0.093 8	0.077 5	0.089 3	0.126 6
0.107 1	0.111 8	0.103 3	0.086 1	0.108 4	0.096 0	0.107 1	0.115 6
0.108 5	0.162 7	0.110 7	0.075 2	0.093 8	0.134 1	0.107 1	0.108 8
0.124 4	0.117 6	0.121 8	0.118 6	0.140 6	0.090 4	0.125 0	0.103 4
0.135 8	0.081 4	0.121 8	0.116 0	0.142 6	0.136 9	0.125 0	0.083 9
0.141 6	0.088 7	0.140 2	0.100 7	0.142 6	0.149 1	0.142 9	0.075 4
0.135 8	0.090 2	0.147 6	0.100 7	0.132 8	0.143 0	0.142 9	0.094 3
0.083 1	0.114 7	0.073 8	0.150 4	0.071 3	0.074 6	0.089 3	0.141 2

第四步，计算第 j 个指标的熵值：

$$e_j = -\frac{1}{\ln n} \sum_{i=1}^{n} y_{ij} \ln y_{ij} \qquad (11-9)$$

第五步，第 j 个指标的差异系数为：

$$g_j = 1 - e_j \qquad (11-10)$$

其中，$j = 1, 2, \cdots, p$

第六步，第 j 个指标的权重为：

$$\omega_j = \frac{g_j}{\displaystyle\sum_{j=1}^{p} g_j} \qquad (11-11)$$

其中，$j = 1, 2, \cdots, p$

表 11 - 19 为评价指标权重的结果。

表 11 - 19　评价指标权重

指标层 C	熵值	差异系数	权重
防疫经费 C1	0.989 2	0.010 8	0.120 4
规模场数 C2	0.990 9	0.009 1	0.102 0
养殖户意识 C3	0.990 1	0.009 9	0.110 9
免疫合格率 C4	0.990 0	0.010 0	0.111 5
防疫政策宣传 C5	0.985 5	0.014 5	0.161 8
疫病抗原检测能力（血清病原检测数）C6	0.985 7	0.014 3	0.160 1
人才保障（大专以上学历人数）C7	0.989 6	0.010 4	0.116 2
养殖户技能（养殖户技术水平考核平均分）C8	0.989 5	0.010 5	0.117 0

（三）层次分析法-熵权法获取评价指标组合权重

层次分析法参考了专业人员意见，但主观随意性大；熵权法是充分挖掘原始资料蕴含的信息，评价结果更具有客观性，但却缺乏专业人员的经验，有时得出的权重可能不符合指标的实际重要性程度。本专题采用层次分析法获取的主观权重，结合熵权法获得的客观权证，组合获得综合权重。

表 11 - 20　层次-熵权评价指标权重

指标	C1	C2	C3	C4	C5	C6	C7	C8
层次分析法权重	0.080 8	0.189 3	0.045 4	0.184 3	0.021 9	0.123	0.076 6	0.278 5
熵权法权重	0.120 4	0.102 0	0.110 9	0.111 5	0.161 8	0.160 1	0.116 2	0.117 0

其组合权重：

$$\lambda_j = \frac{w_j v_j}{\displaystyle\sum_{j=1}^{n} w_j v_j} \qquad (11-12)$$

其中，w_j 是层次分析法的权重，v_j 是熵值法的权重（表 11 - 21）。

表 11-21　层次-熵权评价指标组合权重

指标	C1	C2	C3	C4	C5	C6	C7	C8
组合权重	0.081 5	0.161 7	0.042 2	0.172 2	0.029 7	0.165 0	0.074 6	0.272 9

通过层次分析法及熵权法确定各因素的重要性，得到了权重值及各层次权重大小排序，权重由高到低排序为：养殖技能、免疫合格率、血清病原监测、养殖环境、经费投入、人才保障（大专以上学历人数）、养殖户意识、防疫政策宣传。

根据模型结果，养殖户技能与疫病防控具有显著正向影响关系。养殖行业要求养殖户有较高的专业技术，养殖户知识经验越多，对于疫病认识越全面、疫病发生率越低、防控效果就越好。

免疫效果的权重排在第二位，"预防为主、防重于治"是我国畜禽疫病防控一个重要原则，免疫效果高低直接决定了防控效果的好坏，安国市应更加注重"春秋"两防在疫情防控方面发挥的重要作用。

动物疫病防控部门对免疫畜禽群进行抗体检测，查看免疫效果，可以有效制订相应免疫计划，提高免疫合格率、降低发病风险。如有发病畜禽，及时进行病原学监测，可以清除传染源，控制传染病传播。血清抗体及病原检测监测是疫病防控重要手段。

规模场数量对于畜禽疫病防控也有正向的影响作用，科学的饲养管理，干净、适宜的环境，严格的防控管理措施都可以提高机体的免疫抗病力，降低疫病发生率，减少传染病传播风险，疫病防控调查中，疫病发生率高的地方多是散养户。

经费投入是安国市畜禽疫病防控的一个短板，政府应注重加大防疫资金投入并逐年增长，确保防疫工作的有序运行。

人才保障、养殖户意识、防疫政策宣传在畜禽疫病防控中都有重要作用，要想不断提高整体畜禽疫病防治水平，加强队伍的稳定和人员素质培训很重要。安国市群众的防疫意识仍很淡薄，部分养殖户认为防疫无用，部分存在侥幸心理，致使基层防疫工作不好做，造成防疫密度不高，为疫病流行埋下隐患。因此在今后的畜禽疫病防治中，要以提高群众防疫意识为重点，通过各种有效的手段，加强《动物防疫法》宣传，使养殖户主动与防疫机构配合。

（四）基于模糊评价法对安国市畜禽疫病防控影响因素的综合评估

安国市畜禽疫病防控影响因素评估的因素集如下（表 11-22）。

表 11 - 22 评价因素集

向量集	因素集
U1	防疫经费
U2	规模场数
U3	养殖户意识
U4	免疫合格率
U5	防疫政策宣传
U6	疫病抗原监测检测能力
U7	人才保障
U8	养殖户技能

在综合评价中，对于每一个指标设定五个级别评语，即 $V=[V1,V2,V3,V4,V5]=[$很好,较好,一般,较差,很差$]$，并且赋值为 $V=[5,4,3,2,1]$。由 10 位行业经验丰富的安国市动物疫病预防控制中心工作人员、防疫员、养殖户进行评估，其中动物疫病预防控制中心工作人员 4 名，防疫员 3 名，养殖户 3 名。向专家发放调查问卷，对指标价值体系进行评估，由每个专家单独对指标层的每个指标进行等级打分。由于指标的模糊性，可以综合每个人对该指标的打分次数，得出该指标属于某个评语等级的隶属度，取多位赞同该指标的评语等级比重为隶属度，从而建立单因素模糊综合评判矩阵。

B_1 对应模糊关系矩阵：

$$\boldsymbol{R}11=\begin{bmatrix} 0.000\ 0 & 0.500\ 0 & 0.500\ 0 & 0.000\ 0 & 0.000\ 0 \\ 0.000\ 0 & 0.400\ 0 & 0.600\ 0 & 0.000\ 0 & 0.000\ 0 \\ 0.000\ 0 & 0.400\ 0 & 0.600\ 0 & 0.000\ 0 & 0.000\ 0 \\ 1.000\ 0 & 0.000\ 0 & 0.000\ 0 & 0.000\ 0 & 0.000\ 0 \end{bmatrix} \quad (11-13)$$

用层次-熵权复合权重作为权重，B_1 指标对应的权重是 $W11=[0.178\ 1\ \ 0.353\ 4\ \ 0.092\ 2\ \ 0.376\ 3]$；

B_1 的评价向量为 $B_1=W11\times\boldsymbol{R}11$

$B_1 = (0.178\ 1\ \ \ 0.353\ 4\ \ \ 0.092\ 2\ \ \ 0.376\ 3)。$

$$\begin{bmatrix} 0.000\ 0 & 0.500\ 0 & 0.500\ 0 & 0.000\ 0 & 0.000\ 0 \\ 0.000\ 0 & 0.400\ 0 & 0.600\ 0 & 0.000\ 0 & 0.000\ 0 \\ 0.000\ 0 & 0.400\ 0 & 0.600\ 0 & 0.000\ 0 & 0.000\ 0 \\ 1.000\ 0 & 0.000\ 0 & 0.000\ 0 & 0.000\ 0 & 0.000\ 0 \end{bmatrix} \quad (11-14)$$

$= (0.376\ 3\ \ \ 0.267\ 3\ \ \ 0.356\ 4\ \ \ 0.000\ 0\ \ \ 0.000\ 0)$

同理可得：

B_2 的评价向量

$B_2 = (0.054\,8 \quad 0.304\,3 \quad 0.137\,6 \quad 0.503\,3)$。

$$\begin{bmatrix} 0.200\,0 & 0.400\,0 & 0.400\,0 & 0.000\,0 & 0.000\,0 \\ 0.900\,0 & 0.100\,0 & 0.000\,0 & 0.000\,0 & 0.000\,0 \\ 0.100\,0 & 0.600\,0 & 0.300\,0 & 0.000\,0 & 0.000\,0 \\ 0.000\,0 & 0.400\,0 & 0.600\,0 & 0.000\,0 & 0.000\,0 \end{bmatrix} \qquad (11-15)$$

$= (0.298\,6 \quad 0.336\,2 \quad 0.365\,2 \quad 0.000\,0 \quad 0.000\,0)$

整体评价向量

$B = (0.500\,0 \quad 0.500\,0)$。

$$\begin{bmatrix} 0.376\,3 & 0.267\,3 & 0.356\,4 & 0.000\,0 & 0.000\,0 \\ 0.298\,6 & 0.336\,2 & 0.365\,2 & 0.000\,0 & 0.000\,0 \end{bmatrix} \qquad (11-16)$$

$= (0.337\,5 \quad 0.301\,8 \quad 0.360\,8 \quad 0.000\,0 \quad 0.000\,0)$

根据评价等级分数，得出整体评分值为：

$$F = VB^T = \begin{bmatrix} 5 & 4 & 3 & 2 & 1 \end{bmatrix} \begin{bmatrix} 0.337\,5 \\ 0.301\,8 \\ 0.360\,8 \\ 0.000\,0 \\ 0.000\,0 \end{bmatrix} = 3.9\,767 \qquad (11-17)$$

同样的方法计算出 B_1 评分值为 4.019 9，B_2 评分值为 3.933 4。

整体评分值说明畜禽疫病防控在整体上来说处于较好的水平，没有大规模的畜禽疫病流行，与现实相符。模糊评价法的分析结果表明：安国市疫病防控的影响因素指标体系是具有实际意义的，能够较好地反映安国市畜禽疫病防控水平。

三、安国市畜禽疫病防控影响因素深度分析——基于问卷调查

2021年12月份，课题组以调查问卷的方式随机对安国市98户养殖户进行了调查，调查问卷发放98份，回收98份，回收率100%。调查内容主要涉及饲料成分营养、消毒清洁、温度湿度通风、发病后采取措施及隔离情况等（表11-23）。

表11-23 调查对象基本特征统计表

统计指标	分类指标	数量	占比（%）
性别	男	92	93.8
	女	6	6.2

（续）

统计指标	分类指标	数量	占比（%）
年龄	25 岁以下	0	0
	26~40 岁	6	6.2
	41~55 岁	79	80.6
	56 岁以上	13	13.2
文化程度	小学以下	3	3.06
	初中	54	55.1
	高中	36	36.74
	专科及以上	5	5.1
从业年限	5 年以下	17	17.36
	5~10 年	37	37.75
	10~20 年	29	29.59
	20 年以上	15	15.3

（一）养殖户养殖技能水平分析

调查结果显示：部分养殖户盲目相信自己的传统养殖技能，不愿意学习专业养殖技术，在饲料营养、养殖温度、湿度、通风、发病后隔离等方面重视程度不够。

1. 饲料成分、营养重视情况

在饲料成分、营养的重视上，完全自配的有 10 户，占比 10.2%；预混料自配 42 户，占比 42.86%；浓缩料自配 30 户，占比 30.6%；全价料 16 户，占比 16.33。完全自配的 10 户全为散养户（表 11 - 24）。调查结果显示，规模场对饲料的认识及重视程度比散养户要高。

表 11 - 24　2021 年安国市饲料成分、营养重视情况

饲料种类	完全自配	预混料自配	浓缩料自配	全价料
养殖户数	10	42	30	16

数据来源：问卷调查。

2. 消毒清洁情况

做好消毒清洁工作是切断病源与传播途径的重要措施之一。每天打扫的养殖户有 80 户，占比 81.63%（表 11 - 25），说明养殖户普遍非常重视清洁消毒工作。

表 11 - 25　2021 年安国市养殖户养殖场消毒清洁情况

清洁次数	每天	每周	每半月	每月
养殖户数	80	13	5	0

数据来源：问卷调查。

3. 温度、湿度、通风重视情况

养殖环境中，养殖温度、湿度及通风在很大程度上影响畜禽的生长发育，98 户养殖户中对温度、湿度、通风不关注的有 23 户，占比 23.47%。一般关注的有 41 户，占比 41.84%。重视的有 24 户，占比 24.49%。非常重视的有 10 户，占比 10.2%（表 11 - 26），说明养殖户对养殖温度、湿度、通风的重视程度有待提高。

表 11 - 26　2021 年安国市养殖户温度、湿度、通风重视情况

重视度	不关注	一般	重视	非常重视
养殖户数	23	41	24	10

数据来源：问卷调查。

4. 畜禽发病后采取措施及隔离情况

98 个养殖户中，5 个养殖户动物发病后采取等两天看看动物是否能自愈，占到 5.1%。48 个养殖户，在动物发病后自己去兽药店买药治疗，2～3 天后没有疗效，再找专业人员诊治，占 48.98%。养殖户自己随意用药，把握不准用药的准确程度和剂量，对畜禽及时康复产生影响，也导致畜禽体内抗生素残留，给人类健康安全带来隐患。有 45 户会在动物发病后马上找本村兽医诊治，占 45.92%。没有人主动联系动物防疫部门。综合来看，大部分养殖户在畜禽发病后不及时医治，贻误了防控疫病的最佳时机，加大了动物疫病传播流行的风险（表 11 - 27）。

表 11 - 27　2021 年安国市养殖户动物发病后采取措施

措施	无措施	自己医治	兽医	防疫部门
养殖户数	5	48	45	0

数据来源：问卷调查。

畜禽发病后，养殖户不进行隔离的有 9 户，占比 9.18%。看情况进行隔离或不隔离的 32 户，占比 32.65%。较多时候隔离的 30 户，占比 30.61%。完全隔离的 27 户，占比 27.55%（表 11 - 28）。

表 11-28　2021 年安国市养殖户畜禽发病后隔离情况

隔离情况	不隔离	看情况	较多隔离	完全隔离
养殖户数	9	32	30	27

数据来源：问卷调查。

安国市政府部门高度重视疫病防控工作，每年制定防控方案，投入大量人力、物力进行动物疫病防控工作，却没有将养殖户的培训纳入计划中。养殖户作为防控工作中重要的一环，却没有引起足够重视。养殖户本身年龄偏大，教育水平偏低，科学防疫意识不强，使得疫病防控工作差在最后一公里。

（二）散养户免疫合格率分析

我国在《动物防疫法》中明确指出对畜禽疫病的防治应本着"防重于治"的基本原则，以预防为主。而畜禽接种疫苗是对疫病最为有效的预防方法。结合安国市养殖情况，选取安国市石佛镇固显村进行免疫效果评估（表 11-29）。

表 11-29　安国市石佛镇固显村畜禽养殖情况一览表

单位：户、头、只

	品种	户数	存栏量	备注
规模场	猪	2	800（母猪 80、仔猪 220、育肥猪 500）	
	蛋鸡	1	5 200	
散养户	猪	16	1 219（母猪 126、仔猪 781、育肥猪 302）	
	肉牛	1	40	
	肉羊	5	97	
	蛋鸡	8	150	
	其他	无		

数据来源：安国市农业农村局畜禽饲养规模情况年报表。

免疫情况：全村 2 019 头猪均免疫口蹄疫、猪蓝耳病和猪瘟疫苗，育肥猪均已免疫圆环、伪狂犬、链球菌等疫苗，母猪免疫伪狂犬、细小病毒、圆环、大肠杆菌等疫苗，免疫率 100%；肉牛、羊养殖户均免疫布病、口蹄疫和小反刍兽疫疫苗，免疫率 100%；蛋鸡养殖户为散养蛋鸡，已免疫 H5+H7 二价疫苗和新城疫疫苗，免疫率 100%。

免疫合格率：共检测血清学样品 1 855 份。规模场抗体合格率达到 90% 以上。散养户受疫苗质量、免疫程序等影响抗体合格率为 80%。

发病情况：通过对固显村畜禽发病及死亡情况进行摸底统计，2 个猪场存栏 800 头，发病 37 头，死亡 9 头，发病率和死亡率分别为 4.63% 和 24.32%，散养户存栏 1 219 头，发病 104 头，死亡 73 头，发病率和死亡率分别为 8.53％和 70.19％；鸡场存栏 5 200 只，发病 50 只、死亡 39 只，发病率和死亡率分别为 0.96％和 78％，散养户 150 只，发病 30 只、死亡 25 只，发病率和死亡率分别为 20％和 83.33％；肉牛、肉羊无疫病发生。

由此可以看出免疫合格率的高低直接影响畜禽发病率，较大畜禽场免疫到位，免疫程序制定合理，免疫密度进一步提高，畜禽发病率低。个别散养户免疫方法存在一定问题，例如对免疫剂量和免疫部位把握不准确，导致免疫效果较差，抗体水平较低。应对散养户加强管理和技术指导，提高免疫密度、加大免疫频率，提高免疫抗体水平，对免疫抗体水平低的畜禽应及时进行强化免疫，另外，疫苗的保存和使用要规范，疫苗质量问题也应引起高度重视。

（三）畜禽养殖规模化程度分析

安国市养殖户主要以中小养殖户为主，规模化程度低。2021 年有年出栏 500 头以上规模猪场共 64 个；牛存栏 100 头以上牛场 4 个；羊存栏 200 只以上羊场 4 个；蛋禽 20 000 只以上禽场 12 个，肉禽 50 000 只以上禽场 7 个。规模场在饲养环境、科学合理养殖、疫病防范意识、疫病防控体系各方面都要优于散养户。当前安国市畜禽养殖业也逐步从粗放式扩张向精细化发展转变，传统养殖模式向规模化、集约化、现代化迈进。

（四）经费支持力度分析

《中华人民共和国动物防疫法》规定，各级政府要将动物防疫经费列入财政预算。但安国经费问题是制约动物防疫工作有序开展的重要原因，安国经费缺乏主要表现在以下 3 个方面。

1. 防疫人员薪资低

根据调查情况，2017—2021 年，安国市动物防疫人员的平均薪资在每月 3 041 元。六年间没有大幅度提高（图 11-5）。85％的防疫人员对目前薪资不满意。村防疫人员误工补贴更低，尤其是村级防疫员待遇较低，每人每年只有 1 300 元，有能力的人宁愿外出打工，也不愿做村级防疫员，导致村级防疫员责任心不强，工作应付了事。

2. 乡镇基础设施、设备落后

防疫分站普遍缺乏基础设备，防疫物资匮乏。例如缺乏疫病检测设备，防疫人员对二、三类疫病的诊断完全凭借经验，不能进行疫病的检测，易造成误诊。防疫分站冰箱冷藏包设施陈旧，功能不完善。疫苗对于温度要求很严苛，冻干疫苗需要在-20℃以下保存。由于无冷藏装备或冷藏装备已损坏没有及时换新等多种原因，导致疫苗存放温度无法保证，部分疫苗失效，达不到防疫效果。

单位：元

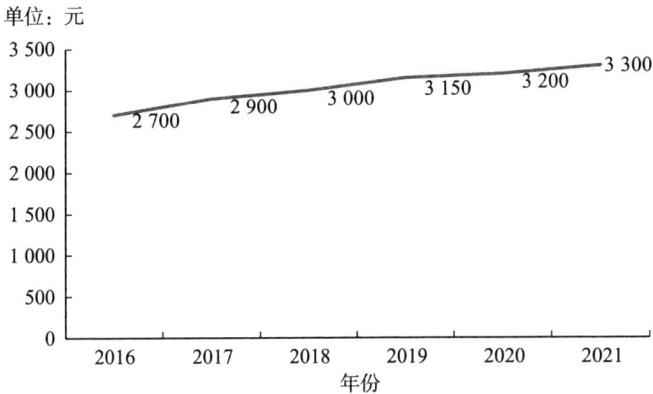

图 11-5 2016—2021 年安国市防疫人员平均每月薪资收入

3. 防疫专项经费投入少

无免疫反应专项经费。由于畜禽个体差异，个别畜禽打完强免疫苗后出现过敏或应激反应导致死亡。由于没有专项经费，养殖户与防疫部门在死亡赔偿上经常产生纠纷，养殖户感觉委屈，防疫员无能为力，增加了防疫难度。

无养殖户专项培训经费。安国市防疫部门对养殖户的技能培训较少。据调查，93 户养殖户均对专家或畜牧技术人员指导、到大型企业进行现场观摩和学习、技能培训班进行系统讲解有需求。

监测预警投入经费有限。安国市疫病监测受防疫经费的限制，只能承担几种重大动物疫病监测费用，二、三类动物监测试剂基本没有，能收集到的信息量也较少。

（五）防疫人才队伍建设分析

1. 工作强度大，防控人员配置不足

安国市动物疫病预防控制中心核定全额事业编制 13 名，实际在岗只有 7 人。实验室人员只有 3 名，2019 年安国实验室实际检测血清样品数 16 847 份，2020 年检测血清样品数 17 299 份，2021 年检测血清样本数 17 070 份，防疫工作量巨大（表 11-30）。5 个区域性乡镇动物防疫监督分站，批复编制 38 人，实际在岗 12 人。县、乡两级存在严重"在编不在岗"现象。188 名村级防疫员承担着全市的基础免疫、流行病学调查和消毒等防疫工作，尤其是春秋集中强制免疫，上级部门要求时间紧，要在一个月完成集中免疫任务。以 2021 年秋季防疫为例，要完成 20.47 万头猪、0.359 2 万头牛、4.87 万只羊和 452.56 万只鸡的口蹄疫、禽流感、猪瘟、蓝耳、鸡新城疫、小反刍等疫病的强制免疫任务（表 11-31）。

表 11 - 30　安国市 2018—2021 年实验室血清学及其他样品检测劳动强度

单位：人、份

年份	实验室总人数	年检测份数	平均每人每年检测份数
2019	3	16 847	5 616
2020	3	17 299	5 766
2021	3	17 070	3 357

数据来源：安国市疫病预防控制中心实验室年报表。

表 11 - 31　安国市秋季防疫村级防疫员免疫接种劳动强度基本情况

单位：头、针、人、次

饲养种类	年饲养量	免疫针数	防疫员总数	每名村级防疫员秋季防疫平均免疫针次
猪	204 740	3	188	3 260
牛	3 592	1	188	19
羊	48 727	2	188	518
家禽	4 525 600	2	188	48 144
合计			188	51 941

数据来源：安国市农业农村局畜牧业生产情况年报表。

2. 防控人员学历、年龄、专业结构不合理

2021年，安国市县、乡、村三级疫病防控人员共在岗 207 人，其中本科以上 10 人，占 4.83%；专科 13 人，占 6.28%；高中及以下 184 人，占 88.88%。从事疫病防控人员学历偏低。高学历人员几乎都在县、乡两级，村级防疫员学历普遍偏低，高中以下人员占村防疫员总数的 88.8%。按照安国市村级防疫员招聘条件，防疫员应当具有畜牧兽医专业中专或高中以上文化程度，但实际情况没有严格按照条件执行。年龄在 30 岁以下的人员 3 人，占比 1.44%；30 岁至 50 岁的 131 人，占比 63.28%；50 岁以上的 73 人，占比 35.26%。说明年龄结构出现断层现象。

专业对口人员结构不合理（表 11 - 32）。国家规定专业性较强的单位专业技术人员比例不得低于 70%，安国市畜禽防疫人员专业对口比例不尽如人意（第二学历为畜牧兽医专业视为专业对口人员，现从事畜牧兽医工作的也视为专业对口人员）。

防疫队伍结构不合理的主要原因是用人机制有缺陷，村级防疫员的招聘还是传统的用人制度，没有面向社会招聘，不能完全杜绝"人情风"，而且没有严格按照招聘条件招聘。

表 11 - 32　2021 年安国市畜禽疫病防疫人员专业对口现状

单位名称	本专业人数	非本专业人数	专业对口人员比例
疫控中心	3	4	42.85%
各乡分站	7	5	58.33%
村级防疫员	98	90	52.12%

数据来源：安国市农业农村局机构人员结构统计表。

3. 人员变动大，防疫队伍不稳定

自 2013 年至今，县、乡两级因退休、借调、辞职、跨岗等多种原因引起的人员变动有 14 人，人员变动率为 10.8%。对 2021 年在岗人员调查显示，年龄符合条件且有意向参加公务员、事业单位招考到别的部门的人数占比 75%。村防疫员十年间人员变动率 25.61%，除了超过 60 岁退休以外，96% 的中青年不愿从事动物防疫员工作，原因主要是工资待遇低。在岗人员工作职责边界不明确，畜牧兽医专业技术人员除负责动物防疫外，很多时候还要兼顾农业部门其他工作，有的被抽调到其他部门，"在编不在岗""跨岗""兼职"现象严重。

人员变动大造成防疫队伍不稳定，究其原因，一是专业技术人员的评价机制不完善，许多年纪轻、能力高、任务重的年轻人在职称评审时因专业、职数等限制无法参加评审，只能被迫离开畜牧岗，寻求更有发展机遇的岗位；二是缺乏激励机制，畜禽防疫部门工作条件艰苦，工作量大，留不住人；三是基层管理体制有缺陷，存在职能交叉，职责不清，任务分工不明的情况。

（六）养殖户防疫意识分析

1. 不重视强制免疫

由于疏于培训和养殖户教育水平偏低，大多数养殖户对强制免疫政策不了解。调查显示，对强制免疫政策毫不在意和被动应付的人数达到了 46.9%（表 11 - 33）。

表 11 - 33　2021 年安国市养殖户免疫计划情况

掌握程度	毫不在意	被动应付	重视	非常重视
养殖户数	4	42	35	17

数据来源：问卷调查。

《动物防疫法》规定，饲养动物的单位和个人应当依法履行动物疫病强制免疫义务，按照兽医主管部门的要求做好强制免疫工作。但养殖户对防疫政策知识匮乏，导致每年都出现拒不执行强制免疫的养殖户，甚至有的拿了政府补

贴的疫苗却不按规定做好强制免疫，出了问题反找畜禽疫病防控部门索赔。这些行为严重影响了免疫效果。

2. 血清、病原监测主动配合度低

春秋强制免疫后，动物疫病防控部门需要对免疫畜禽群进行抗体检测，查看免疫效果，根据免疫效果有针对性选择免疫病种并制定相应免疫计划。68.36％的养殖户抵制疫病防控部门抽检，导致免疫抗体效果不清，动物发病原因不明，加大了动物疫病传播的风险（表 11 - 34）。据调查，养殖户排斥的原因是认为畜禽是个人私有财产，拒绝采血，其他人也无权干涉，且动物采血后，大部分会出现应激反应，影响畜禽的采食、生长。

表 11 - 34   2021 年安国市养殖户血清病原监测配合情况

配合程度	排斥	被动应付	配合	主动
养殖户数	25	42	30	2

数据来源：问卷调查。

四、安国市畜禽疫病防控效果提升的对策建议

（一）加大畜禽防疫的财政资金投入

畜禽防疫关系到畜牧业的发展和公共安全，政府应进一步加大防疫资金投入并逐年增长，确保防疫工作有序运行。根据安国实际防疫情况，安国市资金的用途应该包括四个部分：一是提高防疫人员的工资待遇及各项保障经费，二是加大专项项目经费投入，包括免疫反应专项项目经费和养殖户技能培训专项项目经费。三是加大乡镇基层分站资金投入，用于冷链体系的基础设施建设和疫病监测报告的信息化建设。四是加大中药在畜禽防疫研究的科技投入。

（二）加强疫病防控队伍建设

建立高水平的防疫队伍是防疫成功的关键。一要打破传统用人制度，公开面向社会招聘，择优录取，吸引中职、大专院校的优秀学生加入防疫队伍。二要提高防疫人员的工资待遇、改善办公条件，使防疫人员用得着，留得住。三要改善专业技术人员的评价机制，让年轻、有能力的技术人员有上升空间。四要建立有效的奖励机制，提升防疫员责任心和工作热情。五要加大防疫人员的培训力度，将村级防疫员纳入整体培训计划，加快知识更新步伐，提高防疫人员的从业素质。

（三）强化畜禽防疫法宣传

针对部分群众对动物防疫工作不能正确理解和接受的现状，加大宣传教育力度，积极开展政策、法律、科技进村入户活动，提高养殖场户科学防疫新观念。畜牧部门可以利用宣传车、发放宣传品、标语、培训班等各种宣传手段，进一步强化对畜禽疫病防控"高浓度""大密度"的宣传。同时利用现代宣传方法，以生动活泼的文字和有趣的图片来帮助养殖户快速掌握有关的知识，形成全社会共同参与防疫的良好氛围。

（四）提高养殖户疫病防控水平

动物疫病发生和流行必须具备传染源、传播途径和易感动物等三个基本环节，这三个环节的防控都与养殖户息息相关。例如养殖户选址不当，布局不合理，设备简陋等诸多问题，会给疫病传播带来机会。饲养管理不当，如饲养密度过大，温度湿度不适宜，会使畜禽长期处于应激状态，造成免疫力下降，动物生病。防控部门应将养殖户作为重要主体纳入培训计划的一部分，每年都应组织对疫病风险、畜禽养殖、良种优选、疫病防治及防控政策知识的培训与宣传，定期请畜牧专家或技术人员进场指导。开展培训时，询问养殖户对培训主题的意愿选择，做到有目的培训。在培训方法上，利用微信、抖音等新媒介大力推广养殖户技术培训的相关知识，增强农户养殖水平，积极推进农户间的交流与合作，定期组织农户到疫病防治成果较好的地区学习，推动新技术、新成果的示范与推广。

（五）建立健全兽医工作体系

一是合理设置防疫机构。建立健全县、乡、村三级防疫体系，坚持"乡建站，村建室"，乡镇均设立兽医站和防疫办公室。由县动物防疫主管单位负责乡、村两级动物防疫员的业务指导工作，协调处理工作中的疑难问题，确保动物防疫检疫、疫病临床诊断、疫病监测、流行病学调查等工作的顺利完成。村级动物防疫室由驻各乡镇兽医站统一管理。

二是坚持做好强制免疫。对高致病性禽流感、口蹄疫、小反刍兽疫、布病和高蓝、猪瘟实行春秋集中强制免疫。做好重大动物疫病免疫的同时还应重视二、三类动物疫病的免疫防控，加大对二、三类动物疫病宣传，让养殖户明白二、三类疫病的危害性，消除养殖户"治大于防"的心理。政府可以根据安国发病实际情况，将一些常发病或传染性、危害性较大的二、三类疫病纳入强免范围。

三是做好疫病监测、强制免疫效果检测、流行病学调查和预警预报工作。

扩大可监测检测疫病的种类，强化病死动物监测、病原学监测。在集中免疫期间，适时开展强制免疫效果集中监测，其他时间开展日常监测。根据重大、外来、新发动物疫病发展态势和常见病严重程度，及时组织开展疫情排查和实验室检测。每季度组织一次市级专家动物疫情解析预警，紧急情况随时预警，预警情况及时向社会发布。

参 考 文 献

陈国亮，2020. 动物传染病诊断技术及治疗方法［J］. 畜牧兽医科学（14）：78-79.

戴克，2022. 动物疫病预防与控制措施［J］. 畜牧兽医科学（07）：92.

杜娟，2018. 浅谈县级畜禽集中免疫验收工作［J］. 饲料博览（15）：20-21.

康立军，2020. 对当前基层动物防疫工作现状的几点思考［J］. 今日畜牧兽医，36（07）：45.

刘海燕，2020. 动物传染病的基本规律及防控措施［J］. 湖北畜牧兽医，41（02）：14-15.

刘丽娟，2022. 基层兽医人员人畜共患病个人防控［J］. 疫病防控（11）：81.

苏丽华，2019. 探讨影响动物疫病防控的主要因素与对策［J］. 农家参谋（04）：29.

孙波，2020. 动物疫病预防与控制中的问题及策略探析［J］. 畜牧业环境（7）：63.

王海霞，2019. 畜牧养殖动物疫病分析及有效防控措施［J］. 中国兽医杂志，4（12）：104.

王学艳，2017. 关于从村级防疫员着手提高重大动物疫病防控效果的探讨［J］. 当代畜牧，（27）：69-70.

吴昊彤，2021. 大庆市畜禽疫病防疫体系建设的对策研究［D］. 大庆：八一农垦大学.

许伟，2016. 加强基层动物防疫体系为畜牧业保驾护航［J］. 中国畜禽种业，12（12）：22-23.

牙玉洁，2019. 重大动物疫病防控现状及应对措施［J］. 畜牧兽医科学（19）：60-61.

游锡火，2020. 澳大利亚动物疫病防控体系建设及启示［J］. 黑龙江畜牧兽医（16）：32-34.

于井斌，2020. 畜牧养殖疫病多发原因及有效控制措施［J］. 今日畜牧兽医，36（07）：21.

于丽娜，王建军，张宏雨，等，2020."新冠肺炎疫情"下做好人畜共患病防控之我见［J］. 畜牧业环境（06）：55.

专题十二　河北省各市（县）肉牛产业发展调研报告

一、石家庄市肉牛养殖业发展调研报告

河北省农业农村厅根据《农业农村部关于印发〈推进肉牛肉羊生产发展五年行动方案〉的通知精神》，制定了《河北省推进肉牛肉羊生产发展五年行动方案》，其中重点任务中的区域布局是，"根据传统养殖和发展现状，重点发展承德、张家口、石家庄、唐山、保定等优势产区；在平原农区和黑龙港流域，充分利用秸秆、饲料、资金、技术和市场等优势，打造肉牛规模育肥区"。可见石家庄市是河北省肉牛养殖业发展的重点区域。

（一）石家庄市肉牛产业发展现状

1. 养殖总体状况

石家庄市是肉牛养殖大市，2021 年石家庄市肉牛存栏 19.3 万头，出栏 48.03 万头，牛肉产量 75 891.43 吨。石家庄市各县（区）肉牛养殖业发展不平衡，山区县（区）养殖量相对较大，老城区受环境保护制约基本上没有或养殖量很少，新划入市区的新城区养殖量都比较大，尤其藁城区位居前列。从存栏量看，位居前五的县（区）分别为无极、行唐、赞皇、元氏、灵寿；从出栏量看，位居前五的县（区）为赞皇、行唐、元氏、无极、藁城；从牛肉产量看，位居前五的县（区）为赞皇、行唐、元氏、无极、藁城。其中，藁城和正定虽然出栏量不高但出栏量比较大，表明两县（区）的养殖模式主要是外购犊牛或架子牛育肥（图 12 - 1）。

2. 养殖规模状况

据不完全统计（老城区及元氏、深泽、正定、循环化工园区等县区未被统计），按照实际存栏量计算规模场户，共有 290 个规模场户。其中，50～99 头、100～199 头以及 200～499 头规模的占比较大，占比分别为 28.6%、

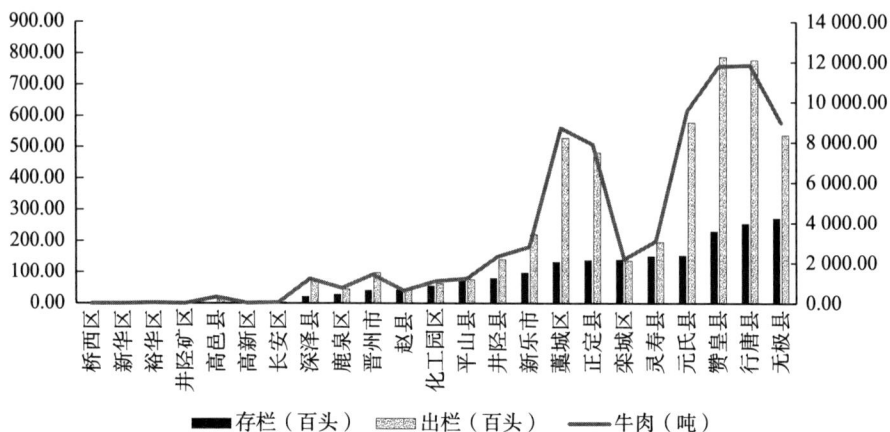

图 12-1　石家庄市各县区肉牛存栏、出栏、牛肉产量表

31.7%、28.3%，合计为 88.6%（图 12-2），存栏千头以上的养殖场只有 7 家；按照出栏量计算，50～99 头、100～199 头以及 200～499 头规模的出栏量占比分别为 9.69%、19.51%、38.44%，合计为 67.64%；说明总体上看，石家庄市肉牛养殖规模化程度不高。从各县区统计数据来看，新乐规模养殖场总量最大，达 90 家，但平均规模不高；灵寿的规模养殖场只有 44 家，但存栏量却高达 14 356 头，主要是因为存栏千头的养殖场就有 3 家，500～999 头的 7 家；藁城的养殖规模居于两端，存栏 50～99 头、100～199 头的养殖场分别有 28 家、16 家，存栏 2 000 头养殖场 1 家，所以规模养殖存栏量也高达 10 027 头。

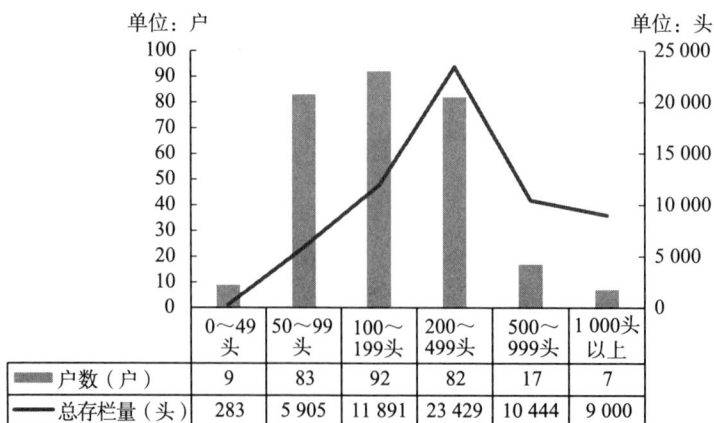

	0～49头	50～99头	100～199头	200～499头	500～999头	1 000头以上
户数（户）	9	83	92	82	17	7
总存栏量（头）	283	5 905	11 891	23 429	10 444	9 000

图 12-2　石家庄市肉牛养殖规模情况表

（二）石家庄市发展肉牛养殖业的优势条件

1. 有着历史悠久的养殖习惯

石家庄农村地区养牛历史悠久。中华人民共和国成立后，牛作为耕地的主要工具被广泛使用于广大农村地区。进入 21 世纪后，随着农业机械化的不断普及，牛实现了由役用到肉用的转变，多年以来积累了丰富的养殖经验并形成了养殖习惯。这些将成为石家庄市发展肉牛养殖的一大优势条件。

2. 有着山繁川育的地形分布

石家庄市的地形分布是河北省的地形缩影，是典型的西部山区、东部平原的地形结构。这样的地形结构非常适合育繁结合的可独立闭环发展模式。石家庄西部是太行山区，灵寿、行唐、井陉、赞皇、平山等山区县都是河北省重点发展的县，非常适合发展散养或小规模养殖的肉牛繁育。东部是平原地区，无极、元氏、新乐、正定、栾城、藁城等县（区），更适合中大规模购入犊牛或架子牛的育肥。这样东西部的山区与平原地区繁殖与育肥的有机结合，能最大限度节约运输成本，更重要的是还能避免长途运输的应急综合征导致的病死损失。

3. 有着发达乳业的有效带动

石家庄市乳业发展水平高居河北省首位，石家庄市现有 176 个奶牛养殖场，奶牛存栏量稳定在 23 万头，有包括君乐宝在内的多家万头牧场，每年产生大量奶公犊、淘汰乳牛，这些都可以通过育肥后，提高肉牛的出栏量。石家庄市乳业发达，也在一定程度上推动了肉牛养殖业的发展。

4. 有着较为丰富的秸秆资源

西部山区草场广阔，适合散养或小规模的肉牛繁育，同时，由于肉牛养殖相对于奶牛对技术要求低，通常老人和妇女都可以从事养殖工作。东部地区地势平坦，大量种植普通玉米，秸秆可以作为肉牛粗饲料；肉牛养殖对粗饲料需求较大，按全青贮饲喂方式，每头牛每年所需的饲料量大约为 3 亩地的玉米制作的青贮量，全市牛存栏合计 40 万头，约需青贮饲料 120 万亩。2022 年石家庄市玉米种植面积 490 万亩，由于国家"粮改饲"政策推动，大量种植青贮玉米，提供了肉牛养殖需要的优质饲草。

5. 有着实力雄厚的技术保障

肉牛养殖和奶牛不同，对技术要求并不高。河北省现代农业产业技术体系肉牛产业创新团队、河北农业大学、河北省农科院等都能够为肉牛养殖提供技术支撑；尤其河北省现代农业产业技术体系肉牛产业创新团队集聚了河北省最优秀的育种、营养、疫病防治、粪污利用、品牌与加工、经济分析等方面的专家，首席李树静博士更是有着海外经历的、在冻精、胚胎移植技术方面位居国内前列的顶尖专家；同时，他创办的河北天和肉牛养殖有限公司是国家现代农业产业创新体系肉牛试验站；这些都为石家庄发展肉牛养殖提供了充分的技术保障。

6. 有着不断增长的市场需求

作为省会城市的石家庄近些年人口不断增长，人均收入不断提高，同时，依托京津冀等大城市和雄安新区，随着新一代年轻人的不断成长，区域牛肉消费能力也随之提高，这都为石家庄发展肉牛养殖提供了更广阔的空间。

（三）石家庄市肉牛产业发展中存在的问题

1. 缺乏规模发展所需资金

肉牛养殖不同于其他畜牧业，其显著特点是投资大、回收期长，因此需要大量资金。西部山区更适合散养或小规模繁育，这样对资金要求相对较少，并且每年通过销售犊牛回笼资金。而东部平原地区的规模养殖需要大量购入犊牛或架子牛，囤积饲料和牧草，资金需要量就较大。但从当前情况看，无论散养还是规模养殖都存在不同程度的资金短缺，造成规模效益上不去。近些年，政府扶持资金大部分都用于支持奶业发展，用于支持肉牛养殖的资金严重不足。

2. 缺乏高效的优良肉牛品种

研究表明在畜牧业的生产贡献率中，品种（遗传）因素占 40%，营养与饲料占 20%，饲养管理占 20%，疾病防治和环境控制占 20%。可见大力发展良种肉牛对于肉牛业发展起到关键作用。目前石家庄市所养肉牛超过 50% 牛源来源于外地，规模育肥场肉牛品种混杂，以杂交牛为主。在以母牛繁育为主的边远山区，以当地黄牛杂交为主，黄牛生长速度慢、饲料报酬率不高，市场价格和经济效益远远赶不上优良品种。

3. 缺乏相关政策的提升带动

因为奶业具有乳企垄断的行业特点，为维护奶牛养殖主体利益，保证乳业稳定健康发展，要求政府必须介入，因此从国家层面到省、市级都高度重视，甚至将奶业发展当成地方考核的重要指标。而目前没有出台专门针对肉牛养殖业发展的扶持政策，石家庄市肉牛养殖业不瘟不火已成常态。

（四）促进石家庄市肉牛产业发展的政策措施

针对石家庄市肉牛养殖业中存在的问题，政府应该主动而为，有针对性地出台一些政策。

1. 因地制宜，鼓励散养繁育与适度规模化育肥

各县（区）根据本地特点，发展肉牛养殖业。山区应鼓励一家一户肉牛繁育，通过精细化饲养，提高繁育效益，可以考虑推广"小母牛"项目，政府在项目具体实施上提供必要的便利和扶持。平原地区鼓励发展规模养殖，新建、扩建规模育肥场，培育更多肉牛养殖龙头企业，不断提升龙头企业的带动作

用，在土地、人才等多方面给予政策支持。

2. 出台良种补贴政策，引导品种改良和更新

出台良种补贴政策，加大杂交改良推广应用范围和力度，加大向基层牧民的推广力度，并扩大应用范围，依托河北省良种繁育体系建设平台，细化、深化冻精推广范围和区域性主推品种。制订选育计划，开展不同肉牛品种杂交组合筛选试验，以期尽快筛选出适合不同市场需求的杂交肉牛组合，提高肉牛生产经济效益。加快推进肉牛联合育种，鼓励支持以企业为主，联合高校和科研机构等成立联合育种组织，支持建设区域性联合育种站，健全肉牛遗传交流共享机制。

3. 实施补贴或贴息政策，解决养殖资金不足

目前无论散养户还是规模场，普遍存在资金不足的问题，已经影响到了养殖主体的正常经营活动，而这些主体通常难以从银行等金融机构获得贷款。因此，政府应当出台肉牛养殖补贴或贴息政策，以解燃眉之急。对于散养户，衔接过去肉牛产业扶贫措施，对刚刚脱贫养殖户实施补贴政策，避免返贫情况的出现；对于规模养殖场，落实财政贴息政策，解决他们的临时性资金短缺，并且能够保证财政资金的有效使用，形成财政资金的良性使用机制。

二、邢台市肉牛养殖调研报告

2022 年 7 月 19 日，河北省肉牛体系经济岗位团队成员崔姹老师带领 4 名硕士研究生到邢台市柏乡县、隆尧县、临城及宁晋县调研。共调查了 50 户肉牛养殖户。调研内容包括肉牛养殖户的生产模式、成本收益及生产中存在的问题及需求。

（一）邢台市肉牛养殖总体情况

邢台市地属暖温带亚湿润季风气候，四季分明，年内温差大，降水集中，地势较为平坦，主要以平原为主，立足资源禀赋，发挥传统优势，通过"规划引领、技术支撑、政策支持、项目带动"促进了邢台市肉牛产业的快速发展。截至 2021 年底，邢台市肉牛年末存栏 21.2 万头，同比下降 0.6%；牛出栏 19.0 万头，同比增长 0.9%；牛肉产量为 3.09 万吨，同比增长 0.7%。

（二）邢台市肉牛养殖模式与粪污处理方式

1. 养殖模式

（1）自繁自育模式

基于邢台市柏乡县、隆尧县、临城及宁晋县的调研，发现四县肉牛产业发展以肉牛养殖为主，其他环节发展缓慢。四县养殖模式以母牛自繁自育、销售

150～250 千克牛犊短期育肥为主，其整体效益普遍略高于专业育肥模式。分析原因在于，自繁自育日常成本低于专业育肥模式。母牛犊通常会作为后备母牛留下以扩大养殖规模，减少了外购成本。市场行情好的情况下，公牛犊喂养到 300 多斤出售。市场行情不好的情况下，个别养殖户育肥到 700～750 千克再出售。另外，部分养殖户会专门选择腊月出售。因为临近春节，肉牛价格比平时高 1 元左右。自繁自育在饲草料成本上要低于专业育肥模式，母牛主要以草料为主，精饲料和预混料需求较小，并且公牛育肥至 250 千克出栏，所需饲草料量较低。相较而言，专业育肥模式在购入架子牛以及育肥牛出栏时需要不断承受市场价格波动带来的风险，对流动资金的需求也较高；并且育肥牛以长肉为主要目的，所需精饲料含量较多，导致养殖成本较高。例如：2022 年一头母牛从怀孕到小牛 250 千克近 14 个月饲料成本 6 000～7 000 元；架子牛从250 千克到 750 千克约 13 个月所需饲料成本 8 000～10 000 元。

（2）奶公牛犊育肥模式

奶公牛犊育肥模式主要在邢台宁晋县。奶公牛犊育肥模式能够发展的主要原因在于宁晋县是重要的奶牛养殖基地，有丰富的奶公牛犊来源。

在该模式下，奶公牛犊育肥周期基本为 13～18 个月，出栏重量为 700～750 千克。2021 年收益为 2 000 元左右，2022 年受饲料成本上涨及肉牛价格下滑的影响，能达到回本的水平。出售价格比肉牛育肥价格低 0.5～1 元/千克。

2. 粪污处理方式

当地养殖户多采取种养结合的方式进行养殖，首先种植小麦玉米，一年成熟两茬，多数养殖户采取承包耕地的方式，其中小麦秸秆及青贮玉米用于肉牛养殖饲草料，也有部分养殖户未耕种土地，采取与周边种植户签订协议，收购种植户秸秆的方式。其中养殖户自身种植或承包耕地在一定程度上节省了饲草饲料成本，例如：外购青贮玉米成本今年平均价格每吨 400～500 元；养殖户每年平均每亩耕地人工、种子、肥料、租金、机械设备等成本约 1 500 元，每亩产青贮玉米 3.5～4 吨，而每亩小麦的收益约 1 000 元，所以平均每吨青贮玉米节省约 500 元。

邢台地区畜禽规模养殖场粪污处理设施装备配套率达到 100%，畜禽粪污资源化利用率达到 82%，农作物秸秆综合利用率达到 95% 以上。其中养殖户对牛粪处理方面，大多采用传统的堆积简单发酵后还田，或者送亲戚朋友，牛粪还田率达 100%。

（三）存在问题

1. 养殖成本提高，主要在于饲料价格的提高

2021 年以来，养殖户种植成本明显上涨，其中租金由往年的 500～800 元

每亩上涨至超 1 000 元每亩，种子肥料以及人工成本也有 10%～20%不同程度的上涨。其次饲草饲料成本大幅上涨。由于自身种植的饲草料不能满足自身需求，均需外购饲料，但是 2022 年上半年每吨草块价格在 1 300 元，价格较 2020 年上涨约 40%。玉米豆粕麸皮等价格也有不同程度的上涨。

2. 规模化程度较低，未能形成当地支柱性产业

调研地区肉牛养殖相对分散，规模化程度较低，未能形成当地支柱性产业，因此当地政府对于肉牛养殖扶持力度较低，例如政策性保险仅开展母牛死亡险以及淘汰险，保险费相对较高，承保率较低。绝大部分养殖户均未参与保险。例如临城县养殖大户 2021 年参保的商业保险，200 头牛存栏中 140 头母牛投保，每头牛保费 350 元，淘汰赔付 8 500 元、死亡赔付 10 000 元，且 10 个月以下的小母牛不予赔付。另外当地还未开展养殖贷款贴息和活体抵押贷款等政策。养殖户筹集资金依然靠商业贷款、房屋抵押或担保贷款等方式。

3. 肉牛产业综合生产能力差，产业化发展滞后

肉牛产业化龙头企业存在许多问题：如企业规模小，产品质量差，管理制度落后，竞争力不强；科技和制度创新能力不足，经营管理粗放，严重忽视新技术和新产品的研发，在市场竞争中缺乏名牌产品和优势产品；有的企业缺乏稳定的原料基地，有的企业市场营销渠道不畅，企业开拓市场的能力和手段有待提高。

（四）建议

1. 优化区域饲料种植结构，降低养牛成本

因地制宜、合理开发利用本地饲草资源，积极推行"粮改饲"政策。在增加种植饲料作物土地面积的情况下，不断提高其产量。扩大青贮发酵技术的普及范围，合理搭配粗饲料和精饲料，降低养殖成本。

2. 加大繁育母牛养殖政策支持

建议政府通过各种途径制定母牛养殖扶持政策，简化母牛养殖贷款审批手续，对母牛养殖场（户）的贷款给予贴息，不断加强融资主体创新，为母牛养殖业等畜牧养殖业的发展提供便捷、灵活贷款融资服务，延长贷款期限，优化贷款性质，促进母牛养殖业稳定发展。

3. 培育社会化服务组织

充分发挥国家、省肉牛产业技术体系技术资源优势，整合优质技术资源。鼓励发展肉牛养殖专业合作社，培育壮大行业协会等组织。鼓励牛肉加工龙头企业与养殖户签订产销合同，发展订单式生产，促进产加销紧密衔接，提高养殖场（户）抵御市场风险的能力。

三、保定市畜牧产业化调研报告

为响应市委、市政府号召，促进保定市畜牧业持续、高效、健康发展，特开展畜牧产业化调研活动。此次调研活动以专题座谈会、实地走访调查以及线上发布调查问卷的形式展开，深入保定市各区县了解实际情况，对现阶段保定市畜牧业以及畜牧产业化发展现状、畜牧产业化发展过程中的问题和短板进行总结分析，并提出相应的对策建议，为保定市畜牧产业化发展提供借鉴与参考。

（一）保定市畜牧产业化发展现状

1. 畜牧综合生产能力稳步提升

保定市是畜牧养殖大市，畜牧产业在全市产业经济结构中占有相当重要的地位。根据2021年统计数据显示：全市肉蛋奶总产量达118.5万吨，比2020年增长9.5%，其中肉类总产量53.34万吨，蛋类总产量26.94万吨，奶类总产量38.16万吨，在全省分别位于第三、第六、第五位。各畜种存、出栏量趋于稳定，其中肉羊存、出栏量位于全省第一，生猪存、出栏量位于全省第三位。全市规模养殖场达到2 156个，畜产品加工企业40多家，饲料生产企业近70家，兽药生产企业10家，综合生产能力稳步提升。表12-1为2021年保定市主要畜种存、出栏情况。

表12-1 2021年保定市主要畜种存、出栏情况

单位：万只、万头

畜种	存栏量	出栏量
生猪	220.23	375.43
肉鸡	1 528.70	5 525.32
蛋鸡	1 731.14	—
肉牛	16.78	25.18
奶牛	10.35	—
肉羊	293.52	560.53

数据来源：根据保定市畜牧局提供数据整理。

2. 中小养殖企业是畜牧产业化发展的基础

在保定市畜牧养殖主体结构中，中小养殖企业、养殖场、养殖户仍然是养殖的主力军。此次调研中，对中小养殖企业进行了针对性的调查，共收集到中小养殖企业调查问卷1 400多份，并对调查结果进行了系统分析。调查结果显示，生猪、肉鸡、蛋鸡、肉牛、奶牛、肉羊仍然是保定市养殖的主要畜种，占

比超过 98％，鸭、鹅、驴等其他畜禽种类养殖仅占不到 2％；在育肥方式方面，有超过 60％的养殖场是自繁自育，接近 40％的养殖场是外购育肥；在饲养方式方面，接近 96％的养殖场都是圈养，放养占比不到 1％，圈养和放养相结合的占比 3％；在饲草料基地建设方面，超过 75％的养殖场都没有自己的饲草料基地；在养殖技术方面，超过 65％的养殖企业认为自己的养殖技术较高，接近 35％的养殖企业认为自己的养殖技术仍然处于一个较低水平，可见近年来经过养殖生产设备升级和畜牧数字化改造工程的推进，养殖技术提升明显，但提升养殖技术仍是今后畜牧产业化发展努力的一个主要方向；在畜产品销售方面，经纪人收购仍然是最主要的方式，占比超过 60％，还有一些养殖企业通过自产自销、客户订购、屠宰加工企业收购等方式售卖自己的产品，此外超过 70％的养殖企业没有在电商平台销售；在利益联结方面，超过 80％的养殖场都没有与养殖专业合作社和屠宰加工等企业建立密切的联系或合作关系；在资金补贴方面，超过一半的养殖企业没有享受过资金补贴，政府财政资金补贴还需进一步明确落实；在中小养殖企业养殖遇到的问题和建议调查中，资金缺乏、饲料价格上涨、养殖成本上升是被提及最多的，还有一些养殖技术、动物疫病、养殖用地等问题。

3. 规模化养殖稳步发展，产业化经营增效明显

近年来，保定市共建有 2 000 多个规模养殖场，养殖规模化程度显著提升。鼓励农业龙头企业、大型屠宰加工企业发挥引领带头作用，加强与养殖企业、养殖合作社、养殖园区等的合作，初步形成产加销一体化经营格局。大力推进畜牧龙头企业全产业链建设，玖兴农牧、大午农牧、兰宝牧业等龙头企业实力不断壮大，在区域内发挥了产业辐射作用，带动了当地畜牧产业化的发展。

4. 粪污资源化利用和无害化处理能力增强

近年来，由于畜牧养殖造成的环境污染问题日益严重，全市开展了畜牧业污染整治，取得了长足的进步，全市已经完成 1 400 多个规模养殖场、8 个有机肥厂、4 个有机肥处理中心粪污处理设备的改造升级，规模养殖场粪污处理设备设施配建率 100％，畜禽粪污综合利用率达到 87％，均位于全省前列。调查问卷显示，超过 90％的中小养殖场都建有粪污处理设施。全市共有 3 个标准化、专业化、无害化处理中心，有效解决了病死畜带来的动物疾病传染和环境污染问题。

5. 动物疫病防控体系逐步完善

近年来，由于非洲猪瘟、禽流感、动物炭疽、小反刍兽疫等动物疾病频繁来袭，对保定市畜牧养殖产生了极大的冲击。面对严峻的防疫形势，各级相关部门全面落实各项综合防控措施，加强动物卫生监督执法，基本建成了市、县

两级重大动物疫病监测和预警体系，完善了动物疫病防控体系。调查结果显示，接近 98％的养殖场能够做到定时按期给畜禽接种疫苗，保证畜禽养殖安全、有序进行，有效地减轻了动物疾病对畜牧养殖产生的不利影响。

6. 屠宰加工集聚效应明显，整体加工能力仍需提高

全市在产屠宰加工企业共 40 多家，其中全市生猪屠宰企业共 21 家，肉鸡屠宰企业共 11 家（含 1 家牛羊鸡共建企业），肉牛屠宰企业共 3 家，肉羊屠宰企业共 7 家。畜牧屠宰加工集聚效应明显，形成了以唐县为主的肉羊屠宰加工基地、以涿州市为主的生猪屠宰加工基地、以易县为主的肉牛屠宰加工基地、以定兴、涞源为主的肉鸡屠宰加工基地以及徐水区特色肉驴屠宰加工基地。这次问卷调查共收集到 44 份屠宰加工企业的调查结果，调查结果显示：有接近 50％的企业是普通企业，省级和市级龙头企业的数量分别占 22.7％和 27.3％，国家级龙头企业仅有 1 家，占屠宰加工企业总数的 2％；在加工形式方面，有 38 家企业进行畜产品初加工，占总数的 86.4％，仅有 6 家企业进行畜产品深加工，占总数的 13.6％；在加工设备设施方面，有超过 95％的企业都购入了专业屠宰加工设备；在冷链仓储运输方面，有超过 60％的企业拥有冷库、冷链运输车等设施，但仍有一些企业在冷链运输、仓库建设中比较落后；在畜产品销售方面，有超过 80％的企业将产品销往农贸市场和一些肉类零售商等低端市场，有 50％左右的企业在线上销售产品；在品牌建设方面，拥有本地品牌的企业占 47.8％，有省级驰名商标品牌和国家驰名商标品牌的企业分别占 11.4％和 2.3％，还有 38.7％的企业在品牌建设方面是空白；在产业融合专业资金补贴方面，有超过 85％的企业没有享受过任何专项资金补贴，仅有 6 家企业享受过国家产业融合专项资金和地方产业融合专项资金。综上所述，尽管保定市现在形成了一些屠宰加工聚集区域，但是屠宰加工企业总体数量少，规模小，现有的屠宰加工能力无法与养殖规模相匹配，也无法满足屠宰需求，有很大一部分的屠宰加工由省外企业承接。大部分以畜产品初级加工为主，缺少精细分割，产品附加值较低，致使保定市畜牧品牌化建设落后。

7. 饲料、兽药、有机肥产业有序推进

饲料、兽药、有机肥产业是畜牧业上下游产业的重要组成部分。统计数据显示，全市共有饲料企业近 70 家，兽药企业 10 家。本次共调查了 43 家饲料企业和 14 家有机肥企业。调查结果显示：关于饲料生产企业，年产量在 1 万吨以下的企业共有 25 家，占比超过 50％，年产量 1 万～5 万吨的企业共有 6 家、5 万～10 万吨的共有 2 家，10 万～30 万吨的共有 8 家、30 万吨以上的共有 3 家；关于有机肥生产企业，年处理畜禽粪便 1 万吨以下的企业有 1 家、1 万～5 万吨的有 5 家、5 万～10 万吨的有 1 家、10 万～30 万吨的有 3 家、30 万吨以上的有 3 家；在产品销售方面，有 70％左右的企业在本地或者周边省份市场销售，面向的客户群体是本地的养殖企业，还有一部分企业在南方市场销售自己的产品。从总体情况上看，保定市饲料、兽药产业发展已经初具规模，在保障畜牧安全、高效养殖中扮演着极其重要的角色。"十三五"期间，保定市对 8 个有机肥厂、4 个有机肥处理中心粪污处理设备设施进行改造升级，粪污资源化利用率显著提升，保障了有机肥生产能力，一定程度上实现了经济效益和生态效益。

8. 畜牧业社会化服务有待普及

畜牧业社会化服务是推进畜牧养殖健康发展和农民增收的有效手段，在畜牧产业化进程中扮演着重要角色。本次共调查了 72 家社会化服务企业。在提供服务类型方面，共有 41 家企业提供养殖技术方面的服务，占比 57%；有 28 家企业提供动物疫病防控和兽医服务，占比 38.9%；还有一部分企业提供分子育种、饲料、粪污处理、运输等方面的服务。在服务对象方面，超过 90% 的企业服务于养殖企业，还有一部分企业为屠宰加工企业和饲料、兽药企业提供服务，大部分服务企业与养殖企业和加工企业建立了较为密切的联系。在这些企业中，仅有 14 家与高校和科研院所建立合作关系，占比 19.4%，可见在科技创新、服务质量等方面还有待加强。从现阶段的发展情况来看，畜牧社会化服务水平不高，一是由于普及率不高，二是由于农民和养殖户购买服务的意识和欲望不够强烈。

9. 各主体对畜牧产业化及三产融合的认知不同

调查结果显示，不同主体对畜牧产业化和畜牧业三产融合的认知也不相同，其中养殖主体对相关政策的了解程度最低，有 43.7% 的人完全不了解，44.5% 的人知道一点，仅有少部分人了解。在对屠宰加工企业的调查中，有 55% 的人对于此类政策知道一点，有接近 30% 的人了解此类相关政策，有 15% 的人对此完全不了解。在对饲料、有机肥、社会化服务企业的调查中，结果相似，有五成以上的人对于此类政策知道一点，30% 左右的人了解此类相关政策，有少部分人对此完全不了解。关于畜牧产业化和畜牧业一、二、三产融合发展愿景的调查中，只有不到一半的养殖企业支持并愿意参与其中，超过一半的人对此持怀疑态度；与之相反，大多数的屠宰加工企业、饲料、兽药、有机肥以及社会化服务企业对于畜牧产业化和畜牧业三产融合表示支持并愿意参与其中。

（二）保定市畜牧产业化发展中存在的问题

1. 产业区域布局有待优化

保定市畜牧养殖业主要集中在东部平原地区，而东部平原地区人口密度大，土地资源紧张，加之禁养区和限养区的划定和耕地保护政策的实施，畜牧养殖用地难和资源环境污染问题日益突出，不适宜进一步扩大养殖规模。而保定市西部地区多山地，开发程度相对较低，今后要因地制宜适度加大西部山区畜牧业支持和开发力度，缓解东部平原地区资源环境压力，不断优化畜牧产业布局，推进全市畜牧产业化的发展。

2. 良种覆盖率低，没有形成完善的良种繁育体系

以保定市肉羊和肉牛养殖为例，保定市在2021年度肉羊出栏量和羊肉产量都排全省第一，养羊地区集中在唐县，当地的养羊模式以专业育肥为主，自繁自育较少；河北省肉牛规模场超过50%的牛源来自省外，肉牛品种混杂，以杂交牛为主，质量参差不齐，很难在市场上取得竞争优势。所以从目前的畜牧养殖情况来看，仔畜对外省依存度高、母畜产能严重不足是保定市在畜牧养殖过程中的主要问题。

3. 生产养殖管理技术落后，畜牧养殖规模化程度低

通过对保定市主要畜种的出栏、存栏量数据分析后发现，散户养殖仍然占据相当大的比例，总体上还是以农户为单位的小规模养殖为主，管理粗放，缺乏规范化、标准化、科学化的养殖技术和管理方式，缺乏从事现代畜牧业养殖的专业人才以及"懂技术、善管理、能经营"的复合型人才，因此保定市畜牧养殖规模化程度仍处于相对较低的水平。

4. 养殖成本上升、产品价格波动大，影响行业的稳定性

饲料价格飞涨、养殖成本上升、产品价格不稳定，已经成为所有养殖户面临的巨大困难。调查结果显示，有近75%的养殖户和养殖企业认为他们当前面临的最大难题就是饲料价格高、养殖成本大和资金缺乏。2019年以来，受国际贸易摩擦、新冠疫情、非洲猪瘟等因素的影响，玉米、豆粕价格飞涨，造成养殖成本不确定性增大，进而导致畜产品市场价格波动，很多养殖场的效益难以得到保证，处在亏本经营的状态，挫伤了养殖者的积极性。

5. 粪污处理和动物疾病防控压力大，土地资源和环境约束趋紧

近年来通过政府出台一系列严格的环保政策和排放标准，环境治理取得了长足进步，但是调研发现，尽管超过90%的养殖场都建立了粪污处理设施，但除了规模化养殖场外大多数的养殖场都是一些比较简单的化粪池和排污管道，而一些地区牲畜生产粪便量巨大，难以对粪污进行有效处理，粪污乱堆乱放乱排现象仍然普遍存在，粪便资源利用率不高，局部地区环境污染问题突出。此外，近年来，由于非洲猪瘟和其他一些动物疾病的流行，死畜数量增加，如果处理不当也会对生态环境造成极其严重的污染。土地资源制约表现在保定市人多地少，在畜牧养殖过程中始终存在用地不足的问题，尤其是东部平原地区，土地资源更为短缺，而近年来禁养区和限养区的划定使土地资源更加紧张，限制了畜牧业的进一步发展。

6. 畜产品整体加工能力不足、品牌化建设落后

畜产品加工能力是衡量畜牧产业化程度高低的一个重要标准，也是畜产品品牌化建设的重要支撑。现阶段保定市整体屠宰加工能力仍然较弱，目前共有生猪屠宰企业 21 家、肉牛屠宰企业 3 家、肉羊屠宰企业 7 家、肉鸡屠宰企业 11 家、牛羊鸡合建企业 7 家；屠宰厂数量少，很难与养殖数量和屠宰需求相匹配，且除了一些龙头企业和规模化屠宰加工厂外，大多数的屠宰加工企业屠宰规模较小，没有分割处理和精细加工技术，加工深度不高，难以进一步延伸产业链，且屠宰加工企业的产品销售以农贸市场、批发商和肉类零售商等低端市场为主，严重阻碍了本地畜牧品牌化建设。

7. 产业链开发程度低、利益连接机制松散，畜牧业一、二、三产融合度低

保定市畜牧业呈现出畜牧养殖规模大、产业化和融合度低的特征，主要表现在两个方面：一是畜牧产业链开发程度低，纵向产业链延伸短，在保定市畜牧产业体系中还是以养殖为主，畜牧二、三产业开发程度相对较低，畜牧产业的多功能性未得到明显体现；横向的技术、信息、管理和服务等要素之间的联系不紧密，未实现产业融合。二是利益联结机制松散，调查发现，有超过80％的养殖户和养殖场未加入养殖合作社，也未与当地屠宰加工企业和销售企业建立紧密合作关系，大部分养殖场都是通过经纪人收购或者自产自销方式销售畜产品，仍然处在一个"单兵作战"的状态；第三产业中的畜产品购销、物流运输、仓储、社会化服务、金融保险服务等各主体之间的融合程度还很低，没有形成与养殖规模相匹配的产业规模和产业集聚效应，产业竞争力和市场开拓能力也不强。

8. 土地政策、财政资金补贴、金融服务等不到位，削弱了养殖主体的积极性

用地难、补贴资金少、金融贷款难、保险体系不完善是保定市养殖企业处在发展瓶颈期面临的重要难题。调研结果显示，有超过一半的养殖企业没有享受过资金补贴的优惠，在各类补贴项目上也存在落实不到位的现象。此外，受现行土地政策、银行贷款资质限制以及保险理赔体系不完善等因素影响，养殖主体对行业发展信心和满意度不高，养殖积极性低。

9. 科技创新能力和信息化水平低，制约了畜牧产业进一步升级

保定市现在正处于由传统畜牧业向现代畜牧业转型发展时期，无论是在生产领域还是加工服务领域，都显现出了科技创新能力不足的劣势。在生产养殖方面，缺少优质饲草料种子的研发和优良畜种的培育；在加工服务领域，缺少精密屠宰加工设备，精细加工产品少，加工能力弱。此外，产学研结合不充分、畜牧企业研发投入低、风险大、科技创新资金补贴少也是导致保定市科技创新能力不强的主要原因。在畜牧产业信息化发展方面，无论是生产管理信息化还是监管信息化，信息化的助推作用都未完全体现，制约了畜牧产业的进一

步升级。

（三）保定市畜牧产业化发展的对策

1. 优化产业布局

面对东部平原地区人口密度大、土地资源短缺、环境压力大等现实状况，要大力支持和鼓励环境承载力相对较大的西部山区发展畜牧业，利用山区优势资源发展适度规模养殖，在涞源县、唐县、曲阳县、易县、阜平县等地区构建新的畜牧产业聚集地。在具体产业布局方面，利用各地养殖传统和资源优势创建各畜种优势产区：生猪养殖主要布局于易县、涞源、阜平、曲阳等区县；奶业主要布局于徐水、清苑、满城、望都、曲阳等区县；蛋鸡主要布局于徐水、满城、清苑、蠡县、高碑店、定兴等区县；肉鸡主要布局于涞源、定兴、易县、涿州等区县；肉牛主要布局于徐水、清苑、曲阳、涞源、易县、唐县等区县；肉羊主要布局于唐县、曲阳、易县、涞水、阜平、涿州等区县。各优势产区要发展适度规模养殖和绿色健康养殖、提高养殖技术、升级设备设施，不断拓展产业链，增强市场和品牌化建设，提升产品附加值，推动整个畜牧业实现产业化升级。

2. 推进良种繁育体系和优质饲草料基地建设，做好畜牧业长期规划

一是要推进畜禽良种工程建设，坚持引进和培育相结合，加大良种推广力度，扩大良种覆盖面，选择适应本地特点的优良品种，采用成熟、配套的良种繁育技术对畜禽进行改良。此外，还要加强畜禽良种质量检测和品种资源保护，建立省级质量检测中心和品种资源保护中心。二是要充分发挥保定市种植业优势，推进优质饲草料基地建设，积极推广种养结合和粮改饲政策实施，大力推广苜蓿、燕麦等优质饲草料的种植，搞好青贮玉米种子的选育和生产。此外，还要大力发展饲草料加工贮藏技术，积极推广秸秆回收再利用技术，提高秸秆饲料的利用转化率。

3. 加强畜牧产业集群和产业园区的建设，提高畜牧养殖标准化和规模化水平

推进畜牧现代化产业园区和示范园区建设、加强畜牧产业集群是提高畜牧业标准化和规模化水平的重要路径，也是畜牧业产业化和现代化发展的导向和趋势。在此过程中，一是要积极支持养殖专业大户发展，因地制宜引导农户发展规模养殖，提高生产水平和规模效益。二是要发展养殖小区，根据地区内优势畜种统筹规划，合理布局，提高畜牧养殖的标准化和规模化水平。三是要加强示范园区和畜牧产业园区建设，充分发挥龙头企业的带头作用，带动畜牧上下游产业和整个产业链集群，在畜牧生产能力、生产设施、生产环境、科学管理、技术创新等领域实现突破，实现畜牧产业化和现代化的发展。

4. 加强疫病防控、粪污和无害化处理能力，大力推广绿色养殖和循环农业

一是要加强动物疫病防控体系和畜产品安全体系建设，强化基层动物防疫队伍建设，坚持预防为主、依法治疫的方针，完善手段、强化监督，确保畜产品生产安全。二是要推进畜禽粪污资源化利用，通过资金补贴进一步改造升级养殖设备和粪污处理设施设备，减少粪污存量、控制增量，促进粪污资源化利用。三是规范病死畜禽无害化处理，推动标准化、专业化无害化处理中心建设，健全长效监管机制，严厉打击死畜乱处理乱堆放的违法行为，扩大无害化处理与保险联动试点范围。四是大力推广绿色养殖和循环农业，持续推进种养结合和粮改饲战略的实施，支持中小规模养殖场不断改造升级粪污处理设备设施，推进有机肥厂等畜牧业下游产业的发展，促进畜禽粪污资源化利用，实现生态效益和经济效益的双赢。

5. 提高加工能力，加强市场建设，建设本地畜牧品牌

加工能力与养殖规模不匹配是目前保定市畜牧产业化发展面临的一个难题，保定市要想推动畜牧产业化的发展，必须提高屠宰加工能力。以现有屠宰加工企业为基础，升级改造加工设备设施，淘汰落后产能，提高企业技术创新能力，以促进畜禽屠宰加工升级、提升乳制品加工能力、推进畜禽产品冷链加工配送为主攻方向，创建国家级和省级畜禽屠宰标准化厂，因地制宜发展区域特色小型乳制品加工企业，提高冷链储存、运输能力。在加工能力提高的基础上，依托本地区域与资源优势，立足京津冀市场，打造畜牧区域公共品牌和企业知名品牌。此外，还可以通过农博会、展览会等形式，加大本地特色品牌的推广力度，做优做精本地特色品牌，扩大品牌知名度。

6. 开拓产业链，完善利益联结机制，促进一、二、三产融合发展

开拓畜牧全产业链，促进畜牧业一、二、三产融合，包括第一产业中的饲草料种植、畜禽养殖，第二产业中的屠宰加工、饲料兽药生产、有机肥生产等产业，第三产业中的畜产品购销、物流运输、仓储、社会化服务、金融保险以及一些畜牧相关产业。各产业主体要抱团联合，组建利益共同体，才能实现共赢，才能促进整个畜牧产业的大发展。这就需要龙头企业带头，产业链上下延伸，开展一体化经营，加强农户、养殖场、养殖合作社、屠宰加工企业、饲料兽药企业之间的合作，完善利益联结机制，实现利益共享，促进畜牧业全产业链的发展。

7. 加强政策支持力度，为畜牧业发展提供基础保障

一是要加强政策的保障力度，尤其是针对现阶段在养殖过程中比较突出的用地难问题，对符合要求的畜禽养殖建设项目加快审批进度，解决养殖用地问题，充分利用山区的资源优势，鼓励在西部山区进行建场养殖，充分保护和节约耕地资源，加强土地资源管理，提高土地资源利用效率。二是要加强财政资

金和金融的支持力度，各级政府要加大对畜牧产业化发展的投入力度，统筹各专项资金，加大对规模化养殖、动物疫病防控、粪污资源化利用和无害化处理、屠宰加工以及良种繁育等科技创新项目的支持力度。三是要完善金融支持体系，撬动金融资本投资畜牧业，在银行贷款、抵押、保险覆盖等方面给予畜牧养殖更多的支持，进一步调动养殖主体的生产积极性。

8. 加强科技支撑和信息化建设，提升畜牧业现代化水平

随着科学技术的不断发展，越来越多的新技术已经渗入到畜牧业各领域。实施"互联网＋畜牧业"行动，构建畜牧业新型业态。开展畜产品电商创建，利用互联网平台和直播带货等形式宣传销售自己的产品，提高品牌知名度。还要促进产学研相结合，加强与河北农业大学、河北省农业科学院、河北省畜牧兽医研究所等单位的合作，充分发挥高校和研究所的科研优势，加快新品种、新技术、新设备的研发。此外，还要提高畜牧从业人员的专业素养，引进更多高层次的畜牧人才和技术能人进入畜牧产业，鼓励高校毕业生投身农业，促进畜牧产业的现代化发展。

9. 政府牵头建立产业化工作推进机制，落实各单位主体责任

各相关单位要落实工作责任，加强协作配合，形成工作合力，通过开展专题会议讲座、电视广播、网络自媒体等多种形式宣传开展畜牧产业化工作的重要性和长远意义，使畜牧业各产业主体和参与者尤其是养殖主体积极投身到畜牧产业化的发展过程中。此外，政府和各级单位要结合实际，充分听取养殖户、企业及其他相关主体的意见和建议，明确目标任务和政策实施，建立监督机制和奖惩机制，共同推进保定市畜牧产业化、现代化的发展。

四、承德市围场县棋盘山大牲畜交易市场调研报告

（一）棋盘山市场基本情况

棋盘山大牲畜市场位于河北省最北部，北与内蒙古相邻，距赤峰市、克旗、多伦等地均在200千米以内，南接京、津、唐、秦、承等大中城市，距承德市140千米，距北京市360千米，交通便利，四通八达，承赤高速、承锡高速从县内通过，运输方便，占据着北方农产品南流的黄金通道。交易辐射北京、天津、山东、山西、湖北、内蒙古、辽宁和省内多个地区，有效带动了当地养殖业的发展。

市场成立于1983年，于2014年进行搬迁新建，隶属奇旺农牧产品经销有限公司，占地100亩，投资1 000万元，30多个圈舍，可容纳6 000头牛，是我国北方的大牲畜交易市场。该市场设有交易区、交易厅棚、停车场、装卸台、大小地磅，设有检验检疫办公室、市场管理办公室、配货站等配套服务设

施。营销范围包括牛、马、驴、骡等大牲畜，但主要以架子牛为主。为满足客户需求，企业每年投入资金进行功能提升和设施完善，目前已经形成养殖、收购、销售为一体的产业格局，配备电子商务购销平台、电子结算等业务，农业银行、邮储银行、建设银行已经入驻开展结算和信贷业务。

（二）棋盘山市场交易情况

棋盘山市场交易主体是来自全国各地的养殖户和养殖场场主，肉牛主要流入山东、广东、云南、河南、湖北、湖南、内蒙古、安徽等地，进入山东的大部分牛是为了进行二次育肥，然后在当地进入屠宰加工环节。在监督管理方面，棋盘山交易市场设置监督举报信箱，成立治安管理小分队。在市场准入方面，棋盘山市场采取出租交易市场内圈舍作为准入市场的一种方式，年租金 2 000 元。

市场在农历三、六、九开集，一般 3 天一个集。目前，交易市场处于淡季，受疫情影响，肉牛入场量为 1 000 头左右，日成交量 100 头左右，成交率大概 10%；8 月过后将迎来旺季，届时入场量达 3 000 头，日成交量将达到 500 头以上，成交率达 40%；年交易量超 10 万头。年可实现交易额 10 亿元以上，利税 500 万元；有利于解决劳动就业，带动农民增收，预计新增带动就业人数 3 000 多人，助农增收 1.5 亿元以上，还可带动运输、信息服务等二、三产业的发展。市场按照每头大牲畜 10 元/天的标准收取管理费，2015 年至2018 年每年毛收入在 80 万元左右，2019 年以后养殖户逐年增加，2021 年毛收入 200 万元左右，企业发展良好，效益明显上升。

（三）棋盘山市场带动周边发展情况

棋盘山镇一直是养殖大镇，全镇 6 000 户，2.4 万人口，贫困户 1 700 多户，年牛存栏量达到 5 万头。近年来在政府给予贫困户养殖圈舍补贴的好政策带动下，在棋盘山镇鑫牛肉牛养殖有限公司、东兴肉牛专业合作社、希望肉牛养殖专业合作社带动下，养殖户达到 2 200 户，每头牛纯利润达到 2 000～5 000 元，为增加农户收入提供了坚实的保障。

近年来，市场的繁荣交易催生了牛市的中介"牛经纪人"的产生。牛经纪人在肉牛交易市场中专门为买方挑选好牛并代表买方与卖方进行价格洽谈，每头抽取一二百元作为报酬。牛经纪人不仅需具备"相牛"的能力，还需能言善辩，促成交易。当地有专门的牛经纪人、也有部分养殖户身兼二职。总体而言，交易市场的发展促进了当地农民增收。

棋盘山大牲畜交易市场为围场建设畜牧大县、调整农业产业结构、增加农民收入、加快转移农村剩余劳动力提供了坚强的保障。同时带动二、三产业的发展，推动我省与京、津、蒙等省区市经济的发展。

五、承德市隆化县、围场县肉牛种养结合典型模式调研报告

承德市围场、隆化两县现有种养结合模式为：自种自养无专业粪污处理设施及有专业粪污处理设施两种模式。两县均采用了种养结合的方式，对肉牛养殖、青贮种植及粪污处理都很重视。

（一）两县现有种养结合模式

1. 自种自养无专业粪污处理设施模式

该模式为典型的种养结合模式，养殖场（户）既养殖肉牛，又种植青贮，粪污发酵成有机肥后还田，田地所收获的青贮玉米为肉牛提供饲料，形成生态循环。但是该模式的种养数量很难做到正好合适，养殖场（户）缺少的饲料会外购补足，多出来的粪污出售给专业发酵厂。

（1）承德市隆化县富鹏种植养殖专业合作社

该合作社养殖面积为42亩，种植面积700多亩，圈舍9栋，存栏量1 300头，年出栏1 000多头。该养殖场种植娃娃菜、土豆、青贮玉米等，收获的青贮玉米为牛提供饲料。另外合作社每年仍需从唐山等地购买部分青贮。在国家政策的支持下，该合作社2020年获得青贮补贴20万元。

（2）承德市围场县棋盘山镇干沟门村能繁母牛养殖户

被调研的养殖户多年来坚持自繁自养的养殖方式，主要是西门塔尔和当地的黄牛进行杂交繁育，同时还承包租种周边农户土地，以种养结合生态循环的养殖模式进行养殖，不仅有效利用了养殖产生的废弃物，而且提高了耕地产量，节约了购买饲料的资金。目前，该户存栏基础母牛72头，其中成年能繁母牛58头，母牛犊14头。现承包土地120余亩，能够有效消纳养殖带来的粪污，通过种植青贮玉米，能够解决一半以上的饲料供应。

（3）承德市围场县哈里哈乡新瑞农业开发有限公司

该公司肉牛存栏800多头，其中西门塔尔牛存栏500多头，利木赞牛存栏100头左右，新购进的日本纯进口和牛200头左右，加上出租在外的牛总共有7 000多头。在种养结合方面，该公司共种植1 500多亩地，与种植户签订了1 500亩土地的合同，种植全株青贮玉米，其中在饲料成本方面每亩大概节省100元，青贮基本可以自给自足，但是干草需要外购。在粪污处理方面，除一部分自用外，有机肥以每立方米30元的价格出售给内蒙古等地。

（4）承德市围场县景鑫旭发农业发展有限责任公司

当前该公司存栏200头左右能繁母牛，300头左右小母牛，1 000头左右育肥牛。平均每头牛年产6立方米粪污，每亩地每年可施肥12立方米左右，

即每两头牛所产粪污足够一亩地的肥料使用。一亩地每年所产青贮基本足够一头牛一年消耗。自有和租赁耕地合计 500 亩，每年可收获 5 吨青贮。另外与周边农户订立合同，农户种植青贮，公司按合同价格收购。

（5）承德华商恒益农业开发有限公司养殖基地

当前养殖基地肉牛存栏 3 000 头，年出栏近万头，以肉牛养殖、育肥、销售为主营业务。占地面积 296 亩，建有标准化牛舍 31 栋，共 15 252 平方米，堆粪场（棚）2 630 平方米，精饲料库 860 平方米，干草棚 400 平方米，青贮池3 400 立方米，酒糟池 90 立方米。该养殖基地青贮基本均为外购，公司成立了新品种养殖专业合作社，通过收购秸秆玉米带动周边贫困户 120 余户。公司有机肥加工厂正在建设中，计划增加大型设备，完善粪污处理系统，增加有机肥收入。

2. 有专业粪污处理设施模式

该模式为非典型的种养结合模式，养殖场（户）在养殖肉牛与种植青贮方面，既可以只发展一项，也可以都进行。该种模式下经营主体既可以用自养肉牛的粪污发酵，将有机肥料出售；也可以从肉牛养殖户收购粪污，之后将有机肥料用于自己种植或出售。

（1）承德市隆化县尹家营乡承德京堂养殖有限公司

该公司肉牛存栏量 3 000 多头，年出栏量超 6 000 头，是隆化县产业脱贫示范基地及供港澳活牛出口基地。在粪污处理方面，养殖场向国家申请了粪污处理项目，由国家财政和养殖场共同出资建立配套粪污处理设备，该设备每天能够处理 30 立方米肉牛废弃物，每年能够处理肉牛粪污大约 14 000 吨。在饲料供给方面，该公司建有四个饲料储存地窖，能够满足该厂肉牛每天的需求。与农户签订协议租种土地，主要以种植青贮玉米为主，另外仍需每年收购周边农户全株玉米 400 多吨。

（2）承德市围场县顺鑫生态康养产业园

该园区并未直接饲养肉牛，通过收购周边农户养殖产生的肉牛粪污，进行粪污资源化利用，生产有机肥，并将肥料自用或出售。其对粪污收购、发酵处理、销售情况等有一套完整流程。该厂从周边肉牛养殖户处收购粪污，并根据混有泥土干草等杂质的多少来确定粪源好坏，以此决定收购价格。鲜粪进厂后，历经晾晒去水、发酵、加菌、二次发酵、过筛加工等多道工序后成为有机肥。发酵棚占地 2 500 平方米，堆高 1.5 米，可容纳 3 000 立方米粪污。每 3立方米粪污发酵后可产生 1 吨左右的有机肥料，每吨平均成本在 350～400 元。该厂每年产生的有机肥料中，有 2 000 吨左右作为本产业园中果蔬种植的肥料，剩余 7 000～8 000 吨销往各地。

该产业园以种植经济作物为主，通过使用自产有机肥，不仅改善了土地肥力，而且能够生产有机果蔬，以此发展园区有机果蔬采摘项目进行增收。

（二）两县种养结合未来发展计划

总的来说，两县均采用了种养结合的方式，且均重视肉牛养殖、青贮种植及粪污处理。

肉牛产业当前已经是隆化县农业第一特色主导产业，截至 2020 年底，全县牛肉饲养量达到 48.3 万头、存栏 25.2 万头，养牛万头乡镇达到 17 个、千头养牛村 150 个，5 头以上养牛户 1.72 万户，饲养量达到千头以上规模牛场 26 个、百头以上规模牛场 520 个，大中级交易市场 2 个，屠宰加工企业 2 个，每年屠宰肉牛量超 13 万头。饲草供给方面也申请了国家级粮改饲项目，但该县粪污处理大部分为堆粪，发酵成有机肥后还田。

作为十个国家级还田示范县之一，围场县当前已有 10 项肉牛粪污处理实施计划：一是建立有机杂粮合作社，二是村办有机肥厂，三是规模养殖场建立小型有机肥厂，四是社会化服务组织建设小型发酵点，五是一个肉牛养殖小区试建发酵点，六是蚯蚓加工养殖，七是将粪肥作为生物燃料，八是通过终端补贴让有机肥代替化肥，九是建立规模化有机肥生产深加工，十是建立生态园，让采摘与有机种植园相结合。其中将重点发展社会化服务组织建设和终端补贴两项计划。

六、承德市隆化县、围场县肉牛养殖成本收益调研报告

隆化、围场县肉牛产业是承德市畜牧养殖业的重要组成部分，是承德市广大牧民脱贫致富的特色产业。随着承德市山区的封山禁牧，以及近两年饲料价格的快速上涨，使得肉牛养殖成本也不断增加，为了进一步了解当地肉牛养殖的成本收益情况，2022 年 6 月份课题组进行了实地专题调研。

（一）调研对象与方法

样本数据来自河北省肉牛创新团队产业经济岗 2022 年 6 月份在承德市隆化县和围场满族蒙古族自治县通过入户走访和座谈方式采集的数据。共采集问卷 100 份，其中有效问卷 84 份，有效率为 84%，包括隆化县 55 户，围场县 29 户。主要调研对象为专业肉牛育肥模式。

（二）调研结果分析

1. 肉牛养殖经济效益总体分析

（1）肉牛养殖成本分析

调研数据显示：从 2020—2022 年这三年成本投入对比情况来看，2022 年

总成本比 2020 年增加了 1 138.46 元/头，年均增长了 2.65%，样本地区肉牛养殖成本总体呈现增长的趋势。变化比较明显的主要是仔畜费、精粗饲料投入费用，其中仔畜费近 3 年来处于不断降低的趋势，仔畜费 2022 年与 2020 年相比下降 1 528.47 元/头；精粗饲料投入费用近三年来处于增长趋势，2022 年每头牛的饲料费用与 2020 年相比增加了 2 000 多元，年均增长率为 15.77%（表 12-2）。其余肉牛养殖各项投入费用有略微的增长或者降低，但是对总体成本投入影响不大。造成上述现象的原因主要是饲料价格增长。

表 12-2 样本地区肉牛养殖成本投入基本情况

单位：元/头

项目	2020 年	2021 年	2022 年
仔畜费用	13 203.99	12 835.16	11 675.52
精粗饲料费用	6 361.18	7 350.03	8 525.79
人工成本	824.53	870.88	1 002.58
医疗防疫费用	228.14	234.14	324.86
死亡损失费	229.32	280.63	245.47
其他（固定成本折旧、维护费、材料费、保险费等）	233.58	235.78	397.04
燃料动力费	104.36	120.63	152.39
养殖总成本	21 185.10	22 008.61	22 323.56

数据来源：根据调研数据整理。

（2）肉牛养殖收入分析

肉牛养殖收入由养殖主体肉牛出栏平均重量和养殖主体肉牛出栏平均价格共同决定。被调查地区养殖户 2022 年肉牛出栏平均重量与 2020 年相比变化不大。在肉牛出栏价格方面，2022 年肉牛出栏平均价格较 2020 年下降3.4%。肉牛养殖利润方面，2022 年养殖利润与 2020 年相比减少 1 481.61元/头，利润下降幅度大，肉牛出栏价格对肉牛养殖的经济效益影响较大（表 12-3）。

表 12-3 样本地区肉牛养殖收入基本情况

年份	肉牛出栏平均重量（斤/头）	肉牛出栏平均价格（元/斤）	肉牛养殖利润（元/头）
2020	1 306.88	17.67	1 660.20
2021	1 297.29	17.79	920.84
2022 预计	1 327.50	17.07	178.59

数据来源：根据调研数据整理。

2. 不同肉牛养殖规模经济效益分析

不同规模的养殖户肉牛养殖收入表现出明显的差异。随着规模增加肉牛养殖利润呈现出先增加后减少的趋势。养殖在 50 头以内的肉牛养殖利润为 448.98 元/头，50～100 头的肉牛养殖利润为 924.19 元/头，100～200 头的肉牛养殖利润为 1 555.52 元/头，200 头以上的肉牛养殖利润为 826.88 元/头。从肉牛出栏重量来看，养殖规模在 100～200 头的肉牛平均出栏重量最高，为 1 343.18 斤/头，200 头以上的养殖规模的肉牛平均出栏重量为 1 153.84 斤/头。从肉牛出栏价格上看，随着养殖规模的扩大肉牛出栏价格也不断上升。养殖规模在 50 头以内的价格最低，为 17.45 元/斤，养殖规模在 200 头以上的价格最高，为 18.86 元/斤（表 12 - 4）。

表 12 - 4　不同规模肉牛养殖收入

养殖规模	肉牛出栏重量（斤）	肉牛出栏价格（元/斤）	肉牛养殖利润（元/头）
50 头以内	1 315.17	17.45	448.98
50～100 头	1 313.33	17.61	924.19
100～200 头	1 343.18	17.76	1 555.52
200 头以上	1 153.84	18.86	826.88

数据来源：根据调研数据整理。

3. 不同肉牛养殖模式的成本收益分析

（1）不同规模肉牛养殖成本分析

不同养殖主体的肉牛养殖成本表现出明显的差异。随着肉牛养殖规模的增大，每头肉牛养殖成本呈现下降的趋势。养殖在 50 头以内的肉牛养殖成本投入为 22 268.34 元/头，50～100 头的肉牛养殖成本投入为 22 047.91 元/头，100～200 头的肉牛养殖成本投入为 22 146.11 元/头，200 头以上的肉牛养殖成本投入为 20 408.89 元/头（表 12 - 5）。

从仔畜费用方面分析。养殖户仔畜来源主要分为完全外购、自繁、外购＋自繁三种情况，养殖规模越小仔畜费越低。其中 50 头以内的仔畜费用最低，为 11 743.25 元/头，200 头以上的仔畜费用最高，为 13 764.87 元/头（表 12 - 5）。

从精粗饲料费用方面分析。饲料成本是肉牛养殖成本的第二大费用。不同规模的肉牛养殖饲料投入费用差别明显，养殖规模越大饲料成本越低。其中 50 头以内的饲料成本最高，达到了 8 041.63 元/头，200 头以上的成本最低，为 5 758.21 元/头。

从人工成本方面分析。不同养殖规模的人工成本随着养殖规模的扩大而减小。其中 50 头以内的人工成本为 1 363.93 元/头，50～100 头的人工成本为 802.76 元/头，100～200 头的人工成本为 576.04 元/头，200 头以上的人工成本为 363.65 元/头。

从医疗防疫费用方面分析。此费用主要包括疫病防控、疫苗、圈舍消毒等费用。不同养殖规模的医疗防疫费用随着养殖规模的扩大而减小。其中 50 头以内的医疗防疫费用为 302.45 元/头，50～100 头的医疗防疫费用为 256.88 元/头，100～200 头的医疗防疫费用为 171.29 元/头，200 头以上的医疗防疫费用为 139.35 元/头。

从死亡损失费方面分析。不同养殖规模的死亡损失费随着养殖规模的扩大而减小。其中 50 头以内的死亡损失费为 361.92 元/头，50～100 头的死亡损失费为 289.31 元/头，100～200 头的死亡损失费为 233.43 元/头，200 头以上的死亡损失费为 172.39 元/头。

从燃料动力费方面分析。主要包括燃油、煤、电力等费用支出。不同养殖规模的燃料动力费随着养殖规模的扩大而减小。其中 50 头以内的燃料动力费支出达到了 160.84 元/头，为规模养殖场最高。200 头以上的燃料动力费投入为 64.21 元/头，为最低。

表 12-5　不同规模肉牛养殖成本

单位：元/头

养殖规模	50 头以内	50～100 头	100～200 头	200 头以上
仔畜费用	11 743.25	13 096.20	13 475.94	13 764.87
精粗饲料费用	8 041.63	7 246.42	7 372.33	5 758.21
人工成本	1 363.93	802.76	576.04	363.65
医疗防疫费用	302.45	256.88	171.29	139.35
死亡损失费	361.92	289.31	233.43	172.39
其他（固定资产折旧、维护费、材料费、保险费等）	294.32	239.51	210.66	146.21
燃料动力费	160.84	116.83	106.42	64.21
养殖总成本	22 268.34	22 047.91	22 146.11	20 408.89

数据来源：根据调研数据整理。

从其他费用方面分析。主要包括固定资产折旧、保险费、维护费、材料费等费用。不同养殖规模的其他费用随着养殖规模的扩大而减小。其中 50 头以内的其他费用支出最高，达到了 294.32 元/头，200 头以上的其他费用投入最低，为 146.21 元/头。

（2）肉牛专业育肥收益分析

大部分农户会选择专业育肥，专业育肥又包括长期育肥和短期育肥两种模式。长期育肥是指通过外购 400～600 斤的架子牛育肥 10 个月左右，体重涨到 1 200 斤以上出栏。短期育肥是指通过外购 400～600 斤或者 700～1 000 斤的架子牛育肥 3 个月左右，体重达 700～1 000 斤或者 1 000 斤以上出栏。长期育肥平均育肥周期为 11.8 个月，短期育肥平均育肥周期为 3.5 个月。在成本投入方面，长期育肥的总成本为 23 243.95 元/头，短期育肥的总成本为 18 348.3 元/头，两者之间的成本相差 4 895.65 元/头，并且长期育肥除仔畜费比短期育肥成本低之外，其他成本投入均比短期育肥高。在养殖收益方面，长期育肥的销售价格为 17.25 元/斤，短期育肥的价格为 20.77 元/斤，并且长期育肥的利润要比短期育肥的利润低，长期育肥的利润为 410.86 元/头，短期育肥的利润为 677.55 元/头，两者相差 266.69 元/头（表 12 - 6）。

表 12 - 6　肉牛养殖专业育肥成本收益情况

单位：元/头、元/斤

专业育肥	长期育肥	短期育肥
平均育肥周期（月）	11.8	3.5
仔畜费用	13 290	15 150
精粗饲料费用	8 197.08	2 665.36
人工成本	861.09	194.86
医疗防疫费用	278.48	56.25
死亡损失费	224.17	75.41
其他（固定成本折旧、维护费、材料费、保险费等）	258.07	125.7
燃料动力费	135.06	80.72
养殖总成本	23 243.95	18 348.3
销售价格	17.25	20.77
利润	410.86	677.55

数据来源：根据调研数据整理。

（3）自繁自育养殖成本收益分析

自繁自育指的是养母牛生产牛犊，然后再对牛犊进行育肥，其利润基本上等于育肥牛加上母牛的利润之和。通过与 85 户养殖户的交谈，没有发现完全的自繁自育，调研样本中只存在以自繁自育为主这种情况。肉牛自繁自育为主的成本收益，其中仔畜费用中包括了母牛繁育过程中的饲料费用、配种费、人工费等费用。2021 年自繁自育模式的养殖总成本为 18 958.62 元/头，与其他模式相比利润较高。其中以自繁自育为主的仔畜费用为 10 500 元/头，与专业育肥相比仔畜费成本低 20%～30%，并且开始育肥的牛犊的平均体重为 450 斤/头。另外其他投入成本分别为：饲料投入费用 6 928.77 元/头、人工成本 804.56 元/头、医疗防疫费用 258.43 元/头、死亡损失费 265.45 元/头、其他费用 140.36 元/头、燃料动力费为 61.05 元/头（表 12-7）。

表 12-7　自繁自育肉牛养殖成本收益情况

单位：元/头

项目	自繁自育
仔畜费用	10 500.00
精粗饲料费用	6 928.77
人工成本	804.56
医疗防疫费用	258.43
死亡损失费	265.45
其他（固定成本折旧、维护费、材料费、保险费等）	140.36
燃料动力费	61.05
养殖总成本	18 958.62
销售价格	19.05
利润	1 980.16

数据来源：根据调研数据整理。

（三）结论与建议

1. 结论

（1）肉牛养殖收益下降，不同规模存在差异

通过三年数据对比，调查地区多数养殖户处于保本或者保持微利，还有个别养殖户处于亏损状态。50 头以下规模养殖户成本最高；2022 年短期育肥模式较长期育肥模式利润高 266.69 元/头；自繁自育模式较专业长期育肥模式平均收入高 1 569.3 元/头。

（2）饲料成本上升和销售价格下降是收益下降的主要原因

2022 年平均收益下降的主要原因是饲料成本大幅度上升。另外，肉牛养殖规模不断提高，肉牛产量也不断提高。受疫情影响，一方面销售渠道不畅，另一方面居民消费没有明显增加，导致肉牛销售价格较低，这对肉牛养殖收益造成了一定影响。

2. 提高养殖效益的建议

（1）降低饲料成本

在农区充分利用当地自产资源，这样粗饲料成本将大大降低。农作物秸秆

是农业生产中必须处理的"废弃物"，秸秆饲料化利用，实现过腹还田是秸秆资源利用的最佳方式，应进一步加强这方面的研发和技术推广力度。

（2）拓展肉牛产销渠道

长期以来，调研地区肉牛养殖销售渠道单一，销售渠道多以牛贩子上门收购为主，养殖户定价没有话语权，销售市场上大多受制于人，养殖户往往处于被动局面。因此建议做大做强本地肉牛龙头企业，改善屠宰加工、品质检验、冷链运输等设施设备条件，提高企业技术创新能力，开发特色牛肉产品，加强品牌建设，大力推进产品销售由"低端市场"为主向"中高端市场"拓展。